法学学科新发展丛书
New Development of Legal Studies

中国商法的发展研究

邹海林＼主编

New Development of Legal Studies

中国社会科学出版社

图书在版编目（CIP）数据

中国商法的发展研究/邹海林主编. —北京：中国社会科学出
版社，2008.10
　（法学学科新发展丛书）
　ISBN 978 - 7 - 5004 - 7214 - 8

　Ⅰ. 中…　Ⅱ. 邹…　Ⅲ. 商法 – 研究 – 中国　Ⅳ. D923. 994

　中国版本图书馆 CIP 数据核字（2008）第 143819 号

出版策划　任　明
责任编辑　王半牧
责任校对　周　昊
技术编辑　李　建

出版发行　中国社会科学出版社
社　　址　北京鼓楼西大街甲 158 号　　邮　编　100720
电　　话　010 - 84029450（邮购）
网　　址　http：//www. csspw. cn
经　　销　新华书店
印　　刷　北京奥隆印刷厂　　　　　装　订　广增装订厂
版　　次　2008 年 10 月第 1 版　　印　次　2008 年 10 月第 1 次印刷
开　　本　710 ×980　1/16
印　　张　21. 75　　　　　　　　　插　页　2
字　　数　376 千字
定　　价　36. 00 元

总　序

　　景山东麓，红楼旧址。五四精神，源远流长。

　　中国社会科学院法学研究所位于新文化运动发源地——北京大学地质馆旧址。在这所饱经沧桑的小院里，法学研究所迎来了她的五十华诞。

　　法学研究所成立于 1958 年，时属中国科学院哲学社会科学学部，1978年改属中国社会科学院。五十年来、尤其是进入改革开放新时期以来，法学研究所高度重视法学基础理论研究，倡导法学研究与中国民主法治建设实践紧密结合，积极参与国家的立法、执法、司法和法律监督等决策研究，服务国家政治经济社会发展大局。改革开放初期，法学研究所发起或参与探讨法律面前人人平等、法的阶级性与社会性、人治与法治、人权与公民权、无罪推定、法律体系协调发展等重要法学理论问题，为推动解放思想、拨乱反正发挥了重要作用。20 世纪 90 年代以后，伴随改革开放与现代化建设的步伐，法学研究所率先开展人权理论与对策研究，积极参与国际人权斗争和人权对话，为中国人权事业的发展作出了重要贡献；积极参与我国社会主义市场经济法治建设，弘扬法治精神和依法治国的理念，为把依法治国正式确立为党领导人民治国理政的基本方略，作出了重要理论贡献。进入新世纪以来，法学研究所根据中国民主法治建设的新形势和新特点，按照中国社会科学院的新定位和新要求，愈加重视中国特色社会主义民主自由人权问题的基本理论研究，愈加重视全面落实依法治国基本方略、加快建设社会主义法治国家的战略研究，愈加重视在新的起点上推进社会主义法治全面协调科学发展的重大理论与实践问题研究，愈加重视对中国法治国情的实证调查和理论研究，愈加重视马克思主义法学和中国法学学科新发展的相关问题研究……

　　五十年弹指一挥间。在这不平凡的五十年里，法学所人秉持正直精邃理念，弘扬民主法治精神，推动法学创新发展，为新中国的法治建设和法学繁荣作出了应有贡献。

　　法学研究所的五十年，见证了中国法学研究事业的繁荣与发展；法学研究所的五十年，见证了中国特色社会主义民主法治建设的进步与完善；法学研究所的五十年，见证了中国改革开放与现代化建设事业的成就与辉煌。

　　今天的法学研究所，拥有多元互补的学术背景、宽容和谐的学术氛围、兼收并蓄的学术传统、正直精邃的学术追求、老中青梯次配备的学术队伍。在这里，老一辈学者老骥伏枥，桑榆非晚，把舵导航；中年一代学者中流砥柱，立足前沿，引领理论发展；青年一代学者后生可畏，崭露头角，蓄势待发。所有的这一切，为的是追求理论创新、学术繁荣，为的是推动法治发展、社会进步，为的是实现公平正义、人民福祉。

　　在新的历史起点上，我们解放思想，高扬改革开放的大旗，更要关注世界法学发展的新问题、新学说和新趋势，更要总结当代中国法学的新成就、新观点和新发展，更要深入研究具有全局性、前瞻性和战略性的法治课题，更要致力于构建中国特色社会主义法学理论创新体系。

　　为纪念中国社会科学院法学研究所建所五十周年，纪念中国改革开放三十周年，我们汇全所之智、聚众人之力而成的这套法学学科新发展丛书，或选取部门法学基础理论视角，或切入法治热点难点问题，将我们对法学理论和法治建设的新观察、新分析和新思考，呈现给学界，呈现给世人，呈现给社会，并藉此体现法学所人的襟怀与器识，反映法学所人的抱负与宏愿。

　　五十风雨劲，法苑耕耘勤。正直精邃在，前景必胜今。

中国社会科学院法学研究所所长李林　谨识

二〇〇八年九月

本书作者及其分工（按照撰写章节先后排列）：

邹海林　法学博士　研究员　博士生导师（撰写第一章、
　　　　　　第四章和第六章，并负责全书统稿）

崔勤之　法学硕士　研究员　博士生导师（撰写第二章）

姚德年　法学博士　副教授（撰写第三章）

陈　洁　法学博士　副研究员（撰写第五章）

目　录

第一章　商法基础理论

第一节　商法的理念

一、商法的存在形式

商法以何种形式存在，似乎不应当成为问题。例如，在大陆法国家，德国、法国、日本等均制定有商法典，并在商法典之外另行制定有诸多涉及商法典规范事项的特别法，商法的存在形式即为商法典及其商事特别法。但是，商法的存在形式在我国至今仍然是个理论和实践问题。因为在我国，商法的存在形式或者说商法存在的状态并不十分清楚；而且，作为商法的学科以及制度存在体系，长期以来也被笼罩在民法的理念、范畴以及制度框架内。商法以何种形式存在，不能不存疑问。

我国自 1949 年后，通过对私有财产的社会主义改造，逐步建立了国家所有和集体所有的社会主义公有制。以社会主义公有制为基础，我国实行高度集中的计划经济体制。高度集中的计划经济体制，排斥商品的流通和市场的竞争，有关商品的流通和市场的竞争的规则没有存在的空间，以民商法为核心的私法制度，难以融合到以计划经济为基础的社会生活中来。我国在计划经济时代，若论及商法，那简直是无的放矢；在计划经济时代，不仅没有适用商法的需要，而且连商法的观念都被遗忘了。自我国改革开放开始建立私法制度时起，我们所能够看到的现象是，民法和商法的区分十分模糊，区分民法和商法的正当性理由长期以来并没有获得广泛认可；在我国曾发生激烈和广泛的民法与经济法之争，在这个争论过程中，商法一直被人们所忽视。有学者对于我国商法制度在改革开放初期的状况曾经有过中肯的描述。"我国从有大清商律开始，商法的历史至今将近一个世纪。但人们对商法的研究却没有这么长时间。以商法制度支撑的商法研究，由于商法历史在我国的中断，也不得不留下历史的空白。"①

---

① 王保树：《带入 21 世纪的我国商法课题》，《法制日报》2000 年 1 月 2 日。

　　我国自 1980 年就开始了商事交易规则的创制,只不过这个时候人们还没有真正认识到商法在我国的存在。1980 年,我国颁布经济合同法,该法规定有买卖、加工承揽、仓储、运输、保险等多种市场交易行为,若在该法规范的内容上视其为商事交易的法律,一点也不过分;特别是该法所规定的"购销"(买卖)、"仓储"、"运输"、"保险"等交易行为和制度,更属传统意义(大陆法系商法典规定)的"商行为"。1985 年,我国颁布涉外经济合同法,则更进一步彰显了国际经济交往的商业需求,其所规定的内容也应当是名副其实的传统意义"商行为法"。但是,我们却很少称经济合同法和涉外经济合同法为"商法",因为它们在我国当时的法律理论和制度建设上太不像"商法"而更像"民法"。甚至,在当时经济法理论开始建立和发展的时期,经济合同法和涉外经济合同法因为涉及"微观经济因素",还被包括在"经济法"的理念和制度体系内。甚至在相当长的时期内,研究经济法的学者将公司法、票据法、保险法、海商法、破产法等纳入经济法的研究领域。显然,在我国的市场经济法律体系建立之初,民法固有的理念、原则和制度支配着我国民商法的制度建设和发展,并几乎包容了我国民商事立法的所有内容。在制度层面以及学术层面,商法并非我国改革开放后的私法制度和私法理念重生的自然组成部分。

　　自 1990 年后,随着有中国特色的社会主义市场经济体制的建立,我国加快了商事领域(参与市场交易的诸环节)的立法步伐,先后颁布了海商法(1992 年)、公司法(1993 年)、票据法(1995 年)、保险法(1995 年)、证券法(1998 年)、合伙企业法(1997 年)、个人独资企业法(1999 年)、信托法(2001 年)和投资基金法(2003 年)等。另外,我国在 1986 年还颁布有《企业破产法》,该法适用于国有企业(从事商事交易的国有企业)法人。我国有关海商、公司、票据、保险、证券、信托和投资基金等内容的法律所包含的原则,已经建立或者试图建立的制度,具有明显不同于我国以"民法通则"所建构的民法原则和制度的特点,甚至有些制度的差异导致民法原则和制度在商事活动领域的"不适用"。这些法律在内容上似乎无异于大陆法系国家所称的"商法",它们的客观存在是否能够成为我国存在"商法"的理论上的事实依据?若仅仅因为我国有在内容上等同于大陆法系国家商法的法律,就断言我国存在商法,显然没有说服力。大陆法系的商法是因为历史的原因而形成的,而我国欠缺商法的传统和历史,更缺乏商法的理论准备,仅仅依靠几部法律在形式和内容上与大陆法系的传统"商法"雷同是难以说明我国存在"商法"的。这些法律在理论上虽然不能提供我国存在"商法"的事实依据，但如果我们不再用当今的我国"商法"与西方国家的传统商法进行类比，并抛弃害怕商法被民法所包容的成见，海商法、公司法、票据法、保险法、证券法、信托法、投资基金法等作为民法的特别法，仍然不会丧失其独立存在的价值或地位，何以担心我国不存在"商法"呢？如果我们再从容一点，我们借用"商法"这个词汇来描述我国存在的海商法、公司法、票据法、保险法、证券法、信托法、投资基金法，并将之上升为商法科学，又有什么不可以的呢？我国并不存在名为"商法"的法律，这是无人否认的事实；只是因为商法学科的迫切需求以及我国改革开放后逐年颁布的有关"商事主体"、"商事活动"的单行法律多了，人们才习惯性地将海商法、公司法、破产法、票据法、保险法、证券法、信托法等商事单行法称为"商法"。①

可以说，我们所能够感知和谈论的"商法"，纯粹是随着我国的市场经济体制建设过程而逐步发展起来的一种法律解释现象。

二、西方人的商法观

在我国的商法理论上，人们很习惯用西方人因为历史的原因而形成的商法观来对待我国的商法。这里所谓"西方人的商法观"，实际上就是大陆法系国家因为历史的原因而在创制和实践"商法典"过程中形成的有关商法的定规或范畴，其核心部分则为成文的商法典、以"商人"和"商行为"为基础的制度架构。在英美法上，是不存在以"商人"和"商行为"为制度基础的商法观的，"在英国，商法已被普通法所吸收，以致二者的界限难以分辨，而且英国的法律家几乎从不在乎这种区分"。② 大陆法系诸国对商法的描述虽有不同，但因为商法典以及"商人"制度和"商行为"制度的存在，大陆法系诸国的商法被限定在一个人们能够接受的范畴内：商法为有关特定"商行为"的法律或者适用于"商人"的法律。

西方人的商法观对于我国理论上如何解读"商法"，影响极为深刻。在涉及什么是商法这个议题时，我国学者几乎不假思考地用"调整因商主体及其他主体所从事的商行为而形成的法律关系即商事法律关系的法律规范的

---

① 见邹海林：《我国商法发展过程中的若干问题》，载《中日民商法研究》（第3卷），法律出版社2005年版。

② ［法］勒内·达维：《英国法与法国法：一种实质性比较》，潘华坊等译，清华大学出版社2002年版，第163页。

总称"来定义商法。①

但是，这样的定义在我国究竟有无意义呢？暂且不说，已经处于 21 世纪的我国，是否真的有必要承认存在一个所谓的"商人"阶层，并有必要为这个"商人"阶层制定专门的法律？仅从这个定义本身而言，它就不能适用于我国。

商法作为调整"商事法律关系的法律规范的总称"，存在形式意义和实质意义两种形态②；从商法的形式意义上说，该定义只能说是一种理论上的虚构，因为我国并不存在形式意义上的"商法"；若从实质意义上说，即商法是"一切调整商事关系的法律规范的总称"③，在我国则更是不着边际，且不说我国是否真的存在有别于或者独立于我国法律上存在的"民事关系"的商事关系，商事关系存在的方式以及范围本身就是想回答但却无法回答清楚的假设"命题"。所以，用西方人的商法观来解读我国作为一种法律现象存在的"商法"，事实上本身就犯了方法论上的错误。

用西方人的商法观来解读我国商法，导致我国商法理论的幼稚和混乱。有学者对我国商法曾经提出这样的批评，"商法的基础在当代已不复存在，'商法'在中国是一个误区"，④ 并非完全没有道理。有学者对我国的商法做出过如下的中肯评价。"商法的内容是朦胧的，商法的边界是模糊的。在中国 20 年的法学史上，这样的情况的确少见：一方面我们在念叨着商法，但却不定商法为何物，一方面我们在呼喊着商法的理论和学说，但却说不清商法的概念和范围。面对着古老成熟的民法，商法的位置在哪里？我们教着商法，我们写着商法，我们眼观商法的兴旺和繁荣，我们热衷商法的事业和发展，同时我们也在怀疑着商法。我们知道它的过去，但我们却说不清它的现在，也看不透它的未来，我们似乎被笼罩在商法的烟雾之中，我们感到难以名状的困惑。我们困惑的问题之一是商法调整的对象到底是什么？通说认为商法调整的对象就是商事关系，但商事关系又是什么？商事关系与民事关系的相互关系又如何？将商事关系定义为商人之间因商行为而形成的法律关系，是最精确和安全的，但却未能解决全部的问题，何为商人，何为商行为，本身又是需要加以定义的问题，正是在此问题上，产生了商法上的客观

———————————

① 我国学者有关商法的定义的概括和评述，见范健、王建文：《商法论》，高等教育出版社 2003 年版，第 33—41 页。

② 张国键：《商事法论》，（台北）三民书局 1980 年版，第 7 页。

③ 范健、王建文：《商法论》，高等教育出版社 2003 年版，第 38 页。

④ 史际春、陈岳琴：《论商法》，《中国法学》2001 年第 4 期。

主义、主观主义和折中主义的立法原则。……困惑的第二个问题是到底什么是商事行为，商事行为与民事行为的关系如何？在商行为的界定上，同样存在着客观主义和主观主义的两种方式，但二者也都有着先天的缺陷。……困惑的第三个问题是商事行为应否作为商法的调整对象，是否应建立单独的商事行为法的规范体系？……自有商法以来，买卖、票据、行纪、承揽、运送、保险、海商等即被作为主要的商行为规定在商法之中，由此构成了商法中的商业活动法。……传统商法规定的商行为不过是营利性的民事行为，撇开行为者的主观意图，这种商行为与民事行为并无差别，因此这种商行为法存在的必要性就需要检讨了。既然民法早有对各种民事行为从一般原则到具体内容的全面规定，既然这种商行为的客观内容与民事行为并无差别，既然商法应该抛弃以商人确定其适用范围的商人法传统，那么还有什么必要制定这样的商行为法呢？……传统的商事行为并未形成不同于民事行为的统一特点，商法规范也从未建立起一套与民法规范完全不同的行为规则。学者所谓的商法特点不过是某些或个别商事行为所表现出的特殊性，学者们所观察到的不过是商法规范的零散、无序的表象。……困惑的问题之四是商法的范围和内容如何，商法究竟由哪些部分组成？公司、票据、破产、保险、海商是不是就是商法的固有范围？保险法为商法，为何银行法不为商法？海商法既为商法，航空、铁路等运输法为何不为商法？票据既为商法所调整，信用证为何不为商法？"①

商人和商行为制度为大陆法系国家的商法典所建构的核心制度，离开商人和商行为制度，当然不能很好地理解大陆法系国家的商法。近代商法直接源自于中世纪的商人法，而商人法是专门调整商人所从事的商业贸易活动的法律或惯例。大陆法系在选择民法典的规范内容时，并没有将涉及并发展了几个世纪的"商人法"所代表的特殊利益关系纳入民法典，使得"商人法"的法典化得以另立门户。"法国在制定民法典时，未将商事、海事等方面的规范包括进去，因此给日后的商法典的制定留下了十分有利的空间和机会。"② 可以想象，大陆法系国家的商法所建构的商人和商行为制度，形成的前提条件是当时存在不能为民法典所涵盖的商人及其传统。在概念法学的体系框架内，若没有商人和商行为制度的解释和应用，商法（典）也就不复存在了，更不能人为地割裂商人和商行为制度与商法（典）的关系。

---

① 赵旭东：《商法的困惑与思考》，《政法论坛》2002年第1期。
② 何勤华、魏琼主编：《西方商法史》，北京大学出版社2007年版，第341页。

我国本身就不存在西方人的商法观所建构的"商人"和"商行为"制度，商人和商行为只不过是我国学者借用大陆法系国家商法的"术语"研究我国商法的工具。在我国，商人的特殊地位因为作为商人的特殊阶层的消失而不复存在了，商人的存在及其交易行为已经被我国日益发展和成熟的民商法制度包容，是否有必要将作为学术研究的"工具"当作社会存在而加以承认，并将我国的商法与到西方人的商法观"接轨"？恐怕没有这样的必要性。当资本主义生产关系得以普遍确立并获得发展后，商人的特殊地位被日益发展的社会关系融合并逐渐消失，基于商人和商行为而建构制度的"商法典"的存在基础丧失，西方人的商法观自身也受到了挑战。这就是我们看到的 20 世纪 30 年代开始的意大利民法典的创制，其内容不仅包括了大陆法系国家传统意义上的"民法典"和"商法典"的内容，更是取消了意大利传统意义上的"商法典"，以商法典作为基础的商人制度和商行为制度最终被民法制度吸收。当我们在商法理论上太过于强调商人和商行为制度的存在，并将我国的商法纳入到西方人的商法观中，将进一步加剧我国商法的幼稚和混乱局面。"法学家们如果把理论的满足置于现实之上，虚拟出一个实在的商法，除可能对现实造成损害之外，没有根基的楼阁更终究会倒塌的。"① 在这里，我们不否认我国存在商法并有发展商法的必要，但不主张用西方人的商法观来解读我国商法。

三、商法与民法的关系

我国商法基于民法的理念、原则和制度获得发展，商法是否应当或者已经独立于民法而存在呢？学者对于商法和民法的关系问题产生了众多的争议。这些争议产生的原因，相当程度上可归结于一个属于历史的，但又被人们反复提及的论争："民商合一"与"民商分立"的对立。

民商法是实行"民商合一"还是"民商分立"，成为判断民法和商法的关系问题的出发点；"民商合一"与"民商分立"的对立，在我国的民商法理论上始终有着相当的分量。产生于大陆法系国家近代法典化的"民商合一"或者"民商分立"理论，相当程度上制约着我国商法制度和商法学理论体系的生存和发展空间。尤其是，"民商合一"论在我国是很有市场的。民法理论通说认为，我国实行"民商合一"的制度；在立法上，立法者不分商事和民事，通过颁布法律建立保护民事权利和维护私权利秩序的统一的

私法制度，民商法构成我国统一的社会主义市场经济法律制度的组成部分；在司法实务上，民法是规范社会生活的基本法，而商法则是对民法的补充。我国实行"民商合一"的论断，十分清晰地表达了我国商法和民法的关系问题。

在我国，至今没有颁布民法典，就更谈不上商法典。所以，在理论和实务上，人们常说的"商法"只是在"民商合一"的体制范围内进行思考的结果。但也有学者持不同观点，认为我国民商法制度采取的是"民商分立"的模式，无论是立法形式上还是运行机制上，均采"民商分立"。[①]

确实，我国制定民法典的进程已经有了几十年，而且正在积极起草过程中。在这一过程中，我国不仅颁布有民法通则、继承法、婚姻家庭法及合同法，而且先后颁布了海商法、公司法、票据法、保险法、证券法等具有提高效率和维护交易安全特点的单行法。这是我国民商法获得发展的重要事实。体现我国民法制度和商法制度的规范，均以单行法的形式出现的，但民法的理念、原则和基本制度已经渗透到我国的社会生活的各个领域，制定具有中国特色的民法典，已经成为我国民法理论和实务界的共同呼声。与之相对应的商法又在哪里呢？除了我们在理念上认可并接受的作为商法的单行法表现形式外，商法特有的理念、原则和基本制度并没有被社会普遍接受，尤其是商法理论的研究则更显幼稚。因此，无论在实务上还是在学术上，我国并不存在近代大陆法系国家法典化时期那样的"民商分立"或"民商合一"情形。在学术界，虽然早就存在制定我国"商法典"的呼声[②]，然而制定商法典的声音怎么也不能和制定民法典的声音相提并论，而且在学界（即使是商法学界）对于制定商法典仍是有争议的；制定我国的商法典是否能够成为我国商法发展的主流观点以及推动我国商法的现代化，更令人怀疑。何况，我国没有制定或者完成制定民法典的事实（尽管目前正在制定民法典），且被界定为传统上大陆法系商法调整事项的诸多领域并没有单独存在于我国的社会生活，已经多数被我国的民事立法吸收和包容，在"民法典"的创制外再制定一部"商法典"更是不可预知，是否足以说明我国根本就不存在"民商合一"或者"民商分立"的私法制度？

众所周知，"民商分立"还是"民商合一"的观念，是关于民法典与商

---

① 刘凯湘：《论商法的性质、依据与特征》，《现代法学》1997 年第 5 期。

② 参见徐学鹿《析"民法商法化"与"商法民法化"——再论"进一步完善民商法律"》，《法制与社会发展》1996 年第 6 期。

法典的关系问题的论争；"民商分立"是指在民法典之外另行制定商法典的模式，"民商合一"是指就民商事关系仅制定一部统一的民法典，对于不能合并到民法典中的有关商事的规定，另行制定单行法规。① 在这个意义上，我们足以认识到，"民商合一"抑或"民商分立"，仅仅属于立法技术层面的争论②，本来就不应当将之扩大适用于私法规范体系或者民商法体系的建构、解释与适用层面，从而在基础上影响商法的学科发展以及商法制度体系的建构与发展。"如果历史地看待商法，民商分立或者民商合一或许具有显著的意义，确实有争论的必要；但是现实地看待我国商法，这种争论是没有基础的。"③ 法国著名的比较法学家勒内·达维在20世纪70年代就认为大陆法系民法和商法的区分原因已经消失，"民法和商法的区分根源于历史，但可以认为导致这种区分的历史原因在我们的时代已不复存在"。④ 我们有理由认为，"民商合一"还是"民商分立"的理论，在我国恰恰是缺乏具有中国特色的商法学科和制度实践支持的学术虚构或者预设。

"在中国，民商法的关系仍然具有现实意义，因为这关系到商法有无存在的必要，商法以什么形式表现，商法与民法的关系等问题。但从理论与实践的关系来看，民商法关系的论争已远远落后于民商立法实践。在世界范围的民商立法中，民法的商事化，商法的民事化已形成一种普遍现象，这种现象使民商法的实质内容出现了水乳交融的关系，民商法的实际关系并不因为学者们的'分立'或'合一'主张而出现改变。再者，商事法律规范既可以在传统商法典中表现，也可以在商法典之外以单行法的形式表现，这就是说，现代商法规范的存在形式已经具有了多样性。"⑤ 因此，如何正确认识民法与商法之间的关系，应当是我国商法学发展道路上必须认真对待和解决的问题，但我们不应当拘泥于"民商合一"还是"民商分立"的争执，应

---

① 见杨建华：《新版商事法要论》，（台北）三民书局1984年版，第4页；梁慧星：《民法总论》，法律出版社2001年版，第11页。

② "民商合一"或"民商分立"作为立法技术层面的论争，并非近代大陆法系国家法典化过程中已经清醒认识到的问题。法国和德国在近代采取民法典和商法典分别制定的形式，不是学术争论的产物，而是因为历史的原因形成的。见郭峰：《民商分立与民商合一的理论评析》，《中国法学》1996年第5期。

③ 邹海林：《我国商法发展过程中的若干问题》，载《中日民商法研究》（第3卷），法律出版社2005年版。

④ ［法］勒内·达维：《英国法与法国法：一种实质性比较》，潘华坊等译，清华大学出版社2002年版，第48页。

⑤ 郭峰：《民商分立与民商合一的理论评析》，《中国法学》1996年第5期。

当实事求是地结合我国民商法的实践，寻找出一种切实可行的解决方案，为我国商法的发展提供可靠的、适合我国国情的理论支持。"民商合一"就一定要将商事规定纳入民法典，无视民法和商法之区别吗？"民商分立"就一定要在民法典之外另立独立之商法典吗？难道除此之外，我们就不能有其他的选择与设计吗？在这个问题上，我们甚至还有必要深入反思在我国产生如此争论的原因，"民商分立"与"民商合一"的争论结果，能够缓解或者消除引起争论的原因吗？

我们应当正视我国商法已经和正在发生的变化。商法和民法的关系作为一种客观的存在，并没有因为在我国发生"民商合一"与"民商分立"的争论而有所改变。我国商法独立于民法获得发展，是历史发展的必然。"商法首先要保障营利的实现和交易的安全、便利和效率，从而创造了自身的价值体系和新的原则。……民法中平等自由经过市场竞争条件下的改造，变成为具有新的内涵的商法原则。商法通过对原有民法制度的补充、变更、特殊化规定及特别制度的创设，形成了自己的制度体系。商法通过促进财富的增值和互惠所追求的人道与正义，也超越了民法'给每个人应得部分'的分配正义和关注人的基本生存条件的思想空间。于是，商法具备了独立存在的历史合理性。"① 不论学术上对于商法和民法的关系如何争论，我国商法相对于民法，仅仅是民法的理念、原则和制度包容和影响着商法的制度建构，以商事单行法表现的我国商法所代表的理念、原则和制度并不能被民法全部吸收；相反，以商事单行法表现的我国商法，则普遍建构了自成体系的制度，事实上已经日益脱离民法而独立存在了。"我国立法机关对于商法的技术处理采用的是单行商事法律的模式。此种立法模式以客观需要、务实实用、灵活简便为原则，而不受合一与分立的影响。在这种立法思想的指导下，我国已经制定了公司法、票据法、保险法、海商法等最主要的商事法律，虽无独立的商法典，但商事法律已趋完善。有的分立论者以市场经济需要商法调整为由，论证制定独立商法典的必要，这实际上是陷入了一个理论误区。事实上是我国虽无独立的商法典，但并不欠缺对商事关系的法律调整，只不过这种调整是由单行的商事法律来担负和完成的。系统的、单行的商事法律同样可以起到独立法典的作用。"②

---

① 李功国：《商人精神与商法》，载《商事法论集》（第2卷），法律出版社1997年版。
② 石少侠：《我国应实行实质商法主义的民商分立——兼论我国的商事立法模式》，《法制与社会发展》2003年第5期。

同时，我国的商法理论及其制度体系研究，也在极力摆脱民法的理念、原则和制度的影响，力求在商法观念上支持商法在我国法律体系中的独立地位。有学者认为，我国商法的自身体系是存在问题的，目前我国商法基础理论研究尚未摆脱民法基本制度与理论体系的阴影，要想使商法地位得以确立并获得坚实的基础与广泛的支持，就必须全面检讨现有商法的构建依据与构建体系，构建起基于其特有的调整对象和真正属于自己的制度与体系。① 但更多的学者则认为，承认商法的相对独立和部门法的地位，在我国应当实行实质商法主义的民商分立，即不以制定独立的商法典作为民商分立的基础，只是主张要承认商法的相对独立性，要促进我国商法的体系化进程，使之成为一个有特定的规范对象和适用范围的法律体系和法律部门。② 商法观念的独立化，意味着我国商法学术界不再简单地以民法的理念、原则和制度来评价商法了，商法应当有其自成体系的理念、原则和制度；商法的解释和适用亦应当独立于民法的解释和适用，商事交易优先受到商法规范的调整。"随着市场经济向全球化、科技化、复杂化方向发展，市场对商法将提出更高、更迫切的要求。在这种情势下，我们再不能凭着简陋的商事制度、用民法的基本意识甚至是传统的伦理道德观念来解决商事问题。"③ 商法观念的独立化，是我国建构具有中国特色的商法理论体系的前提条件，并有助于对我国的商法现象做出准确判断，以制定出更加符合商事交易特质的法律。

总之，我们根本就不应当借助于大陆法系国家出现的"民商分立"或者"民商合一"论来解读和建构我国已经独立存在的商法学或者商法制度体系，尤其是我国现在所处的环境已经远不同于大陆法系国家在近代法典化过程中创制商法典的环境。因为大陆法系国家近代法典化时期而产生的有关商法的定规及相应学说，若再深深影响着我国已经处于 21 世纪的商法学和商法制度体系的发展，将是我国私法现代化过程的悲哀。

四、商法的基本原则

有法必有原则，这或许是成文法的特点，成文法的局限性需要借助基本原则得以缓解或者克服。商法的基本原则，并非商法学的理念，而是商法作

---

① 范健、王建文：《商法论》，高等教育出版社 2003 年版，第 14 页。

② 石少侠：《我国应实行实质商法主义的民商分立——兼论我国的商事立法模式》，《法制与社会发展》2003 年第 5 期。

③ 王小能、郭瑜：《商法独立性初探——从票据法与海商法的角度》，《中外法学》2002 年第 5 期。

为成文法的抽象制度安排。讨论商法的基本原则问题，有学术上的重大意义，自不待言。①

关于商法基本原则的认识，笔者以为在理论上至少包含或应当含有以下三个要素：（1）高度抽象性，即集中体现商法的宗旨和价值的一般规范；（2）普遍适用性，即能够普遍适用于各种或者主要的商事关系的一般规范；（3）效力的纲领性，即对商事立法和司法实务（包括商法规范的解释）产生纲领性评价作用的一般规范。在我国商法上是否存在符合上述要求的基本原则呢？

众所周知，基本原则问题本为大陆法系成文法的一个特有现象。但比较有意思的是，大陆法系商法典并没有像民法典那样规定所谓的"基本原则"，商法典总则部分根本就不存在商法基本原则的任何抽象或概括条文。这种现象并没有阻止商法学说对商法基本原则的研究，不少学者认为大陆法系的商法存在基本原则，并进行了诸多或者不同角度的归纳。更有意思的是，原本存在于大陆法系成文法（民法和商法）的基本原则理论，还被学者引入到英美法的研究，认为英美法系商法也有基本原则。例如，有学者认为，"大陆法系商法由于存在总则，因此经常在商法总则中规定一般性制度……并从共同性制度中概括出统一适用于总则和分则的法律原则，如营利原则、效率原则、信用原则等等。而英美法系商法由于不存在商法总则，因此，其法律原则一般在单行法中予以体现，或者在判例法中由法官造法归纳得出。"② 暂且不说商法是否有其自己的基本原则，但商法学说归纳出的"基本原则"都不是凭空产生的，更不是理论的臆造：商法的基本原则存在于商法的制度或规范中，没有商法就没有基本原则。

我们首先应当注意到的是，我国没有名为"商法"的法律，那种产生于名为"商法"的法律的基本原则，在我国并不存在。有学者已经十分清楚地表明了这样的观点。"由于我国没有《商法典》或者类似形式意义上的商法文件，故无所谓立法上的商法基本原则。司法实践中相应地也无从适用。"③ 在这个层面上，无异于在说"西方人的商法观"中的商法基本原则，在我国作为一个命题并不成立，至少在目前它仅仅具有理论推演的意义，没有实践基础。

---

① 见范健、王建文：《商法论》，高等教育出版社 2003 年版，第 130—133 页。
② 何勤华、魏琼主编：《西方商法史》，北京大学出版社 2007 年版，第 344 页。
③ 范健、王建文：《商法论》，高等教育出版社 2003 年版，第 128 页。

　　我们还应当注意到是，我国没有名为"商法"的法律，但现实存在着作为法律解释现象的"商法"，即我国颁布的有关商事主体和特定商事交易的单行法，在这些法律中存在具有普遍适用价值和指导意义的一般规范。同时，作为法律解释现象的商法，又是寄生并成长于我国的民法，民法的理念、原则和制度为商法的生存和发展提供了土壤，民法的基本原则对于商法而言，同样具有高度抽象性、普遍的适用性和效力的纲领性。在这个层面上，我国商法的确有存在基本原则的实践基础。

　　所以，我国商法究竟是否存在基本原则，在学术上似乎并不存在争议。对于商法基本原则存在争议的问题有两个：我国商法的基本原则的判断基准如何？商法的基本原则包括什么内容？

　　因为对商法的基本原则的认识角度不同，学者总结出的商法基本原则亦不相同。有学者提出二原则说，认为商法以商行为作为规范对象，又是民法的特别法，体现其特色的基本原则有两个：第一，保障交易便捷原则；第二，维护交易安全原则。① 有学者在此基础上增加对商主体调控的制度安排，提出三原则说，认为商法基本原则包括：第一，保障交易便捷原则；第二，维护交易安全原则；第三，商主体法定和维持原则。② 当然，更多的学者则是尽可能地扩充商法的基本原则阵营，于是就有了四原则说③、五原则说④、六原则说⑤等等。若仔细分析我国学者归纳的商法基本原则的各种理论，我们不难发现这些原则的提出者多是基于西方人的商法观所界定的商法基本原则模型，并结合我国商法产生和发展的实际情况对商法基本原则予以归纳的。

　　不得不承认的现象是，在大陆法系商法典上，并没有如同民法典那样在总则部分明确规定有基本原则，在实行"民商分立"的体例下，商法是民法的特别法，故民法典上的基本原则适用于商法；但商法因有自己的特殊

---

　　① 见赵中孚主编：《商法总论》，中国人民大学出版社1999年版，第23页。
　　② 见黎燕主编：《商法》，中央民族大学出版社1999年版，第47—51页。
　　③ 见覃有土主编：《商法学》，中国政法大学出版社1999年版，第8—14页；赵万一主编：《商法学》，法律出版社2001年版，第32—41页；王作全主编：《商法学》，北京大学出版社2002年版，第7—9页。
　　④ 见董安生等编著：《中国商法总论》，吉林人民出版社1994年版，第54—65页；雷兴虎主编：《商法学教程》，中国政法大学出版社1999年版，第19—25页；高在敏：《商法的理念与理念的商法》，陕西人民出版社2000年版，第61页。
　　⑤ 见夏雅丽主编：《商法学》，人民法院出版社、中国社会科学出版社2002年版，第7—12页。

性，因此具有自己的法律价值取向，存在以下五个原则：赢利原则、自治原则、信用原则、安全原则、公平原则。而英美商法上的基本原则，则有促进交易便捷原则、功能主义的形式性原则和诚实信用原则。① 显然，西方人的商法观中的基本原则，并没有忽视或者否定民法基本原则在商法中的存在，私法自治、诚实信用、公平等民法基本原则被当然地纳入到商法中。我国的商法学与西方人的商法观有着相当的渊源关系，在我国商法上重述西方人的商法观折射出来的商法基本原则，也很正常。

"关于商法的基本原则，在西方也很难形成公认的概括，我国迄今为止也没有任何一部法律完整全面地阐释商法的基本原则。"② 因此，我国学者提出的商法基本原则，与西方人的商法观所强调的基本原则之间即使存在差异，也是可以理解的。但是，我国学者在商法基本原则问题上，过于强调商法有其独有的基本原则，并极力回避提及民法基本原则在商法上的再现。我国的商法理论倡导者太希望商法独立于民法获得发展，以至对于商法体系的完美构造太过于专心，因为缺少基本原则的商法无论如何也够不上完整，更难以说其独立。"商法是民事特别法，则意味着民事法律的基本原则、制度适用于商事关系，或者说，商法是民法基本原则、制度在商事领域的特殊运用和体现。然而，商法尽管脱胎于民法，却有了完全不同于民法的法律原则、制度，有了完全不同于民法的理论依据，有了完全不同于民法的调整方式，而决不是民法基本原则、制度在商事领域的具体化和特殊化。"③ 当我们要求商法有"完全"不同于民法的法律原则时，其结果就是非要在民法基本原则之外独创我国"商法"上并不存在的商法基本原则。"商法作为民法的特别法应在分享民法基本原则的基础上有所取舍。……商法的基本原则应体现与民法的不同之处。总结出商法的特有原则，有利于认识商法和民法的区别和联系，也有利于描述商法基本原则发展变迁的历史轨迹。商法基本原则在继承民法基本原则的基础上应有所扬弃，既体现商法的私法属性，也体现商法强烈的公法倾向。一般而言，作为民法基本原则的，就不必再重复作为商法的基本原则，甚至商法的基本原则应是明显区别民法和商法的理论规范。"④ 正是因为我国商法学者太过于强调商法和民法的区别（商法独立

① 见何勤华、魏琼主编：《西方商法史》，北京大学出版社 2007 年版，第 313—315 页、第 421—426 页。

② 何勤华、魏琼主编：《西方商法史》，北京大学出版社 2007 年版，第 624 页。

③ 刘凯湘：《论商法的性质、依据与特征》，《现代法学》1997 年第 5 期。

④ 何勤华、魏琼主编：《西方商法史》，北京大学出版社 2007 年版，第 594 页。

于民法），以至于民法上的私法自治、诚实信用、公平等基本原则居然被我国商法学者在讨论商法基本原则时"集体忽视"，这难道不让人感到奇怪吗？①

再者，我国的商法理论在讨论我国商法的基本原则时，同时也在我国已经颁布的商事单行法中尽力地寻找某些规定（诸如公司法上的公司组织形式、资本制度、组织机构、登记公示等推导出商主体法定原则）或者借助大陆法系商法典的某些不同于民法的规范（诸如以短期时效制度②等来论证保障交易的简便、迅捷原则）作为制度基础，以寻求这些基本原则在我国商法上存在的合理性。"……我国迄今为止也没有任何一部法律完整全面地阐释商法的基本原则。但考察我国现行的单行商法条文，仍然可以发现不同的法律分别叙述了一部分商法的基本原则。将这些原则归纳到一起可以看出，中国立法者本着建立为世人认可的市场经济体制的目标，已经全面承认并继受西方商法的基本原则。"③ 我们在这里所要强调的是，若借助于我国众多的商事单行法所规定的某些一般性制度或共同制度总结归纳出"商法基本原则"，需要更加深入地研究；只有那些真正体现出商法存在正当性的法律原则，才能够被归结为商法基本原则；否则，从商事单行法中总结归纳出的所谓"原则"，诸如商主体法定原则、商行为外观原则等，充其量也就是规范或者评价某种特定商法关系的法律原则，而非商法的基本原则。

我国的商法仅仅是一种法律解释现象，并不存在名为"商法"的法律；况且，我国的民商事立法已经在事实上改变了西方人的商法观所给出的商法的范围或边界，原本属于传统商法的许多现象、制度、规范在我国已经被十分恰当地融进了民法的范畴内，若我们离开我国商法发展的如此环境而硬要找出不同于民法的商法基本原则，甚至借助于西方人的商法观来界定我国商法的基本原则，不仅无法构筑我国这座"商法大厦"的地基，而且以此建造起来的"商法大厦"也不会牢固。有学者早就指出，"我们不能再人云亦云，不能再简单地照搬大陆法和英美法各国的先例和学说，我们需要实事求

---

① 当然，也有商法学者早就极力主张诚实信用原则为商法的基本原则，从诚实信用原则的形式和内容上看，它与商法息息相通，它是民法的基本原则，但只有在商法中才能将其作用发挥到极致。见徐学鹿、梁鹏：《商法中之诚实信用原则研究》，《法学评论》2002 年第 3 期。

② 大陆法系商法典上的短期时效制度在我国根本就没有存在的空间，甚至我国商事单行法规定的时效制度与民法通则规定的时效制度并无重大差异，例如《海商法》第 13 章规定的时效期间一般为 2 年、《保险法》第 27 条规定的时效期间则分为 2 年和 5 年。

③ 何勤华、魏琼主编：《西方商法史》，北京大学出版社 2007 年版，第 624 页。

是，根据中国现实的理论、立法和实践，建立自己的商法体系和商法理论。现实的中国既然已经没有了专门的商人阶层和商人特权，商人的行为既然已经融入世人的活动，为何还要抱残守缺，固守传统的商法的定规？"①

我们没有必要刻意去寻找我国商法的基本原则。商法作为私法，诞生于民法、成长于民法、独立于民法，但是民法的原则、制度、理念构筑了我国商法生存和发展的基础，尤其在我国民商法的发展过程中，并没有将商法严格区别于民法而对待。所以，民法上的基本原则，诸如平等、私法自治、公平、诚实信用等，应当无例外地构成我国商法的基本原则。

但要注意的是，当我们研究和讨论商法的基本原则时，并不能简单地重述民法的基本原则；在将民法的基本原则引入商法时，应当反映出商法的特点，并将民法的基本原则融进商事交易的环境中加以考量，使之具有相对于民法的基本原则的区别性特征。② 举个例子，商法学上有一个重要概念是"营业"。与"营业"相关的制度结构上存在一个所谓的"营业自由"或者"从商自由"的原则，即除非法律对商人的营业资格有所限制，任何人均享有自由营业的地位。显然，不论如何称呼，营业自由原则无非就是民法上的私法自治原则的翻版，将私法自治原则融进商事交易中而赋予其有别于民法私法自治的内容，即法律对营业资格有所限制外，任何人均可自主选择营业的组织形式、营业的财产和范围、营业场所、营业的种类和交易对象等，形成商法的"营业自由原则"。同样的例子还有，民法规定有诚实信用原则，保险法也规定有诚实信用原则，但后者有其自身的特有内涵，引申出的如实告知义务制度，不仅维系着保险合同的效力，而且有效地平衡着保险人和投保人之间的关系，但却排斥民法上的欺诈和错误等意思表示不真实的救济制度在保险法上的适用；保险法上的诚实信用原则还因为技术的要求而推崇保险合同的格式化，将附加合同上升为保险合同的普遍形式，导致民法上的合同自由原则几乎被抛弃。

笔者以为，作为法律解释现象而在我国存在的"商法"，是否应当总结或者归纳商法独有的"基本原则"，实际上并不重要。商法的基本原则，本身就意味着它是"集中体现商法的性质和特点、概括商法的基本制度、反映商法精神的根本规则。商法的基本原则是商人从事商事活动的根本行为准则，是立法机关从事商事立法活动的根本指导思想，也是司法机关处理商事

---

① 赵旭东：《商法的困惑与思考》，《政法论坛》2002 年第 1 期。
② 见徐学鹿、梁鹏：《商法中之诚实信用原则研究》，《法学评论》2002 年第 3 期。

纠纷的根本规则。"① 而商法又是什么？"传统上属于私法的商法，虽然具有明显公法色彩，但在今天也应从本质上将其归入私法范畴。"② 商法是私法的组成部分，在我国则是在民法的原则、理念和制度的架构体系中逐步成长起来的法律现象，并没有相异于民法的本质，民法的基本原则自然应当成为商法的基本原则。因此，我国商法学者对于商法的基本原则研究，重点不应当在于创设或者找出不同于民法基本原则的所谓商法原则，而应当实事求是地关注和研究民法基本原则在商法上的变化，并将之提升为商法的基本原则，以充分发挥这些原则对于商法规范和制度的设计、适用、解释等所具有的指导作用。

五、商法学的理论模型

商法学的理论模型，是有关商法的基本范畴及其制度体系构成的学说，其核心部分为商法学的理论体系。我国的商法理念受西方人的商法观的影响，西方人的商法观比较有力度地影响着我国商法的理论模型建构和传授。但是，同时我们也注意到，大陆法系传统上对于商法的范围的比较一致的意见，随着时代的变迁和两大法系的交融，在理念上圈定的商法范围也在逐渐扩大，以至于商法的边界日益变得模糊。此等情形同样发生在我国商法学的理论模型建构的过程中。

在人们脑海中，我国的商法学的理论体系似乎如同大陆法系国家的商法那样，有其固定的范围和内容。"不知从何时起，中国的商法理论形成了这样的经典结构，即在商法的一般规定之后，设公司、票据、海商、保险、破产几个部分。近几年来，人们所作的就是在这个体系结构基础上的添加或减少。伴随商法的兴起，商法教材和读物也呈现出空前的繁荣，据笔者尚不完全的统计，目前已出版的各种商法教材达十几部之多，但这些教材的体系内容却相差甚大，除对商法一般制度的归纳各教材内容不一外，作为商法分则各个部分的内容更是相差甚远。"③

有法必有基础理论，甚至应当有一般规定或总则。所以，较为经典的商法理论模型无不将商法基础理论或总则、公司法、票据法和保险法作为商法学体系的当然组成部分，这与其说是我国商事立法的理论再现，不如说是对

---

① 张民安：《商法总则制度研究》，法律出版社 2007 年版，第 40 页。

② 范健、王建文：《商法论》，高等教育出版社 2003 年版，第 47 页。

③ 赵旭东：《商法的困惑与思考》，《政法论坛》2002 年第 1 期。

西方人的商法观的中国版，是极为方便的"拿来主义"的产物。"拿来主义"也没有什么不好，至少要比我们过度地花费时间和精力去论证一个全新的商法学理论体系来得容易。而且，基于"拿来主义"而建构的我国商法学理论体系也并不存在明显的不足，相反却有力地推动了我国商事立法的进步。同时，我们也应当清醒地看到，我国基于"拿来主义"的经典商法学体系，还是有所保留和发展的，至少对于海商法这样一个较为传统的"商法组件"是否属于商法学体系产生了一定的分歧，较多的学者将海商法纳入商法学体系之中①，也有学者将之排除于商法学体系之外②；对于证券法、破产法、信托法等是否属于商法学体系，更有不同意见。很显然，我国商法理论之所以在商法学的体系问题上存在如此差异，与研究商法的学者对我国商法的认识和范围取舍有直接的关系，更与我国并不存在名为"商法"的法律直接相关。

我国商法的理论模型是否应当有较为一致的规范体系？若没有这样的规范体系，那么五花八门的商法学理论体系是否会影响我国商法的理论和制度建设与发展？有学者对此表达了担忧。"无论如何，现有商法教材和著述所建立的商法理论体系的合理性和科学性是令人怀疑的，其逻辑上的矛盾是显而易见的，其相互之间千差万别的状态也是不可思议的。"③

我国商法的理论模型首先不能脱离我国的商法实践，不能凭空或者仅仅依据西方人的商法观来构建我国商法的理论模型。我国商法的存在形式及其发展，并非大陆法系国家近代法典化时期以商法典圈定商法制度的翻版，而是在我国民法的理念、原则和制度基础上逐步发展起来的法律现象，其理论模型自应当具有极为强烈的"中国特色"。在理论上，我国学者提出五花八门的商法学理论体系，除反映我国商法制度发展的多样化外，更加预示着我国商法学的理论繁荣。再者，即使在大陆法系国家，对于商法学的理论体系也是存在差异的，因为在这些国家并没有形成商法典的内容或体系一致的立场。我国商法的理论模型，若因为西方人的商法观而采取封闭体系的做法，商法的发展将失去生命力；尤其是，若离开我国多样化的商事立法实践，尝试构建相对完整和范围有限的商法学理论体系，则更加不现实。

---

① 见王保树主编：《中国商事法》，人民法院出版社 1996 年版；顾功耘主编：《商法教程》，上海人民出版社 2001 年版；范健主编：《商法》，高等教育出版社、北京大学出版社 2000 年版。

② 见覃有土主编：《商法学》，中国政法大学出版社 1999 年版。

③ 赵旭东：《商法的困惑与思考》，《政法论坛》2002 年第 1 期。

　　我们在此并非要建构一个我国商法理论模型的样板，而是强调我国商法的理论模型应当具有开放性结构，它源自于我国的商事立法和司法实务，我国的商事立法和司法实务从来就没有对商法形成一个固守的范围或者体系。"商法外延走向模糊化，应当说符合商法的特点，也反映了商法发展的一个历史趋势。商法的实践性、变动性和灵活性都决定了商法很难有稳定的外延范围。"① 所以，我国的商法理论模型，可以包括西方人的商法观限定的商法制度体系，但更应当反映我国商事立法的创新型制度设计，将破产法、证券法、信托法、商业银行法、合伙企业法等纳入商法学的理论体系，则是十分自然的选择。

第二节　商法的公法化

一、商法的公法化

　　具有公法性质的规范渗透到私法领域的法律现象，被称之为"私法的公法化"；"商法的公法化"，则是指具有公法性质的规范渗透到商法领域的法律现象。例如，商业登记制度，商业账簿制度；公司法中的公司组织形态、公司章程的法定记载事项、公司股份转让与公司合并的条件与程序等规定；海商法中的船舶登记、运输单证、海事赔偿责任限制等规定；保险法中的责任准备金、再保险、保险代理人与保险经纪人等规定；破产法中的涉及清算程序、和解程序、重整程序、债权人会议、破产财产范围、债务清偿顺序等规定，均属具有公法性质的规范。在这里，还应当明确的是，具有"公法性质的规范"并非公法规范。

　　商事法"虽以私法规范为其中心，但为保障其私权规定之实现，颇多属于公法性质的条款，几与行政法、刑法等有不可分离之关系，却已形成'商事法之公法化'"②。在理论上，对于"商法的公法化"问题还是存在较大的争议的："商法的公法化"究竟是商法发展过程中的一个现象，抑或是商法的特征？"商法的公法化"会否改变商法作为私法的本质属性？在认同商法存在"公法化"现象的场景下，有学者将"商法的公法化"看成是商法能够脱离民法发展的一个理由，有学者将其作为商法构成独立法律部门的

---

① 何勤华、魏琼主编：《西方商法史》，北京大学出版社 2007 年版，第 595 页。
② 张国键：《商事法论》，台北三民书局 1980 年版，第 20 页。

判断基准，但也有学者将"商法的公法化"仅当做商法作为私法在现代社会发展的一种法律现象。

有观点认为，商法首要的基本特点就是商法兼具私法和公法的特性，是公、私法结合的法，但其基本性质仍属于私法。认为"私法公法化"在很大程度上表现在商法领域，即商事立法中越来越体现政府经济职权色彩和政府干预，调节个人与政府和社会间经济关系，维护社会公共利益的内容，这些内容体现了公法的明显属性。①

有学者认为，私法公法化在很大程度上表现在商法领域，即商事立法中越来越多地体现政府经济职权色彩和干预意志、调节个人与政府和社会间经济关系、维护社会公共利益的内容，这些内容体现了公法的明显属性。例如，商业登记制度、商业账簿制度，公司法中的公司组织形态、公司章程的法定记载事项、公司股份转让与公司合并的条件与程序等规定；海商法中的船舶登记、运输单证、海事赔偿责任限制、船舶抵押权等规定；保险法中的责任准备金、再保险、保险代理人与保险经纪人、保险业的监督管理等规定；破产法中的和解整顿、债权人会议、破产财产范围、债务清偿顺序等规定，均属公法性质的规定。②

还有观点认为，私法自治原则在传统商法中集中表现为以个性解放和政治自由为基础的"私人地位优先"的信条。但现实证明，商事经营中绝对的平权理论只是虚构的假说，经济利益上的强者在契约自由的幌子下，迫使弱者做出自己承担不公正法律义务的承诺的现象屡见不鲜。由此，从社会整体利益出发，用社会公正观修改形式上的保护个人绝对权利之公正观，已使现代商法逐渐演绎为一种特别私法，即掺和了许多公法性条款内容的法律，一种以私法为中心，公法和私法兼容的法律部门。③

上述各种观点虽然都认为商法在本质上为私法，但以商法领域的"私法的公法化"日益显著的特征作为基础，或者称商法是公法和私法结合的法，或者称在商法中存在诸多的具有公法性质的规范而有所特殊，但是这些观点都没有将商法中存在的具有公法性质的规范这种法律现象或者状态描述清楚，难免使人怀疑商法究竟在本质上是否还是私法。对于"商法的公法化"这个问题，实际上也少有学者对之进行过较为详尽的历史研究。

---

① 赵中孚主编：《商法总论》中国人民大学出版社 1999 年版。
② 刘凯湘：《论商法的性质、依据与特征》，《现代法学》1997 年第 5 期。
③ 范健：《中德商法研究》，法律出版社 1999 年版。

当法国 1807 年制定商法典时，该法典就包含有涉及诉讼程序法、破产法等诸多公法内容，而且它们构成 1807 年《法国商法典》的固有体系的组成部分，并没有人将之作为"商法的公法化"的论据。1807 年《法国商法典》作为《法国民法典》的特别法，其私法地位并未受到置疑。现今有关"商法的公法化"讨论，无不将之归结于 20 世纪后"具有公法性质的规范"向商法领域的渗透，是因为政府对经济生活的干预和影响扩大以及交易的日趋复杂而产生的。当我们不能对诸如"商法的公法化究竟是在什么时代才开始发生的现象"、"商法的公法化又是怎样演变的"等问题做出"科学"的回答时，当然不可能就"商法的公法化"问题描述得清清楚楚。我们不得不承认，具有公法性质的规范向私法领域的渗透，不仅仅商法独有，民法亦然；在现代社会，具有公法性质的规范向私法领域的渗透，在民法和商法这两个层面已经很难分出"伯仲"。同时，我们还应当注意到，在"私法的公法化"过程中，也同时存在着"商法的民法化"或者"民法的商法化"等学术争议，但都没有结论显示"商法的民法化"使得商法演变为民法或者"民法的商法化"使得民法演变为商法。所以，"商法的公法化"并非商法发生性质上的变化的法律现象描述，并不含有商法的性质已经发生变更的任何内容。

在理论上，商事主体承担较民事主体更高的注意义务，因为技术和便捷的原因，商事交易的外观对于交易的安全更具有意义或价值，这是国家公权力介入商事交易的正当性基础。"商法的公法化"本质上是借助国家公权力更好地落实和贯彻商事主体的注意义务和商事交易的外观价值的一种手段或者方法，"商法的公法化"并不表明商法具有区别于民法的显著特征。尤其是对于我国的私法而言，商法产生并发展于民法的原则、理念和制度之上，商法事实上没有而且也不可能脱离民法而存在，具有公法性质的规范向私法领域的渗透，也很难说在商法领域较民法领域更为显著。因此，笔者以为，"商法的公法化"仅仅是对具有公法性质的规范向商法领域渗透之状态的一个学术理论上的模糊描述。

二、商法的公法化边界

商法的公法化虽然是对公法规范渗透到商法领域的一个模糊描述，但还是应当有其自己的"边界"范围；否则，商法的公法化就极有可能向改变商法的性质方向演化。但是，商法的公法化边界应当如何划定，理论上存在争议。

有观点认为，商事法是一个渗透着公法因素的私法领域。商事主体在商事活动中的自我调节机制是有局限性的，需要国家以社会的名义进行整体调节。因此，政府对于私法关系逐渐改变以往的态度，而采取积极干预的方式，这就是所谓的"私法公法化"。① 将"商法的公法化"定位于国家公权力对私法关系的积极干预，在我国商法发展的过程中表现得十分明显，表明我国的商法在"商法的公法化"道路上走得更远。

在评价我国商法的公法化倾向时，有文章这样写道："我国的商事立法大多在经济转型初期制定而成，不可避免地包含着对政府权力和国家管制的偏爱。与成熟的法治国家所秉承的'法不禁止即可为'的私法自治原则不同，我国商法总体上贯彻的是'法无明文规定不可为'的公法规则。这种游戏规则的错误实际上恰恰是政府越位管制的一种最深刻的反映。《公司法》这个商事基本法即表现得相当明显，公司法强调政府对经济运行的管制，强制性、禁止性规范多，任意性、可选择性规范少，是国家本位而不是当事人自治的公司法。《公司法》第 75 条规定，设立股份有限公司必须事先得到省级人民政府的批准。《公司法》并未对政府事先批准的条件、程序作出限制和规定，从而使是否批准设立股份有限公司成为省级人民政府机关无从制约的行政特权。另外，《公司法》还在公司对外投资、公司股份种类、股份公司发行新股、公司股份的转让等问题上，授予国务院以规章制定权，或者授权政府机关行使行政特权，或者实施特别监管。根据上述规定，政府主管部门实际上成为可以左右《公司法》条款含义的机构，这难免导致公司法实践脱离公司法立法者本意的情况。其他商法也均呈现强烈的政府管制色彩，如我国 1995 年颁布的保险法第 106 条规定，商业保险的主要险种的基本保险条款和保险费率，由金融监督管理部门制定，是国家公权力积极干预企业自主经营的典型事例。"②

从我国商法的单行法内容可以看到，国家公权力介入商事活动更加积极和主动，呈现出"泛公法化"的特点，即我国商法在建构其制度的过程中吸收了更多的、不规则的国家公权力积极干预商事活动的公法内容。应当注意到的是，我国商法是通过单行法的方式获得发展的，但这些单行法并不仅

---

① 王保树：《商事法论文集》，法律出版社 1997 年版，第 11 页。
② 钱卫清、李寿双：《中国商法环境：现状与变局》，http：//article. chinalawinfo. com/article/user/article_ display. asp？ArticleID = 28461。引文中所称"公司法"系指我国 1993 年颁布的"公司法"。

仅限于对商事主体、交易和秩序的调整，有些法律更是关注国家公权力对商事活动的干预，规定有政府监管商事活动的大量内容。在这里，我们并不想就商法的公法化问题在我国的正当性作深入分析，而仅仅试图提出我国商法的"泛公法化"的现象，尤其是国家公权力或政府积极干预商事活动的内容被大量写进了商法。例如，我国保险法规定有保险业的监管机构及其监管权限，并详细规定有保险业监管机构的监管内容和方式，以法律的形式授权保险监督管理委员会对保险业进行全面的监管；证券法规定有证券交易的监管，以法律的形式授权证券监督管理委员会对证券交易进行全面的监管。

国家公权力对商事活动的积极干预，本不属于传统大陆法系商法的固有内容，也不应当成为我国民法的特别法（商法）的内容，因为国家公权力的积极干预将会改变商法作为私法的属性，而不仅仅是"商法的公法化"问题。当国家公权力积极介入商事活动，而改变了商法的性质，不如称其为"经济法"，即国家干预经济活动之法。我国在重建市场经济法律的过程中，在构建商法的结构和内容方面并没有作出足够的符合法理的准备，在商法中规定有国家公权力积极干预商事活动的"公法"内容或公法规范，这对于我国商法理论的重构确实造成了负面的影响，其妥当性是值得怀疑的。① 例如，保险法规定的保险监督管理委员会对保险业进行全面的监管的规范，证券法规定的证券监督管理委员会对证券的发行和交易进行全面监管的规范，在性质上和体系结构上均不属于私法的范畴而属于公法规范，不是具有公法性质的规范，其所调整的社会关系在性质上也不同于商事交易关系，特别是这些规范所遵循的原则和理念与作为私法的商法规范格格不入，将之纳入作为私法的商法制度体系的确不妥。但是，基于立法技术的考虑和法律适用的便利，有关商事主体和交易、秩序的单行法规定国家公权力积极干预商事活动的内容，若法律的结构、内容、体系和逻辑安排较为合理与科学，将之与作为私法的商法规范一同规定于同一部单行法中，也并无不妥。②

在评价公法和私法的划分原则时，比较法学家勒内·达维就曾经明确澄清了一个错误的认识，"在许多案件中，虽然处于特定关系的当事人为私人（公司），但国家（或社会）无视此种关系，从而规定了当事人必须遵循的

---

① 见邹海林：《我国商法发展过程中的若干问题》，载《中日民商法研究》（第3卷），法律出版社2005年版。

② 在商法的理论模型的建构上，商法学的体系结构本不应当包括国家公权力积极干预商事交易的公法制度诠释，但是出于研究、教学和理论指导实践的便利，将之纳入商法学的体系结构中做延展性或跨领域的研究，亦有必要。

调整这种关系的规范。……由此，便导致了混乱；因为社会对一些关系强行施加大量规范，有人竟每每认为这些关系属于公法领域。如对这种规范做进一步分析则会将其划入私法范围……那些不可或缺的规范支配这些关系的事实，并不足以使这种关系变成公法关系。公法是一码事，出于公共政策的考虑所强加的规范又是一码事。"① 所以，在公法和私法的划分层面上看，国家公权力积极干预商事活动的"公法"或公法规范，不能与作为私法的商法规范相提并论；相反，因为国家公权力的干预而强加给商事活动的"强行法"规范，则仍然属于私法规范。在商法中出现的公法性规定或强制性规定，主要是基于市场交易的技术需要而产生的，是实现交易效率的技术手段，而非国家积极干预经济的产物。强制性是商法的内在特征，与私法自治具有内在统一性。正确对待商法的强制性，是商法理性化的一个基本前提。② 若我们能够在这些问题上有清醒的认识，商法作为维系商事主体和商事交易、秩序的法律，其本质并没有而且也不会因为我国商法的"泛公法化"而受到巨大影响，"商法的公法化"并不含有商法由私法向"公法和私法兼容"或者"混合法"方向发展的内容。但我们确实要注意，我国商法的"泛公法化"特点下的商事立法技术水平有待提高，以防止商法向经济法方向演变。

笔者以为，"商法的公法化"在性质上主要还是应当限于国家公权力对商事活动的消极干预，即国家以立法设定商事主体为商事交易活动必须遵循的强行法制度，以限制商主体的意思自治和加重商主体的法律责任；"商法的公法化"并不倡导而且也不应当倡导国家公权力对商事活动的积极干预。③ 在这个意义上，尽管"商法的公法化"是具有公法性质的规范向商法领域渗透之状态的一个学术理论上的模糊描述，但具有公法性质的规范本身已经限定了"商法的公法化"边界。

---

① ［法］勒内·达维：《英国法与法国法：一种实质性比较》，潘华坊等译，清华大学出版社2002年版，第41—42页。

② 见曹兴权：《认真对待商法的强制性：多维视角的诠释》，《甘肃政法学院学报》2004年第5期。

③ 见邹海林：《我国商法发展过程中的若干问题》，载《中日民商法研究》（第3卷），法律出版社2005年版。

第三节　商法的法典化

一、我国商法的立法形式

在大陆法系私法上，讲到法典时必然联想到的法的形式有"民法典"和"商法典"，似乎用以承载私法内容的法的其他形式，都不能称之为"法典"。在法的理论上，法典是单行法发展到一定规模或者数量时予以梳理整合的产物，只有那些"能够解决更大范围的法律问题的系统、集中且具有相当综合性的大法"，才能称之为"法典"；法典无疑是各种法的形式中的最高形式。① 我国已经颁布的民事或者商事单行法，若与近代大陆法系国家制定的民法典或商法典相比，还都称不上"法典"。但是，我们在这里所称的"法典"，并不限于民法典或商法典，而是比民法典或者商法典外延更广的一种法的形式的描述，它描述的是一个具有完整体系或者系统化的成文法，"法典化"也仅表明我国民法或商法构筑自己的体系或者系统而形成成文法的过程。在这个意义上，我国商法的法典化形式目前表现为有关商事活动的单行法。

虽然我国的理论界和实务界都坚称实行"民商合一"的体制，但相对独立的商法还是在逐渐脱离民法领地的过程中获得了相对自由的发展。自1990年后，随着有中国特色的社会主义市场经济体制的建立，我国加快了商事领域的立法步伐，先后颁布了海商法（1992年）、公司法（1993年）②、票据法（1995年）、保险法（1995年）、证券法（1998年）、信托法（2001年）和投资基金法（2003年）等。另外，我国在1986年还颁布有"企业破产法（试行）"，至2007年正式颁布企业破产法。我国有关海商、公司、破产、票据、保险、证券、信托和投资基金等内容的法律，为我国建立起商事主体、交易和秩序的法律制度，起了十分重要的作用。这些法律所包含的原则，已经建立或者试图建立的制度，具有明显不同于民法的原则和制度的特点。也是在这个层面上，我们常说商法为"民法"的特别法。有学者认为，"民法是对私人法律关系作出规定的一般法，商事法是对其商事法律关系作

---

① 见封丽霞：《法典编纂论》，清华大学出版社2002年版，第26页。
② 合伙企业法（1997年）和个人独资企业法（1999年）亦应当如同公司法，属于商法中有关商事主体的法律之组成部分。

出规定的特别法，两者是一般法和特别法的关系。"① 商事法的特别法地位主要表现在对民法个别规定的补充、变更，对民法一般制度的特殊化规定，以及创设民法没有的特殊制度。在决定法律适用时，应当遵守民法的一般适用和补充适用的原则、商事法的适用先于民法和商事法的效力优于民法的原则。②

值得注意的是，我国有关海商、公司、破产、票据、保险、证券、信托等内容的法律，均有其独立和完整的结构、规范体系。在结构上，所有的商事单行法均有总则（一般规定）和以总则为基础的具体规范；在内容上，所有的商事单行法都已经形成自己的较为全面和普遍适用的规范体系，这些规范体系不能为内容受到自身限制的民法所包括；在法律形式上，所有的商事单行法都已经不是民法的原则、理念和制度体系的简单复制，而是基于民法但超越了民法的规范存在形式。

二、我国商法的法典化选项之一：商法典

没有人怀疑，我国商法应当在现有的法典化形式（单行法）基础上获得发展。但是，商法要获得发展的问题，是否就是制定"商法典"的问题？至少在商法的法典化问题上，商法发展的核心问题似乎是商法独立的问题，商法要独立，就应当制定商法典。有学者在 1995 年就提出我国应当制定一部商法典；③ 有学者在 1997 年就讨论了我国制定商法典的基础条件，认为就立法技术而言，商法更直接取决于市场形态，而不像民法那样还与经济形态、传统文化、法律理念息息相关，所以商事立法包括商法典的超前较之民法更为现实和可能。欧陆各国及其他制定有法典的国家不少就是先有商法典尔后有民法典，或在制定民法典的同时制定商法典。我国已经制定了诸如公司法、票据法、海商法、保险法、破产法，已为统一商法典的制定奠定了基础，我国应当制定自己的商法典。④ 更有学者指出："就我国现行的立法的体例而言，……的确是采取了民商合一的编制体例，但是，我国民商法的此种编制体例是在特殊的时期所形成的……20 世纪 80 年代末尤其是 90 年代以来，随着计划经济体制的废除和市场经济体制的确立，商人阶层大量出

① 王保树主编：《中国商事法》，人民法院出版社 1996 年版，第 12 页。

② 见王保树：《商事法的理念与理念上的商事法》，载《商事法论集》（第 1 卷），法律出版社 1996 年版。

③ 见徐学鹿：《论"进一步完善民商法律"》，《法制与社会发展》1995 年第 2 期。

④ 刘凯湘：《论商法的性质、依据与特征》，《现代法学》1997 年第 5 期。

现，他们不仅在社会经济生活的各个层面发挥作用，而且还在社会的政治生活和文化生活等众多层面产生影响，国家通过众多的法律刺激商人的从商积极性，保护商人的利益，在此种情况下，再以我国现行的立法体例作为反对实行民商分立的编制体例是站不住脚的。我们应当制定独立的商法典，规定商人的身份和地位"；"在我国，制定独立的商事法典的时机已经基本成熟，甚至比制定民法典的时机更加成熟，因为我国已经制定了众多的商事单行法规，将它们进行整合，附加商事法总则，即构成商事法典。"① 部分商法学者将商法典的制定作为我国商法法典化的一个选项，在理论和实务上是有一定的意义的，起码可以繁荣我国的商法法典化之争论，或许还可以提升我国商法法典化的技术水准。

我国本来就没有任何制定商法典的传统或经验，目前也没有制定出民法典，但民法的原则、理念和制度已经包容和规范了我国的社会经济生活的绝大部分关系，民法和商法之间也不存在明显的界限，如何选取商法典的规范内容和体系，恐怕不是一句有制定商法典的必要性所能够解决的问题，实际上涉及我国民法和商法的关系问题。有学者认为，"民法与商法究竟是什么关系？在民法典之外是否需要制定商法典？对此，有两种截然相反的观点：即肯定说与否定说，前者为民商分立，而后者为民商合一。对于这一问题，我国学理上争论激烈，并均持之有故。我们不仅要问：民商分立是一个理性的选择，还是一个自然的历史过程？是科学的分类还是历史分类？如果真的像许多学者认为的那样——商人阶层以后，并没有合乎逻辑地消失而自然地民商合一，而是在民法典之外独立为法典？即使是在今天西方许多学者呼吁建立民商合一的具有法典化传统的国家，也只是'雷声大而雨点小'，像德国、法国这样的较早地拥有民法典的国家，民法与商法的合一也没有完成。为什么每一民法学者在编写民法教科书时，内容几乎是一致的，而编写商法教科书则有这么大的差异？这种取舍是有根据的，还是任意的？由此可见，理性与单纯的价值判断并不是推动民商合一的全部因素，更不是决定的因素，而历史与传统才是商法产生的基础，也是其存在的基础，也是民商分立的真正支持，也许正是历史与传统的因素真正阻碍着民商合一"。②

民法和商法的关系问题，本身就是一个历史性的问题。大陆法系国家的

---

① 张民安：《商法总则制度研究》，法律出版社 2007 年版，第 14—15 页。
② 李永军：《论商法的传统与理性基础——历史传统与形式理性对民商分立的影响》，《法制与社会发展》2002 年第 6 期。

近代法典化运动造就的商法典，作为历史遗留问题而独立于民法典。"商法与民法分立，完全是由于历史的原因，而不存在任何客观必然性。民法本是对商品经济、商事交易一般条件的反映，但在封建社会中，'民事'与宗法、身份、依附相联系，'商'的要求未普遍融入其中，故而只能对商人阶层适用反映交易要求的民法——以源自万民法的罗马法为基础的私法，在当时只能称为商法。等到资产阶级革命成功，自由、平等成为社会、经济的主旋律，民法便理直气壮地弘扬勃兴于万民法的平等精神，对包括商事在内的私人生活关系作一体调整。纵观详尽、细致、平易近人的《法国民法典》，实不难体会这种精神和立法的意图、宗旨。财产权神圣、契约自由、过失责任这三大原则，显然不可能只针对'商'以外的其他'民事'关系。资产阶级靠经商起家，调整其私人生活关系的法怎能把'商'排除在外呢？然而，对封建特权和压迫犹有余悸的资产阶级，害怕阶级和组织的特权，在民法典中对商事有所回避，如对商的一般要求和法人便刻意未作规定。由于民法典在商的调整方面留下了一些缺口，本不拟再为商人制定特别法的拿破仑，据说有一次震怒于军火商供应军火不及时，遂匆匆找了七名专家，赶制出一部《法国商法典》。这就是民商分立的正式形成。"①　"大陆法系因受罗马法形式理性的影响形成了法典化传统，因法典化的传统，使得人们想把不能为民法典所包容的商事规则按照法典编纂的方式使之法典化，于是就有了民法典与商法典的并立。"②　"一直到今天，民商法的界定标准问题仍然没有得到可令人作出成熟决定的解决。我们也很难相信，在不久的将来，人们能够在界定民商法的基础性标准方面有什么突破。因此，商法法典化一如既往地欠缺一种实体方面的基础和合理性。所以，今天，我们只能用历史原因来解释德国编纂商法典的事实，而这些历史因素今天早已销声匿迹了。"③　同样，更是因为商法典是历史遗留的问题，而又存在极大的可能被民法典所吸收。首先，法国的商法典已有200年的历史，而德国的商法典也有100多年的历史，它们在法典化的形式理性上远远不如民法典完美；随着社会的发展，法国和德国的商法典呈现出不断衰败的趋势。法国的商法典在颁布时共有648条，但到目前为止绝大多数的条款已被废除或修改，继续有效的仅有

① 史际春、姚海放：《再论商法》，《首都师范大学学报》（社会科学版）2003年第1期。
② 李永军：《论商法的传统与理性基础——历史传统与形式理性对民商分立的影响》，《法制与社会发展》2002年第6期。
③ 覃有土主编：《商法学》，中国政法大学出版社1999年版，第57页。

140 条，其中只有约 30 个条文保留了 1807 年商法典的原文；1807 年商法典在法国现代商法体系中只起着框架性的作用。① 1897 年的《德国商法典》在其后的百余年间，商法危机的论断随处可见，商法衰败的论断似乎也是不容否定的，在德国商法的发展过程中，我们能够发现一份被视为商法衰败证据的商法"损失表"，即公司法首先完成自身独立并从商法典中分离出来，还有其他内容也从商法典中分离出来（如商事雇佣）或者根本就没有列入商法典（如票据）。② 其次，随着资本主义生产关系的普遍确立和资本主义商品经济的广泛发展职业商人阶层垄断商人贸易的局面被打破，商人的特殊地位在商法中逐步消失，商法典是否还有独立于民法典存在的必要而被不断争议，于是有了意大利 1942 年统合民法、商法、劳动法等的民法典，商法典在意大利退出了历史舞台。

　　民法和商法的关系问题，在我国同样是一个历史问题。这个问题产生的原因主要还是因为学者的争论，而非我国的历史条件使然。若论民法和商法的关系问题在我国形成的历史条件，则与大陆法系近代法典化运动时期的历史条件迥然不同。即使在 20 世纪初的我国，因为并没有一个类似于大陆法系近代法典化时期的"商人法"基础，民国时期都未能形成商法典。"民商事混同、平行一致地发展，商不可能脱离一般民事环境独自发展，当社会上的平等观念和制度（institution）导致民法真正形成，商法也就包含其中了。民国时期在中国历史上第一次确立现代法制的框架，就采民商合一的体例，正是对客观要求的一种正确反映。"③ 当下的我国已经进入 21 世纪，民法和商法的关系问题源自于 20 世纪 90 年代后的商事立法的大量创制，有其历史的偶然性和必然性，但是并不存在分别制定民法典和商法典的历史条件和需求，以"民商合一"还是"民商分立"来解读我国《商法典》的制定，本身就是没有基础的。"在我们国家讨论民商合一或者民商分立，其意义并不是太大。因为我们根本不存在像西方的历史传统，商人在任何时候也没有真正成为一个相对独立的阶层，更没有自己不可动摇的商事规则。"④ "在当时的历史条件下，商法典的产生有其合理性。但时至今日，这种合理性的基础已经丧失。历史条件在今天已发生了翻天覆地的变化。传统'商人'概念

<hr />

① 见何勤华、魏琼主编：《西方商法史》，北京大学出版社 2007 年版，第 286—287 页。

② 见范健、王建文：《商法论》，高等教育出版社 2003 年版，第 77—79 页。

③ 史际春、姚海放：《再论商法》，《首都师范大学学报》（社会科学版）2003 年第 1 期。

④ 李永军：《论商法的传统与理性基础——历史传统与形式理性对民商分立的影响》，《法制与社会发展》2002 年第 6 期。

已显得不合时宜，'商人'已不再是一个特殊的阶层。商主体的产生已从严格特许主义转向核准主义和准则主义。现代市场经济的发展，使传统民事行为与商事行为、民事关系与商事关系的界限日渐难以明确区分。'商法典'这种法典化形式已显陈旧，不能满足商事关系发展的实际需要。"①

　　在我国，我们所能感觉到和看到的是，民法的理念、原则和制度已经被我国社会的各个阶层、领域所普遍接受，制定民法典已经成为我国民商事立法路径的必然选择，民法学也成为私法的最为发达的"学问"，而商法、尤其是商法的理论则是在民法的边缘部分成长起来的。海商法、公司法、合伙企业法、破产法、证券法、票据法、保险法、信托法等作为我国民法的特别法，不仅符合我国私法制度发展的轨迹，而且并没有影响这些法律单独并继续发展的生命力。我国已经不可能而且没有必要再回到西方国家产生商法典的那个时代，商法的法律形式的选择应当更加多样化，而不能局限于商法典。商法典作为"极具形式理性"的法典，不可能对社会经济生活的变化作出快速回应，商事单行法可以成为理想的替代方式。"从法律与社会的互动关系来看，法律从来都是社会发展的函数，社会发展必然要求法律的扩展和变革。因此，法典化之后，单行法形式的兴起也是非常正常的。法典化不是法律形式发展的顶点和终结，它只是法律发展的一个阶段。"② 暂且不论我国学者讨论的"商法典"的体系结构③是否能够并且应当包容我国已经颁布的所有商事单行法的内容，而法典的自身结构和制度安排无疑将极大地限制我国商事法的发展空间。对"民商分立"与"民商合一"的理解不能绝对化，无论是"分立"还是"合一"，都不应影响商法规范的存在和发展。换言之，"民商分立"并不意味着民法典与商法典并存；而"民商合一"，也不等于否定商法的存在。"仅仅有商事规则不能为民法所包容和商事规则

---

　　① 彭真明、江华：《商法法典化的反思——以制定〈商事通则〉为中心》，《浙江师范大学学报》（社会科学版）2005 年第 1 期。

　　② 封丽霞：《法典编纂论》，清华大学出版社 2002 年版，第 144 页。

　　③ 我国学者建议的商法典的体系结构，多数为"汇编式、松散式"的商法典结构。覆盖内容相对较广的商法典结构建议，见张民安：《商法总则制度研究》，法律出版社 2007 年版，第 15 页。"汇编式、松散式"的商法典结构，目前在学术和实践上均无助于我国商法的法典化技术水平的提高。有学者早就指出，传统商法的组成部分相互间缺乏内在的逻辑联系，制定独立的商法实际上只能是将业已颁行的单行商事法律整理汇编为法典，显然这种意义上的法典编纂实无必要；如果制定这样的法典，倒不如让它们仍然以单行商事法律的模式继续存在下去更显得顺理成章。见石少侠：《我国应实行实质商法主义的民商分立——兼论我国的商事立法模式》，《法制与社会发展》2003 年第 5 期。

的统一的需要，并不一定必然导致商法的法典化，它完全可以选择其他形式的存在。"① 学者们在探寻民商法的关系时，极易走向极端。有学者认为，现代意义上的"民商分立"已经超越了传统"民商分立"的范畴，即"民商分立"并不意味着需要制定一部鸿篇巨制的商法典，传统商法典的老化、陈旧及其他弊端已属有目共睹。商法通过大量的商事单行法而存在是当代商事立法的重要表现形式，也是"民商分立"的新形式。②

有学者并不受"民商合一"或"民商分立"的争论局限，以法典化的认识论基础、商法法典化的历史实证分析和我国商事关系现实状况三个层面，阐述了我国不宜制定商法典的理由，值得重视。笔者认为，理性主义的认识论基础和历史传统是商法典得以独立产生与存在的基础。法典被视为理性的产物，被认为是一个逻辑自足、包罗万象的完满的体系；但商法典的形式理性难以跟上商事活动飞速发展的步伐。商法典产生的历史条件是复杂的，但历史传统是商法典得以独立产生与存在的主要原因。我国的历史与欧洲国家不同，没有像欧洲那样商法独立发展的历史传统，不具备商法独立产生的历史条件，也没有对形式理性的推崇，因而没有商法典。历史是不能重复的，我国正逐步走上市场经济发展的道路，我们不能削社会经济生活内容之足，去适传统"商法典"形式之履。其次，法国、德国和日本的商法典有一定的渊源关系，但它们在体系和内容上存在较为显著的差异，说明商法的体系与内容安排并没有一个选择取舍的合理划一的标准。随着社会经济生活现实的变化，商法典的修改或补充不可避免，原有的商法典的体系结构已经支离破碎，实际效用已大大降低。商法典由于大量具体商事制度的独立而逐渐向"商事通则"的方向发展。以单行法来调整商事关系、改造商法典成为大陆法系国家趋于一致的、改造和完善商法的路径或模式。最后，商法所调整的商事关系的多样性与复杂性、极具变动性和时势性决定了商法不宜法典化。商法典作为"极具形式理性"的法律形式，不可能对社会经济生活的最新变动作出迅速地回应，频繁地修改或补充商法典又势必影响其稳定性与权威性，故现代各国都开始转向采用单行法这种灵活性大、适应性强的非法典化形式来调整各种具体的商事关系。③

---

① 李永军：《论商法的传统与理性基础——历史传统与形式理性对民商分立的影响》，《法制与社会发展》2002 年第 6 期。

② 见郭锋：《民商分立与民商合一的理论评析》，《中国法学》1996 年第 5 期。

③ 见彭真明、江华：《商法法典化的反思——以制定〈商事通则〉为中心》，《浙江师范大学学报》（社会科学版）2005 年第 1 期。

在这里，借用苏永钦先生评价民法典和特别民法的功能定位的一段话作为本部分的结语，以表达我们有关以商法典作为我国商法法典化选项的立场："滥觞于十九世纪的法典主义不一定已近黄昏，但民法典在经过二十世纪和特别民法的反复纠缠之后，如果还不能在功能定位上理清楚，走进二十一世纪的，可能就只是一堆断烂朝报，这时还不如解构为一个个政策理念清晰的单行法，对裁判者和被规范者而言，同样随手上网检索可得，反而更为实用。"①

三、我国商法的法典化选项之二：商事通则

在我国，应否制定商法典的争论，因为民法典的逐步推进和商事单行法的大量颁布，事实上已经告一段落。但是，有关我国商法的法典化形式的争论并没有因此而沉寂。学术研究总是不甘于寂寞的。制定商事通则以替代商法典的呼声，逐步成为我国商法学讨论商法的法典化的一个较为具有某种程度之新意的选项。"民商分立"还是"民商合一"的基础在于"民法典"和"商法典"在立法技术上的关系，它们在历史上发挥过不同的作用，并且具有历史的相对合理性，但并非商法的存在和发展所必须选择的路径。尤其在我国，在尚未完成民法典的编撰之前，大谈特谈"民商合一"或者"民商分立"既没有基础，而且也不具有现实性。正是因为民法和商法的关系并不一定表现为"民法典"和"商法典"的关系，商法的法典化完全可以选择多样化的形式。我国正在制定的民法典，不论其结构采取的是"汇编式、松散式"的结构，还是德国的潘德克顿体系，都不可能包括我国已经存在并处于不断发展中的商事单行法的内容，更无力完成对市场经济关系的全面法律调整。显然，在创制民法典的过程中，基于我国已经颁布和相对完善的商事单行法，构建起具有统领作用的商事法的一般规则体系，在我国并非没有可能。

我国采用商事单行法律的立法模式，虽然有灵活、务实、简便等优点，但由于缺乏总则的统帅，难收纲举目张之效，使商事单行法律变成了孤立、单一的法律，不能形成商法内在应有的体系，这显然不利于对我国市场经济关系的统一规制，亦无助于对单行商事法律原则、制度、规则的统一理解，更不利于对单行商事法律的贯彻实施。此种状态下的商事法律，犹如一个人只有四肢躯干而没有头脑，无法通过头脑的指令来驱使四肢的自如运动。因

---

① 苏永钦：《走入新世纪的私法自治》，中国政法大学出版社 2002 年版，第 83 页。

此，我国商法在立法模式上应当勇于创新，适时地提出制定"商法通则"（或"商事通则"）的立法建议，以实现商法对统一市场的全面规制，并实现商法体系自身的健全与完善。① "制定一部民法典，同时制定一部总纲性的商事基本法律即《商事通则》，对基本的商事法律制度和关系加以规定，对于具体的商事法律制度，则以制定单行法的方式规范。"② "我国应选择《商事通则》与单行商事法律相结合的商事立法模式。这种选择既是理性的，也是必要和可行的。我国完全可以在充分借鉴国外成功立法经验的基础上，走出一条适合中国国情的商事立法之路。"③

　　我国商法学界有相当多的学者将商法的法典化形式与我国商法的独立与否联系在一起，似乎没有商法典或者商事通则，就没有独立的商法。"民商合一"与"民商分立"仅仅是立法技术问题，尤其在我国更是立法技术问题，并非商法是否独立于民法的基础问题。我国的商法生成和发展于民法，已经取得的独立地位并没有因为"民商合一"或"民商分立"的争论而受到影响，我国的商法已经形成其自身特有的理念、原则和制度结构，而这些规范要素并没有被我国的民法（或者正在制定中的民法典）所包括，我们没有任何理由担心欠缺商法典或商事通则的我国商法会失去其独立地位。所以，至少在商法理论上，我们没有必要将制定我国的商事通则与我国商法的独立性联系起来。我国商法的法典化形式已经采取了单行法的方式，是否制定商事通则应当与我国已经颁布的商事单行法和正在建构的商法制度之整合或优化相关，它仅仅涉及我国商法的法典化的一个形式选择问题，而且要在相当程度上提升我国商法的法典化技术水平。否则的话，制定我国的商事通则的提法将会失去其本应当具有的价值。

　　商事通则的核心问题，并非是否应当制定商事通则的问题，而是商事通则的内容究竟应当如何选择和安排的问题。有学者提出，"《商事通则》的框架与结构大体可由以下十章构成：第一章为总则，包括立法宗旨、商事范围、基本原则和法律适用等；第二章为商事主体，包括个体商人、个人独资企业、合伙企业和公司等；第三章为商事行为，包括商事行为的构成、一般商事行为和特殊商事行为等；第四章为商事权利，包括商号权、营业权、商

---

　　① 石少侠：《我国应实行实质商法主义的民商分立——兼论我国的商事立法模式》，《法制与社会发展》2003 年第 5 期。

　　② 任尔昕：《我国商事立法模式之选择——兼论〈商事通则〉的制定》，《现代法学》2004 年第 1 期。

　　③ 雷兴虎：《〈商事通则〉：中国商事立法的基本形式》，《湖南社会科学》2004 年第 6 期。

誉权和股权等；第五章为商事登记，包括商事登记机关、登记范围和登记程序等；第六章为商会，包括商会的性质、组织运营、职权和职责等；第七章为商事账簿，包括商事账簿的种类、内容和置备的规则等；第八章为商事诉讼时效，包括诉讼期间的确定、计算和授权规定等；第九章为商事责任，包括商事责任的种类和承担方式等；第十章为附则，包括商事部门法的范围及其制定、有关术语、生效时间和解释机关等。"①

提出一项制定商事通则的建议作为商法的法典化的选项较为容易，但如何落实这个选项就是问题所在。商事通则在我国肯定不能是简化版的商法典或者商法典的总则，若商事通则的内容相当于一个简化版的商法典或者商法典的总则，那么在我国的商法理念和学说上，这样做并无任何创新可言，是否具有可行性，无须赘言。我们注意到，在提出制定商事通则的诸多理由中，无不涉及商事通则统领我国商事单行法的作用和必要性；在这一点上，商事通则并不同于商法典或其总则，它担负着建立我国商事单行法相互之间的联系或纽带的责任，可以提高现行商事单行法的位阶；并同时担负着构建我国民法典和商事单行法之间的联系或纽带的责任，以填补我国民法和商事单行法之间存在的规范缺失。但是，肩负如此重任的商事通则又在哪里呢？有学者指出，我国制定了一系列商事单行法，但"商法特有的学理未被充分的认识，商法深层的理论价值尚未得到发掘。在制定了各种具体的商事单行法后，本应在此之前就对其进行法理加工和提炼的学术使命，法学界却仍然令人震惊而遗憾地忽略了，并且这一遗憾延续至今。我国立法界与理论界在应对个别商事关系法律调整需要的同时，缺少了对整个商事关系共性问题和普遍规律的总结，而这正是中国商法学者责无旁贷的使命，是商法理论研究大有作为的广阔领域。"②

在改革开放后的数十年经济建设中，我国颁布的有关海商、公司、合伙企业、破产、票据、保险、证券、信托等内容的法律，客观上支撑着我国商法的存在和发展，然这些法律相互之间究竟存在着怎样的联系或者说其相互之间存在的"共性"如何，估计没有多少人可以把它说清楚。在一定程度上，我们似乎可以找到这些法律和民法之间存在的不同或差异，但它们各自与民法之间存在的不同或差异，并不能想当然得出

---

① 雷兴虎：《〈商事通则〉：中国商事立法的基本形式》，《湖南社会科学》2004 年第 6 期。
② 范健、王建文：《商法论》，高等教育出版社 2003 年版，第 8 页。

它们具有"共性"的结论；众所周知，公司法不同于民法、票据法也不同于民法，但同样作为商法的公司法和票据法，其原则和制度也是完全不同的。何况，我国商法的边界在哪里，都仍然没有搞清楚，商事通则又如何统领它们呢？这样看来，要在民法典和商事单行法之间创制出统领商事单行法的商事通则，估计要比制定商法典（汇编式、松散式的"商法典"）还要具有难度。作为我国商法的法典化选项之一的商事通则，会不会是一个根本就不存在的"命题"呢？

四、我国商法的法典化任务

我国商法以有关商事活动的单行法的独特形式展现在人们面前，正处在一个快速的发展阶段。"法律的法典化不是目的，只是达到目的的一种手段"，[①] 我国已经采取的商事单行法模式，对于我国商法的独立发展并无不当，而且有效地推进了我国商法的独立和发展，表明我国商法的法典化在相当长的历史时期内仍将以商事单行法的方式展开。尽管有关商法的法典化选项之商法典或者商事通则的争论还将继续，但更值得学者们报以关注和热忱的应当是我国已经并不断制定的商事单行法。

（一）商法观念的独立

我国商法的未来发展，并不取决于民法和商法的关系问题。我国商法现存的法典化形式，足以确保我国商法的独立发展和商法观念的独立存在。商法相对于民法，尤其是各个商事单行法的颁布，我国已经建立了商法的自成体系的制度，商法已经具有独立的地位。

但我国的商法理论研究，对于商法的独立信心不足。有学者认为，应当承认商法的相对独立和部门法的地位，在我国应实行实质商法主义的民商分立，即不以制定独立的商法典作为民商分立的基础，只是主张要承认商法的相对独立性，要促进我国商法的体系化进程，使之成为一个有特定的规范对象和适用范围的法律体系和法律部门。[②] 有学者认为，"要想使商法地位得以确立并获得坚实的基础与广泛的支持，就必须全面检讨现有商法的构建依据与构建体系，摆脱民法基本制度与理论体系的阴影，构建起基于其特有的调整对象而真正属于自己的制度与体系。如果这一工作进展顺利，则不仅会

---

① 封丽霞：《法典编纂论》，清华大学出版社 2002 年版，第 145 页。

② 石少侠：《我国应实行实质商法主义的民商分立——兼论我国的商事立法模式》，《法制与社会发展》2003 年第 5 期。

赋予商法以全新的生命使其获得完整的理论体系与制度架构，而且会促进民法理论体系与制度架构的完善。"① 更有学者认为我国商法的独立是历史发展的必然，"商法首先要保障营利的实现和交易的安全、便利和效率，从而创造了自身的价值体系和新的原则。……民法中平等自由经过市场竞争条件下的改造，变成为具有新的内涵的商法原则。商法通过对原有民法制度的补充、变更、特殊化规定及特别制度的创设，形成了自己的制度体系。商法通过促进财富的增值和互惠所追求的人道与正义，也超越了民法'给每个人应得部分'的分配正义和关注人的基本生存条件的思想空间。于是，商法具备了独立存在的历史合理性。"②

　　商法观念的独立，首先应当是商法学视野中的商事单行法的事实独立。"随着市场经济向全球化、科技化、复杂化方向发展，市场对商法将提出更高、更迫切的要求。在这种情势下，我们再不能凭着简陋的商事制度、用民法的基本意识甚至是传统的伦理道德观念来解决商事问题。"③ 我国已经颁布的商事单行法，无论在立法技术和司法实务层面还是在学科建设上，均没有将之作为民法（或制定中的民法典）的组成部分。我国商法已经独立于民法而存在，并不存在我国商法是否应当独立于民法或者如何独立于民法的问题。其次，商法观念的独立，意味着我国学术界不再以民法的理念、原则和制度来评价商法，商法应当有其自成体系的理念、原则和制度；商法的解释和适用应当独立于民法的解释和适用，商事交易优先受到商法的规范。这样的商法观念，已经随着我国商法学者对商事单行法研究水平的提升，日益获得普及和贯彻。我国已经颁布的海商法、公司法、合伙企业法、破产法、票据法、保险法、证券法、信托法都具有自成体系的理念、原则和制度以及相应的学说。最后，商法观念的独立，是我国商法的法典化水平获得进一步提升的理论准备。商法观念的独立，有助于社会对商法现象做出准确判断，以制定出更加符合商事交易规则的法律。我们不能将我国商法的独立建立在商法典或商事通则的基础上，而应当以独立的商法观念促成我国商法的法典化水平获得提高。没有独立的商法观念，就不可能有独立于民法的商事立法。

①　范健、王建文：《商法论》，高等教育出版社 2003 年版，第 14 页。
②　李功国：《商人精神与商法》，载《商事法论集》（第 2 卷），法律出版社 1997 年版。
③　王小能、郭瑜：《商法独立性初探——从票据法与海商法的角度》，《中外法学》2002 年第 5 期。

（二）我国商法制度的整合

商法制度的整合，就是对现行商法制度的结构和运行模式进行检讨，剔除不利于商法价值目标的制度设计。商法具有促进交易达成和确保交易安全两个基本的价值目标。商法上的制度设计应当服务于这两个基本的价值目标。在整合商法制度的过程中，商法观念的独立具有指导性的价值，否则，商法制度的整合将无法达成其目标。

我国商法的法典化采取商事单行法的形式，每个商事单行法因为经济环境的局限性、立法技术和立法理由的准备普遍不足而存在这样那样的缺陷。尤其是，商事交易具有多样性和复杂性、极具变动性和时势性，而且因为国际经济交往的普遍化而呈现出国际性，商事单行法不得不面对急剧变化的社会生活而出现法律漏洞。商事单行法制度设计上的缺陷，是立法者为商事交易设定的风险，应当由立法者通过修改法律的形式予以整合。因此，商事单行法的修改是商法进步和发展的常态，这是我国商法的法典化面临的十分艰巨的任务。我国对公司法、合伙企业法、企业破产法、证券法、保险法等商事单行法的修改或重新制定，不仅极大地改变了这些法律的面貌，而且提升了这些法律规范复杂多变的商事交易或行为的质量，但我国商法制度的整合才刚刚开始。[①] 再者，我国商法制度的整合，还应当注意协调因为泛公法化而产生的商事单行法在结构、体例、制度设计上的不当。我国商法普遍规定有泛公法化的内容，而这些内容与商法的私法性和"商法的公法化"均不兼容，在整合商事单行法的制度时应当对之有充分的考虑，并在立法技术上有所反映以准确区分私法规范和公法规范。

另外，我国商法采行单行法的立法形式，在整合商法制度时，应当在商事单行法的范围内进行，以保持商事单行法的制度体系的相对完整。但若涉及商事单行法相互之间、商事单行法与其他法律之间的规范协调，则应当将共同涉及的规范交由一个商事单行法专门规定，以避免法律冲突的产生。

[①] 对存在法律漏洞的商事单行法予以修改前，最高法院可否以司法解释或者审理案件的法院可否以个案解释的形式弥补或修正我国商法制度的设计缺陷，以更好地实现商法的价值目标，值得深入研究。"法典虽然有着其他法律形式所不能比拟的确定性、系统性和清晰性，但是，许多案件仅依靠法律条文的字面意思进行逻辑推论是无法解决的。又由于立法语言的不确定性，法典条文中的概念很多存在边际不清、含义模糊的情况，这些都决定了法官在具体的案件中必须依照案件事实与法律规定进行分析研究，自己去作出判断。在这个意义上说，除了立法者之外，法官也负有不可推卸的克服法典之不确定性和不断发展法典的义务。"封丽霞：《法典编纂论》，清华大学出版社2002年版，第269页。

（三）商事单行法的继续创制

我国已经制定有关海商、公司、合伙企业、破产、证券、票据、保险、信托等商事单行法，已经形成相对体系化的商法制度。但是，我们仍然会注意到，有关商事活动或者交易的商号、商事登记、商事账簿和商会等商法制度并未完整形成，至少还缺乏体系化的商法规范。既然我国商法的主要部分都已经通过商事单行法实现了"法典化"，那么涉及商号、商事登记、商事账簿、商会的事项，也可以商事单行法实现"法典化"。将商号、商事登记、商事账簿、商会作为商法规范的内容，本身就与海商、公司、合伙企业、破产、证券、票据、保险、信托等事项不存在关联性，与其说同海商、公司、合伙企业、破产、证券、票据、保险、信托等存在某种程度的关联而应当包含在商法典或者商事通则中，倒不如直接以商事单行法分别建立统一和体系化的"商号制度"、"商事登记制度"、"商事账簿制度"和"商会制度"。总之，我国商法的法典化应当包括"商号法（企业名称法）"、"商事登记法"、"商事账簿法"和"商会法"，它们将构成我国发展中的商法的组成部分。

第二章　公司法的发展

第一节　我国公司法学发展的回顾

从一定意义上讲，公司法学是我国商法学科中发展较早、研究成果较丰的领域之一。这是因为我国公司法学的发展与公司立法的进程息息相关。改革开放以来，公司立法在我国商事立法中起步最早，公司法学则伴随着有关公司法律的起草、颁行、修改和完善而逐步发展起来。笔者认为，改革开放以来至今，我国公司法学跟随公司立法的进程，其发展大体经历三个阶段。

一、初创时期

从 1979 年至 1993 年《中华人民共和国公司法》（以下简称 1993 年公司法）颁布前，是我国公司法学的初创阶段。我国的公司立法早在改革开放初期的 1979 年就已恢复重新开始。全国人民代表大会先后制定了《中外合资经营企业法》、《外资企业法》、《中外合作经营企业法》，国务院先后颁布了《〈中外合资经营企业法〉实施细则》、《〈外资企业法〉实施细则》。这些法律、法规中就有涉及有限公司的法律规范。此外，从 1983 年起，我国开始了公司法的起草工作，到 1993 年公司法颁布前的这段时间里，国务院、有关部委以及一些省市相继颁布了一些规范公司组织和行为的法规和规范，如 1985 年国务院颁布的《公司登记管理暂行规定》对公司登记行为进行规范；1988 年国务院颁布的《中华人民共和国私营企业暂行条例》对私营有限公司作出规定；1992 年国家经济体制改革委员会发布的《股份有限公司规范意见》和《有限责任公司规范意见》分别对股份公司和有限公司作出规定。此外，上海市、深圳市、海南省等也分别颁布了本地的公司法规。

与上述公司立法进程相适应的，这个时期我国的公司法学处于初创时期。在学科建设方面刚刚起步，几乎没有公司法方面的专著，只有一些教材及介绍西方国家公司立法的书籍。具有代表性的如：《公司法教程》（江平主编）、《西方国家公司法概述》（沈四宝）和《欧洲十二国公司法》（李功国等编译）等。

二、形成规模时期

从 1993 年年底公司法的颁布到 1999 年 12 月公司法修订前，是我国公司法学形成规模阶段。1993 年公司法是新中国新一部公司法，是规范商主体的重要法律。除此之外，从 1993 年公司法颁布到 1999 年 12 月公司法修订前，人大常委会、国务院以及证监会等部门还颁行了一批与规范公司相关的法律、法规和规范，如：《中华人民共和国证券法》（1998 年）、《中华人民共和国公司登记管理条例》（1994 年）、《关于股份有限公司境外募集股份及上市的特别规定》（1994 年）以及《可转换公司债券管理暂行办法》（1997 年）等。公司法及相关法律、法规、规范的颁布和实施，对规范公司的组织和行为，保护公司、股东和债权人的合法权益，推动国有企业改革和经营体制改革，促进社会主义市场经济发展发挥了积极的作用。

随之而来的是公司法学的快速发展。在这个时期公司法的著作、教材和论文大量涌现，逐渐形成规模。其研究的范围主要涉及：1. 对我国公司法的研究；2. 公司法专题研究；3. 对外国公司法的介绍；4. 对外国公司法的比较研究。在这个阶段对公司法学建设产生了一定影响的作品，有：《中国公司法》（王保树、崔勤之著）、《新编公司法教程》（江平主编）、《股份有限公司股东权的保护》（刘俊海著）、《公司法人格否认法理研究》（朱慈蕴著）、《当代外国公司法》（卞耀武主编）、《英美公司董事制度研究》（张开平著）等。

三、深入发展时期

从 1999 年 12 月底公司法进行修订至现在，是我国公司法学深入发展时期。随着我国经济体制改革的不断深化和社会主义市场经济体制的建立与完善，公司法已经不能完全适应新形势的需要，要进行修改。从 1993 年公司法自 1994 年 7 月 1 日实施到 2005 年 10 月 27 日，这部公司法共进行了三次修改。第一次修改是 1999 年 12 月 25 日由九届人大常委会第 13 次会议作出的；第二次修改是 2004 年 8 月 28 日由十届人大常委会第 11 次会议作出的。这两次的修改都只是针对当时亟须解决的问题，对公司法个别条款进行的修改。而第三次即 2005 年 10 月 27 日由十届人大常委会第 18 次会议作出的对公司法的修改，则是对公司法进行的全面修订。除保留公司法 20 余条文外，新增 58 条，删除 47 条，修改 125 条。修订后的《中华人民共和国公司法》

（以下简称公司法）① 于 2006 年 1 月 1 日起施行。

因此，这个时期的公司法学研究，主要是围绕着对 1993 年公司法的修改、完善以及对公司法的理解、实施而展开的。在与公司法修改、完善问题有关的大量著作、论文中，较有代表性的如：早在 2000 年 11 月出版的《商事法论集》（王保树主编）第 5 卷就专设了"公司法修改论坛"栏目，五位作者分别以自己的见解回答了如何修改、完善公司法的问题；2004 年 11 月出版的《中国公司法修改草案建议稿》（"公司法修改"研究小组编写）以及 2005 年 4 月出版的《2005 中国公司法修改研究特辑》（周友苏主编）等。在 2005 年 10 月以后，围绕着对公司法的理解、实施展开研究的论文、著作不断涌现。这个时期的著作大体可分为两类：一类是新作如《新公司法详论》（陈丽洁著）；一类是对原著作的修订，如：《中国公司法原理》（最新修订第三版）（王保树、崔勤之著）、《公司法论》（第二版）（施天涛著）、《新公司法论》（周友苏著）等。此外，还出现了一些翻译外国有关公司法律方面的书籍，如《最新日本公司法》（于敏、杨东译）等，展示了外国公司法的新发展。

当今，在与我国公司法的修改与实施进程同步发展的公司法学中，学者和实务界争论的热点主要是，公司的设立、公司治理结构、股东权利以及公司自治等方面的问题。

第二节　公司的设立制度

公司的设立是指，公司的设立人为取得合法的公司运营资格，依照法定程序，实施相关行为的过程。公司的设立涉及设立公司的条件、设立原则和设立方式、设立结果以及相关人员的法律责任等问题。为贯彻对公司设立的法律规定，应当坚持鼓励投资，提高公司设立效率，减少行政部门不必要的干预理念，公司法对公司设立制度的修改主要包括以下几个方面。

一、股东的人数和资格

设立公司，人是应当具备的条件之一。公司法对设立公司的人的规定，通常是指公司法对公司设立时股东的人数和资格的规定。笔者认为，公司设

---

① 如无特别说明，本章中所称"公司法"系指我国 2005 年修订并重新公布的《中华人民共和国公司法》。

立时，用股东这个概念是不准确的。股东是公司成立后，对公司投资者的称谓。从严格意义上讲，在公司成立前是没有股东存在的。所以，公司法在规定设立公司的人的条件时，应着重对设立人的人数和资格作出规定。但是，需要说明的是，包括我国公司法在内的各国公司法，对设立公司人条件的规定，几乎都使用股东这个概念，本书为叙述方便，一些地方只好用之。

（一）关于股东人数

设立公司，股东的人数必须符合法律规定。所谓公司股东的人数，一般包括股东的最低人数和最高人数。目前，西方许多国家都允许设立一人有限公司和一人股份公司，所以，这些国家有关规范公司的法律都不设股东人数的强行性规定。而股东的最高人数，西方各国对于股份公司都不规定最高限额；对于有限公司则规制不一，有的作出限制性规定，如韩国商法典第545条规定，社员总数，不得超过50人；有的不作出限制性规定，如法国有限责任公司法第1条只规定，有限责任公司由一人或数人设立。

我国公司法在2005年修订前对公司股东人数的规定为：除国有独资公司外，有限公司由2个以上50个以下股东共同出资设立；设立股份公司，应当有5人以上为发起人。[①] 这表明，我国对有限公司和股份公司股东最低人数和有限公司股东最多人数都做出限制性规定。公司法，结合我国公司实际情况，借鉴国外公司立法的有益经验，对有限公司取消股东最低人数的规定；对股份公司发起人降低了最低人数的要求，增加了对发起人人数最高限额的规定。即有限公司由50个以下股东出资设立；设立股份公司应当有2人以上200人以下为发起人。[②] 这意味着，我国解除了一人设立有限公司的限制；两个人就可设立股份公司。公司法之所以对设立股份公司最高人数数额作出限制性规定，"主要是为了保护社会公共利益，防止一些人通过设立公司达到非法集资的目的"。[③]

笔者认为，公司法在规定设立公司人的条件时，没有将公司设立人与其他投资人相区分是不科学的。虽然，公司设立人与其他投资人于公司成立后都是公司的股东，但是在公司设立阶段，两者所处的地位所起的作用是有很大差别的。遗憾的是公司法在规定设立公司人条件时，用了股东这个概念，这显然没有把设立人与其他投资人区分开来，会给适用法律带来不便。就公

---

① 1993年公司法第20条、第75条。
② 公司法第24条、第79条。
③ 安建主编：《中华人民共和国公司法释义》，法律出版社2005年版，第120页。

司法对公司设立时股东人数的规定看，笔者觉得，大多是对公司设立人人数的规定，但也有对公司股东人数的规定。例如：公司法第 79 条规定的，设立股份公司发起人人数最高限额为 200 人。这仅是对设立股份公司的设立人最高人数的限制，而与股份公司成立后股东人数的多少无关。而第 24 条规定的，有限公司由 50 个以下股东出资设立。则既是对有限公司设立人人数最高限额的规定，也是对有限公司成立后股东人数最高限额的规定。

（二）关于股东资格

关于资格问题。下面从设立人的资格和股东的资格分别进行阐述。关于公司设立人的资格，各国公司法的规定大致有两种：一种是公司设立人的资格不受限制。像韩国就是如此，无行为能力人也可以成为发起人。① 另一种是对公司设立人资格作出限制性规定。如美国几乎所有州的公司法都规定，公司设立人是达到法定年龄的人。② 我国 1993 年公司法对公司设立人资格的规定，采用的是后一种做法。但却仅规定，国有独资公司的设立人为国家授权投资的机构或者国家授权的部门。③ 股份公司发起人，须有过半数在中国境内有住所。④ 公司法基本维持原规定，只是将国有独资公司设立人改为国务院或者地方人民政府授权履行国有资产出资人职责的本级人民政府国有资产监督管理机构。⑤

笔者认为，上述我国公司法对公司设立人资格的限制性规定是不完善的。因为这样规定就意味着，任何自然人和法人都可以在我国设立公司。由于公司的设立有赖于设立人的行为，设立人在公司设立中的重要作用表明，不是任何自然人都可作为公司设立人的。此外，依国家法律和现行政策规定，国家机关和军事力量不得经商。"国家资产监督管理机构根据授权，依法履行出资人职责，依法对企业国有资产进行监督管理"，"国有资产监督管理机构不行使政府的社会公共管理职能，政府其他机构、部门不履行企业国有资产出资人职责。"⑥ 这证明，在我国也不是任何法人都可以设立公司的。为此，笔者主张，无行为能力人和限制行为能力人，不得为公司的设立

---

① ［韩］李哲松著，吴日焕译：《韩国公司法》，中国政法大学出版社 2000 年版，第 157 页。
② ［美］罗伯特·W. 汉密尔顿著，李存捧译：《公司法概要》，中国社会科学出版社 1999 年版，第 28 页。
③ 1993 年公司法第 20 条第 2 款。
④ 1993 年公司法第 75 条。
⑤ 公司法第 65 条第 2 款。
⑥ 《企业国有资产监督管理暂行条例》（2003 年）第 6 条、第 7 条。

人；法人为公司设立人的，以营利性法人为限；国家出资设立公司，其设立人为授权履行国有资产出资人职责的机构。

除公司设立人外，其他股东的资格，作为自然人股东其资格应当不受限制；作为法人股东应为营利性法人。

二、法定注册资本最低限额

设立公司，除具备法定的人的条件外，还要具备法定的物的条件。这就是设立公司股东出资必须达到法定资本最低限额。法定资本最低限额即法定的注册资本最低限额。有限公司的注册资本为在公司登记机关登记的全体股东认缴的出资额；[①] 股份公司的注册资本采取发起设立方式的为在公司登记机关登记的全体发起人认购的股本总额；采取募集方式设立的为在公司登记机关登记的实收股本总额[②]。对注册资本最低限额，许多国家的公司法都作出规定。例如：《法国有限责任公司法》规定，公司的基本资本必须至少为25000 欧元[③]；《韩国商法典》规定，有限公司的资本总额应为 1000 万韩元以上；股份公司的资本应为 5000 万韩元以上。[④] 但也有少数国家，如美国，大多数州都取消了对公司设立注册资本最低限额的规定。

上述对公司注册资本最低限额不同的规定，反映了人们对公司注册资本最低限额的作用认识不同。主张法律应对公司注册资本最低限额作出规定的理由是，这样做的唯一机能仅在于阻止想象个人能够轻易地设立公司[⑤]；而取消法律对公司设立注册资本最低限额规定的则认为，任何关于公司设立注册资本最低限额的规定都是武断的，也不能对债权人提供有意义的保护。[⑥]笔者的看法是，公司注册资本最低限额的规定实际上是对公司设立门槛的规定，这对防止公司滥设，保证公司经营的基本条件，保护公司债权人的权利及合法利益，提高公司制度的社会信赖程度是有一定作用的。但公司法对此作出的规定，不应过高，否则会影响公司的设立和造成资金的闲置。

---

① 公司法第 26 条。

② 公司法第 81 条。

③ 《法国有限责任公司法》第 5 条第 1 款。

④ 《韩国商法典》第 546 条、第 329 条。

⑤ 王保树、崔勤之：《中国公司法原理》，社会科学文献出版社 2006 年版，第 61 页。转引自于敏译：《日本公司法现代化的发展动向》，社会科学文献出版社 2004 年版，第 97 页。

⑥ ［美］罗伯特·W. 汉密尔顿著，李存捧译：《公司法概要》，中国社会科学文献出版社1999 年版，第 37 页。

1993 年公司法，对公司设立门槛的规定过高，即有限公司注册资本的最低限额按公司的经营领域不同规定为：以生产经营或以商品批发为主的公司 50 万元人民币；以商业零售为主的公司 30 万元人民币；科技开发、咨询、服务性公司 10 万元人民币；股份公司注册资本最低限额为 1000 万元人民币。① 为满足社会资金的投资需求，公司法大大降低了设立公司的门槛，具体规定为：有限公司注册资本最低限额，不再按公司经营领域不同有不同的规定，一律规定一人有限公司为 10 万元人民币②，一般有限公司 3 万元人民币③。股份公司注册资本最低限额为 500 万元人民币。④ 法律、行政法规对有限公司、股份公司注册资本最低限额有较高规定的，从其规定。⑤

三、股东的出资方式

股东的出资方式是指，股东可以什么作为出资，这关系到公司的运营，债权人的保护以及社会公共利益的问题。关于股东的出资方式各国公司法都规定，在公司设立时，除公司设立人外，其他人通常只能用货币作为出资。正是从这个意义上讲，公司法对股东出资方式的规定，实质上是对公司设立人除货币外的出资方式的规定。

（一）我国股东的出资方式

我国 1993 年公司法对股东出资方式的规定就显得狭窄，仅为：货币、实物、工业产权、非专利技术和土地使用权五种。⑥ 公司法对股东的出资方式规定为：股东可以用货币出资，也可以用实物、知识产权、土地使用权等可以用货币估价并可以依法转让的非货币财产作价出资。⑦ 这一规定表明，公司法扩大了股东出资的范围：其一是将工业产权改为知识产权，使商标权、专利权、著作权和非专利技术等都可作为股东出资的方式；其二，股东用于出资的非货币财产不限于实物、知识产权和土地使用权。

关于我国公司法对股东出资方式的规定，还有两点是要提及的：其

---

① 1993 年公司法第 23 条，第 78 条第 2 款。
② 公司法第 59 条。
③ 公司法第 26 条第 2 款。
④ 公司法第 81 条第 3 款。
⑤ 公司法第 26 条第 2 款、第 81 条第 3 款。
⑥ 1993 年公司法第 24 条。
⑦ 公司法第 27 条。

一，由于我国的土地所有权属于国家或集体，所以，在我国股东用实物作为出资的规定不包括土地，换言之，在我国，土地不能作为出资。而依法取得土地使用权者可以以土地使用权作为出资。我国公司法明确规定，股东可以用土地使用权作价出资。① 当然，股东以土地使用权出资应当将其转移到公司名下，所以要依照相关的法律、行政法规的规定办理。其二，公司法为方便投资者设立公司和使公司成立后能正常运营，一方面删除了原公司法第 24 条第 3 款 "以工业产权、非专利技术作价出资的金额不得超过有限责任公司注册资本的 20%" 的规定。这表明，公司法取消了股东用无形资产出资比例的限制；另一方面增加了对股东以货币出资比例的规定，即 "全体股东的货币出资金额不得低于有限责任公司注册资本的 30%"。②

（二）关于非货币财产出资问题的探讨

在股东出资方式问题上，主要涉及除货币外，股东还可以用什么作为出资，即股东可以用哪些非货币财产作为出资的问题。换言之，具备什么条件的非货币财产，才可以作为出资。对这个问题，国内外学者都在进行探讨。

一些国外学者认为，能够作为出资的非货币财产应当具备以下条件：（1）明白的确定性。必须客观明确用什么非货币财产作为出资。（2）价值物的现存性。作为出资的非货币财产，应当是事实上已经存在的价值物，并且该物属于出资者所有。（3）价值评估的可能性。作为出资的非货币财产，其价值应当能够进行评估作价折算为现金。（4）对公司的有益性。通常作为出资的非货币财产应当为公司营业所需要。（5）独立转让的必须性。作为出资的非货币财产，应当是可以独立转让的财产。③

我国公司法规定，可用于出资的非货币财产必须是：（1）可以用货币进行评估作价；（2）可以依法转让；（3）法律、行政法规没有规定不得作为出资的。④ 那么，信用、劳务、设定担保的财产、债权等非货币财产是否可以作为出资，对此，学者们的意见不一。

1. 关于信用和劳务可否作为出资

持肯定态度的学者认为，信用是无形财产，它的价值可以通过股东之间

---

① 公司法第 27 条。
② 公司法第 27 条第 3 款。
③ ［日］志村治美著，于敏译：《现物出资研究》，法律出版社 2001 年版，第 134—135 页。
④ 公司法第 27 条。

所达成的出资作价的任何协议予以确定。信用具有价值性，可兑现性、可流转性，自然是适格的出资标的物。[①] 股东用劳务作为出资符合公司出资多样化的国际趋势，劳务拥有为实践所需的价值性，实务中存在劳务出资的情况。我国合作企业法第 16 条也明确规定，劳务可以作为出资方式。[②] 持否定态度的（包括笔者在内）的学者则认为，股东不能用信用和劳务作为出资。这是因为：信用不存在明确的评价可能性；劳务在公司成立之初既不具有现实存在的价值性，又不易准确量化，且在公司解散或破产时难以变现，这将削弱公司资本的担保机能。[③] 笔者认为，之所以我国合作企业法规定劳务可以作为出资，以及西方国家公司法规定设立无限公司，设立人可用劳务和信用作为出资，是因为合作企业或无限公司成立后，合作人或无限公司股东要对合作企业或无限公司的债务承担连带无限责任，以保护合作企业、无限公司的债权人利益。而我国公司法仅把公司规定为有限公司和股份公司两种形式，而有限公司和股份公司的股东对公司都承担有限责任，公司的资产是对公司债权人的唯一担保，如果允许用信用和劳务作为出资，会使公司资产处于不确定状态，不利于对公司债权人的保护。为此，《中华人民共和国公司登记管理条例》第 14 条第 2 款明确规定，股东不得以劳务、信用等作价出资。在国外，如德国、法国、韩国等绝大多数国家也是不允许股东用信用和劳务作为出资的。需要说明的是，在美国，劳务可以作为有限制的出资。美国判例法认为，股东可以作为出资的，必须是已经为公司履行了劳务，将来的劳务不能作为出资。[④]

2. 关于设定担保的财产可否作为出资

持肯定态度的学者主张，尽管财产设立担保，其权利行使受到一定的限制，但股东仍可用设立担保的财产作为出资。可以通过条件限制和加重出资人责任的手段解决其存在的出资瑕疵问题。持否定态度的学者认为，股东不能用设立担保的财产作为出资。《中华人民共和国公司登记管理条例》第 14 条第 2 款就规定股东不得以设定担保的财产作为出资。如果用担保物出资，

---

① 薄燕娜：《股东出资形式法律制度研究》，法律出版社 2005 年版，第 195 页。

② 宋晓明等：《民商事审判若干疑难问题——公司法（上）》，《人民法院报》2006 年 8 月 9 日。

③ 同上。

④ 见《德国股份公司法》第 27 条第 2 款；《法国商事公司法》第 75 条；[韩] 李哲松著，吴日焕译：《韩国公司法》，中国政法大学出版社 2000 年版，第 225 页；[日] 志村治美著，于敏译：《现物出资研究》，法律出版社 2001 年版，第 144 页。

会使公司的财产处于不确定的状态，存在权利瑕疵，将影响公司资本的稳定，损害其他出资人及公司债权人的利益。[①] 笔者认为，设定担保的财产可否作为出资，不能一概而论，应作具体分析。换言之，笔者主张，设定担保的财产可以作为有限制的出资，即可以作为出资的，仅为设立担保的财产其本身价值超出担保债权的部分。

3. 关于债权可否作为出资

持肯定态度（包括笔者在内）的学者认为，债权是现存的价值物，可以用货币估价并可依法转让，可以作为股东的出资方式。我国1999年下半年进行的"债转股"已表明，我国允许用债权作为出资。"债转股"就是将负债较多，但有前途的国有企业进行公司制改造，使国有企业原有的债权人转换为改造后公司的股东。国务院颁布的《金融资产管理公司条例》第16条就明确规定："金融资产管理公司可以将收购国有银行不良贷款取得的债权转为借款企业的股权。"持否定态度的学者认为，债权不可以作为股东的出资方式。债权与物权相比，在性质上具有不宜作为出资形式的特征，如债权具有不安全性、随意性、隐蔽性，对公司债权人构成威胁。[②] 此外，还有些学者主张，目前我国对债权出资应当区分不同情况，采取有限度允许的态度。即股东以对公司（包括改制为公司前的企业）的债权出资应当允许；以对他人之债权出资因债权实现风险较大，应加以限制，采取出资人提供出资担保等措施；禁止股东以对公司的债权抵消其欠缴公司的股款。[③]

（三）股东出资缴纳的原则

1. 西方国家股东出资缴纳的原则

西方各国公司立法对股东出资缴纳原则的规定主要有三种：其一，法定资本制。即公司设立时，其资本总额应在公司章程中确定，并由股东全部认缴。其二，授权资本制。即公司设立时，资本总额记载于公司章程，股东认购首次发行占资本总额一定比例的股份，其余部分授权公司董事会在公司成立后，通过分次发行股份逐步补足。其三，折中授权资本制，即公司设立时，资本总额载于公司章程，首批股份的发行，仍采用法定资本制，其余部分由公司章程认可，董事会于公司成立后在法定年限内，发行新股以补足公

----

① 宋晓明等：《民商事审判若干疑难问题——公司法（上）》，《人民法院报》2006年8月9日。

② 同上。

③ 赵芬萍等：《论债权出资》，《法学杂志》2006年第5期。

司资本总额。英美法系国家，实行的是授权资本制。大陆法系国家从过去采用的法定资本制，向折中授权资本制进而实行授权资本制转变。

2. 我国股东出资缴纳的原则

我国在法律传统上属于大陆法系国家。1993 年公司法对股东出资缴纳，一律采用法定资本制。即公司设立时，公司资本由股东一次全部缴足，不得分期缴纳。如该法第 25 条就规定，股东应当足额缴纳公司章程中规定的各自所认缴的出资额。笔者认为，法定资本制固然有利于公司资本一步到位，进而利于公司运营和保护公司债权人的权利和合法利益。但是，这个原则会给设立资本总额较大公司的股东，立即足额缴纳出资带来困难。此外，还容易造成资金闲置。

公司法除一人有限公司及采取募集方式设立的股份公司的股东出资缴纳仍采用法定资本制外，其余公司的股东出资缴纳采用分期缴纳制。即有限公司全体股东的首次出资额不得低于注册资本的 20%，也不得低于法定的注册资本最低限额，其余部分由股东自公司成立之日起两年内缴足；其中，投资公司可以在五年内缴足。[1] 采取发起方式设立股份公司的全体发起人的首次出资额不得低于注册资本的 20%，其余部分由发起人自公司成立之日起两年内缴足；其中投资公司可以在五年内缴足。[2] 对股东出资采用分期缴纳的原则，可以减轻股东在短期内大量出资的压力，有利于公司快速成立，同时，也可以克服法定资本制使注册资本一步到位，造成资本闲置的弊端。

有些学者将我国公司法对股东出资缴纳的上述规定，概括为折中授权资本制。[3] 笔者认为，这样概括不妥。虽然，我国公司法对股东出资缴纳的规定与西方国家的折中授权资本制有相似之处，即都是公司的注册资本，不必一步到位即可成立公司，在公司成立后，再分次补足公司注册资本总额。但是，我国公司法对公司成立后补足公司注册资本总额的方式及出资缴纳主体的规定，则不同于折中授权资本制。其一，采用折中授权资本制的原则是，在公司成立后，将补足公司注册资本总额这件事授权给公司的董事会，由董事会通过分次发行股份的方式，来补足公司注册资本总额。而我国公司法采取的是，在公司成立后，由设立有

---

① 公司法第 26 条第 1 款。
② 公司法第 81 条第 1 款。
③ 赵芬萍等：《论债权出资》，《法学杂志》2006 年第 5 期。

限公司的股东或采取发起方式设立股份公司的发起人，在法定期限内缴足出资或股款的方式，来补足公司注册资本总额。① 其二，采用折中授权资本制的原则是，对于设立有限公司的股东或采取发起方式设立股份公司的发起人来说，因补足公司注册资本总额这件事已经授权公司董事会，所以，他们对已授权公司董事会尚未发行的股份，不必承担支付的义务，换言之，他们不必承担补足公司注册资本总额的义务。这就意味着采用折中授权资本制原则，在公司成立后为补足公司注册资本总额而要缴纳出资的主体是不确定的。而我国公司法则明确规定，公司成立后补足公司注册资本总额的主体是，公司设立时在公司章程中已认定出资额但未缴足出资的股东或已认足股份但未缴足股款的发起人。② 基于上述理由，笔者主张，将我国公司法对除一人有限公司及采取募集方式设立股份公司外的股东出资缴纳的规定，概括为分期缴纳制较为贴切。

四、公司的设立原则和设立方式

（一）公司的设立原则

公司设立采取什么原则，这是世界各国设立公司都必然要涉及的一个问题。纵观现代各国公司立法，公司设立的原则主要有两种：其一，许可设立原则又称许可主义，是指公司的设立必须符合法律规定的条件，并经国家主管机关批准。其二，准则设立原则又称准则主义，是指公司设立的条件由法律作出规定，只要具备法定条件，不必经国家主管机关批准，就可设立公司。当今，西方许多国家为适应公司发展的需要，除对设立与国计民生有密切关系的公司适用许可设立原则外，对公司的设立普遍采取了准则设立原则。

从我国公司法的规定看，1993 年公司法对公司的设立采取的是趋向准则设立原则。即规定："设立有限责任公司、股份有限公司，必须符合本法规定的条件。符合本法规定的条件的，登记为有限责任公司或者股份有限公司；不符合本法规定的条件的，不得登记为有限责任公司或者股份有限公司。"③ 这表明，我国公司设立采用准则设立原则。但该法又规定，设立有限责任公司，法律、行政法规规定需要经有关部门审批的，应在公司登记前

---

① 公司法第 26 条第 1 款、第 81 条第 1 款。
② 同上。
③ 1993 年公司法第 8 条第 1 款。

依法办理审批手续;① "股份有限公司的设立必须经过国务院授权的部门或者省级人民政府批准。"② 这意味着，我国有些有限责任公司和全部股份有限公司的设立，是采取许可设立原则的。

笔者认为，公司设立采取许可设立原则，虽然对防止公司滥设起了一定的积极作用，但是却存在着国家行政机关对公司设立干预过多，设立人意思自治难以体现以及容易滋生权力腐败的弊端。因此，我国公司法，删除了原公司法第 77 条即 "股份有限公司的设立必须经过国务院授权的部门或者省级人民政府批准" 的规定，体现了公司设立基本采取准则设立原则，个别公司设立采取许可设立原则。这样修订，既便于我国公司及时设立，迅速开展经营活动，又顺应了公司法国际发展趋势。

（二）公司的设立方式

我国公司法规定了两种公司的设立方式。一种是发起设立，是指公司设立时的全部资本（或全部股份）由设立人自行认购，不向设立人之外的任何人募集而设立公司。③ 有限公司和股份公司均可采用发起设立方式。

一种是募集设立，这是股份公司设立的一种方式。募集设立，是指发起人认购公司应发行股份的一部分，其余部分向非发起人募集而设立公司。④ 我国公司法对公司设立方式的规定，修订后与修订前的主要改变是扩大了募集设立的范围，修订前仅规定了公开募集，修订后增加了定向募集的规定。即："募集设立，是指发起人认购公司应发行股份的一部分，其余股份向社会公开募集或向特定对象募集而设立公司。"⑤ 这一修改，方便了投资者投资和公司设立。

设立股份公司究竟采用上述哪种方式，由发起人自行抉择。由于采取募集方式，特别是公开募集设立股份公司是吸收社会闲散资金作为设立公司时所需的资本，因此，这种设立方式会涉及众多投资者。为了维护投资者的利益，各国公司法都对募集方式设立股份公司规定了较为复杂的程序。此外，我国公司法为防止发起人完全凭借他人投资开办公司，损害众多投资者利益，还对采取募集方式设立股份公司的发起人认购的股份，应占股份总数的比例作了限制性规定：以募集方式设立股份有限公司的，发起人认购的股份

---

① 1993 年公司法第 8 条第 2 款、第 27 条第 2 款。
② 1993 年公司法第 77 条。
③ 公司法第 74 条第 2 款；公司法第 78 条第 2 款。
④ 公司法第 74 条第 3 款；公司法第 78 条第 3 款。
⑤ 公司法第 78 条第 3 款。

不得少于公司股份总数的 35%；但是，法律、行政法规另有规定的，从其规定。[①]

第三节　一人公司

公司法，增加了对一人有限公司的特别规定。19 世纪末 20 世纪初，西方多数国家为适应社会经济发展对一人公司的需求，纷纷修改有关规范公司方面的法律，允许设立一人有限公司。而我国，1993 年公司法是禁止设立一人公司的。但是，实质意义上的一人公司却在社会经济生活中日益广泛地存在着。针对我国公司的实际，顺应国际公司法改革趋势，我国公司法全面解禁了对一人有限公司设立的限制，允许设立一人有限公司，并设专节内容进行规制，以利于社会资金投向经济领域。

一、一人有限公司设立的特别规定

公司法对一人有限公司的设立在两个方面作了特别规定：设立条件和设立程序的特别规定。

（一）设立条件的特别规定

对自然人作为设立人有消极条件的限制，即："一个自然人只能投资设立一个一人有限责任公司。该一人有限责任公司不得投资设立新的一人有限责任公司。"[②] 这表明，一个自然人只要设立了一个一人有限公司，他就不再具有设立另一个一人有限公司的设立人的条件了；同时，自然人一人有限公司不具有设立一人有限公司设立人的条件。[③] 一句话，一个自然人只能设立一个一人有限公司。之所以作出上述特别的限制性规定，主要是防止自然人滥设一人有限公司，避免其滥用公司人格和有限责任损害债权人权益，以维护交易安全。但是，令笔者不解的是，公司法却没有对法人作为一人有限公司设立人作出任何限制。这就意味着，一个法人可以设立多家一人有限公司。同时，法人一人有限公司仍可以再设立一人有限公司。如此设立下去是否同样会出现滥设一人有限公司，侵犯债权人权益，危及交易安全的现象呢？笔者认为，公司法还应完善，进一步规范法人的投资行为，以防止损害

---

① 公司法第 85 条。
② 公司法第 59 条第 2 款。
③ 王保树、崔勤之：《中国公司法原理》，社会科学文献出版社 2006 年版，第 123 页。

债权人权益后果的发生。再者,提高注册资本最低限额。设立一般的有限公司注册资本最低限额为人民币 3 万元。① 但设立一人有限公司注册资本最低限额则为人民币 10 万元。② 最后,一人有限公司章程由股东制定。③

（二）设立程序的特别规定

对于股东缴纳出资,采用资本确定原则。与一般有限公司股东缴纳出资采用分期缴纳制不同,一人有限公司股东应当一次性足额缴纳公司章程规定的出资额。④ 对于一人公司的登记,提出标注的特别要求。"一人有限公司应当在公司登记中注明自然人独资或法人独资,并在公司营业执照中载明。"⑤

二、一人有限公司机关的特别规定

由于一人有限公司只有一个股东,公司法规定,一人有限公司不设股东会。其权力机关为唯一股东,该股东决定公司的经营方针和投资计划时,应当采用书面形式,并由股东签名后置备于公司。⑥ 又由于一人有限公司只有一个股东,属于股东人数较少的有限公司。按照公司法规定,一人有限公司不设董事会,可设一名执行董事,作为公司的业务执行和经营意思决定机关,执行董事依公司章程规定行使职权。执行董事可以兼任公司经理。⑦ 同时,一人有限公司不设监事会,可设一至二名监事作为公司的监督机关,依法行使监督职权。⑧

三、保护债权人的特别规定

为了更好地保护交易相对人的利益,降低交易风险,公司法规定了以下两项措施：(1) 法定审计。为使一人有限公司提供真实的会计信息,"一人有限责任公司应当在每一会计年度终了时编制财务会计报告,并经会计师事务所审计"。⑨ (2) 股东承担举证责任。一般公司股东滥用公司法人独立地

---

① 公司法第 26 条第 2 款。
② 公司法第 59 条。
③ 公司法第 61 条。
④ 公司法第 59 条。
⑤ 公司法第 60 条。
⑥ 公司法第 62 条。
⑦ 公司法第 51 条。
⑧ 公司法第 52 条。
⑨ 公司法第 63 条。

位和股东有限责任，严重损害公司债权人利益，适用公司法人格否认法理时，债权人应对公司股东的滥用行为举证。[①] 如果一人有限公司股东出现上述情况，则要由自己举证即"一人有限责任公司的股东不能证明公司财产独立于股东自己的财产的，应当对公司债务承担连带责任。"[②]

笔者认为，公司法允许设立一人有限公司无疑是重大突破，但是，该法对一人有限公司作出的特别限制性规定，尤其是对一人有限公司的设立及为保护债权人权益所作的特别规定过于严格，不利于一人有限公司的发展。而有些学者则持相反观点，他们认为，公司法虽然规定了风险防范措施来规制一人公司，但不可能完全规避投资风险，维护交易安全，因此应对一人公司进行严格限定，并完善信用体系，降低一人公司风险。[③] 公司法对一人有限公司规定的宽严到底如何还要在公司实践中进行检验。

第四节　公司治理结构

公司治理结构是一套公司赖以管理和监督的机制。从广泛意义上讲，公司治理结构是指，用以处理不同利益相关者即股东、债权人、管理人员和职工之间关系的一套制度安排。从法学角度讲，公司治理结构是指，为维护股东、公司债权人权益以及社会公共利益，保证公司正常有效地运营，由法律和公司章程规定的有关公司的管理和监督的制度体系。而公司内部机构的分权制衡机制，则是公司治理结构的核心。

公司法，针对1993年公司法存在的公司治理结构不够完善，董事、监事、高管人员的义务不够明确的缺陷，通过健全公司相关组织机构，强化公司董事、监事和高管人员的约束机制，以及增加对上市公司组织机构的特别规定等，进一步完善了公司治理结构，使公司组织机构的职权更加合理；董事、监事、高管人员的义务更加明确。这必将提高公司运作的质量及其竞争力。

一、董事会制度

董事会作为公司任务执行和经营决策机关，其能否充分发挥作用是公司

---

① 公司法第20条第3款。
② 公司法第64条。
③ 李士萍等：《一人公司的法律规制》，《山东师范大学学报》（人文社会科学版）2006年第2期。

治理结构的关键。针对旧公司法过于突出董事长的职权、董事会的议事规则不完善的弊端，修订的公司法从以下两个方面对董事会制度进行完善，以使其更好地发挥作用。

（一）突出董事会的集体决策作用

首先，公司法不再过分强调董事长个人的作用。第一，改变了公司法对董事长职权单独作为一条的规定，即删除了公司法第114条董事长职权的规定，将其规定在设置董事会内容的条款中。第二，将董事长作为公司法定代表人法定化的规定，修改为公司法定代表人人选由公司自主决定，即公司法定代表人依照公司章程的规定，由董事长、执行董事或者经理担任，并依法登记。①

其次，通过扩大董事会成员的构成，来健全董事会制度。例如：公司法增加规定，股份公司董事会成员中可以有职工代表。董事会中的职工代表由公司职工通过职工代表大会、职工大会或者其他形式民主选举产生。②

最后，公司法从董事会运作方式方面加强了董事会集体的作用。即规定董事长召集和主持董事会会议，检查董事会决议的实施情况。副董事长协助董事长工作，董事长不能履行职务或者不履行职务的，由副董事长履行职务；副董事长不能履行或者不履行职务的，由半数以上董事共同推举一名董事履行职务；③ 董事任期届满未及时改选，或者董事在任期内辞职导致董事会成员低于法定人数的，在改选出的董事就任前，原董事仍应当依法律、行政法规和公司章程的规定，履行董事职务。④

公司法的上述修改，既可避免权力高度集中的"一言堂"，又可调动董事会中每个成员的积极性，有利于董事会集体作用的发挥。

（二）细化董事会会议制度

完善董事会的议事规则，也是健全董事会制度的重要方面。为此，公司法细化了董事会会议制度，增加了以下内容：（1）规定了召开临时董事会会议的缘由，即代表1/10以上表决权的股东、1/3以上董事或者监事会，可以提议召开董事会临时会议。⑤（2）规定了董事会决议的表决原则：实行一人一票。⑥（3）规定了监事列席董事会制度。即每次董事会会议应当于会议召开

---

① 公司法第 13 条。
② 公司法第 109 条第 2 款。
③ 公司法第 110 条第 2 款。
④ 公司法第 46 条第 2 款。
⑤ 公司法第 111 条第 2 款。
⑥ 公司法第 112 条第 2 款。

10 日前通知监事。监事可以列席董事会会议，并对董事会决议事项提出质询或者建议。① 公司法对董事会会议制度的上述细化，使之更具有操作性，更加规范。

二、监事会的地位和作用

为改变公司监事会职权范围过窄，作用较弱，在实践中流于形式的倾向，公司法从诸多方面强化监事会对董事和高管人员履行职务以及对公司财务状况进行监督的作用。

（一）提高监事会的地位

1993 年公司法规定，董事会设董事长一人，而监事会则仅由其组成人员中推选一名召集人②，监事会的地位明显较低。为改变这种状况，提高监事会地位，公司法规定，监事会设主席一人，由全体监事过半数选举产生，监事会主席召集、主持监事会会议。③ 另外，公司法还扩大了监事会的监督范围。依照修订前公司法的规定，受监事会监督的人员仅为董事和经理。④而公司法将被监督人员中的经理，改为高管人员。高管人员是指，公司的经理、副经理、财务负责人、上市公司董事会秘书和公司章程规定的其他人员⑤。这一修改更有利于发挥监事会的监督作用。

（二）扩大监事会的职权

强化监事会的作用，最重要的是改变公司法对其职权范围规定过窄的缺陷。在这方面，公司法对监事会增加了以下职权：（1）对违反法律、行政法规、公司章程或者股东会决议的董事、高管人员提出罢免的建议；（2）在董事会不履行召集和主持股东会会议职责时，召集和主持股东会会议；（3）向股东会会议提出提案；（4）董事、高管人员违反法律、行政法规给公司造成损害的，根据股东的书面请求，监事会可对其提起诉讼。⑥（5）列席董事会会议，并对董事会议决事项提出质询或者建议。⑦ 由于监事会充实了上述职权，其不仅参与股东会会议和董事会会议进行事前监督，而

---

① 公司法第 111 条第 1 款、第 55 条第 1 款。

② 1993 年公司法第 45 条第 3 款、第 52 条第 1 款。

③ 公司法第 52 条第 3 款。

④ 1993 年公司法第 54 条。

⑤ 公司法第 217 条第 1 款。

⑥ 公司法第 54 条。

⑦ 公司法第 55 条第 1 款。

且享有建议罢免董事、高管人员和对他们提起诉讼的职权，可以更有效地维护公司和股东的合法权益。

（三）规定监事会的议决程序

为使监事会规范化运作，更好地发挥监督功能，公司法对监事会议决程序作出以下规定：（1）监事会每年度至少召开一次会议，监事可以提议召开临时监事会会议；（2）监事会的议事方式和表决程序，除公司法有规定的外，由公司章程规定；（3）监事会应当对所议事项的决定作成会议记录，出席会议的监事应当在会议记录上签名。[①]

（四）保障监事会行使职权的措施

公司法，为保障监事会行使职权规定了以下主要法律措施：（1）信息保障。公司法规定，董事和高管人员负有向监事会提供信息的义务，即规定董事、高管人员应当如实向监事会提供有关情况和资料，不得妨碍监事会行使职权。[②] 这是监事会有效行使监督权的基础。（2）人力保障。公司法规定，监事会发现公司经营情况异常，可以进行调查，进而规定必要时可以聘请会计师事务所等协助其工作。[③] 这不仅表明监事会享有了事中监督职权，而且从人力上为其行使职权提供了法律保障。（3）费用保障。公司法以法定形式保障监事会行使职权所需经费，即规定监事会聘请会计师事务所等协助工作，费用由公司承担。[④] 监事会行使职权所必需的费用，由公司承担。[⑤] 这就从经济上确保监事会作用的发挥。

三、关于有限公司治理结构的修订

为完善公司治理结构，公司法还针对我国有限公司的特点及其实践，主要从以下几个方面进行修改。

（一）董事、董事会和监事、监事会设置区分立法标准的修改

修订前后的公司法在有限公司机关设置立法思路上都坚持区分立法的范围，不涉及股东会，仅限于董事、董事会和监事、监事会。所不同的是：

1993 年公司法规定，股东人数较少和规模较小的有限公司不设董事会

---

① 公司法第 56 条。
② 公司法第 151 条第 2 款。
③ 公司法第 55 条第 2 款。
④ 同上。
⑤ 公司法第 57 条。

和监事会，可以设一名执行董事和一至两名监事。① 这表明：其一，除股东人数较少和规模较小的有限公司外，其他的有限公司都要设置董事会和监事会。其二，股东人数较少和规模较小同时作为董事、董事会和监事、监事会设置区分立法的标准。

公司法将股东人数较少和规模较小同时作为区分立法标准，修改为分别作为区分立法的标准，即规定股东人数较少或者规模较小的有限公司不设董事会和监事会，可以设一名执行董事和一至两名监事。② 这样修改更符合有限公司人合性的特点，会使更多符合法定条件的有限公司机关设置简易化，节约成本，提高效率。

与此同时，公司法还将股东人数较少或者规模较小的有限公司执行董事的职权，由应当参照公司法关于有限公司董事会职权的内容，由公司章程规定，修改为执行董事的职权仅由公司章程规定。③ 赋予这些公司更大的自主权。

（二）国有独资公司相关规定的修改

我国于 1993 年 12 月制定的公司法在有限公司中对国有独资公司作了专门的规定。这是充分考虑了我国的特点，适应了国有企业改组为公司的需要。④ 2005 年 10 月修订的公司法仍保留了"国有独资公司"一节内容。由于国有独资公司问题是关系经济体制改革全局的一个重要问题。公司法关于国有独资公司问题的规定对国有企业改革起到了积极推动作用，目前公司法也应当继续为改革的深入提供制度支持。公司法根据近年来国有企业改革和国有资产监督管理体制改革的精神和成果，并参照企业国有资产监督管理暂行条例的有关规定，对公司法"国有独资公司"一节的个别条文作了修改。⑤

其一，明确了履行出资人职责的机构。1993 年公司法规定，国有独资公司是指，国家授权投资的机构或者国家授权的部门（以下简称授权机构）

---

① 1993 年公司法第 51 条第 1 款、第 52 条第 3 款。

② 公司法第 51 条第 1 款、第 52 条第 1 款。

③ 1993 年公司法第 51 条第 2 款；公司法第 51 条第 2 款。

④ 人民日报评论员：《建立现代企业制度的重要举措》，《中华人民共和国公司法》，人民日报出版社 1994 年版，第 67 页。

⑤ 曹康泰：《关于中华人民共和国公司法（修订草案）的说明》，《中国公司法原理》附录二，社会科学文献出版社 2006 年版，第 289—290 页。

单独投资设立的有限责任公司。① 这显然表明，授权机构是国有独资公司的投资设立人。但是，这样规定既没有明示谁是国有独资公司的股东，也没有规定具体谁是国有独资公司股东的代表。公司法则将上述规定修改为，国有独资公司，是指国家单独出资，由国务院或者地方人民政府授权本级人民政府国有资产监督管理机构（以下简称国资监管机构）履行出资人职责的有限责任公司。② 这样修改，不仅明确了国家是国有独资公司的唯一股东，而且具体规定了国资监管机构履行出资人职责。有利于国有独资公司的依法运营和对国有资产的法律保障。

其二，规定了股东会职权行使方式的多元化。由于国有独资公司不设股东会，那么，一般有限公司股东会的职权如何行使呢？修订前后的公司法对此规定不同：1993 年公司法规定，由授权机构，授权公司董事会行使股东会的部分职权，决定公司的重大事项，但公司的合并、解散、增减资本和发行公司债券，必须由授权机构决定。③ 也就是说，按照修订前公司法的规定，在国有独资公司，一般有限公司股东会的职权，分别由授权机构和董事会来行使。而公司法则规定了多元化的股东会职权的行使方式，即（1）由国资监管机构自行行使股东会职权；（2）公司的合并、分立、解散、增加或者减少注册资本和发行公司债券由国资监管机构自行决定；其余股东会的职权授权公司董事会行使；（3）重要的国有独资公司无论采用（1）、（2）哪种方式行使股东会的职权，公司的合并、分立、解散和申请破产都应当在国资监管机构审核后，报本级人民政府批准。④ 上述规定，既尊重公司自治，又保护了国有资产。

（三）经理设置的修改

1993 年公司法对设置有限公司经理采取的是法定设置模式，即公司经理由法律规定，公司经理必须设置。该法第 50 条明确规定："有限责任公司设经理，由董事会聘任或者解聘。"公司法对此作了修改，除国有独资公司经理的设置仍采用法定设置模式⑤外，其他有限公司均采用任意设置模式，即公司是否设置经理由公司自行决定。公司法第 50 条规定："有限责任公司可以设置经理，由董事会决定聘任或者解聘。"

---

① 1993 年公司法第 64 条。
② 公司法第 65 条。
③ 1993 年公司法第 66 条。
④ 公司法第 67 条。
⑤ 公司法第 69 条。

笔者认为，公司法将除国有独资公司外的有限公司，其经理的设置由法定设置模式改为任意设置模式，体现了公司自治原则，也更符合经理制度的本旨。因为公司设置经理的目的就在于，公司营业过程中由专门人员辅助公司机关处理有关事务，以提高经营效率。而有限公司通常是中小企业采取的组织形式，每个公司业务的繁简不同，所以，一个有限公司是否设置经理，法律不必强求，由公司自己来抉择，更有利于公司高效运营。

四、上市公司治理的特别规定

上市公司是指，其股票在证券交易所上市交易的股份公司。为进一步严格对上市公司的要求，公司法在股份有限公司的设立和组织机构一章中，增设上市公司组织机构的特别规定专节，完善上市公司的治理结构。

（一）上市公司设独立董事

1993 年公司法没有独立董事制度的规定。我国上市公司的独立董事制度是依照证监会《关于上市公司建立独立董事制度的指导意见》和《上市公司治理准则》等规定，进行运作的。公司法将该项制度予以规定[1]，使独立董事制度法定化，具有权威性，更好发挥独立董事对董事会决策进行合法性和妥当性监督的作用。

需要看到的是，上市公司采用独立董事制度，是在我国股份公司现有机关框架下进行的。修订前后的公司法均规定股份公司设监事会。[2] 上市公司作为股份公司的一种理所当然要依公司法的规定设立监事会，同时，又要依公司法设立独立董事。这就导致了我国上市公司既设监事会又设独立董事，两套监督机构并存的局面。而从国外规定看，英美法系一些国家实行独立董事制度；大陆法系一些国家实行监事会制度，都没有强制规定公司必须设立两套监督机构。公司法强制上市公司必须设监事会和独立董事两套监督机构，将面临如何处理好监事会与独立董事之间的关系，分清两者的职责，有效发挥监督作用的问题，这还需要继续实践、探索，使之进一步完善。

（二）上市公司设董事会秘书

公司法规定，上市公司设董事会秘书，负责公司股东大会和董事会会议的筹备、文件保管以及公司股东资料的管理、办理信息披露事务等事宜。[3]

---

[1]　公司法第 123 条。
[2]　1993 年公司法第 124 条；公司法第 118 条。
[3]　公司法第 124 条。

同时，公司法在附则中写明，上市公司董事会秘书为公司高管人员。这样规定，明确了上市公司董事会秘书的地位和职责，进一步完善了上市公司董事会组织机构。

（三）重大资产处置与巨额资产担保

公司法规定，上市公司在一年内购买、出售重大资产或者担保金额超过公司资产总额 30% 的，应当由股东大会作出决议，并经出席会议的股东所持表决权的 2/3 以上通过。① 这一规定，有力地保护了上市公司债权人和中小股东的利益。

（四）涉及关联关系事项的处置

公司法对涉及关联关系事项处置从以下两个方面作出规定：（1）关联交易人的表决权回避制度。即上市公司董事与董事会会议决议事项所涉及的企业有关联关系的，不得对该项决议行使表决权，也不得代理其他董事行使表决权。②（2）涉及关联关系事项的批准程序。即上市公司董事与董事会会议决议事项所涉及的企业有关联关系的，该董事会会议由过半数的无关联关系的董事出席即可举行，董事会会议所作出的决议须经无关联关系董事过半数通过。出席董事会的无关联关系董事人数不足 3 人的，应将该事项提交上市公司股东大会审议。③ 上述规定，可以有效地防止上市公司董事利用关联关系损害公司的利益。

五、董事、监事、高管人员的义务

董事、监事分别为董事会和监事会的组成人员，而高管人员（以下简称高管人员）负责公司的日常事务。可见，他们能否认真履行职责直接关系着公司依法治理水平的高低。公司法，从强化对董事、监事、高管人员的约束机制方面进行了充实，以促使他们尽职尽责。

公司法对董事、监事和高管人员的义务，设专章规定。针对 1993 年公司法对董事、监事、经理人员义务规定零散的状况，公司法将董事、监事、高管人员的资格和义务单独设立一章即第六章进行规定，紧凑、明确。

一方面，董事、监事和高管人员的义务概括化。公司法规定了，董事、监事、高管人员应当遵守法律、行政法规和公司章程，对公司负有忠实义务

---

① 公司法第 122 条。
② 公司法第 125 条。
③ 同上。

和勤勉义务。① 这就使董事、监事、高管人员的义务概括化，进一步明确化。

另一方面，董事、监事和高管人员的义务进一步完善。公司法对董事、监事、高管人员的义务还增加了以下主要规定：（1）股东会或者股东大会要求董事、监事、高管人员列席会议的，上述人员应当列席并接受股东的质询。② （2）董事、高管人员不得接受他人与公司交易的佣金归为己有；董事、高管人员不得未经股东会或股东大会同意，利用职务便利为自己或者他人谋取属于公司的商业机会，③ 明确了董事、高管人员负有私人交易限制的义务。以上补充规定，使董事、监事、高管人员的义务更加完善。

第五节　股东的资格和权利

股东是公司的出资者，没有股东就没有公司的存在，所以保护股东权利及合法利益是公司法的宗旨之一。公司法在股东资格的确认、股东权益的保护以及有限公司股权转让等方面有了进一步的完善。

一、股东资格的确认

众所周知，股份公司股东资格通常以是否持有公司发行的股票为准予以确认。所以，股东资格的确认主要存在于有限公司。

（一）公司法涉及股东资格确认的相关规定

公司法涉及有限公司股东资格确认的条款，由两部分所组成。一部分是保留了原公司法相关条款；另一部分是修改和增加的条款。

在有限公司股东资格确认问题上，公司法保留的原公司法条款主要涉及：1. 关于公司章程。股东共同制定公司章程；公司章程应当记载，股东的姓名或者名称；股东的出资方式、出资额；股东应当在公司章程上签名、盖章。④ 2. 关于出资证明书。有限责任公司成立后，应当向股东签发出资证明书；出资证明书应当记载，股东的姓名或者名称、缴纳的出资额和出资日期；出资证明书的编号和核发日期，出资证明书由公司盖章。⑤ 3. 关于股东

---

① 公司法第 148 条第 1 款。
② 公司法第 151 条第 1 款。
③ 公司法第 149 条。
④ 1993 年公司法第 19 条、第 22 条；公司法第 23 条、第 25 条。
⑤ 1993 年公司法第 30 条；公司法第 32 条。

名册。有限责任公司应当置备股东名册，记载下列事项：（1）股东的姓名或者名称及住所；（2）股东的出资额；（3）出资证明书编号。①

公司法涉及有限公司股东资格确认，对原公司法进行修改和增加的条款主要为：1. 修改了股东出资缴纳的原则。将资本确定制修改为分期缴纳制。即将有限责任公司的注册资本为在公司登记机关登记的全体股东实缴的出资额；股东应当足额缴纳公司章程中规定的各自所认缴的出资额，② 修改为：有限责任公司的注册资本为在公司登记机关登记的全体股东认缴的出资额。公司全体股东的首次出资额不得低于注册资本的 20%，也不得低于法定的注册资本最低限额，其余部分由股东自公司成立之日起两年内缴足；其中投资公司可以在 5 年内缴足。股东应当按期足额缴纳公司章程中规定的各自所认缴的出资额。③ 2. 新增股东出资时间的规定。公司法将股东出资时间，作为有限公司章程的绝对记载事项予以规定。④ 3. 新增股东名册作用的规定。公司法规定："记载于股东名册的股东，可以依股东名册主张行使股东权利。"⑤ 4. 新增股东出资额等须登记的规定。公司法写明："公司应将股东的姓名或者名称及其出资额向公司登记机关登记；登记事项发生变更的，应当办理变更登记。未经登记或者变更登记的，不得对抗第三人。"⑥ 5. 新增股东资格可继承的规定。即自然人股东死亡后，其合法继承人可以继承股东资格。⑦

（二）股东资格确认标准的不同意见

依照上述公司法所涉及的有限公司股东资格确认的相关规定，股东具备签署公司章程、向公司实际出资或者依法继受股权的实质条件；同时，具备取得出资证明书、股东名册有所记载、公司登记机关进行登记的形式要件，该股东资格予以确认毫无疑义。但实践中，不完全具备上述条件时，股东的资格如何确认，换言之，在不完全具备实质要件和形式要件的情况下，确认股东资格依据的标准是什么？对此，存在着不同的意见。

1. 有实际出资行为作为股东资格确认的标准。有的学者主张，在实质

① 1993 年公司法第 31 条；公司法第 33 条。
② 1993 年公司法第 23 条第 1 款、第 25 条第 1 款。
③ 公司法第 26 条第 1 款。
④ 公司法第 25 条。
⑤ 公司法第 33 条第 2 款。
⑥ 公司法第 33 条第 3 款。
⑦ 公司法第 76 条。

要件与形式要件不一致时，应侧重审查实质要件，即以是否有出资的意思表示和是否有实际的出资行为作为确认股东资格的基本依据。这一判断标准的法理基础是股东资格的确认应以实际出资为前提，虚假出资者不得取得股东资格。[①]

2. 以有真实意思表示作为股东资格确认的标准。有的学者指出，公司章程载明的股东签署章程的行为，说明行为人有作为公司股东的真实意思表示，经列名股东签署并经工商登记的公司章程，对内是确定股东及其权利义务的主要根据，对外具有公示效力，是公司交易相对人据以判断公司股东的依据。因此，签署公司章程通常被认为是股东资格的基本特征。[②]

3. 以股东名册的记载作为股东资格确认的标准。有的学者认为，公司法，尤其是第 33 条明确了甄别真假股东的标准。股东名册对股东资格的确认具有推定的证明力；[③] 有的学者主张，股东名册是以记载股东为核心内容的法定必备账册，是公司确认股东权的依据。[④]

4. 以区分公司的内外部关系适用不同的形式要件作为股东资格确认的标准。有的学者主张，在公司内部，应当推定记载于股东名册的股东具有股东身份，当股东名册记载股东向公司主张行使股东权利时，该股东无须再提供其他证据；在公司外部，公司机关的登记是证明股东身份的证据，当公司外部对股东身份发生异议时，以公司登记机关的登记记载为准。[⑤]

5. 以具有公示效力的股东形式特征作为股东资格确认的标准。有的学者主张应当基于维护交易安全的基本理念，以商法的公示主义与外观主义原则为指导，严格贯彻股东资格认定的形式主义。即以具有公示效力的股东形式特征作为实然状态的股东资格认定的依据。具体来说，若工商登记、公司章程和股东名册记载三者一致，则无论该股东是否为实际出资人，均确认其股东资格；若工商登记、公司章程和股东名册记载三者不一致，则依该公示

---

① 石少侠：《浅读股权的确认》，载《实践中的公司法》（上册）〔《21 世纪商法论坛》第六届国际学术会议论文集（2006 年 10 月）〕，第 89 页。

② 范健：《论股东资格的认定的基本理念与原则》，载《实践中的公司法》（上册）〔《21 世纪商法论坛》第六届国际学术会议论文集（2006 年 10 月）〕，第 18 页。

③ 刘俊海：《论股东资格的确认》，载《实践中的公司法》（上册）〔《21 世纪商法论坛》第六届国际学术会议论文集（2006 年 10 月）〕，第 67—68 页。

④ 王瑞：《论股东权的确认标准》，载《实践中的公司法》（上册）〔《21 世纪商法论坛》第六届国际学术会议论文集（2006 年 10 月）〕，第 82 页。

⑤ 汪明华：《简析公司股东资格的确认与股权的转让》，载《实践中的公司法》（上册）〔《21 世纪商法论坛》第六届国际学术会议论文集（2006 年 10 月）〕，第 92 页。

之公信力高低依次确认，即分别依工商登记、公司章程和股东名册记载确定股东资格。[①]

此外，还有以出资证明书或公司章程记载作为股东资格确认的标准；以及以公司登记机关的登记内容作为股东资格确认的标准[②]等不同观点。

（三）股东资格确认标准评析

笔者认为，有限公司股东资格确认标准存在上述不同的意见，说明了股东资格确认问题的复杂性，但其根源则在于，公司法不仅仍未对股东资格认定问题作出明确的规定，[③] 而且修订和增加的条款更加剧了对股东资格确认的困难。

其一，股东出资分期缴纳制度会与确认股东资格的实质要求发生冲突。有限公司股东，应是有限公司的出资者或者是继受股东资格的人。前者包括，公司设立时，设立人向公司出资而取得股东资格或者公司存续期间增资时，股东以外的人认缴出资加入公司而取得股东资格；后者是指，因受让股权，受赠股权以及继承股权而取得股东资格的人。这表明：向公司实际出资或者依法继受股权是股东应具备的重要的实质要件，是确认股东资格的基础。但是，由于公司法将股东出资缴纳由法定资本制修改为分期缴纳制，即公司全体股东的首次出资额不得低于注册资本的20%，也不得低于法定的注册资本最低限额，其余部分由股东自公司成立之日起两年内缴足。[④] 这就会导致：公司设立时，有的设立人没有向公司出资，而是在公司成立后两年内才出资。那么，这样的设立人在公司成立后未向公司出资前这段时间里，是否具有股东资格？

其二，股东出资分期缴纳制度会与股东名册记载发生冲突。按照股东出资分期缴纳制度的规定，有些公司设立人在公司章程中被记载为于公司成立后的法定期限内缴纳出资。该公司成立后，依照公司法规定应当置备股东名册。通常，只有在公司设立时向公司缴纳出资，公司成立后，持有公司签发出资证明书的人，才被记载于股东名册。该名册中有股东的出资额及出资证

---

① 范健：《论股东资格的认定的基本理念与原则》，载《实践中的公司法》（上册）〔《21 世纪商法论坛》第六届国际学术会议论文集（2006 年 10 月）〕，第 21—22 页。

② 宋晓明等：《民商事审判若干疑难问题——公司法（上）》，《人民法院报》2006 年 8 月 9 日。

③ 范健：《论股东资格的认定的基本理念与原则》，载《实践中的公司法》（上册）〔《21 世纪商法论坛》第六届国际学术会议论文集（2006 年 10 月）〕，第 17 页。

④ 公司法第 26 条。

明书编号这两项记载事项。而那些没缴纳出资的公司设立人，公司成立后因为没有向公司出资，当然公司不会向他们签发出资证明书。这就产生了那些没有缴纳出资的公司设立人是否也应当记入股东名册的问题。

其三，股东名册记载是否是股东资格确认的唯一标准。公司法增加规定："记载于股东名册的股东，可以依股东名册主张行使股东权利。"① 毫无疑问，能够主张行使股东权利的人，就是公司的股东，具有股东资格。这表明，股东名册具有确认股东资格的效力。但是，公司法并没有对股东出资的实质要件和其他如公司章程、出资证明书以及公司登记机关的登记等形式要件，对股东资格确认的效力作出明确规定。这是否意味着股东名册的记载就是确认股东资格的唯一标准呢？值得探讨。因为，将出资人或者受让人记载于股东名册，既是股东的权利，也是公司的义务。公司法明确规定，有限公司应当置备股东名册，记载股东的姓名或者名称以及股东的出资额等事项。② 如果公司不履行股东登记义务没有将其记载于股东名册，那么，向公司实际的出资人或者股权依法受让人就不具有股东资格吗？

对于上述问题，笔者的看法是：第一，由于公司法规定，股东出资采用分期缴纳制度，这样有的设立人在公司设立时没有向公司出资是正常的。只要该设立人参加制定公司章程，在公司章程上签名、盖章，说明其有作为公司股东的真实意思表示。笔者赞同签署公司章程对股东资格的认定具有决定性效力的观点。③ 所以，该设立人在公司成立后虽未向公司出资，但也应具备股东资格。但鉴于通常股东会会议由股东按照出资比例行使表决权和股东按照实缴的出资比例分取红利的规定④，具有股东资格的该设立人，在此段时间内其股东权利的行使，应当受到限制。具体限制可由公司章程作出规定。

第二，股东名册是有限公司以记载股东为核心内容的法定必备账册。⑤ 股东名册应载明的事项是由公司法明定的。依公司法规定，有限公司股东名册应记载下列事项：（1）股东的姓名或者名称及住所；（2）股东的出资额；（3）出资证明书编号。⑥ 上述公司法规定的应载明事项，是法定的，必须全

---

① 公司法第 33 条第 2 款。
② 公司法第 33 条第 1 款。
③ 范健：《论股东资格的认定的基本理念与原则》，载《实践中的公司法》（上册）〔《21 世纪商法论坛》第六届国际学术会议论文集（2006 年 10 月）〕，第 18 页。
④ 公司法第 43 条、第 35 条。
⑤ 王保树、崔勤之：《中国公司法原理》，社会科学文献出版社 2006 年版，第 80 页。
⑥ 公司法第 33 条第 1 款。

部真实记载，缺一不可，否则股东名册不发生效力。而在公司设立时，依照股东出资采用分期缴纳制的法律规定，没有缴纳出资的公司设立人，在公司成立后，没有缴纳出资前，当然无权请求将其记载于股东名册。但这并不意味着这些设立人必然没有股东资格。另外，上面提及的，已向公司实际出资的人，也不能因公司不将其记载于股东名册，不履行股东登记义务，而导致已向公司实际出资的人不具有股东资格。可见，股东名册的记载不是确认股东资格的唯一标准。

基于此，笔者主张，在不完全具备实质要件与形式要件或者在实质要件与形式要件不一致的情况下，以公司法的基本法理与商法的外观主义原则相结合为指导，以确认股东资格的目的不同，适用不同的标准。即为行使股东权利，需要确认股东资格的，应侧重审查实质要件，只要符合下列要件之一的，具有股东资格：（1）签署公司章程并向公司实际出资；（2）向公司实际出资；（3）签署公司章程。而要求其履行义务，承担责任，需要确认股东资格的，应侧重审查形式要件。以形式要件公示的公信力高低依次确认，即分别以工商登记、公司章程和股东名册记载确认其股东资格。

二、股东权益的保护

公司法进一步健全股东权益保护制度，增添了大量的保护措施。

（一）扩大股东知情权的范围

知情权是股东获得公司信息的权利。它是股东行使其他权利的前提和基础。1993 年公司法仅规定，有限公司股东有权查阅股东会会议记录和公司财务会计报告。[①] 股份公司股东还有权查阅公司章程和股东名册。[②] 公司法为更好地保障股东知情权的行使，进一步规定，股东对上述文件，不仅有权查阅而且有权复制。同时，扩大了股东知情权的范围。这包括：第一，股东有权查阅、复制董事会会议决议和监事会会议决议；第二，有限公司股东可以要求查阅公司会计账簿。[③]

由于会计账簿对于公司和股东来说都是重要文件。为既保护公司的合法利益又保障股东知情权的行使，公司法对查阅公司会计账簿事宜作出如下规定：股东要求查阅公司会计账簿的，应当向公司提出书面请求，说明目的。

---

① 1993 年公司法第 32 条。
② 1993 年公司法第 101 条。
③ 公司法第 34 条。

公司有合理根据认为股东查阅会计账簿有不正当目的，可能损害公司合法利益的，可以拒绝提供查阅，并应当自股东提出书面请求之日起 15 日内书面答复股东并说明理由。公司拒绝提供查阅的，股东可以请求人民法院要求公司提供查阅。①

从上述规定可以看出，公司法对有限公司股东行使会计账簿查阅权进行了一定的限制。即其一，股东行使查账权须有正当目的；其二，该权利的行使应以书面形式提出；其三，股东提出的书面请求经公司审查同意，方可行使查账权。此外，笔者认为，公司法对股东查账权的规定还存在一些缺陷，会影响股东此项知情权的行使。第一，对股东可以查阅的公司会计账簿的范围未作出界定，是否包含原始凭证？第二，何为"不正当目的"，公司法也未作规定，这会导致股东行使查账权目的的正当性难以把握。② 第三，公司认为股东查账权有不正当目的予以拒绝，其根据是否合理？公司法没有提供判断标准。这样，公司随意剥夺股东查账权的情况会很难避免。

（二）设置累积投票制度

所谓累积投票制度是指，股东大会选举董事或者监事时，每一股份拥有与应选董事或监事人数相同的表决权，股东拥有的表决权可以集中使用。

为保护中小股东的合法权益，扩大中小股东的话语权，给中小股东提名的董事或监事候选人提供进入董事会或监事会的机会，公司法增设了累积投票制度。该法第 106 条规定："股东大会选举董事、监事，可以依照公司章程的规定或者股东大会的决议，实行累积投票制。"这表明：其一，公司章程的规定或者股东大会的决议，是公司实行累积投票制的前提；其二，并非股东大会的所有决议事项都适用累积投票制，它仅适用股东大会选举董事、监事事宜。

（三）规定股东的退股权

为防止因大股东在股东会（股东大会）会议上滥用资本多数表决原则，给中小股东造成损害，同时，也为体现股东意思自治原则。公司法规定了，在特定情形下异议股东可以请求按照合理的价格收购其股权。

公司法第 75 条规定：有限公司出现下列情形之一的，对股东会该项决议投反对票的股东可以请求公司按照合理的价格收购其股权：（1）公司连

---

① 公司法第 34 条第 2 款。

② 上海第一中级人民法院课题组：《当前股东知情权案件的审理难点》，《人民法院报》2007 年 3 月 28 日。

续 5 年不向股东分配利润，而公司该 5 年连续赢利，并且符合公司法规定的分配利润条件的；（2）公司合并、分立、转让主要财产的；（3）公司章程规定的营业期限届满或者章程规定的其他解散事由出现，股东会会议通过决议修改章程使公司存续的；公司法第 143 条写明：股份公司股东因对股东大会作出的合并、分立决议持有异议的，可以要求公司收购其股份。

笔者认为，公司法规定的股东退股权，在实际运作当中会涉及公司对收购的异议股东股权的价格如何确定才算合理的问题。这是解决股东退股问题的关键所在。虽然公司法规定，自股东会会议决议通过之日起 60 日内，股东与公司不能达成股权收购协议的，股东可以自股东会会议决议通过之日起 90 日内向人民法院提起诉讼。但问题是，人民法院又如何妥当确定被收购股权的价格，这会成为人民法院审理此类案件的难点。

（四）赋予股东代表诉权及充实股东直接诉权

为使公司的利益受到董事、监事、高管人员以及第三人侵害时得到司法救济，公司法规定了股东代表诉讼制度。即董事、监事、高管人员、第三人侵犯公司合法权益，给公司造成损失，而董事会、执行董事或者监事会、不设监事会的有限公司的监事拒绝或者怠于对不法侵害人提起诉讼，或者情况紧急、不立即提起诉讼将会使公司利益受到难以弥补的损害的，有限公司股东、股份公司连续 180 日以上单独或者合计持有公司 1% 以上股份的股东，有权为了公司的利益以自己的名义直接向人民法院提起代表诉讼。①

此外，公司法还对股东直接诉讼制度作了进一步明确和充实，加强了对股东合法权益终局保护机制。首先，公司法对原公司法规定的股东有权对存在瑕疵的股东会（股东大会）、董事会的决议提起诉讼②的条文进行修改，使之更加明确。即规定：公司股东会或者股东大会、董事会决议内容违反法律、行政法规的无效；股东会或者股东大会、董事会的会议召集程序、表决方式违反法律、行政法规或者公司章程、或者决议内容违反公司章程的，股东可以自决议作出 60 日内请求人民法院撤销。③

其次，公司法赋予股东向公司董事、高管人员索赔的直接诉权。该法第 153 条规定：董事、高管人员违反法律、行政法规或者公司章程的规定，损害股东利益的，股东可以向人民法院提起诉讼。

---

① 公司法第 152 条。
② 1993 年公司法第 111 条。
③ 公司法第 22 条。

最后，公司法还规定了公司出现僵局时，股东享有解散公司的诉权。"公司经营管理发生严重困难，继续存续会使股东利益受到重大损失，通过其他途径不能解决的，持有公司全部股东表决权 10% 以上的股东，可以请求人民法院解散公司。"①

（五）明示股东应依法行使权利

公司法在增添上述保护股东权益制度措施的同时，也对股东如何行使权利作出明确规定。其一，股东应依法行使权利。"公司股东应当遵守法律、行政法规和公司章程、依法行使股东权利。"② 其二，股东不得滥用权利、公司法人独立地位和股东有限责任。即："不得滥用股东权利损害公司或者其他股东的利益；不得滥用公司法人独立地位和股东有限责任损害公司债权人的利益。"③ 其三，股东滥用权利、公司法人独立地位和股东有限责任应承担的法律后果。"公司股东滥用股东权利给公司或者其他股东造成损失的，应当依法承担赔偿责任。""公司股东滥用公司法人独立地位和股东有限责任逃避债务，严重损害公司债权人利益的，应当对公司债务承担连带责任。"④

这里特别要提及的是，公司法对股东滥用公司法人独立地位和股东有限责任应承担法律后果的规定中，引入了英美法的法人格否认判例制度。这是在成文法中最明确地规定公司法人格否认的立法例。公司法人格否认一般是指，当法院认定股东滥用公司独立人格和有限责任时，基于正义与平衡理念，在个案中不考虑公司的独立人格，将公司股东与公司视为一体，由股东与公司一起对公司债务承担连带责任。⑤

公司法有侧重点地规定了适用公司法人格否认的原则性构成要件：第一，有滥用公司法人独立地位和有限责任的事实。一般是指公司法人格被滥用和公司法人格徒具形式。前者，如股东过度控制与支配公司、公司资本严重不足、为不法目的设立公司、利用公司法人格欺诈债权人等；后者，如公司与股东在财产、业务、账目等方面持续混同，以及完全无视公司关于股东大会等组织机构的强制性规范等。⑥ 第二，有逃避债务的主观恶意。就是

①　公司法第 183 条。
②　公司法第 20 条第 1 款。
③　同上。
④　公司法第 20 条第 2、3 款。
⑤　王保树、崔勤之：《中国公司法原理》，社会科学文献出版社 2006 年版，第 46—48 页。
⑥　王保树、崔勤之：《中国公司法原理》，社会科学文献出版社 2006 年版，第 48 页。

说，股东在主观上是故意逃避债务的。这通常是通过对公司股东滥用公司法人格的行为进行推断来加以确认的。第三，有严重损害公司债权人利益的后果。损害公司债权人利益是指，因股东滥用公司法人独立地位和股东有限责任，削弱了公司清偿债务的能力，致使公司的财产不足以偿还公司债权人的债权。但是，何谓严重损害公司债权人利益？公司法却没有明文规定。而损害后果标准的确定，则恰恰是导致是否适用公司法人格否认的关键。

此外，公司法人格的适用对于一人公司来说，除具备上述三个要件外，在涉及财产证明时，公司法规定了举证责任的倒置，即"一人有限责任公司的股东不能证明公司财产独立于股东自己的财产的，应当对公司债务承担连带责任。"①

三、有限公司的股权转让

（一）对股权对外转让规定的修改

公司法简化了股东对外转让股权的程序：第一，将召开股东会作出决议程序修改为书面通知征求同意。即规定：股东向股东以外的人转让股权，应当经其他股东过半数的同意。股东应就其股权转让事项书面通知其他股东征求同意，其他股东自接到书面通知之日起满 30 日未答复的，视为同意转让。其他半数以上不同意转让的，不同意的股东应当购买转让的股权；不购买的视为同意转让。② 第二，明确规定对公司章程的该项修改不须再由股东会表决。③ 上述修改大大提高了股东对外转让股权的效率。第三，公司法还对股东对外转股权作出了任意性规定：公司章程对股权转让另有规定的，从其规定。这样的规定给了公司更多的自治权。

（二）股权对外转让合同的效力

有限公司股东对外转让股权须经其他股东过半数同意，这是公司法规定的条件。那么，对未经其他股东过半数同意，股权对外转让合同是否有效？对这个问题人们有不同的看法④：

有观点认为，该合同为效力待定合同，换言之，是附生效条件的合同，这个条件就是过半数的其他股东同意其对外转让。

---

① 公司法第 64 条。
② 公司法第 72 条第 2 款。
③ 公司法第 74 条。
④ 宋晓明等：《民商事审判若干疑难问题——公司法（上）》，《人民法院报》2006 年 8 月 9 日。

还有观点认为，该该合同是附履行条件的合同，合同成立后就生效。至于其他股东过半数同意的规定，仅仅是对合同履行所附的条件。

但更多的学者认为，该合同既非效力待定合同，也非附履行条件的合同，其效力始于成立之时。股东对外转让股权，签订合同就应当履行，转让人有义务向公司的其他股东征求同意，为合同的履行创造条件，如果合同不能履行，转让人应承担违约后果，除非合同约定免除责任。

笔者基本同意第一种观点，认为，未经其他股东过半数同意的股权转让合同是附生效条件的合同。因为按照公司法第 72 条第 2 款关于股东对外转让股权的规定，对外转让股权的股东书面通知其他股东征求同意的股权转让事项中，对外转让股权合同是重要的事项之一。在对外转让股权合同中股权转让的价格又是该合同的重要内容之一。这表明：对外转让股权合同先于征求其他股东同意之前就已签订。该合同在没有经其他股东过半数同意，不符合法定条件，当然不发生效力。对外转让股权的股东仅有向其他股东征求同意的义务，而不得强求其他股东同意。换言之，该股东不拥有强制其他股东同意转让的权利。而对外转让股权合同生效就表明该合同可以履行。如果合同履行要附条件的话，说明该合同并没生效。所以，只有在其他过半数股东同意转让或者不同意转让的股东也不购买该转让股权的情况下，对外转让股权合同才能生效。

（三）强制执行股权时的优先购买权

公司法对人民法院依照法律规定的强制执行程序转让股东的股权时，其他股东的优先购买权问题作了相关规定，即人民法院应当将有关情况"通知公司及全体股东，其他股东在同等条件下有优先购买权。其他股东自人民法院通知之日起满二十日不行使优先购买权的，视为放弃优先购买权"。[①]然而，公司法并未对强制执行股权的变相程序作出规定。在法律实务中，由于在多数情况下，强制执行股东的股权都是经过拍卖来实现的，所以就会产生一个问题，即股东的优先购买权究竟在拍卖程序中的哪个环节行使呢？对此，学者中有两种观点存在。一种认为，股东的优先购买权应当在竞价结束、拍卖师落槌时行使；另一种则认为，股东可以在股权拍卖底价确定的时候，行使优先购买权。[②] 笔者同意第一种观点。因为，第一，如果股东在拍卖底价确定时即可行使优先购买权，那就等于强制执行股权实质上并未进入

---

① 公司法第 73 条。
② 宋晓明等：《民商事审判若干疑难问题——公司法（上）》，《人民法院报》2006 年 8 月 9 日。

拍卖程序。因为所谓拍卖，最重要的环节就在于被拍卖物的价格的竞争过程。第二，一般而言，被强制执行的股权只有在竞价结束、拍卖师落槌时，其价格才能确定在一个更能体现其市场供求关系的合理的价位上。第三，这种做法，同样能够保证有关股东的优先购买权的行使和实现。

另外，在以拍卖方式转让强制执行股权的过程中，如果出现两个以上股东同时行使优先购买权时，该怎样处理。对此，公司法没有作出规定。笔者认为，在上述情况下，应参照公司法第72条的相关内容来解决，即股东间协商确定各自的购买比例；协商不成的，按照转让时各自的出资比例购买。

第六节　公司法上的其他问题

公司法的修订除涉及了本书以上所论及的关于公司的设立、公司的治理结构、公司股东资格和权利等之外，还涉及了同样重要的其他一些问题，如公司僵局、公司债券、公司自治、公司担保、公司社会责任等。这些问题都需要公司法学界和公司法律实务界的同仁继续探索，以期有益于我国公司法理论研究的深入推进和公司法司法实践的不断发展。以下本书仅就公司自治、公司担保和公司社会责任的有关问题作简要论述。

一、公司自治

1993年公司法因立法指导思想的缘故，更多的是将公司当做被管束的对象看待，所以，在其内容中鲜见关于公司自治问题的规定。公司法洗心革面，在指导思想上转变为更多地尊重公司自治权利。这种转变的具体情况是，在公司法中，授权性的规范，如"由公司章程规定"、"公司章程另有规定的除外"、"公司章程另有规定的或全体股东另有约定的除外"、"公司章程对……另有规定的，从其规定"等，出现了十几处之多，占公司法条文总数的7.3%强。例如，"公司法定代表人依照公司章程的规定，由董事长、执行董事或者经理担任，并依法登记"。[1] "股东按照实缴的出资比例分取红利；……但是，全体股东约定不按照出资比例分取红利或者……的除外"。[2] "自然人股东死亡后，其合法继承人可以继承股东资格；但是，公司

---

[1] 公司法第13条。

[2] 公司法第35条。

章程另有规定的除外。"① "有限责任公司的股东之间可以相互转让其全部或者部分股权。……公司章程对股权转让另有规定的,从其规定。"② "有限责任公司可以设经理,由董事会决定聘任或者解聘。……公司章程对经理职权另有规定的,从其规定"③ 等等。

此外,对于股东会、董事会、监事会(监事)等的职权,公司法在作出相应安排的同时,还授权公司章程可以对其进行补充,规定上述机构(人员)所能享有的其他职权。④

以上这些内容都充分体现了公司法对公司自治的尊重。

二、公司担保

担保是自然人、企业和其他组织在经济往来中的常见行为,对于保证相关主体债权的实现有着重要作用。1993 年公司法在公司担保问题上没有作出详细规定,只要求"董事、经理不得以公司资产为本公司的股东或者其他个人债务提供担保"。⑤ 这不利于促进上述主体之间交易活动的顺利开展。公司法第 16 条对公司担保问题作了较多规定:"公司向其他企业投资或者为他人提供担保,依照公司章程的规定,由董事会或者股东会、股东大会决议;公司章程对投资或者担保的总额及单项投资或者担保的数额有限额规定的,不得超过规定的限额。公司为公司股东或者实际控制人提供担保的,必须经股东会或者股东大会决议。前款规定的股东或者受前款规定的实际控制人支配的股东,不得参加前款规定事项的表决。该项表决由出席会议的其他股东所持表决权的过半数通过。"⑥ 这些内容不仅赋予了公司可以为他人提供担保的实体性权利,而且对公司实施担保行为的具体程序也作了规范。应该认为其较之原公司法有了很大改进,是值得肯定的。

然而,在公司法实施过程中,可能会出现下面的情况,即公司为他人提供担保时,并未依照规定由董事会或者股东会,股东大会决议,此时,担保是否有效呢? 有学者认为,公司为股东和实际控制人之外的人提供担保,无论公司章程是否有关于担保计划需经董事会或者股东会,股东大会决议的规

---

① 公司法第 76 条。
② 公司法第 72 条。
③ 公司法第 50 条。
④ 公司法第 38 条、第 47 条、第 54 条。
⑤ 1993 年公司法第 60 条。
⑥ 公司法第 16 条。

定，担保合同均为有效；而为股东或者实际控制人提供担保，则无论公司章程是否规定，都必须经股东会或者股东大会决议，否则，即违反了公司法的强制性规定，担保合同无效。① 笔者认为，上述观点是不正确的。因为公司法第 16 条是关于公司对外提供担保时，在其内部应如何操作的具体规定，在公司法的外观主义原则下，其对公司本身所签订的担保合同的效力并无影响，即无论是否经过公司有关机构的决议，担保合同均为有效。只有这样，才能更好地保障债权人和债务人的利益，才有利于不同主体之间经济交往的顺利进行。

三、公司的社会责任

公司的社会责任问题，是近几年来公司法理论研究中提出的一个新课题。公司法规定："公司从事经营活动，必须遵守法律、行政法规，遵守社会公德、商业道德，诚实守信，接受政府和社会公众的监督，承担社会责任。"② 这表明公司法将公司应承担社会责任的要求，以法律条文的形式固定下来，使之成为公司的一种法定义务。③ 尽管如此，目前无论在学界还是在法律实务中，对到底什么是公司的社会责任、公司应承担的社会责任的内容如何、公司承担社会责任的方式有哪些、公司不承担社会责任的法律后果怎样等等问题，大家都远未达成共识。所以，讨论仍将继续下去。

对于公司的社会责任问题，笔者谈以下几点看法，供学界同仁参考。

第一，"社会责任"是公司应当遵循的行为规则中，国家意志性、法律强制性和明确具体性最弱的一种。这种认识来源于公司法的相关规定。从公司法第 5 条的内容可以看出，公司法将包含着公司义务的行为规则划分为三个层次：一是"法律、行政法规"；二是"社会公德、商业道德"以及"诚实守信"；三是"社会责任"。该条文还明确要求公司"必须遵守"第一层次的"法律、行政法规"；"遵守"第二层次的"社会公德、商业道德"及"诚实守信"；而对"社会责任"则只要求公司"承担"。从公司法的上述内容不难看出，在公司应履行的义务中，"社会责任"是国家意志性、法律强制性和明确具体性最弱的一种。

---

① 王文俊：《新公司法中公司担保的效力》，《人民法院报》2007 年 1 月 24 日。

② 公司法第 5 条。

③ 在法学上，"责任"一词主要有两种含义。一是指与权利相对应的义务；二是指义务主体因不履行或不完全履行义务而承担的法律后果。公司法第 5 条及本文均在第一种含义上使用责任一词。

　　第二，公司的"社会责任"更富于道义性或公益性，内容难以确定，且不宜强制承担。在我国公司运行和治理的社会实践中，以及在社会一般人的观念中，公司的社会责任多表现为慈善捐助、抢险救灾、扶危济困、参与公司所在地的卫生、环保、治安、美化等活动。此类活动与其说是法律义务，不如说是公德义务，其本身极富道义性或公益性，而且形式多种多样，内容不一而足。对此类活动，在多数情况下，只能要求公司既尽力而为又量力而行地进行参与，而不可不顾公司的意志和实际情况，强制其必须参与。

　　基于以上分析，笔者认为，公司法将公司应当"承担社会责任"载入条文，固然有其积极意义，但从法律实施的角度讲，其效果如何还有待实践检验。

第三章 合伙企业法的发展

第一节 合伙企业的发展趋势

一、合伙制度与合伙企业

在企业制度发展的历史上，合伙企业是一种古老的企业组织形式，它的存在至少有上千年的历史。合伙关系在很久以前就已纳入了民法的调整范围。早在1000多年以前，罗马法对合伙就有了极为详尽的规定，把合伙分为同业合伙、临时合伙、纳税合伙、共有合伙、单项共有等。春秋战国时期我国亦有关于合伙的记载。从本源意义上来说，合伙是个人之间协作完成某项任务的高级组织形式，恐怕自从人类开始有分工和合作的时候，就开始有合伙制度，比如伙伴们一起去抽水捕鱼，那么就存在着两种选择：一是各自捕鱼，各自独享自己的劳动成果，但是这时候就必须设计一套方案让捕鱼者轮流而公平地去抽水；另一种选择就是大家一起努力，抽干池水，然后根据各自的能力大小或者其他标准，分享成果，如果池中鱼很少，则大家共同分摊风险。如果是后者，就属于原始意义上的合伙，在民间又经常称为"搭伙"。但是，"搭伙"很多时候是一种临时性的组织活动，与作为一种重要企业制度的合伙相比，"搭伙"显然比较低级，而且也不规范，尤其在以条文主义著称的大陆法系国家，就更有这种成见。比如，在中国，法律自古以来都是统治者精心制定，并且自上而下颁布推广的强制性行为规范。民间自发形成的"搭伙"规则岂能与精英制定的"合伙企业法"相提并论？

作为一种企业制度，与公司制度相比，合伙企业的根本特点就是企业的投资者（即合伙人）对于合伙企业的债务需要承担无限连带责任，投资者与合伙企业之间没有明显的风险隔断机制。这种无限连带责任的存在，极大地增强了合伙企业债权人的信心，降低了债权人的风险；但是，相应的，合伙人的风险大大增加了。本来投资者投资一项产业，就应该对这项投资的成败承担无限责任；但是，近代以来，以英国为代表的一些新兴资本主义国家，为了鼓励民众投资创业，促进社会就业，通过立法手段规定有限责任制度，强制性地切断了投资实体与投资者之间的风险连通管道，降低了股权投资者的投资风险。实际上，有限责任制度不是降低了投资的风险，而是将风险在企业的利益相关者之间重新分配了，它将股权投资者的一部分风险转嫁到债券投资者和其他企业成员身上。但是，合伙制度的股权投资者则没有这种风险转移机制，投资的所有风险基本上都由股权投资者包揽，除非投资者破产，否则，其债务难以获得豁免。不过，随着时代的发展，社会又发明了有限责任合伙制度，兼取合伙制度和有限责任公司制度的一些特点，形成了一种新型的企业制度。我们在本书后面再详细阐述。

与个人独资企业制度相比，合伙企业的根本特点就是企业拥有多个投资者，因而必然产生各个投资者对于企业经营的收益分享和风险负担以及企业控制权的配置问题。个人独资企业的所有收益都由它唯一的投资者享有，所有风险也都由其单独承担，企业的一切经营也都由其单独决定。但是，合伙企业制度在这些方面则复杂得多，收益如何在投资者之间分配，是按照能力大小还是按照出资多少？风险如何在各个投资者之间分摊，是按照权限大小还是按照出资多少？合伙企业的经营权属于全体合伙人还是部分合伙人？如何加入和退出合伙组织？等等。这些问题都是个人独资企业制度中不存在的。

投资者对企业债务承担无限连带责任使得合伙企业更容易取得债权人的信赖，因为它增加了债权人获得受偿的概率；而多个投资者共同投资又使得合伙企业具有一定的资本聚集功能，这一点有比较类似于有限责任公司。所以，合伙制度以其良好的信用机制和资金积聚特点，受到市场的青睐，成为市场经济中三种最基本的企业制度之一。

二、法律丰满：社会成熟的体现

合伙在我国历史上，特别是新中国成立前夕和上世纪 50 年代初期，在经济组织中占有较为主要的地位。据 1956 年国家统计局统计，在当时的企业形式中，合伙企业占 53.8%。50 年代后期，由于国家经济政策的转变，合伙被作为资本主义自发势力彻底"铲除"了；直到 20 世纪 80 年代初，随着我国经济体制改革的深入，在经济结构中出现了多种所有制、多种经济并存的状态，合伙也因之再度兴起和发展。据统计，截至 1992 年年底，国有企业、集体企业、联营企业及其他类型企业的总数为 6046113 户，其中合伙性质的有 230464，占 3.8%。截至 1993 年年底，我国私营企业总数为237919 户，其中合伙企业约有 56719 户，占私营企业总数的 23.8%。截至

1994 年年底，合伙企业为 87000 户。

俗话说"没有规矩不成方圆"，没有规范合理的企业制度，那么经济发展就必然充斥着混乱、欺诈和纠纷。我国自从 1978 年开始实行市场化改革以来，先是在农村集体经济组织改革中获得突破性进展，这就是改变过去的生产队制为家庭联产承包责任制；接着利用外商投资企业为突破口和实验品，对衰弱的国有企业和集体企业制度进行了强烈的冲击；最后是千方百计地提高国有企业和集体企业的运营效率和资本报酬率，但是直到 1992 年之前，多年的摸索并没有取得实质性进展。

在我国于 1992 年正式确立社会主义市场经济的改革目标之后，纲举目张，很多问题才豁然开朗，国家不再打算在原来的框架下毫无希望地向那些濒临破产的国有企业注资了，必须设计新的企业组织模式，于是制定和改善企业制度的法律规范便成了当务之急。在 1993 颁布了公司法之后，我国于 1997 年又颁布并实施了《中华人民共和国合伙企业法》（以下简称 1997 年合伙企业法），后来又紧接着颁布了个人独资企业法。不管这些法律有多少缺憾，不可否认的是，这几部法律使得市场经济条件下的新企业制度的基本框架得以迅速确立了。

但实事求是地说，由于种种原因，1997 年合伙企业法并没有产生出令人满意的效果。该法生效之后的 10 年时间内，全国总共才新注册了大约 6 万家合伙企业，与数千万家公司类企业相比，1997 年合伙企业法的失败是非常明显的。究其原因，主要有以下几个因素：（一）投资者因素。企业制度属于公共产品范畴，公司、合伙、个人独资都是企业制度下的子产品，每一种企业制度都具有一定的优点和缺点，而且其优点往往被缺点所对冲，比如，公司在保护股东利益的同时，往往因为损害债权人的利益，而受到债权人的冷淡，当其向债权人融资的时候，公司就需要为该风险付出更高的价格。如果没有优点和缺点的对冲，就会出现一种绝对好的企业制度，那么该企业制度必定淘汰所有其他企业制度。投资者选择某种企业形态的时候，往往取决于其风险偏好、投资项目的特征、其自身的投资条件，等等。投资者一般都具有强烈的风险回避意识，除非有特别吸引人的投资回报率，否则，投资者并不愿意对于投资企业的债务承担无限连带责任，而现实中，由于种种原因，合伙企业并没有显示出显著的信用地位，从而带来良好的商业机会。所以，合伙制度没有受到投资者青睐是必然的。（二）债权人因素。按理说，在同等条件下，债权人更应该倾向于同合伙企业做交易，因为合伙人的无限连带责任制度为债权人的利益提供了更为坚实的保障。但是，在实践中，由于合伙企业普遍没有公司企业那样规范的财务制度，使得债权人无法相信合伙企业的财务实力；而在追究合伙人连带责任时，由于我国现在十分薄弱的信用状况以及司法、政府机构低下的执法能力，导致债权人的利益并不能得到有效保障。（三）投资者之间的风险分配问题。由于立法时经济环境与法治环境的局限性，1997 年合伙企业法仍然固守各个合伙人根据合伙协议平等分担企业风险和收益原则。但是，在一些以专业知识和技能为社会提供服务而又承担很大风险的专业服务企业以及一些风险投资类企业中，这个原则导致的结果并不公正，从而也限制了合伙企业制度的推广。客观地说，这里有些因素属于合伙企业法的问题，有些因素属于整个社会法治环境的问题。

为了进一步完善合伙企业制度，合理分配合伙人之间的风险负担，促进风险投资事业的发展，与欧美发达国家的部分企业制度接轨，经过广泛调查研究和充分研讨之后，我国于 2006 年 8 月 27 日十届全国人大常委会第 23 次会议审议通过了修订后的《中华人民共和国合伙企业法》（以下简称《合伙企业法》）。《合伙企业法》与 1997 年合伙企业法相比，由原来的 9 章 78 条变更为 6 章 109 条，在内容上作了显著的修改和增加。

《合伙企业法》的修订重点在于扩大了合伙人的自主权限，更加贯彻了商法自治的立法精神，并且新增了特殊的普通合伙与有限合伙企业两种企业制度，也为投资者提供了更多的制度选择。我国对 1997 年《合伙企业法》的修订和完善，体现了市场经济正在走向成熟。新创设了很多制度，反映了国家管理能力在增强，因为它体现了国家可以驾驭更多的不同类型的经济实体，每一种新制度要在实践中得到有效贯彻，必须要求该国家的立法、执法和司法系统具备必要的相关知识；而新修订的《合伙企业法》中弹性条款的增多，则合伙人在内部权责安排上有更多的自主权，这也体现了市场经济中个体的自由度也在拓展。

成熟社会的重要标志就是国家与公民双方的权力都得到不断扩展。仅仅是国家的权力很大，民众没有自主权，大事小事都需要政府批准，则民众的创造力和进取心就会被严重抑制，由于业绩评估体制不可能提供客观公正的判断，社会就会出现争先恐后献媚当权者的现象。这样的专制社会不可能形成繁荣的经济局面，实际上，人类有史以来从没有出现过一个专制的经济强国，这就是一个明证。诚然，暴力革命需要强调集权，但是经济建设则需要强调民众的创造力和积极性。在经济建设过程中，只有给民众更多的选择，更多自由奋斗的机会，这个国家才能更加富强。同样，如果片面强调民众的自由选择，而忽视国家的制度建设和政府管理能力的提高，则就会陷入无政府主义的泥沼。在这样一个高度复杂而且国际竞争又特别激烈的时代，一个过于弱小的政府也是不能给社会带来真正益处的。所以，笔者以为，2007年修订后的《合伙企业法》中日益丰满的制度性规定，体现了我国市场经济正在走向成熟。

第二节　合伙的性质

对于合伙性质问题的讨论一直在持续，合伙究竟是一些投资者的简单集合还是独立于投资者的一个新的实体，一直众说纷纭，这涉及合伙性质的两种理论观点，分别为"集合说"与"实体说"。但是，近年来"实体说"理论逐渐取得上风，并显现于合伙企业的多种制度，在我国更是如此。

一、集合说理论

按照传统的商法理论，合伙企业是合伙人个人之间的集合，但是这种集合在法律上并没有发生质变，不产生一个新的法律实体。这就是合伙的"集合说"，它反映在合伙制度的多个方面：

第一，合伙企业不是法人，没有民事行为能力，不能独立享有民事权利和承担民事责任；

第二，合伙人可以直接经营合伙事务，不必由一个如同公司董事会那样的独立机构来经营合伙事务；

第三，除非与债权人有特别约定，否则，合伙人必须对合伙业务经营中产生的债务承担无限连带责任；

第四，合伙企业没有如同作为一个法律实体的企业所得税，合伙收入被分解为合伙人个人的收入，由合伙人个人进行纳税申报。

这些特征都明白无误地显示了合伙企业不是一个独立的经营实体，而是合伙人之间为了经济目的在一起进行的联营合作。美国普通法一度认为合伙完全是一群个人的集合，集合内成员不同，则集合就完全不同，也就是说，只要一个合伙人退伙，那么原先的合伙就自动解散了，即使其他合伙人留下来继续经营，这也只是一个新的合伙企业，与原合伙没有关系。

二、实体说理论

在"集合说"指导下的合伙制度有明显的缺陷。由于合伙不是一个独立的实体，那么债权人按理就不能起诉合伙企业，而只能将全体合伙人列为被告，这不仅极大地增加了债权人的诉讼成本，也不利于合伙制度在市场经济中获得应有的商誉。再者，如果合伙仅仅是合伙人的简单组合，不是一个独立经营的经济实体，那么合伙企业就很难在激烈的市场竞争中获得发展壮大。所以，"实体说"理论就应运而生了，该理论认为"合伙是一个与其合伙人相区别的实体"，[①] 合伙企业并不是合伙人之间简单的集合，而是一个与合伙人在本质上相区别的新的实体。

"集合说"与"实体说"一直是合伙制度的两种理论学说，各个法域对两者之间的取舍运用对合伙制度产生根本性的影响。应该说，我国从一开始制定合伙企业法的时候，就带有明显的"实体说"倾向，合伙企业的很多制度都体现了合伙是一个与合伙人有本质不同的新实体的思想，只是在个别制度方面体现了"集合说"的特征，笔者甚至认为我国的合伙制度与无限责任公司制度在思路上基本是一致的。

首先，在我国合伙企业的设立需要进行工商登记，而且必须有书面的合伙协议。即使当事人设立一个经营实体时，互相之间有共同经营和共担风险的意思表示，并且对共同经营的债务承担无限连带责任，但是如果没有经过工商登记，则法律并不承认它是一种合伙企业。这体现了在法律上我国就把合伙企业当做一种正式的经济实体看待，而不是一群个人的集合。

其次，我国法律要求合伙企业必须具有相应的名称、生产经营场所与合伙人认缴或实缴资本。与公司法对于设立公司条件的要求在思路上基本一致，就是要求合伙企业必须具备独立经营的物质基础。这也反映了法律在实质上要求合伙企业是一种独立经营的实体。如果仅是合伙人之间的简单集合，那么根本不需要规定合伙必须具备独立经营的物质基础，经营问题由合伙人在经营过程中自己想办法解决即可。

最后，合伙企业具有独立的诉讼资格。合伙企业可以自己的名义独立参加诉讼，维护自身的合法权益，只是在合伙企业的财产不足以清偿合伙企业的到期债务时，普通合伙人需要以个人其他资产承担无限连带责任。这反映了法律基本上把合伙视为与公司相似的经济实体，只是在投资者对于企业债务的责任方面略有区别而已。

其实，合伙本身就是一种商事制度，并不一定就表现为合伙企业，比

---

① 《美国 1994 年统一合伙发（1996、1997 年修订）》（Uniform Partnership Act（1994）with 1996，1997 Amendments）§ 201 评注。

如，一群投资者组成一个共同账户投资证券，大家约定共享收益，共担风险，再约定具体的投资事务执行人，这就是一个标准的合伙，但是，根据我国法律，这可能被看做委托代理关系，也可能被看做信托关系，但肯定不是合伙。所以说，我国商法基本上不承认除合伙企业之外的合伙制度，所有的合伙制度都被合伙企业制度吸收和掩盖。

第三节　普通合伙制度的新发展

合伙企业法集中体现了 1997 年合伙企业法在中国的实践情况的经验教训和多年来我国学者对于合伙企业制度的研究成果。因此，合伙企业法代表了我国合伙企业制度研究的最新发展和权威总结。我们将就合伙企业法中新的突破来阐述合伙企业制度在中国的最新发展情况。

一、合伙人资格的扩展

所谓"合伙人资格"就是指要成为合伙人的民事主体必须具备的条件。在管理学中，合伙人资格相当于市场准入问题，有的主体可以成为合伙人，有的主体不能成为合伙人，这个标准由法律来界定。

1997 年合伙企业法要求合伙企业必须有两个以上合伙人，并且都必须是承担无限连带责任的普通合伙人，但是在法律条文中并没有指明合伙人的范围，比如，公司、其他经济组织或者社会团体是否可以成为合伙人。但是在法律审议和后来的司法实践中被解读为仅限于自然人。在法律草案审议时，代表全国人大法律工作委员会在全国人大常务委员会进行法律草案说明的委员认为：公司或者其他法人本身是有限责任，如果它们成为合伙人，对合伙企业的债务承担无限连带责任，则与其本身的性质相矛盾。

其实，这个解读在当时是比较普遍的，就是认为公司既然是有限责任的，那么就不能承担无限连带责任，因此，就不能成为合伙人。但是，这个认识在法理上是站不住脚的。公司的有限责任并不是指公司对其自身债务只承担有限的责任，超过部分就可以不承担。作为一个独立的民事主体，公司需要以自己的全部财产对其债务承担偿还责任，直至公司破产、消亡。也就是说，公司对其自身的债务是承担无限责任的。有限责任公司中的"有限责任"指的是公司的股东对公司债务承担有限责任，即他们只需要依法以其认缴的出资额为限，对公司债务承担有限责任，而不必以自身其他财产对公司的债务承担连带责任。既然公司需要对其债务承担无限责任，那么成为合伙企业负有无限连带责任的普通合伙人，并不违背逻辑规则。所以，以公司是有限责任的，因此不能成为合伙人，这个观点是错误的。在我国新修订的《公司法》中还是延续以前的错误观点："公司可以向其他企业投资；但是，除法律另有规定外，不得成为对所投资企业的债务承担连带责任的出资人。"好在这个规定中有"但书"条款，而合伙企业法就是"但书"中指代的"法律另有规定"。

在合伙企业法中，这个错误得到了纠正。合伙企业法第 2 条规定："本法所称合伙企业，是指自然人、法人和其他组织依照本法在中国境内设立的普通合伙企业和有限合伙企业。"由此可见，在合伙企业法中，合伙人的范围由原来的仅仅是自然人扩大为包括自然人、法人和其他组织。由于公司是典型的企业法人，所有公司当然可以成为合伙人。实际上，合伙企业仅仅是一种企业组织形式，它反映的是各个市场主体在该制度下的风险分摊机制。合伙企业制度在本质上属于公共产品，所有商事主体都应该有权利设立合伙企业。所以，合伙企业法在合伙人范围的扩展方面，是完全正确的，也是促进市场平等竞争的举措。

为了进一步探悉合伙人资格问题，有必要对这里的"法人"概念作一番解释。根据我国《民法通则》的规定："法人是具有民事权利能力和民事行为能力，依法独立享有民事权利和承担民事义务的组织。法人的民事权利能力和民事行为能力，从法人成立时产生，到法人终止时消灭。"法人应当具备下列条件：（一）依法成立；（二）有必要的财产或者经费；（三）有自己的名称、组织机构和场所；（四）能够独立承担民事责任。法人也不一定就是公司，因为法人一般包括企业法人和机关、事业单位和社会团体法人两大类型。即使在企业法人中，有限责任公司、股份有限公司、国有企业、集体企业、非公司制的外商投资企业也都有可能是法人。所以，当合伙人范畴拓展到法人的时候，合伙制度的影响力就得到了极大的扩散。

合伙人范畴中的"其他组织"是指自然人和法人以外的其他社会组织，比如个人独资企业、个体工商户、非法人的外商投资企业、企业和事业单位的联营组织、非法人的集体企业等等。这些组织既不是独立享有民事权利和承担民事义务的法人，也不是自然人。但是，它们也有利用公共产品为自己谋利益的权利。

但是，为了保护当事人的利益和社会公共利益，在合伙人资格问题上法律又设置了限制性条款。1997 年合伙企业法规定了两个限制性条款，分别从合伙人的民事行为能力和公益性两个方面限制某些人成为合伙人的资格。

1997 年合伙企业法第 9 条规定："合伙人应当为具有完全民事行为能力的人"，也就是说，无民事行为能力者和限制民事行为能力者不能成为合伙人，如果在合伙运营中完全民事行为能力者变成无民事行为能力者或者限制民事行为能力者，比如，身体或者精神受到伤害，则以退伙处理。1997 年合伙企业法第 10 条规定："法律、行政法规禁止从事营利性活动的人，不得成为合伙企业的合伙人。"由此可见，按照 1997 年合伙企业法规定，国家公务员、党政机关干部、法官、检察官、人民警察、现役军人以及其他法律法规禁止从事营利性活动的人，将不能成为合伙企业的合伙人。

1997 年合伙企业法对于合伙人资格的两个限制性规定都没有被《合伙企业法》采纳，原因有二：首先，《合伙企业法》只规定对合伙债务承担无限连带责任的普通合伙人必须具有完全民事行为能力，而不对合伙债务承担无限连带责任的有限合伙人，由于不参与合伙事务管理，法律对其民事行为能力的要求比较宽松，也就是说，无民事行为能力者或者限制民事行为能力者都可以成为有限合伙人。其次，合伙企业法没有重述"法律、行政法规禁止从事营利性活动的人，不得成为合伙企业的合伙人"，笔者以为这其中有些人依法可以成为有限合伙人，因为有限合伙人的身份十分类似于公司股东，既然现在国家已经对公职人员投资股票的限制放松了管制①，那么也不应该过于严厉限制公职人员成为有限合伙人。而对于另外一些现在尚且严格禁止从事营利性活动的人，由其他专门行政法规或者部门规章另行规定，不需要在合伙企业法中单独表述。

但是，合伙企业法也对普通合伙人的资格进行了限制。合伙企业法第 3 条规定："国有独资公司、国有企业、上市公司以及公益性的事业单位、社会团体不得成为普通合伙人。"经济学研究表明，世界各国的国有企业都存在所有者缺位或者虚化的现象，因为中国国有企业数量繁多，规模又大，这种现象在中国尤其严重。国有企业的股东是国家，这是明确无误的。但是由于国家只是一个法律上虚构的主体，它不能主动表达自己的意志，其一切行为都有政府或者其他国家组织代位行使。政府作为股东，因为存在着多层代理的问题：人民将资产委托给广义的政府，政府将资产委托给特定的部门，特定部门将资产委托给特定的官员，这其中存在着极大的信息损耗问题，如果再加上一些可以作为借口的现实遁词的话，比如，被投资的企业需要承担

---

① 见中共中央办公厅、国务院办公厅于 2001 年 4 月 3 日颁布的《关于党政机关工作人员个人证券投资行为若干规定》。

一些其他企业不需要承担的额外负担，那么政府官员作为所有者的代表参与国有企业的能动性就要大打折扣了①。这就形成了尽管国有企业也有股东，但是股东却不能有效地行使自己的权利，督促企业发展的局面。而在一些私人投资的企业，由于企业的运营结果直接关系到股东的切身利益，股东就会针对企业运营中的问题，及时而激烈地予以纠正。显然，由于不同性质股东的代表参与公司治理的差别很大，同样的股东权利运行的结果也会截然不同。为了保护国家的公共利益，防止出现巨额亏损或者担负过大的投资风险，合伙企业法规定国有独资公司和国有企业不能成为普通合伙人，在中国目前的环境下，是合情合理的。

上市公司由于涉及数量众多的公众投资者，有的上市公司股东数量达到上百万人，一旦因为承担无限连带责任而造成巨额亏损，甚至破产的局面，其影响是极为广泛而恶劣的，所以，上市公司在性质上与社会影响上与国有企业类似，限制其成为普通合伙人，是出于保护公众投资者的利益和社会稳定，因此，也是合情合理的。但是，一个相关联的问题在于，上市公司投资设立的子公司是否可以成为普通合伙人，合伙企业法并没有对此作出明确规定。笔者以为，这个问题也不能一概而论，应该具体问题具体分析。一般说来，上市公司投资设立的子公司由于并不是上市公司，所以它们有权利作为普通合伙人设立合伙企业。但是，如果该子公司的规模或者效益占上市公司比重很高，该子公司的经营状况对上市公司产生重大影响，比如，上市公司是投资控股公司，而子公司是上市公司最主要的投资实体之一，则不能成为普通合伙人。至于上市公司参股的其他公司，一般应该可以成为普通合伙人。

公益性的事业单位、社会团体有些依赖于国家财政拨款，从事公益事业，比如，国家地震局、国家海洋局、中国科学院、中国社会科学院、国家气象局、公立大学等，这些机构虽然是事业单位，但是，在本质上与国家机构并无二致；另外一些公益性事业单位或者社会团体虽然不是财政拨款，但是它们从事的是公益性事业，比如，青少年基金会、民办学校、慈善机构等。这些公益性的事业单位和社会团体不能承担风险过大的投资，也不能形

---

① 见张维迎：《企业理论与我国企业改革》中的第一篇《企业家与所有制——经济体制改革中的一个重大理论问题》，北京大学出版社 1999 年，第 1—29 页。张教授在其中将投资看做为一个"电路"，将代理制度形象地比喻为"变压器"，变压器越多，损耗越多，投资人对企业家的约束也就越小。这个比喻对于解释我国国有企业的弊端很有说服力，耐人寻味。

成巨额亏损，考虑到我国现在的法治环境尚不完善的实际状况，为了保护国家和公众的利益免遭无限连带责任的拖累，所以法律规定这些机构不能成为对企业债务承担无限连带责任的普通合伙人。当然，它们完全可以成为承担有限责任的有限合伙人，法律另有规定的除外。

二、合伙财产制度的新发展

（一）国外关于合伙财产的相关规定

在公元前 1792 年至 1750 年古巴比伦第六代国王汉谟拉比颁布的《汉谟拉比法典》中，就有了关于合伙的规定："某人按合伙方式将银子交给他人，则以后不论盈亏，他们在神前平均分摊。"此规定表明，合伙的财产由合伙人平均享有和承担。

在罗马共和国时期，合伙企业都是普通合伙，法律对合伙企业进行了详细的规定，要求每个合伙人均有义务提供已允诺的标的。合伙设管理人，该管理人有义务向合伙人提供所获得的红利。

法国属民商分立国家，合伙分为民事合伙和商事合伙，民事合伙由民法典调整，商事合伙主要由商法典调整，《法国商法典》调整的类型为：合伙、有限合伙制公司、股份有限合伙。普通合伙一经设立，即取得法人资格。作为法人的合伙，必须拥有自身的财产，此项资产的构成采用与民事合伙相同的方法。《法国民法典》第 1843-2 条规定"各合伙人在合伙资金中的权利，与其在成立合伙时或合伙存在过程中所作的投资成正比。"按此条规定，合伙人按份共有合伙财产。第 1843-3 条规定："各合伙人应对合伙支付其曾允诺给予的实物、现款及技艺；实物投资，以相应的权利过户及对财产的有效处分而实现；如投资标的为所有权时，投资人对合伙如同出卖人对其买受人一样负担保责任；如投资标的为用益权时，投资人对于合伙如同出租人对承租人一样负担保责任。但如投资标的为对在合伙过程中需正常更新的物件或一切其他财产的用益权，合伙契约将此类投资财产的所有权过户于合伙时，应约定归还同类数量、重量及价值的财产；合伙人，如应以其技艺投资时，应将其因作为投资标的活动产生的一切利益，归于合伙。"《法国民法典》的此条规定，不仅规定了合伙投资的种类，且对以所有权或用益权投资的合伙人做了担保给付的规定。不仅如此，《法国民法典》还规定了种类物投资的归还方式，对技艺投资的增值亦做了详细的规定。第 1884-9 条还规定了实物存在的投资财产，在分割财产时，原投资人有权请求分配。

在德国，与法国一样，确立民商分立原则，合伙分为民事合伙和商业合伙。但德国不像法国那样绝对地民商分立，1994 年德国制定的合伙公司法规定民事合伙公司可以从事商事活动。关于合伙财产构成的规定，德国民法典第 718 条规定："各合伙人的出资以及通过为合伙执行事务而取得的物件，均为全体合伙人的共同财产。因属于合伙财产的权利而取得的物，或对灭失、毁损或侵夺属于合伙财产的物件作为赔偿而取得的物件，也都属于合伙财产。"此条规定了合伙财产的范围。关于合伙企业内部财产关系，德国民法典严格限定了合伙人对合伙企业财产的处分权，该法第 719 条规定："合伙人不得处分其合伙财产的份额；也不得处分属于合伙财产的个别物件的份额；合伙人无权请求分割合伙财产。属于合伙财产的债权，其债务人不得以之与其对个别合伙人享有的债权抵消。"

德、法两国民法系大陆法系国家民法的典范，其关于合伙财产的规定有相似之处。如均规定合伙财产的支配权由合伙人自己行使；根据法律，合伙人投入合伙企业的财产以及由此产生的收益为合伙人共有，这种共有只是归合伙企业支配，并非重新形成一个新的所有权主体；对于合伙企业的股权，如契约没有特殊规定，一方转让股份须经其他合伙人同意，同等条件下，其他合伙人享有优先权；合伙人一方死亡，其继承人有权继承股权。关于商业合伙的债务，均规定合伙人应承担无限连带责任。

英国的合伙制度主要有判例规则、1980 年合伙法、1907 年有限合伙法和有关的法规构成。合伙类型包括普通合伙、有限合伙和辛迪加组织，其中普通合伙是有代表性的合伙，故在此介绍英国关于普通合伙财产的有关规定。根据 1980 年合伙法第 20 条第 1 款的规定，合伙人必须根据合伙宗旨并依照合伙协议排他地占有和使用合伙财产。合伙财产包括：以合伙出资投入合伙的财产和权利财产；基于商行利益或合伙经营目的以购买等方式取得的财产；用无争议属于商行资金购买的财产。土地可以成为合伙企业财产，但属于动产。商誉也是合伙财产。合伙人的出资不仅仅包括已履行的出资，也包括尚未履行的出资。

美国各州在合伙企业的立法上享有广泛的立法权，联邦有一些示范法，如果被各州采纳即产生法律效力。目前，美国联邦合伙企业示范法有：1914 年的统一合伙法，该法被 49 个州和哥伦比亚特区采纳；统一有限合伙法，有 16 个州和哥伦比亚特区采纳；1976 年的统一有限合伙法修正案，有 33 个州采纳；前述的统一有限合伙法修正案 1985 年修正后，被 7 个州采纳。此外，契约法、代理法、联邦诉讼程序法等关于合伙企业的规定，也是合伙法的重要渊源。美国的合伙企业有普通合伙和有限合伙，二者均不被承认为法人。关于合伙的财产，1914 年统一合伙法第 25 条第 1 款规定合伙人作为合伙的承租人占有合伙财产。这一条显示合伙财产是一种"聚合"式，但依据《统一合伙法》的其他规定，合伙是财产的所有人，类似于法人：统一合伙法第 8 条第 1 款规定："所有原始投入合伙或为合伙利益以购买或其他方式取得的财产是合伙财产。"第 8 条第 3 款规定："任何不动产都可以以合伙的名义取得，如此取得所有权只得以合伙的名义转移。"第 21 条规定，如果财产的取得是该合伙人在与合伙竞争、未经授权的情况下，或者该合伙人负有为合伙的利益取得此项财产的义务的情况下，那么他就可以被推定为是以推定托管人的身份拥有此项财产。该条同时规定每一个合伙成员都具有受托人的身份。第 25 条规定：合伙人仅在为合伙目的的情况下有权占有合伙的具体财产。而且合伙人在具体合伙财产上的权利通常是不可转让的。它也不能以对合伙享有请求权为由扣押或查封。最后，它不能作为过世合伙人的财产继承。统一合伙法第 6 条规定，合伙财产为全体合伙人的共同共有财产。

关于合伙对外的财产责任的规定。统一合伙法第 15 条规定，所有的合伙人都对合伙债务负连带责任。但是，合伙债务人行使诉讼权是有限定的，"在合伙人为合伙债务负责的范围内，作为原告的债权人通常直到竭尽针对合伙的救济才能对合伙人起诉。""合伙人实质是独立的合伙债务的担保人而不是直接（为之）负责（的责任人）。"

（二）我国对于合伙财产的新规定

在设立出资问题上，由原先的单纯实际缴纳转变为现在实际缴纳或者认缴两种方式。在合伙的设立条件上，1997 年合伙企业法规定："设立合伙企业，应当具备下列条件：（一）有两个以上合伙人，并且都是依法承担无限责任者；（二）有书面合伙协议；（三）有各合伙人实际缴付的出资；（四）有合伙企业的名称；（五）有经营场所和从事合伙经营的必要条件。"其中第三项明确要求各合伙人必须向合伙企业实际缴付出资。

但是，合伙企业法第 14 条规定："设立合伙企业，应当具备下列条件：（一）有两个以上合伙人。合伙人为自然人的，应当具有完全民事行为能力；（二）有书面合伙协议；（三）有合伙人认缴或者实际缴付的出资；（四）有合伙企业的名称和生产经营场所；（五）法律、行政法规规定的其他条件。"新法的合伙人不局限于自然人，也不限定于无限责任者。出资方式在实际缴付之外又增加了"认缴"方式，合伙企业成立时无须审查验资证明（即不考虑实缴出资），只登记认缴数额即可。

2007 年 5 月颁布的《合伙企业登记管理办法》第 6 条规定："合伙企业的登记事项应当包括：（一）名称；（二）主要经营场所；（三）执行事务合伙人；（四）经营范围；（五）合伙企业类型；（六）合伙人姓名或者名称及住所、承担责任方式、认缴或者实际缴付的出资数额、缴付期限、出资方式和评估方式。"

为什么在出资问题上由原来的单纯实际缴纳转变为现在的实际缴纳或者认缴两种方式？因为合伙人需要以其个人其他资产对合伙企业的债务承担无限连带责任，相当于合伙企业债务的担保人，只要执法环境良好，合伙人是否出资以及出资多少，对合伙企业债权人的利益并不产生任何不利影响。因此，合伙企业的出资问题纯粹是为了合伙企业经营的需要和合伙人之间利益分配的需要，是合伙企业的内部事务，国家不需要过多地予以干涉。如果合伙人在设立合伙企业的时候，认为所有合伙人应该立即实际缴纳出资，那么他们可以在合伙协议中写明实际缴纳出资的情况；如果合伙人觉得合伙企业一时并不需要那么多资金，则也可以约定合伙人分批缴纳，只要合伙人答应认缴出资的数量或份额即可。也正因为出资方式以及出资数量完全是合伙企业内部事务，并不具有负外部性，对债权人的利益没有不利影响，所以，法律规定在合伙企业注册登记的时候，不需要像注册公司那样提交验资证明。

但是，如果过分强调合伙人对于合伙企业债务承担无限连带责任，因而合伙企业的资产完全不重要，就很容易回到合伙企业的"集合说"理论，因为具备一定的资产是一个企业独立经营的必要条件。如果合伙企业的所有出资都是认缴的形式，合伙企业除了对合伙人的债权之外，如果不向第三人借贷，实际上都没有任何资产了，这样的企业实际上就是空壳企业。

在出资形式上，合伙企业法基本上没有实质性变化，都是可以用"货币、实物、知识产权、土地使用权或者其他财产权出资，也可以用劳务出资"。与 1997 年合伙企业法略有不同的是原来需要"经全体合伙人协商一致，合伙人也可以用劳务出资，其评估办法由全体合伙人协商确定"，新法明确规定劳务出资无须全体协商（评估除外）。但是，由于合伙协议必须由全体合伙人签名，而每个合伙人的出资形式都必须在合伙协议中予以约定，如果某个合伙人不同意其他合伙人以劳务出资，则其可以不在合伙协议上签字，这样合伙企业便无法设立。所以，最终也肯定是所有的合伙人一致同意某个合伙人以劳务出资。

关于合伙企业财产来源结构问题，基本上没有大的变动，与美国合伙企业法类似，合伙企业法第 20 条规定："合伙人的出资、以合伙企业名义取得的收益和依法取得的其他财产，均为合伙企业的财产。"但是，与原合伙企业相比较，合伙企业法删除了旧法"合伙企业存续期间"的状语限定，也删除了"合伙企业的财产由全体合伙人依照本法共同管理和使用"。这是因为：一、依照我国法律规定，合伙企业的存续期间是指企业成立时开始，到企业注销时结束，成立与注销都是以工商登记部门的登记为准，分别是设立登记和注销登记。但是，有些合伙企业在尚未取得工商设立登记时，就以合伙企业的名义从事相关的生产经营活动，比如，购置生产或办公设备，等，在此期间，也可能获得一定的财产，显然，这些财产也属于合伙企业的财产，但此时合伙企业依法尚未成立。二、1997 年合伙企业法规定"合伙企业的财产由全体合伙人依照本法共同管理和使用"，这并不符合合伙企业的实际运作模式，实际上，不管合伙协议中是否明确规定，绝大多数合伙企业都存在着合伙事务执行人，因为小企业的运营很难通过集体领导的方式。如果合伙协议中明确规定了某个合伙人担任合伙事务执行人，则其获得全体合伙人的授权，依法对合伙企业的财产进行管理和使用，其他合伙人只能依照法律规定或者合伙协议的约定，对合伙企业的经营状况进行监督，但无权使用和管理合伙财产。

实际上，合伙企业的财产不仅包括有形财产，也包括无形财产，比如，知识产权、商誉等，其中商誉是经常被忽略的财产形式。其实，商誉也可以成为合伙的财产，有时甚至是合伙企业最重要的资产，对其进行规定是非常必要的。比如，英国合伙法规定：在某合伙人死亡或者退伙时，商誉并不当然地留给既存合伙人，而必须由后者购买。如果合伙在解散时，其商誉没有出售，则每个合伙人在不使其他原合伙人承担责任风险的前提下均有权使用原商行的名称从事经营活动。1810 年格拉特威尔诉莱尔案中，商誉被定义为"店好客回头的程度"。1859 年，切尔顿诉道格拉斯案中伍德大法官将商誉补充为："商誉必然意味着所有的积极优势，我更倾向于这样的表述：相对不从事营业的合伙人所具有的消极优势而言，商誉是由老商行经营而产生的，连同其他许多因素共同带来的经济利益。"可惜的是，在我国合伙企业法中未对合伙企业财产中的商誉问题有所规定。

关于合伙份额转让问题，合伙企业法的规定基本上与 1997 年合伙企业法一致，就是："合伙人向合伙人以外的人转让其在合伙企业中的全部或者部分财产份额时，须经其他合伙人一致同意。合伙人之间转让在合伙企业中的全部或者部分财产份额时，应当通知其他合伙人。合伙人向合伙人以外的人转让其在合伙企业中的财产份额的，在同等条件下，其他合伙人有优先购买权。"但是，在合伙企业法中作出了非常重要的除外条款规定，合伙企业法规定，如果在合伙协议中作出特别约定，那么合伙人在向合伙人以外的人转让其在合伙企业的财产份额时，不必经过其他合伙人的一致同意，其他合伙人也可能没有优先购买权。这个除外条款赋予了合伙人在设立合伙企业时更大的自由空间，体现了市场经济条件下的私法自治原则。在一片强化政府公权力的鼓噪下，这种尊重个体自由选择的条款显得尤为可贵。这种对合伙协议自由度的放宽在合伙事务执行方面也多有体现，值得赞许。所有非上市企业（unlisted corporation，也经常称为"私人公司"，包括合伙企业）的内部治理结构问题属于私法自治的范畴，只要不产生负的外部性，比如，偷税、侵犯劳工权益等，国家就没有必要，也无权对其进行强制性规定。只要我们承认这个世界上现在尚没有发现最好的企业治理模式，那么强制性要求各个私人企业必须按照某种方式运营，就像强迫老百姓不能吃土豆、必须吃胡萝卜一样荒唐。只要不涉及外部人的利益，合伙企业法的很多规定都应该理解为推荐性条款，不具有强制性。为什么中国的合伙协议和公司章程曾经千篇一律，类似于立法机构提供的格式化条款？其根本原因就是原先的法律法规规定得太多太死，企业家和投资者只能在一个统一的模式下运营，企业的制度创新能力基本上被扼杀。今天中国企业还可以凭借地域优势，在中国本土悠闲地生存，但是，随着全球化的迅速推进，这些优势迟早会丧失殆尽。在资源相近的情况下，决定企业竞争成败的就是企业管理成本和企业家的能力。中国企业要想走出国门，与欧美发达国家的企业在同一个平台上竞争，如果没有先进的管理，能够发挥企业各种成员的聪明才智，失败是不可避免的。

关于合伙人以其在合伙企业中的财产份额出质问题，合伙企业法作出了重要修正。1997 年合伙企业法第 24 条规定："合伙人以其在合伙企业中的财产份额出质的，须经其他合伙人一致同意。未经其他合伙人一致同意，合伙人以其在合伙企业中的财产份额出质的，其行为无效，或者作为退伙处理；由此给其他合伙人造成损失的，依法承担赔偿责任。"也就是说，如果合伙人没有经过其他合伙人一致同意，擅自以其在合伙企业中的财产份额出质，则该行为有两个民事后果：无效或者退伙。而合伙企业法第 25 条规定："合伙人以其在合伙企业中的财产份额出质的，须经其他合伙人一致同意；未经其他合伙人一致同意，其行为无效，由此给善意第三人造成损失的，由行为人依法承担赔偿责任。"也就是说，根据合伙企业法的规定，如果合伙人没有经过其他合伙人一致同意，擅自以其在合伙企业中的财产份额出质，则该行为只有一个民事后果：无效。为什么新法删除了擅自将自己的出资份额出质作退伙处理的规定，仅仅规定为无效，且为法律的强制性规定，没有约定例外的情形？因为合伙是一种典型的人合性组织，合伙并不需要过多的出资，但是需要每个合伙人对合伙债务承担无限连带责任，也就是最后担保责任，因此属于一种高风险投资。每个合伙人之所以投资合伙企业，成为合伙人之一，是因为信赖其他合伙人的能力、品行、技术或者资金实力，如果某个合伙人擅自退伙，那么其他合伙人当初入伙时的依据和期望便落空了，投资风险很可能骤然增大。所以，法律要求合伙人退伙必须经过其他合伙人一致同意，也就是不得损害其他合伙人的利益。合伙人以其在合伙企业中的财产份额出质，虽然并不立即产生退伙的结果，但是，出质行为本身造成退伙可能性的存在，导致合伙人关系的不稳定性。如果在合伙人擅自以其在合伙企业中的财产份额出质行为发生时，以退伙处理，实际上，这种形式的退伙就没有经过其他合伙人的一致同意，很可能会危害其他合伙人的利益。所以，在合伙企业法中，仅仅规定合伙人擅自以其在合伙企业中的财产份额出质行为无效，从法律上防范了擅自退伙的漏洞，强调了所有合伙人退伙必须经过其他合伙人一致同意的原则。

同时，合伙企业法删除了给其他合伙人造成损失的承担责任的规定，增加了对善意第三人的赔偿责任。未经其他合伙人一致同意，对合伙人出质的不作退伙处理，只是认定无效，一般说来，认定无效后不会给其他合伙人造成损失，更可能使得善意第三人遭受损失，所以，在法律上规定了该合伙人对善意第三人的赔偿责任。但是，如果这种擅自出质行为确实给其他合伙人造成了损失，本条虽然删除要赔偿的规定，但该合伙人仍然须对其他合伙人承担赔偿责任。

三、入伙与退伙的新规定

（一）关于入伙

入伙是指在合伙企业存续期间合伙人以外的人加入合伙企业并取得合伙人资格的法律行为。

由于合伙企业是典型的人合性组织，人与人之间的信任关系是合伙企业得以存续和发展的基础。这一点与资合性组织的典型代表——股份有限公司截然不同，在股份有限公司中，除了少数拥有控股地位的大股东之外，其他股东的存在并不显著影响公司的经营状况，因此，股东可以通过购买或者出售股票，自由地进入或者退出公司投资者的行列，不需要得到其他股东的同意，甚至也不需要通知其他股东。但是，合伙企业与股份有限公司不同，每个合伙人都是合伙企业债务的连带担保人，合伙企业的经营状况对合伙人的利益有极其重大的影响，而合伙企业的经营状况又取决于合伙人的努力，尤其是合伙事务执行人的能力，所以，合伙人之间必须存在着高度信赖关系。一个合伙企业接受一个新的合伙人必须经全体合伙人一致同意，原因就在于此。

当然，现实情况是非常复杂的，也不一定所有的合伙企业从事的都是高风险的投资，如果合伙企业从事的是一种低风险的投资，就没有必要过于强调对于新合伙人的限制。如果合伙人非常信任其中的某个合伙人，也可以在合伙协议中将入伙的决定权授予某个合伙人，或者约定只要取得一定比例的合伙人同意即可，这也并没有什么不妥。所以，合伙企业法对这个条款作了非常重要的修改，放松了法律管制。根据合伙企业法第43条规定："新合伙人入伙，除合伙协议另有约定外，应当经全体合伙人一致同意，并依法订立书面入伙协议。订立入伙协议时，原合伙人应当向新合伙人如实告知原合伙企业的经营状况和财务状况。"也就是说，法律并不反对合伙协议对于入伙事宜作出不同于法律的规定，如果合伙协议对入伙条件或者程序作出了另外规定，也没有什么不妥，因为合伙协议是合伙人一致同意的合伙企业的章程，法律在此也体现了私法自治原则。

入伙后的法律责任是个很有意思的话题。新合伙人的入伙，并不影响原合伙的同一性，故新合伙人应受原合伙协议的约束，对于其加入前合伙所负的债务，与其他合伙人负有同样的责任。与1997年合伙企业法相比，合伙企业法并没有作出不同的规定。合伙企业法第44条对此予以重述："入伙的新合伙人与原合伙人享有同等权利，承担同等责任。入伙协议另有约定的，从其约定。新合伙人对入伙前合伙企业的债务承担无限连带责任。"也就是说，入伙人对其入伙前合伙企业的债务必须承担无限连带责任。不论入伙人与原合伙人就此问题是否有其他约定，其约定都不得对抗合伙企业的债权人；但是合伙人之间可以通过入伙协议对彼此之间的权利义务作出另外约定，以厘清新入伙的合伙人对于合伙企业的责任，合伙人之间的内部约定在合伙企业内部还是发生效力的，将来入伙者可以此协议，在承担了对于合伙企业债权人的债务之后，行使向其他合伙人的追偿权。

（二）关于退伙

退伙是在合伙企业存续期间合伙人退出合伙企业并使其合伙人资格归于消灭的法律行为。退伙的法律后果表现在三个方面：首先，退伙手续完成后，退伙人丧失合伙人身份；其次，合伙人退伙并不必然导致合伙企业的解散，只需要在工商登记部门就合伙人事项进行更改即可；最后，不论退伙人退伙时是否承担了其应承担的合伙企业债务份额，退伙后退伙人对其退伙前合伙企业的债务仍承担无限连带责任。退伙人在履行了对于合伙企业债务的无限连带责任后有权依法或者依照合伙协议向其他合伙人追偿。依照传统的合伙制度，退伙通常分为自愿退伙、法定退伙和除名退伙三种类型。

1. 自愿退伙

自愿退伙又分为协议退伙和声明退伙两种形式。

协议退伙是退伙人与其他合伙人协商一致或按合伙协议的约定退伙。根据合伙企业法的规定，协议退伙都是针对合伙协议约定了合伙企业经营期限，在合伙企业经营期限中，协议退伙发生在下列两种情形：第一，合伙协议约定的退伙事由出现；第二，经全体合伙人同意退伙。协议退伙自退伙事由出现或协议达成之日起生效。

声明退伙是退伙人在特定情形下，不需要获得其他合伙人同意，也不需要与其他合伙人协商，单方面宣布退伙，并发生法律效力的行为。声明退伙的权利不是基于合伙协议的约定，而是基于法律的规定，是法律对于合伙人在特定情况下的救济措施。声明退伙发生在三种情形：第一，合伙协议约定合伙期限的，在合伙企业存续期间，发生合伙人难以继续参加合伙的事由；第二，合伙协议约定合伙期限的，在合伙企业存续期间，其他合伙人严重违反合伙协议约定的义务；第三，合伙协议未约定合伙期限的，合伙人在不给合伙企业事务执行造成不利影响的情况下，可以退伙，但应当提前30日通知其他合伙人。

需要注意的是，在无约定合伙期限时，声明退伙需要具备三个条件：第一，合伙协议中没有约定经营期限的合伙企业；第二，合伙人在不给合伙企业事务执行造成不利影响的情况下；第三，提前30日通知其他合伙人。如果声明退伙给其他合伙人造成损失，则退伙人对此负有赔偿责任。值得注意的是，1997年合伙企业法要求此时退伙人直接赔偿其他合伙人，而合伙企业法要求此时的退伙人赔偿合伙企业遭受的损失，间接赔偿其他合伙人的损失。因为不适当的退伙行为直接遭受损失的是合伙企业，作为独立的新的经济实体，合伙企业有权利要求得到赔偿。而且在合伙人数量很多的情况下，需要每个合伙人都要向退伙人请求赔偿，救济程序也特别烦琐。当然，合伙企业的利益最终也是合伙人的利益，在本质上没有发生变化，只是经过更改之后，在逻辑上更加顺畅，在程序上更加简便。声明退伙自合伙人提出退伙声明之日起生效。

2. 法定退伙

法定退伙是指基于法律的直接规定而退伙，不需要征求其他合伙人的同意，也不需要退伙人作出退伙的意思表示，只要出现法律规定的情形，则退伙的法律后果自动产生，退伙事由实际发生之日为退伙生效日。法定退伙也称为"当然退伙"。根据合伙企业法第48条的规定："合伙人有下列情形之一的，当然退伙：（一）作为合伙人的自然人死亡或者被依法宣告死亡；（二）个人丧失偿债能力；（三）作为合伙人的法人或者其他组织依法被吊销营业执照、责令关闭、撤销，或者被宣告破产；（四）法律规定或者合伙协议约定合伙人必须具有相关资格而丧失该资格；（五）合伙人在合伙企业中的全部财产份额被人民法院强制执行。合伙人被依法认定为无民事行为能力人或者限制民事行为能力人的，经其他合伙人一致同意，可以依法转为有限合伙人，普通合伙企业依法转为有限合伙企业。其他合伙人未能一致同意的，该无民事行为能力或者限制民事行为能力的合伙人退伙。"

合伙企业法对1997年合伙企业法第49条规定的法定退伙作出了重要修改。首先，合伙企业法增加了当然退伙的两个法定事由，一是其中作为合伙人法人或者其他组织的民事行为能力丧失的，比如依法被吊销营业执照、责令关闭、撤销，或者被宣告破产；二是法定或约定的合伙人必须具备的相关资格丧失的，比如，律师事务所的合伙人丧失律师执业资格，会计师事务所的合伙人丧失会计师执业资格，合伙诊所的合伙人丧失医师执业资格，保险经纪行的合伙人丧失保险经纪资格，等等。

另外，合伙企业法对作为合伙人的自然人丧失民事行为能力的，也与原来的合伙企业法规定大不相同。1997年合伙企业法规定，如果合伙人被依法宣告为无民事行为能力人，则当然退伙，因为他们已经无法参与合伙事务，再留在合伙企业内担任合伙人的话，其利益很容易遭受损失；对于被依法宣告为限制民事行为能力的合伙人，则没有明确规定。但是，合伙企业法认为合伙人被宣告为无民事行为能力人或者限制民事行为能力人，并不必然产生退伙的法律后果，如果其他合伙人一致同意的话，可以将其转为有限合伙人，合伙企业的类型也相应转变为有限合伙企业；如果其他合伙人不同意将其转变为有限合伙人，则该合伙人以退伙处理。当然，该规定的前提是无民事行为能力人或者限制民事行为能力人的监护人愿意继续担任合伙人，如果他们不愿意继续担当合伙人的角色，则当然退伙。因为现在合伙企业法中规定了有限合伙制度，让无民事行为能力的或者限制民事行为能力的合伙人转为有限合伙人，在很多时候是对该合伙人利益的保护措施。比如，当合伙人在执行合伙事务时遭到车祸而变成无民事行为能力人，如果依据 1997 年合伙企业法，该合伙人就应该以法定退伙处理了，如果此时的合伙企业经营状况良好的话，留下来分享合伙企业的经营成果，更符合该合伙人的利益。所以，合伙企业法赋予无民事行为能力人或者限制行为能力人成为有限合伙人或者退伙的选择权，是考虑周详的表现。

3. 除名退伙

除名退伙，也称做"除名"，是指发生法律规定的特定情形下，其他合伙人一致决定将某一合伙人开除出合伙企业，剥夺其合伙人资格的法律行为。《合伙企业法》与 1997 年《合伙企业法》对于除名的规定完全一致，即"合伙人有下列情形之一的，经其他合伙人一致同意，可以决议将其除名：（一）未履行出资义务；（二）因故意或者重大过失给合伙企业造成损失；（三）执行合伙事务时有不正当行为；（四）发生合伙协议约定的事由。对合伙人的除名决议应当书面通知被除名人。被除名人接到除名通知之日，除名生效，被除名人退伙。被除名人对除名决议有异议的，可以自接到除名通知之日起三十日内，向人民法院起诉。"（见合伙企业法第 49 条）。需要注意的是，对于除名决定的诉讼时效只有 30 天，超过 30 天，则失去诉讼时效，被除名人希望恢复合伙人身份的诉讼将得不到法院支持。但是，超过除名的诉讼时效不影响被除名人对合伙企业或者其他合伙人提起损害赔偿的诉讼。

4. 退伙人的责任

退伙人对于合伙企业债务的连带责任问题，也是退伙中一个比较重要的问题。退伙人是否仍要对合伙企业的债务承担无限连带责任？显然不是，否则，退伙就失去了意义。法律只是规定，退伙人应该对退伙前发生的合伙企业债务承担无限连带责任，对于退伙后发生的债务则不再承担无限连带责任（见 1997 年合伙企业法第 54 条）。但是，有些债务发生在退伙之后，但是起因于退伙之前，退伙人是否要承担无限连带责任呢？比如，在退伙前合伙企业卖出了某种产品，在退伙后发生产品质量事故，合伙企业需要对消费者承担赔偿责任，那么退伙人是否要对这种债务承担连带责任？答案显然是肯定的。因为企业出售商品的时候，实际上附有保证商品质量的担保责任，这种担保责任也是有成本的，但是由于产品质量事故没有实际发生，一些企业并不计提产品质量责任赔偿准备金，也不就产品质量赔偿责任进行投保，而是等到产品质量事故实际发生时再予以赔偿。退伙人拿走了产品的利润，就应该分摊隐含在产品上的担保责任。所以，《合伙企业法》第53条明确规定："退伙人对基于其退伙前的原因发生的合伙企业债务，承担无限连带责任。"与1997年合伙企业法第54条规定中的"对其退伙前已发生的合伙企业债务"相比，合伙企业法使用了"基于其退伙前的原因"这样条件性的提法，如此规定更加合理，实际上将原先单纯的时间性的规定转变为时间和原因综合后的责任认定方式。

总之，合伙人退伙后，并不当然免除所有债务责任，只对基于其退伙后的原因发生的债务免责，而对于基于其退伙前的债务，退伙人需要同其他合伙人一样继续承担无限连带责任。

（三）关于继承

关于合伙人在合伙企业中的财产份额的继承问题，合伙企业法也作了进一步的完善。

1997年合伙企业法第51条规定："合伙人死亡或者被依法宣告死亡的，对该合伙人在合伙企业中的财产份额享有合法继承权的继承人，依照合伙协议的约定或者经全体合伙人同意，从继承开始之日起，即取得该合伙企业的合伙人资格。合法继承人不愿意成为该合伙企业的合伙人的，合伙企业应退还其依法继承的财产份额。合法继承人为未成年人的，经其他合伙人一致同意，可以在其未成年时由监护人代行其权利。"

这里存在两个问题：首先，合法继承人愿意成为合伙人，但是缺少法律要求合伙人必须具有的某种资格，这应该怎么办？其次，合法继承人是年龄较大的未成年人，其渴望成为合伙人，而且其他合伙人也一致同意其成为合伙人，但是其监护人拒绝或者怠于行使合伙人的权利，应该怎么办？现在这两个问题在合伙企业法中都得到较好的解决。对于前一个问题，不具有法律规定或者合伙协议中约定的合伙人必须具有的相关资格，则以退伙处理；对于后一个问题，所有的无民事行为能力人或者限制民事行为能力人的合法继承人，经全体合伙人一致同意，可以依法成为有限合伙人，普通合伙企业依法转为有限合伙企业。全体合伙人未能一致同意的，以退伙处理，合伙企业应当将被继承合伙人的财产份额退还该继承人。

合伙企业法第50条明确规定："合伙人死亡或者被依法宣告死亡的，对该合伙人在合伙企业中的财产份额享有合法继承权的继承人，按照合伙协议的约定或者经全体合伙人一致同意，从继承开始之日起，取得该合伙企业的合伙人资格。有下列情形之一的，合伙企业应当向合伙人的继承人退还被继承合伙人的财产份额：（一）继承人不愿意成为合伙人；（二）法律规定或者合伙协议约定合伙人必须具有相关资格，而该继承人未取得该资格；（三）合伙协议约定不能成为合伙人的其他情形。合伙人的继承人为无民事行为能力人或者限制民事行为能力人的，经全体合伙人一致同意，可以依法成为有限合伙人，普通合伙企业依法转为有限合伙企业。全体合伙人未能一致同意的，合伙企业应当将被继承合伙人的财产份额退还该继承人。"

需要说明的是，死亡合伙人的合法继承人继承死亡合伙人的资格与继承法规定的继承财产不同，不是当然发生继承，而必须由合伙协议约定或者经全体合伙人同意方可。因为合伙企业是一种人合性组织，合伙人之间存在着高度的信任关系，死亡合伙人与其合法继承人并不一定具有同样的能力和品质，合法继承人也不一定能够获得其他合伙人的信任，所以，他不能当然成为合伙人，必须取得其他合伙人的同意才行。

第四节　特殊的普通合伙制度

特殊的普通合伙制度是合伙企业法修订时创造与引进的重要法律制度，在美国也称为"有限责任合伙"（Limited Liability Partnership，即 LLP），它本身是普通合伙的一种特殊形式，在原则上，每个合伙人需要对合伙企业的债务承担无限连带责任，但是，当一个或者数个合伙人在执业活动中因故意或者重大过失造成合伙企业债务的，责任人应当对该债务承担无限连带责任，其他合伙人依法以其在合伙企业中的财产份额为限承担责任，不需要对合伙企业的债务承担无限连带责任的一种合伙制度。特殊的普通合伙制度主要适用于以专业知识和专门技能为客户提供有偿服务的专业服务机构，比如，律师、会计师、医师、工程师、建筑师等专业人士。

一、特殊的普通合伙制度产生的背景

在市场经济的发展过程中，很自然地出现了大量以某种技能服务于社会的专业服务机构，比如会计师事务所、资产评估师事务所、律师事务所、私人诊所等专业服务机构。起初这类机构不被定位为企业，而是定位为社会中介服务机构，受专门的政府机构或者行业协会管辖，不受商法调整。但是后来美国的司法判决以及社会研究的结果表明，这类机构也是以赢利为目的，与普通企业在企业目的上是完全一致的，如果不受商法约束，容易产生行业垄断现象，尤其容易产生价格卡特尔，所以，法律也就确定这类机构为企业组织，应受企业法规范和调整。

但是，这些专业服务机构确实有与普通企业不同的特点。第一，它们以其掌握的技能、专业知识和信息为客户提供服务，一般说来，这些技能的获得需要艰苦的努力和较长的时间，普通人不具有这些技能；第二，这类机构的工作人员一般都需要具有某种专业资格证书，社会或者国家对这些行业实行准入管制；第三，这类企业提供的是一种智力服务，因此需要的资本金很少，一般说来，这类企业与公司制企业不同，它们没有雄厚的权益资本为债权人提供债务担保；第四，与普通公司提供连续性的经营服务不同，这类机构的经营特点是一个个服务项目，而且项目之间彼此互相独立，甚至人员之间的相关性也很小。

这类机构在注册为合伙企业之后，如果要求每一个合伙人都对合伙债务承担无限连带责任，就会导致许多无过错合伙人承担因其他合伙人过错所导致的连带责任，特别是要求全体合伙人对异地分支机构合伙人独立开展业务所引起的债务也负连带无限责任，是极不公平的，在结果上也会妨碍了这类机构选择合伙企业形式。所以，美国1996年修订统一合伙法的时候，就增加了有限责任合伙制度，也就是中国合伙企业法中的特殊的普通合伙制度。

其实有限责任合伙制度的诞生和成熟经历了多年的发展过程。最先提出合伙人应受有限责任保护立法的是美国得克萨斯州1991年的立法。得克萨斯州的立法最初比较简单，仅规定："一个专业合伙中的合伙人对另一个合伙人、雇员或者合伙代表在提供专业服务时的错误、不作为、疏忽、不合格的或渎职的行为，除其在合伙中的利益外，不承担个人责任。"[①] 这个立法受到了许多希望得到有限责任制度保护的事务所的欢迎。但这项立法也具有明显的缺陷：首先，该立法适用对象范围太窄，它只包括少数种类的合伙，主要是律师事务所；其次，享受有限责任保护的对象的范围过宽，使那些对此类过错行为负有控制、监督责任的合伙人逃避了个人责任；再次，该立法没有要求有限责任合伙影响对方提醒其责任性质和范围的变化；最后，该立法没有规定合伙的对方可以获得的作为替代的赔偿资源[②]。

随后，得克萨斯州对有限责任合伙的立法进行了几点重要修改：首先，按规定程序进行了登记的合伙可以注册为"注册有限责任合伙"。登记必须向州务秘书提交一项申请，而且申请必须由拥有多数合伙利益的人或其授权

---

① S. B. 302，72d Tex. Legis. §2，见 Bromberg and Ribstein §101.
② 宋永新：《合伙制度的重大革新》，《商事法论集》第4卷，法律出版社2001年版，第380页。

的一个或几个合伙人签署；其次，一个注册的有限责任合伙中的合伙人对由于另一个合伙人或未在其监督或控制下的合伙代表人在从事合伙业务过程中的错误、不作为、疏忽或渎职行为引起的合伙债务或者责任，不承担个人责任，除非他直接参与了此类行为，或在此类行为发生时已经知道或收到了通知。但合伙人仍须对上述范围外的合伙债务承担个人责任。合伙财产也需要对所有合伙债务承担责任；再次，注册有限责任合伙的名称的最后必须包含"有限责任合伙"字样或者缩写"L. L. P"；最后，有限责任合伙在经合理的努力可能购买到的情况下必须购买至少10万美元的责任保险。后来，得克萨斯州的有限责任合伙立法逐渐被其他各州模仿、吸收和发展，以至1996年美国统一州法委员会在修订合伙企业法时，也将有限责任合伙正式纳入其中，有力地推动了有限责任合伙制度在现实中的推广和应用。

在我国加入WTO之后，依据加入时签订的相关服务贸易的协议，大量英美国家的会计师事务所、律师事务所等专业服务机构相继进入我国开展业务，他们大多数在本国采用有限责任合伙制度，由于我国立法没有相应制度规定，既不利于他们在我国的商事登记，又因登记为有限责任公司而降低了对我国客户的风险承担能力。另外，特殊的普通合伙制度确实更能合理地划分这类机构中的责任。为此，我国在新修订的合伙企业法中规定了特殊的普通合伙企业制度，类似于美国的有限责任合伙制度，其目的在于依照国际惯例，重新划分这类合伙企业中各合伙人的责任，促进其发展壮大。为了保护债权人利益，我国也吸收美国的经验，要求特殊的普通合伙企业应当建立执业风险基金、办理职业保险。

2007年11月颁布的新修订的《中华人民共和国律师法》将特殊的普通合伙正式规定为我国律师事务所的组织形式之一。由于新颁布的合伙法对有限责任合伙制度的规定一共只有寥寥的四个条文四百余字，而新律师法则仅以一款条文五十余字作出了规定。两部法律的相关规定只简单规定了特殊的普通合伙的责任形式特征、名称及替代性赔偿财产的要求，诸多技术性问题均未涉及。这些具体的问题不仅关系到特殊的普通合伙制度的具体实施，也关系到各行业职业道德在特殊的普通合伙制度中的体现，必须深入研究。为了行文的便利，我们有时也用"有限责任合伙"代替"特殊的普通合伙"。

二、特殊的普通合伙人的责任范围

依据合伙企业法第57条的规定，特殊的普通合伙的主要内涵是指"一个合伙人或者数个合伙人在执业活动中因故意或者重大过失造成合伙企业债务的，应当承担无限责任或者无限连带责任，其他合伙人以其在合伙企业中的财产份额为限承担责任。合伙人在执业活动中非因故意或者重大过失造成的合伙企业债务以及合伙企业的其他债务，由全体合伙人承担无限连带责任。"特殊的合伙企业中的合伙人对于其他合伙人或雇员的不法职务行为或过失所造成的侵害、侵权而导致的债务，无辜的合伙人——即该合伙人不是直接的责任行为人或不是该项侵害事由的管理者、权力掌控者或虽然事后知晓但已经尽力弥补损失的，其在合伙企业无力承担所有该项债务时，以其出资额为限对该项债务承担有限责任，而不需要以个人其他财产对该债务承担无限连带责任。

特殊的普通合伙与普通合伙最大的区别在于全体合伙人不再对合伙的所有债务均承担无限连带责任。因合伙人过错行为造成的债务由该合伙人自己承担，其他合伙人仅以其在合伙企业中的出资额为限负有限责任。所以，准确界定特殊的普通合伙的合伙人责任范围是该制度的关键性问题，即分清合伙中哪些债务是由相关合伙人个人自负其责、其他合伙人无须承担连带责任，哪些债务仍须由全体合伙人共同承担。

按照美国各州合伙法对有限责任合伙责任范围的规定，以合伙人是否承担个人的无限责任为标准，可以将有限责任合伙可能出现的债务作如下分类：第一，合伙人的过失、不当执业、渎职、错误和不作为等过错行为产生的债务；第二，受合伙人直接监督和控制的雇员的过失、不当执业、渎职、错误和不作为等过错行为产生的债务；第三，合伙企业的日常经营活动产生的债务；第四，合伙企业的过错产生的债务；第五，合伙雇员的过错行为且无合伙人对其承担直接监督和控制职责产生的债务。

从特殊的普通合伙制度十余年的发展来看，合伙人个人对自己行为承担全部责任的范围，换句话说，就是其他合伙人无须对该合伙人的行为承担连带责任的范围，有逐步扩大的趋势。这也非常符合美国的各人的责任自己负的个人主义哲学。比如，最初的有限责任合伙法——即得克萨斯州 1991 年合伙法规定由合伙人自负其责的债务是：自己的过失和不当行为；注意或知道其他合伙人的不当行为却未制止的。第二代有限责任合伙法中最典型的是特拉华州有限责任合伙法，特拉华州历来是美国各州在企业组织立法方面的领导者，并以其对企业的经营管理者的宽容著称。它在采纳得克萨斯州有限责任合伙立法的同时，作了较为广泛的修改，以使自己在合伙立法方面也能在全美各州中取得领导地位。其修改包括：（1）在得克萨斯州法规定的疏忽行为之外增加了不当的和渎职的行为，扩大了受保护的行为的范围，1994

年，特拉华州进一步把受保护的行为扩大到不管属于侵权的还是合同的或其他的行为；（2）进一步限制了负监管责任的合伙人的责任范围，规定只有拥有直接监管与控制权者才对该行为的后果负责；（3）把保险金额增至100万美元；（4）明确规定在州外经营的有限责任合伙同样适用本州的法律；（5）把法律事务所能否采用有限责任合伙形式留给该州的最高法院决定；（6）把有限责任合伙企业的注册费最高限额规定为不超过公司的最高注册费；（7）把无辜的合伙人免于承担直接责任的范围进一步明确或扩大为"无论是以补偿、分摊、契约补偿或其他方法"计算的责任。第三代有限责任合伙法旨在为合伙人提供更为全面和广泛的责任保护，如纽约州合伙法使合伙人只要无过错，对合伙的所有债务与责任，包括合伙日常经营活动中的商业合同造成的债务与责任，都无须承担直接或间接的个人责任。

我国合伙企业法第57条规定："一个合伙人或者数个合伙人在执业活动中因故意或者重大过失造成合伙企业债务的，应当承担无限责任或者无限连带责任，其他合伙人以其在合伙企业中的财产份额为限承担责任。合伙人在执业活动中非因故意或者重大过失造成的合伙企业债务以及合伙企业的其他债务，由全体合伙人承担无限连带责任。"由此可见，我国法律将特殊的普通合伙企业的债务分为两类——执业活动中的债务和合伙日常经营债务，并以此为依据界定有限责任保护的范围。显然，这是一种比较合理的债务划分模式。因为有限责任合伙产生的原因在于为了使会计师、律师等职业人员能更有效地进行执业活动，而对其执业活动中的责任予以了限制。如果这些特殊的普通合伙企业中的日常经营活动也要受到有限责任的保护，那么其他那些以日常经营活动为主业的普通合伙为什么就不能受到有限责任的保护？

三、债权人利益保护制度

由于现实世界的风险是客观存在的，总体来说，风险也是无法回避的，那么某个主体通过法律的手段规避风险，最多不过是风险的转移罢了。转移风险本身是一个中性的价值判断，无所谓合理还是不合理，其好坏取决于风险转移后整个社会是否实现了效率改进或优化，按照经济学术语，也就是是否实现了"帕累托优化"或者"帕累托改进"。特殊的普通合伙企业中的合伙人，依法对于其他合伙人在执业活动中因故意或者重大过失造成合伙企业债务的不需要承担个人连带责任，而由责任人自己独自承担无限连带责任。这种制度安排减少了搭便车现象，显然能够增强职业人员的责任感和风险意识。因此，该制度肯定对社会的整体影响是良性的。但是，特殊的普通合伙企业的债权人可能因为该制度的存在而提高了自己的债权风险，成为制度变革中的受害者，而"帕累托改进"的前提是不能有哪个群体在制度变革中利益受损，所以，必须对特殊普通合伙企业的债权人提供一定的保护。

法律从来都是在各种利益之间寻找平衡，在限定了股东的有限责任之后，又对其实行双重征税和揭开有限责任面纱制度；在赋予合伙人无限责任的同时，又对其实行减税优惠。同时，市场本身也在调整对各种角色的利益倾斜度。在对职业人士的保护与对债权人的保护之间寻求平衡，是特殊的普通合伙出现后最受关注的问题。

（一）关于提醒商业伙伴风险

由于在特殊的普通合伙企业，可能会出现一些合伙人对另一些合伙人的行为所造成的合伙负债不承担无限连带责任的情况，在本质上相当于削减了债权人的担保债权，所以，很可能会给商业伙伴造成安全错觉，从而利益受到损害。为了防止出现这种局面，法律要求所有的特殊的普通合伙企业必须在名称中对自己的责任形式予以标明，以提醒商业伙伴的风险。合伙企业法第56条规定：特殊的普通合伙企业名称中应当标明"特殊普通合伙"字样。美国《统一合伙法》也要求有限责任合伙企业必须在名称中标明"有限责任合伙"或者字母缩写"L. L. P"字样。

也许有人会说：提醒与不提醒，对商业伙伴的利益会产生实质性影响吗？答案显然是肯定的。因为不同的风险对应不同的价格，在名称中标明特殊的普通合伙之后，商业伙伴就可以根据这个风险状况给付对价，就会比在普通合伙企业模式下少付对价，从而利益得到自然补偿。

（二）关于替代性的赔偿资源

我国合伙企业法第59条规定："特殊的普通合伙企业应当建立执业风险基金、办理职业保险。执业风险基金用于偿付合伙人执业活动造成的债务。执业风险基金应当单独立户管理。具体管理办法由国务院规定。"这表明我国特殊的普通合伙的债权人保护机制与美国类似，采取的是建立替代性的赔偿资源，如执业风险基金和强制性保险。美国有限责任合伙法一般都强制性要求合伙事务所预先拨付一定的资金作为保证。这部分资金起到了替代无过错合伙人承担无限连带责任的作用。这种预先拨付资金的形式有两种，一是规定必须向保险公司购买法定额度的有限责任合伙保险，二是在银行等金融机构设立法定金额的独立资金。在律师事务所行业，其中有如下两个问题需要注意：

第一，律师执业责任保险与特殊的普通合伙保险的关系。应该说这是两种出发点不同的保险，前者是为了保护律师，增强其抵御风险的能力，后者是为了保护委托人，增强其因律师过错行为受到损失时的受偿能力。因此，律师执业责任保险不能计入法定的强制性特殊的普通合伙保险范畴。

第二，除购买强制保险外，特殊的普通合伙允许合伙拨付一项独立的财产或者设定一项基金，或者向银行或保险公司预先交付负债证书或担保书，以用于对债权人提供保护。这种情形主要发生在合伙无法购买保险，或者保险单所提供的保险范围与有限责任保护的范围不一致的情况下，也就是说，替代性的赔偿手段应该优先考虑购买强制性责任保险。

四、特殊的普通合伙企业的设立与合并

（一）特殊的普通合伙企业的设立

美国的有限责任立法和合伙企业法对特殊的普通合伙的规定一样，在本质上，都是作为普通合伙的一种特殊形式来予以规范。根据我们对合伙制度实践的推断，一个专业服务机构要成为特殊的普通合伙有两条路径：一是直接注册为特殊的普通合伙，二是由普通合伙转换为特殊的普通合伙。直接注册为特殊的普通合伙的问题相对比较简单，只要在注册时标明本机构为"特殊的普通合伙"即可；但是，普通合伙转换为特殊的普通合伙的关键问题则在于普通合伙的债权债务关系如何处理。

最简明的办法就是"老人老办法，新人新办法"，普通合伙转换为特殊的普通合伙的，合伙人对转换前发生的债务按普通合伙人身份承担责任，所有合伙人需要对其他合伙人的行为承担无限连带责任；但是，对于转换后合伙企业产生的债务，需要按照特殊的普通合伙制度承担，以重新登记为准。因为这种模式对债权人的利益没有任何不利影响，所以，合伙事务所在转换组织形式时不需要事先通知债权人，债权人也无权选择是否在转换前求偿。另一种解决方式是先解散普通合伙，经清算程序结清原合伙的债权债务关系后注册为一个新的特殊的普通合伙。其优点是债权债务关系明确，债权人的利益能得到最大限度地保护。缺点是合伙事务所经营的连续性被打断，对需要连续性代理的委托人来说损失也很巨大。

（二）特殊的普通合伙企业设立中的几个问题

1. 合伙人数量

有人认为，在特殊的普通合伙登记注册时有必要对合伙人的人数规定下限，同时，为了避免出现合伙人为规避自身责任而故意扩大事务所规模的局面，应该考虑规定较高的替代性赔偿财产要求，以对冲特殊的普通合伙制度

给合伙人带来的好处。

其实，这个观点完全是多虑的。因为对于债权人或者客户来说，在给定的市场中，特殊的普通合伙企业与普通合伙企业并没有任何优劣之分，市场会自动根据各自的风险和服务状况进行定价，谁的风险高，谁的价格就低；反之，谁的风险低，谁的价格就高。这就像在一个有效的市场中，两个证券之间没有优劣之分一样。而特殊的普通合伙制度由于能够强化职业人员的责任感和风险意识，对社会更加有利。所以，我们应该提倡各种专业服务机构采用特殊的普通合伙制度，而不是限制采用。

2. 合伙企业的名称

美国各州合伙法及统一合伙法均规定有限责任事务所的名称须含有"注册有限责任合伙"的字样或其缩写"L. L. P"，作为名称的结尾，合伙企业法也规定特殊的普通合伙企业名称中须含有"特殊普通合伙"字样，以使潜在委托人和债权人注意到该事务所不是无限连带责任性质的普通合伙。但这是否足以实现其引起公众和债权人注意的目的？美国威斯康星州高等法院认为必须以其他方式使委托人理解该类合伙的有限责任的法律地位，如律师事务所"向委托人和潜在委托人提供书面的关于有限责任法律特征的无格式英文摘要，律师事务所是依据该法律设立的"。

（三）特殊的普通合伙的合并

特殊的普通合伙的合并涉及两种情况：一是特殊的普通合伙与普通合伙的合并，二是特殊的普通合伙与特殊的普通合伙的合并。

特殊的普通合伙和普通合伙之间的合并后可以建立普通合伙，也可以建立特殊的普通合伙。参照美国统一合伙法的规定，合伙合并后，原合伙的财产、债务及未决诉讼转换为合并后的存续合伙的财产和债务。存续合伙财产不足以偿还原合伙债务的，被合并的合伙的原合伙人须承担补充责任。如果原合伙人对原合伙的债务承担个人责任的，则此债务无须由存续合伙偿还，而仍归该合伙人负责清偿。在中美合伙法中，特殊的普通合伙均是作为普通合伙的一种特殊形式。包括合并在内的事项，只要不涉及特殊的普通合伙的责任形式，均默认适用普通合伙合并的规则。

特殊的普通合伙与特殊的普通合伙的合并，责任形式并未发生根本性的变换，情况比较简单。但其可能导致合伙偿债能力降低。如A事务所和B事务所各建立了100万美元的最低水平有限责任保险。他们各自的债权人可分别从其中获得完全的赔偿。A、B合并后，还是保持100万美元最低水平有限责任保险，A、B的债权人只能从这100万美元中一起受偿。特殊的普通合伙替代性赔偿资源的担保作用因合并而大大降低。为此，一种立法方案是，特殊的普通合伙事务所在完成合并后应当维持未合并前两家事务所替代性赔偿资源总和的水平，并发布事务所合并通告，为合并后可能出现的潜在债权人提供担保。出于公平和效率的兼顾，这种维持只需在合并后一段合理的时间内保持，因为过长时间内保持这种高额替代性赔偿资源会对事务所带来沉重的负担。

五、特殊的普通合伙债务的清偿顺序

特殊的普通合伙事务所、过错合伙人以及无过错合伙人各自应当对第三人承担何种责任，第三人的债务以何种顺序得到清偿，以及在对第三人的清偿结束之后，过错合伙人、无过错合伙人如何分担债务，是涉及特殊的普通合伙事务所责任形式的重要问题。

如前文所述，我国合伙企业法区分了受有限责任保护的债务和不受有限责任保护的债务。合伙人在执业活动中非因故意或者重大过失造成的合伙企业债务以及合伙企业的其他债务，属于不受有限责任保护的债务，由全体合伙人承担无限连带责任。

（一）关于不受有限责任保护的债务的清偿

《合伙企业法》第38条规定："合伙企业不能清偿到期债务的，合伙人承担无限连带责任。"合伙人在执业活动中非因故意或者重大过失造成的合伙企业债务以及合伙企业的其他债务，应当先由合伙以合伙资产赔偿，不足部分由全体合伙人承担连带责任。根据合伙企业法第92条的规定，合伙企业不能清偿到期债务的，债权人有两种选择：可以依法向人民法院提出破产清算申请，也可以要求普通合伙人清偿。"合伙企业不能清偿到期债务"的确切含义是指合伙企业对其到期债务不能清偿，并呈持续状态，至于不能清偿的原因是债务人故意拖欠，还是债务人没有偿债能力，则不予考虑。

（二）关于受有限责任保护的债务的清偿

合伙企业法第38条规定也适用于特殊的普通合伙的债务清偿，即该债务首先应用合伙财产清偿。具体来说，首先应当用律师执业责任保险清偿，不足部分由特殊的普通合伙强制保险或独立资金来承担赔偿责任，因为这部分资金是从合伙资产中预先拨付出来专门用于合伙债务清偿的。如果仍不足以偿还债务的，则用合伙企业的财产清偿。当然，合伙事务所也可以根据其意愿先用合伙资产偿还而保留保险或独立资金。

合伙资产不足以偿还债务的，过错合伙人对剩余的债务承担无限责任或

无限连带责任。由于合伙资产未穷尽之前，过错合伙人无须承担补充责任，所以此时债权人起诉的被告人应当是律师事务所。过错合伙人可以作为诉讼第三人。

对于认定哪些合伙人有过错的举证责任，不应当由原告，也就是事务所的债权人来承担。债权人无法获知合伙的内部关系和管理结构，难以证明哪个合伙人对该债务有过错。债权人只需证明合伙应当承担偿还的义务。由合伙事务所承担举证负有个人责任的合伙人。

如果合伙面临受有限责任保护的债务请求，穷尽合伙资产后由过错合伙人承担剩余的债务。而资产被穷尽的合伙往往会丧失继续经营的能力，实际上损害了无过错合伙人的利益。所以，在以合伙资产清偿债务致合伙面临无力经营的情况时，应当允许无过错合伙人代为清偿，无过错合伙人拒绝的，方可继续追偿。

六、特殊的普通合伙人对合伙亏损的分摊

在合伙事务所营业期间，合伙因清偿债务而造成财产减少，不足以达到法定替代性赔偿资源的标准或合伙的资产标准时的安排是一个必须注意的问题。

（一）清偿不受有限责任保护债务之后的亏损分摊

根据我国合伙企业法，合伙人在执业活动中非因故意或者重大过失造成的合伙企业债务以及合伙企业的其他债务，属于不受有限责任保护的债务，按普通合伙的方式分摊。第33条也规定："合伙企业的利润分配、亏损分担，按照合伙协议的约定办理；合伙协议未约定或者约定不明确的，由合伙人协商决定；协商不成的，由合伙人按照实缴出资比例分配、分担；无法确定出资比例的，由合伙人平均分配、分担。"这表明，对于合伙财产清偿债务之后造成的亏损，由全体合伙人按比例分摊。对外承担连带责任时分摊金额超过该合伙人的分摊比例时，该合伙人可向未承担完全分摊责任的其他合伙人追偿。

（二）清偿受有限责任保护债务之后的亏损分摊

合伙企业法第58条规定："合伙人执业活动中因故意或者重大过失造成的合伙企业债务，以合伙企业财产对外承担责任后，该合伙人应当按照合伙协议的约定对给合伙企业造成的损失承担赔偿责任。"根据合伙企业法的规定，合伙资产因赔偿而减少的，由过错合伙人承担补足责任。无过错合伙人无须为合伙资产的减少负责，其对合伙的出资也因为过错合伙人的补足而受到了保护，所以这种责任保护更为全面。

因为在合伙企业法下，无过错合伙人对过错合伙人行为造成的债务几乎不用承担任何责任，面临风险较小合伙人可能会主张尽可能将合伙的收益分配，而不愿意保留过多的资产作为高风险合伙人过错责任的担保。如何协调二者在分配上的对立将是特殊的普通合伙事务所不得不面对的问题。

如过错合伙人无力补足合伙资产的减少，导致合伙无法继续经营或达不到替代性赔偿资源的要求，应该如何安排？合伙人可以合伙无法继续经营作为合伙解散的理由，债权人也可以合伙无法清偿到期债务提出合伙破产申请。合伙人也可以在合伙协议中事先约定由无过错合伙人代替过错合伙人向合伙注资。合伙人可以约定这种注资是无过错合伙人对过错合伙人的债权，或是合伙出资比例的重新调整。

七、特殊的普通合伙下合伙人的监督责任

（一）合伙人监督职责的责任范围

美国得克萨斯州 1994 年合伙法规定，不处于某合伙监督和控制之下的其他合伙人或合伙代表人的过错行为，该合伙人不承担个人责任，但并没有明确规定处于其监督和控制之下的非合伙人，如雇员等的过错行为是否由其承担责任。特拉华州合伙法则明确规定合伙人应当对其监督和管理的人，有责任监督其工作，防止其过错行为的产生。如果受其监督管理的人实施了过错行为，合伙人对此须承担替代责任，不负责监督和管理该人的其他合伙人无须承担责任。

合伙人在进行合伙业务的过程中，大量的工作并不是合伙人亲自实施的，而是由合伙人监督和管理的雇员等非合伙人进行的，在某种程度上，合伙人监督和管理的雇员是其工作的延伸，因此合伙人应当对其监督和管理的人的过错行为承担责任。如果合伙人无须对他监督和管理的人的过错行为负责，合伙人很可能通过这些人来转嫁自己的责任。

（二）特殊的普通合伙下监督责任的道德风险

普通合伙中每个合伙人都要对其他合伙人的行为造成的债务承担责任，其效果是合伙人为预防自己的财产被用于对其他人的行为负责，在经济上有动力监督其他合伙人，防范和制止其他合伙人侵犯委托人权利的过错行为，客观上有利于提高服务质量，控制事务所风险。同时，监督和协助其他合伙人的工作，也有利于加强事务所内部的合作，培养事务所的团队协作精神。

采取特殊的普通合伙制度之后，除了对自己的行为以外，合伙人一般不

用对别人的行为负责，除非该人是受到其直接监督的人员。合伙事务所原先的互相监督与合作的经济动因因此被打破。合伙人不再愿意向其他人提供帮助，以避免卷入别人办理的案件；合伙人也不愿意承担监督职务，以逃避对其他人过错的赔偿责任。究其原因，合伙人实际上面临着无限责任和有限责任两种选择，并可以通过选择是否介入他人的案件或是否承担监督职责，来选择是接受无限责任还是接受有限责任。显然，经济动因使合伙人更倾向于采取只会让他们承担有限责任的行为。这不仅会造成律师事务所监督机制的丧失，还会深化国内律师事务所内部律师之间的实质性独立的状态，并使最容易出现过错行为的新律师缺乏充分的指导。

（三）监督豁免原则

如何界定哪些行为与个人是处于合伙人直接监督中，应由合伙人承担责任？为了防止监督责任的范围过度扩大，造成事务所内无人敢于承担监督责任并产生上述的负面效应，出于政策性的考虑，本书认为应当对"直接监督"作出较窄的限定。

律师事务所的管理委员会、管理合伙人，或律师事务所的部门负责人的监督，应该受到有限责任的保护，而免于卷入被其监督的人的行为造成的风险。律师事务所管理机构承担的是日常管理职能，事务所几乎每起业务都至少间接地受到了管理机构的监督和控制，这也就意味着如果管理机构须对被监督人的过错行为承担连带责任，那么事务所的所有过错行为管理机构都要承担连带责任。这样一个烫手的山芋，又会有哪个合伙人愿意去干呢？而缺乏管理的律师事务所最终将会降低委托人接受法律服务的质量。

对具体案件的实际工作承担监督责任的合伙人，应当对案件办理过程中下属的过错行为或者与之合作的其他合伙人、律师的过错行为承担个人的连带责任。因为参与或主持案件办理的合伙人全面负责该具体案件的工作，有义务对案件的质量负责，也有责任对在其直接指挥下的办案人员的过错行为承担连带赔偿责任。合伙人无法逃避这种监督责任。

特殊的普通合伙的基本制度体现在有限责任的范围及对债权人的保护上，而特殊的普通合伙最复杂的问题则是特殊的普通合伙对债权人的债务清偿与特殊的普通合伙的破产清算问题上。特别是特殊的普通合伙的破产问题，是本书的一大遗憾。在什么条件下特殊的普通合伙应当破产？在破产清算中无过错合伙人是否不再受到有限责任保护而应当为未尽债务承担连带责任？无过错合伙人承担该责任后是否有权向过错合伙人追偿？这些将留待继续的研究。

此外，创立特殊的普通合伙的英美等国由于其立法传统，制定法往往相对简略，大量具体问题一般都留待司法判例予以解释，而特殊的普通合伙制度只经过十几年的发展，相关案例非常少，许多问题即使在美国也只停留在理论探讨的层次。并且这些国家在商事法律方面留给法律主体自行约定的权利较大，而我国立法传统对个人经济自由的干预更多。所以在他国商事法律中不予规定、而交由相关商事主体自行约定的事项，我国立法中往往需要由立法者规范。在这种立法环境下，特殊的普通合伙制度在中国的确立，需要对英美特殊的普通合伙中未规定的许多问题作具体的研究和引导。

第五节　有限合伙制度

有限合伙制度是合伙企业法修订中的重大制度引进与创新，对于我国企业制度和风险投资事业将会产生深远的影响。有限合伙集有限责任与无限责任于一身，兼具普通合伙企业与公司法人两者的优势，是普通合伙与有限公司的"杂交"产品，是如今世界产业界公认的所有企业组织形式中最有利于高风险投资的组织形式。

一、有限合伙企业的内涵及特征

有限合伙企业是由普通合伙和有限责任公司发展而来的一种新型的企业形式，有限合伙企业的合伙人由两种人员组成：一是普通合伙人，负责合伙事务的经营管理，并对合伙债务承担无限连带责任；二是有限合伙人，通常不负责合伙的经营管理，仅以其认缴的出资额为限对合伙债务承担有限责任。在有限责任公司和普通合伙之间，有限合伙偏向于普通合伙一边，因为有限合伙企业中由投资者对于合伙企业的债务承担无限连带责任，其他有限合伙人很像公司无控制权的中小股东，在合伙企业的经营中处于被动位置。所以，当所有普通合伙人退伙以后，有限合伙企业解散，因为不再有合伙人经营管理企业；而所有有限合伙人退伙，则有限合伙企业实体继续存在，只是在组织形式上将转变为普通合伙（见合伙企业法第 75 条）。根据风险投资的行业特征，企业家在有限合伙中的地位远远超过资本家的地位。

有限合伙企业具有以下特征：

第一，有限合伙人与普通合伙人同在。从以上对有限合伙的界定，我们可以看出，有限合伙中至少有一名普通合伙人和至少有一名有限合伙人共同组成，二者缺一不可。根据合伙企业法第 75 条规定，有限合伙企业仅剩有限合伙人的，应当解散；有限合伙企业仅剩下普通合伙人时，应转为普通合伙企业。

第二，无限责任和有限责任并存。有限合伙企业由有限合伙人与普通合伙人共同组成，对合伙组织的债务，有限合伙人仅以其认缴的出资额为限承担责任，而普通合伙人则对合伙债务承担无限责任，同时普通合伙人之间承担连带责任。有限合伙集有限与无限责任于一身，合伙人之间体现了能力与资金两种优势的合作。有限合伙人向有限合伙企业提供资金支持，而普通合伙人以自己的能力和投资项目吸引有限合伙人的支持。

第三，有限合伙人不参与合伙事务的管理。作为有限合伙人对合伙债务承担有限责任的对价，有限合伙人不具有管理合伙事务的权利。有限合伙事务的管理权应由普通合伙人行使，而且也只有普通合伙人有权代表全体合伙人约束合伙组织。有限合伙人只有对合伙事务的检查监督权。根据合伙企业法第76条规定，当有限合伙人参与合伙事务的经营管理，致使第三人有理由相信有限合伙人为普通合伙人并与其交易的，该有限合伙人对该笔交易承担与普通合伙人同样的责任。

第四，有限合伙属于准法人团体。这是因为：（1）合伙组织可起字号，字号经登记后，能够以字号的名义对外从事经营活动和诉讼活动；（2）合伙团体具有一定的独立性，一个合伙人的死亡或退伙并不必然导致合伙组织的解散，尤其是有限合伙人的退伙基本上不对有限合伙产生实质性影响；（3）合伙财产是合伙组织的共有财产，完全与其成员的财产相分离，合伙人对于自己的出资并不能直接支配，而是由合伙组织统一管理支配；（4）对外承担责任的相对独立性。对合伙债务首先应由合伙财产清偿，普通合伙人只是对合伙债务起一个最后担保人的作用。

从以上分析我们可以看出，合伙具有一定的独立性，是既不同于自然人又不同于法人的非法人团体。此外，从合伙的发展趋势来看，合伙的实体化特征越来越强，尤其是因为有限合伙的产生和发展，这一点表现得愈加明显。这主要是因为有限合伙不再是人与人之间的密切合作而组成的人合性组织，而是人与资本紧密联系在一起的混合物。相对于普通合伙而言，有限合伙更具有团体特征。法律完全可以授予有限合伙法人资格，同时赋予普通合伙人对于有限合伙的债务以担保义务。

与公司相比较，普通合伙人直接从事合伙的经营管理，使合伙的组织结构简单，节省了管理费用和运营成本；普通合伙人对合伙要承担无限责任，可以促使其对合伙的管理尽职尽责。同时，对有限合伙企业不征收所得税，仅直接对合伙人征收所得税，就避免了公司的双重税负。与普通合伙相比，允许投资者以承担有限责任的方式参加合伙成为有限合伙人，投资者不承担无限责任，这有利于吸收投资。有限合伙的上述特点，就为资本与智力的结合提供了一种便利的组织形式。即拥有财力者作为有限合伙人，拥有专业知识和技能者作为普通合伙人，二者共同组成以有限合伙为组织形式的风险投资。

二、有限合伙与隐名合伙的差异

除了有限合伙之外，按照传统的民法理论，隐名合伙也是一种与普通合伙相对立的另外一种特殊合伙，也是部分成员不参与经营并且对合伙债务负有限责任的合伙。隐名合伙起源于中世纪的康曼达契约，是指当事人预定一方对他方所经营的事业出资，而分享其营业所得收益及分担其营业所受损失的契约。为大陆法系所特有。其特点是：隐名合伙无独立的合伙财产，隐名合伙人的出资归入营业人的营业财产；隐名合伙人只分享营业利润和分担营业损失，并不参加营业。在现阶段，我国已大量存在这种商业组织形态，并且也是高新技术企业吸引风险投资的一种良好组织形式。随着我国市场经济的发展，隐名合伙作为合伙的一种特殊形式，满足和适应了一些投资者的需要，但由于我国立法的滞后，法律没有对隐名合伙予以明确规定。

有限合伙与隐名合伙的异同在于：

第一，隐名合伙当事人必须一方为隐名合伙人，另一方为出名合伙人，隐名合伙人的出资为出名合伙人所有，隐名合伙人对其出资不再享有权利，如果出名合伙人为两人以上则为出名合伙人共有；有限合伙人也分为有限合伙人与普通合伙人两种，但是在出资问题上，程序比较简洁清楚，有限合伙人与普通合伙人都出现在合伙人名单中，而且两者的出资都有合伙企业独立拥有所有权，不属于普通合伙人单方所有。

第二，在隐名合伙中，出名合伙人为对外承担权利和义务的主体，代表合伙企业对外与第三人发生法律关系，而隐名合伙人不为权利与义务的主体，无权代表营业单位与第三人发生权利义务关系。隐名合伙人一般对合伙事务无执行权和决策权，出名合伙人有权决定和执行合伙事务。但是，隐名合伙人有权利监督出名合伙人经营情况与财务状况。在企业事务执行问题上，隐名合伙人与有限合伙人非常相似。

第三，隐名合伙人以其出资为限对合伙债务承担有限责任，出名合伙人则对合伙债务承担无限责任。在对合伙债务的责任问题上，隐名合伙人与有限合伙人也很类似；而出名合伙人与普通合伙人的责任也基本上一致。

第四，隐名合伙可以是没有经过企业登记的营业单位，隐名合伙人与出名合伙人之间的关系有时又类似于一种借贷合约关系，但是，隐名合伙人的目的在于分享出名合伙人经营利润；而有限合伙必须是经过登记的合伙企业，并在合伙企业名称中予以标明"有限合伙"字样。

我国法律体系本来属于大陆法系，但是现在并没有引入属于大陆法系中的隐名合伙，而引进了带着鲜明普通法系特征的有限合伙，除了有限合伙的架构比较简洁，易于处理合伙纠纷之外，可能也与风行世界的风险投资有关。因为就目前看来，美国是风险投资最成功的国家。

三、有限合伙制度的产生背景

风险投资的典型特征就是高风险、高回报，投资的成败高度依赖于经营者的努力情况，而且一般都是有技术研发能力的人没有资金，而有资金的人却又没有技术或者管理能力。如果采用普通合伙形式，则资金所有人不愿意投资，因为他们并不知道投资项目的风险情况，也无法左右投资项目的成败，资金所有人恐惧陷入合伙企业失败后的无限连带责任；如果采用有限责任公司形式，则资金所有人也不愿意，因为风险投资往往都是需要经过艰苦努力才能成功的项目，一旦经营管理者松弛下来，则投资失败的可能性大增。在有限合伙中，资金所有人面临一个相对比较安全的境况：如果投资项目成功，则可以与普通合伙人一起分享利润；如果投资项目失败，则只损失认缴部分的投资，而普通合伙人需要承担无限连带责任。这样就可以从制度上激励和督促普通合伙人，积极防范道德危险因素的出现，可以有效地解决公司制风险投资的弊端，从而在高风险、高回报的风险投资业中发挥积极作用。正是因为有限合伙所具有的以上优点，使得人们在公司制以外又多出了一种投资模式，尤其是对于那些缺乏相关管理和运营经验或者不愿意参与经营决策的消极投资者来说，有限合伙制无疑表现出了更大的吸引力。这种理论在美国得到了较好的实现，而且美国的实践也证明了这一点。可以说，美国经济活力的增强，风险投资功不可没，如今，有限合伙制投资机构在风险投资市场中占据了主导地位。美国80%的风险投资企业采取有限合伙的组织形式，这足以说明该组织形式对风险投资的合理性。20世纪80年代以来，10年制（依照《美国有限合伙法》有限合伙一般存续期为10年）有限合伙成了风险投资市场上的一种标准性组织形式。20世纪70年代，英国开始建立风险投资机构。在其发展过程中，特别是自20世纪90年代以来，英国的风险投资机构逐步形成了以有限合伙制为主的发展模式。

我国政府一直倡导建设创新型国家，希望提高技术在经济发展中的地位，改变世界血汗工厂的尴尬处境。但是，创新型国家的建设必须有相应的制度保障，尤其是相关企业制度的支持。所以，在新修订的《合伙企业法》中吸收美国的先进制度和经验，引入了有限合伙制度。但是，有限合伙制度的引入又使修改后的有限责任公司制度处在了被动位置，将有限责任制度引入合伙企业，这无疑给有限责任公司制度带来了挑战。由此，在两个同时定位在中小企业的企业形态中必然存在竞争，这种竞争会日益激烈，即使在风险投资领域外的普通投资活动中，有限合伙也表现出了某些独特和有利的特点，比如，有限合伙中普通合伙人的无限责任因素更能取得债权人的信赖；无注册资金方面的最低限制；无技术出资比例限制（可以超过 70%）；出资形式灵活多样，可以劳务出资；没有企业所得税，能避免双重纳税；合伙企业能够排除以非技术投资者的经营干扰和复杂的治理结构的牵扯，决策灵活。而作为企业制度研究者，我们很欢迎看到各种制度之间的竞争，这些竞争能够推动企业向更有效率的目标迈进。

然而，我们不得不面对这样一个现实问题：有限合伙制度仅仅在英美法系国家得到了发展，原因在于英美法系国家不仅有相当完备的法律，美国于1976 年修订颁布了《修订统一有限合伙法》，英国于 1907 年制定了《英国有限合伙法》，而且有限合伙制在英美法系国家并未因为公司制的普遍发展而衰落。而在大陆法系国家无论是与有限合伙相似的隐名合伙还是与有限合伙具有同质的两合公司都未曾获得像样的发展。

值得注意的是有限合伙并非风险投资的唯一组织形式，赋予有限合伙合法地位并不代表当前风险投资必须都采取有限合伙制。当前有将有限合伙神化的倾向，似乎中国创业投资企业的种种问题都源于当前只能采取公司制度，只要有了有限合伙，整个创业投资就可摆脱低迷局面，一切问题就可迎刃而解。抱着这种心态对待创业投资企业的制度创新，不仅有可能使得原本十分宽广的创业投资企业制度创新之路变得极其狭窄，而且也不利于我国有限合伙的健康发展。从法律组织形式和制度设计上看，创业投资可采取的组织形式主要有三种：公司制（包括投资有限责任公司和投资股份有限公司）、有限合伙制和信托基金制。上文已经论述了有限合伙制在美国得到了较好的发展，但美国并未从一开始就将有限合伙与创业投资结合起来，直到1958 年才创立了第一个有限合伙投资机构，而有限合伙创业投资机构成为主流则是在 20 世纪 80 年代以后了。英国作为当今仅次于美国的世界第二大创业资本产业大国，在创业投资组织形式上也主要采用有限合伙制的独立创业投资基金等多种形式。另外在西欧，其显著的一个特点是采取有限合伙制和产业附属公司这两种形式的有机结合，形成大企业联合组织模式。在日本，金融机构附属投资公司是日本创业投资的主要组织形式。我国台湾地区根据其实际情况，探索出了一套具有自身特色的创业投资模式，并没有采取有限合伙制，而是以投资公司的形式设立和运作的。

四、有限合伙的设立与管理

（一）有限合伙企业的设立

依据合伙企业法第 61 条的规定："有限合伙企业由二个以上五十个以下合伙人设立；但是，法律另有规定的除外。有限合伙企业至少应当有一个普通合伙人。"因为有限合伙制度是一种与有限责任公司相竞争的企业制度，如果放开有限合伙企业的合伙人数量，那么有限合伙企业可能会成为公开募集的股份有限公司一样庞大。但是，从企业制度的设置目的来说，只是希望风险投资项目能够更容易募集到资金，并不是要把它们发展成公众公司。所以，法律规定有限合伙企业的合伙人人数上限同公司法对有限公司股东人数上限的规定，一个有限合伙企业中有限合伙人的人数范围为 1— 49人，但法律另有规定的除外，另外，至少有一个普通合伙人（承担无限责任的人数至少为 1 人）。由于普通合伙企业的合伙人之间需要高度的信赖关系，不可能形成过多的合伙人现象，所以，法律对于普通合伙的合伙人数无上限规定。

有限合伙企业名称中应当标明"有限合伙"字样。这一点与特殊的普通合伙企业的相关规定一致，其目的都是为了提醒交易对方，该企业制度中固有的风险因素。因为有限合伙的部分合伙人，而且经常是资金实力雄厚的合伙人，是有限合伙人，不对合伙企业的债务承担无限连带责任；承担无限连带责任的普通合伙人往往又是资金实力弱小的合伙人。

在有限合伙的合伙协议中，除了符合普通合伙的合伙协议中各项要件之外，还要特别载明下列事项：（1）普通合伙人和有限合伙人的姓名或者名称、住所；（2）执行事务合伙人应具备的条件和选择程序；（3）执行事务合伙人权限与违约处理办法；（4）执行事务合伙人的除名条件和更换程序；（5）有限合伙人入伙、退伙的条件、程序以及相关责任；（6）有限合伙人和普通合伙人相互转变程序。这些都是未来有限合伙经营中极为重要的事项，是草拟合伙协议时的要点之一。

（二）合伙人出资

众所周知，公司资本不变原则、确定原则和维持原则非常重要，是保障债权人利益的重要手段。但是，由于合伙企业中存在普通合伙人作为企业债务的最后担保人的角色，法律对于企业资本限制要相对宽松得多。合伙企业中的资本更多地带有各个合伙人分享企业收益、分摊企业风险的依据的意味，即使在相对比较实体化的有限合伙企业中，也是如此。

合伙企业法第 64 条规定："有限合伙人可以用货币、实物、知识产权、土地使用权或者其他财产权利作价出资。有限合伙人不得以劳务出资。"这个条款有两点值得注意：一是有限合伙人在出资种类上，与有限责任公司的出资完全一致，但是，公司法规定股东出资的财产权利一定要能够用货币估价并且可以依法转让，但有限合伙企业则无此限定，仅仅规定"作价出资"。尽管非货币财产的作价出资也要经过评估程序，但是这个程序可以非常简单，甚至是合伙人内部的一个简单表决。由此可见，法律对于有限合伙企业的出资规定得比较宽松，更多地把它看做一件企业的内部事务，交由合伙人自行解决。

另一个值得注意的是：有限合伙企业中普通合伙人可以用劳务出资，但有限合伙人则不可。这一点反映了现在的合伙企业法更多地从风险投资的角度出发，进行企业立法，在立法者的意识里，有限合伙人就是提供资金的人，而普通合伙人就是缺乏资金的创业人员。其实，这不完全合理，因为有时候拥有资金的人愿意承担更大的投资风险，而拥有技能的人反倒不一定愿意承担投资风险。如果是这种情况，依据现有的有限合伙制度就无法解决共同投资问题。比如，某个医学专家拥有某种特别技能，投资者愿意出钱与其共同设立一个有限合伙性质的专科医院，而这个医学专家不愿意承担无限连带责任，而投资家对于项目的未来比较乐观，愿意承担无限连带责任。但是，按照现在的合伙企业法就不容易解决这个问题。

另外，需要注意的是，有限合伙人承担责任的范围不是实缴资本，而是认缴的出资额。这一点与公司股东是完全相同的。根据合伙企业法第 2 条的规定："有限合伙企业由普通合伙人和有限合伙人组成，普通合伙人对合伙企业债务承担无限连带责任，有限合伙人以其认缴的出资额为限对合伙企业债务承担责任。"有限合伙人应当按照合伙协议的约定按期足额缴纳出资；未按期足额缴纳的，应当承担补缴义务，并对其他合伙人承担违约责任。

（三）有限合伙的事务管理

如前文所述，有限合伙制度的内在逻辑是技术与资金的结合，是资本金与创业人员的联合，所以，在有限合伙企业内由普通合伙人执行合伙事务，执行事务合伙人可以要求在合伙协议中确定执行事务的报酬及报酬提取方式。有限合伙人不执行合伙事务，不得对外代表有限合伙企业。否则，在有限合伙人对外形成表见代理的情形下，有限合伙人需要对该笔交易承担无限连带责任，也就是说，有限合伙人的有限责任并非是绝对没有例外的，如果第三人有理由相信有限合伙人为普通合伙人并与其交易的，该有限合伙人对该笔交易承担与普通合伙人同样的责任。如果有限合伙人未经授权以有限合伙企业名义与他人进行交易，给有限合伙企业或者其他合伙人造成损失的，该有限合伙人应当承担赔偿责任。

　　有限合伙人对内无权执行合伙事务，对外无权代表合伙企业。但是，有限合伙人毕竟是合伙企业的投资者，合伙企业的经营状况直接关系到有限合伙人的切身利益。所以，必须从法律上赋予有限合伙人一定权限，使之能够监督合伙企业的财务状况，并能够适度参与企业的经营管理。所以，合伙企业法第 68 条规定：　"有限合伙人的下列行为，不视为执行合伙事务：（一）参与决定普通合伙人入伙、退伙；（二）对企业的经营管理提出建议；（三）参与选择承办有限合伙企业审计业务的会计师事务所；（四）获取经审计的有限合伙企业财务会计报告；（五）对涉及自身利益的情况，查阅有限合伙企业财务会计账簿等财务资料；（六）在有限合伙企业中的利益受到侵害时，向有责任的合伙人主张权利或者提起诉讼；（七）执行事务合伙人怠于行使权利时，督促其行使权利或者为了本企业的利益以自己的名义提起诉讼；（八）依法为本企业提供担保。"

　　由于有限合伙人在合伙企业中权限很小，对内无权执行合伙事务，对外无权代表合伙企业对合伙企业的经营管理影响力有限，所以，法律对于有限合伙人的自利交易和竞业禁止规定得就比较宽松，合伙企业法第 70 条规定："有限合伙人可以同本有限合伙企业进行交易；但是，合伙协议另有约定的除外。"第 71 条规定："有限合伙人可以自营或者同他人合作经营与本有限合伙企业相竞争的业务；但是，合伙协议另有约定的除外。"在这两个问题上，普通合伙人与有限合伙人区别很大，因为合伙企业法第 32 条明确规定："合伙人不得自营或者同他人合作经营与本合伙企业相竞争的业务。除合伙协议另有约定或者经全体合伙人一致同意外，合伙人不得同本合伙企业进行交易。合伙人不得从事损害本合伙企业利益的活动。"普通合伙人绝对不允许从事与本合伙企业相竞争的业务，要想与本企业交易，也必须取得其他合伙人的一致同意，或者合伙协议另有约定。有限合伙企业要想给有限合伙人负担竞业限制的义务，应当在合伙协议中明确约定。此为草拟合伙协议要点之一。

（四）有限合伙人的权益转让

由于有限合伙人在合伙企业中扮演资金提供者的角色，对于合伙企业的经营管理几乎没有影响力，在对企业的控制权上，有限合伙人在企业中的权力比股东在有限责任公司中的权力要小得多。所以，作为补偿，有限合伙人在转让其持有的合伙企业权益份额时，就享有比有限责任公司的股东更大的自由。合伙企业法第 72 条规定："有限合伙人可以将其在有限合伙企业中的财产份额出质；但是，合伙协议另有约定的除外。"与普通合伙人擅自以自己的权益份额出质无效相反，有限合伙人可以自由将其在合伙企业的财产份额出质，除非合伙协议约定将此权利排除。如此规定有利于有限合伙人融资担保。要想限制有限合伙人自由出质其财产份额，应当在合伙协议中明确约定。但是，如果合伙协议限制有限合伙人质押或者转让自己的财产份额的话，那么普通合伙人就不容易吸引到有限合伙人的投资。

在合伙企业法第 73 条规定："有限合伙人可以按照合伙协议的约定向合伙人以外的人转让其在有限合伙企业中的财产份额，但应当提前三十日通知其他合伙人。"与有限责任公司股东相反，有限合伙人通过合伙协议约定，直接对外转让有限合伙人在合伙企业中的份额，不需要征得其他合伙人的同意，也排除了其他合伙人的优先受让权。这是有限合伙人进退的重要渠道，十分有利于风险投资者以有限合伙人身份投资的退出。有限合伙人要想取得如此自由的对外转让财产份额的权利，应当在合伙协议中明确约定。此为草拟合伙协议要点之一。

（五）有限合伙人的入伙与退伙

由于有限合伙人的进入，除了带来新的资金之外，对合伙企业的经营不会带来冲击，也不改变原来各合伙人的风险状况，所以，有些合伙人的入伙程序非常简单，只要普通合伙人一致同意即可，不需要征求其他有限合伙人的同意。合伙企业法第 77 条规定："新入伙的有限合伙人对入伙前有限合伙企业的债务，以其认缴的出资额为限承担责任。"也就是说，有限合伙人入伙的法律后果为新入伙人对其入伙前合伙企业的债务仍承担责任，但仅以其认缴的出资额为限承担有限责任。

在退伙问题上，与普通合伙人退伙形式相比，有限合伙人只存在自愿退伙与法定退伙两种形式，不存在除名退伙。因为有限合伙人不参与合伙企业的经营，也不会有给合伙企业的经营造成重大损失的可能性。至于协议退伙，只需要征得普通合伙人的一致同意即可，或者依据合伙协议的约定。值得注意的是，普通合伙人的协议退伙，则必须征得包括有限合伙人在内的所有合伙人的一致同意，合伙协议另有约定的除外。另外，有限合伙人个人丧失偿债能力不是其法定退伙的理由，因为有限合伙人持有的合伙份额相当于股票，任何人不能因为某个股东贫困，就勒令他退股。当然，债权人可以通过司法程序执行债务人的财产，包括其持有的有限合伙的财产份额，在执行时，其他合伙人有优先购买的权利。所以，合伙企业法第74条规定："有限合伙人的自有财产不足清偿其与合伙企业无关的债务的，该合伙人可以以其从有限合伙企业中分取的收益用于清偿；债权人也可以依法请求人民法院强制执行该合伙人在有限合伙企业中的财产份额用于清偿。人民法院强制执行有限合伙人的财产份额时，应当通知全体合伙人。在同等条件下，其他合伙人有优先购买权。"

依据合伙企业法第78条和第48条规定，有限合伙人法定退伙的四种情形分别为：（1）作为有限合伙人的自然人死亡或者被依法宣告死亡；（2）作为有限合伙人的法人或者其他组织依法被吊销营业执照、责令关闭、撤销，或者被宣告破产；（3）法律规定或者合伙协议约定有限合伙人必须具有相关资格而丧失该资格；（4）有限合伙人在合伙企业中的全部财产份额被人民法院强制执行。

鉴于有限合伙人只需投资即可，无须执行合伙事务，因此对其民事行为能力的要求比较宽松，合伙企业法第48条对普通合伙人的民事行为能力对于有限合伙人不适用："普通合伙中的合伙人被依法认定为无民事行为能力人或者限制民事行为能力人的，未经其他合伙人一致同意转为有限合伙人的情况下，该无民事行为能力或者限制民事行为能力的合伙人退伙。"但是，作为有限合伙人的自然人在有限合伙企业存续期间丧失民事行为能力的，其他合伙人不得因此要求其退伙。

有限合伙人的资格可依法直接继承或者承继，合伙协议不得排除该项权利，这一点非常类似于股票。合伙企业法第80条规定："作为有限合伙人的自然人死亡、被依法宣告死亡或者作为有限合伙人的法人及其他组织终止时，其继承人或者权利承受人可以依法取得该有限合伙人在有限合伙企业中的资格。"

有限合伙人退伙后，对基于其退伙前的原因发生的有限合伙企业债务，以其退伙时从有限合伙企业中取回的财产承担责任。需要注意的是，有限合伙人退伙以其退伙时"取回的财产为限"承担退伙前原因导致的合伙债务，而不是以认缴的出资额为限，也不是以曾经从合伙企业取得的一切财产为限，因为有些利润作为红利分给投资者，这些红利可以不对债权人的债务承担担保责任。但如果发生上文所说的表见代理的情形，则有限合伙人需要对该业务所造成的损失承担无限连带责任。"基于其退伙前的原因发生"的表述相比于"退伙前发生的合伙企业债务"更具有准确性，包括发生在退伙前的债务以及由于退伙前的原因发生在退伙后的债务。

（六）合伙人角色的转换

不同类型的合伙人还可以依照合伙协议的约定或者法律规定，转换角色，比如，有限合伙人可以转为普通合伙人，而普通合伙人也可以转为有限合伙人。但是，除合伙协议另有约定外，这两种身份转换，均应当经全体合伙人一致同意，因为普通合伙人的退伙或者入伙都将显著影响其他合伙人的预期和风险。

如果是有限合伙人转变为普通合伙人的，不能分段计算有限责任（作为有限合伙人期间合伙企业发生的债务）和无限责任（有限合伙人期间合伙企业发生的债务），一律视为无限连带责任；普通合伙人转变为有限合伙人的，对其作为普通合伙人期间合伙企业发生的债务承担无限连带责任，对其后的合伙企业债务承担有限责任。也就是说，普通合伙人转为有限合伙人的，最终分段计算无限连带责任（作为普通合伙人期间合伙企业发生的债务）和有限责任（有限合伙人期间合伙企业发生的债务）。不论有限合伙人转变为普通合伙人还是普通合伙人转变为有限合伙人，转变后的合伙人对转变前合伙企业已经存在的债务都承担无限连带责任。

如果有限合伙企业仅剩有限合伙人的，应当解散，因为它已经不再是一个合伙企业了，合伙企业的根本特点是至少有一名合伙人需要对合伙企业的债务承担无限连带责任。有限合伙企业仅剩下普通合伙人的，转为普通合伙企业。

第六节　合伙企业法的其他重要问题

一、合伙企业的社会责任

在这次合伙企业法修订中，还宣示性地规定了合伙企业的社会责任。合伙企业法第 7 条规定："合伙企业及其合伙人必须遵守法律、行政法规，遵守社会公德、商业道德，承担社会责任。"

　　近年来，企业的社会责任学说（corporate social responsibility）非常盛行。所谓企业的社会责任，就是指企业应当对股东或者合伙人这一利益群体之外的与企业发生各种联系的其他相关利益群体和政府代表的公共利益负有的一定责任，即维护企业债权人、雇员、供应商、用户、消费者、当地居民的利益以及政府代表的税收利益和环保利益等①。有的学者甚至宣称："公司不能仅仅以最大限度地为股东们营利或赚钱作为自己的唯一存在目的，而应当最大限度地增进股东利益之外的其他所有社会利益。"②

　　诚然，企业不仅仅是合伙人的企业，也是所有企业成员的企业，这也是笔者不愿意将股东定义为企业所有人（owner of company）的原因，尽管由于历史的原因，现在学术界普遍将合伙人与企业所有人画等号。实际上，企业各种人员的定位也仅仅是一种制度安排，不应该有道德上的评判，享有剩余索取权的股东或合伙人也并不比拿固定工资的员工就更优越。所以，将"合伙人"当做"剥削者"的同义语，甚至带着仇富的眼光看待股东或者合伙人这个角色，显然是不合适的，在这种思想指导下的制度创新也很可能是损害企业制度的政策选择。笔者以为在市场经济中，在企业已经按照契约支付了所有相关费用之后，再额外强调企业的社会责任，实际上就意味着在非市场条件下分取企业的经营剩余，比如，给员工提供超出市场的福利、强迫企业超出法律义务的环保投入、企业管理层过多的社会捐助③，等等，这些行为实际上是在掠夺股东或者合伙人的利益，相当于另一种形式的赋税。

　　笔者以为强化企业的社会责任至少有两个显而易见的不良后果：一是在不均衡强化的情况下，在一个竞争性的市场中，如果其他国家或者企业不额外强化企业的社会责任，单是某一个国家或者企业强化的话，那么在全球化的背景下，该国家或者企业的竞争力很可能因为过重的社会负担而被削弱；在均衡强化的情况下，所有国家和企业都同等程度地增加企业的社会责任，

———————

　　①　朱慈蕴：《公司法人格否认法理与公司的社会责任》，《法学研究》1998年第5期。
　　②　刘俊海：《公司的社会责任》，法律出版社1999年，第6—7页。
　　③　谈到企业的社会捐助问题，我特别想推荐当今世界最伟大的投资家沃伦·巴菲特（Warren E. Buffett）的见解和做法："如果A从B那里拿钱给C，而且A是立法者，那么这个过程就称为纳税；但是，如果A是股份公司的官员和董事，这个过程就称为慈善事业。除了那些明显对公司有利的捐赠以外，我们仍然认为它应当反映所有者的慈善偏好，而不是公司官员和董事的慈善偏好。"显然，巴菲特是讨厌那种拿股东的钱做人情的经理人决定捐赠数量和捐助目标的做法。见：沃伦·巴菲特致伯克希尔·哈撒韦（Berkshire Hathaway Inc.）股东的信（1987年公司年报），文件来自：www. berkshirehathaway. com。而伯克希尔公司的做法是首先确定每股的年度捐款额，然后根据每个股东的特别指令进行捐赠。

相当于增加企业的税负，股东或者合伙人享有的企业经营剩余被进一步瓜分，则可能导致资金所有者热衷于选择成为获取固定回报的债权人，而不愿意成为公司股东或者合伙企业的合伙人，最终将削弱企业制度本身。如果是在非竞争性的市场中，则垄断性企业可以通过提高产品价格向消费者转移社会责任的成本，对这些企业强化社会责任没有什么意义。二是由于企业的社会责任所关注的事项大多数都是发生在企业的日常经营中——不像所得税发生在企业经营财务期末；而且这些责任都比较模糊，企业经理人有很大的自由裁量权——不像税收那样有明确的规定，这样就赋予了经理人员互不兼容的公司目标了，导致企业在日常运营过程中，经理人经常会面对的是增进合伙人的利益还是增进社会利益这种此消彼长的两难选择，这最终会酿成企业经理人的多目标函数，导致企业绩效无法评估、权力无法控制的局面①，因为"面对两者中的任何一方的要求，他（经理人）都可以另一方的利益为托词"②，你说我经济效益不好，我还是解决了不少人的就业问题了嘛。显然，这种状态下的经理人已经不再真正是股东或者其他合伙人的受托人了，现有的企业制度的所有委托——代理模式的根基都将遭到颠覆。

但是，强调股东利益并不意味着企业就不能再从事任何社会公益事业了，因为良好的企业声誉是投资者利益取之不竭的来源，而从事一定的社会公益事业有助于树立良好的公司形象。也有人担心，一旦强调投资者利益最大化，企业就会不择手段去捞钱。笔者想指出的是，不择手段捞钱肯定会败坏企业的声誉，企业经营是一种长期行为，很难想象，一个声名狼藉的企业能够为它的投资者带来最大化的价值。我们要强调的是，企业从事社会公益事业不应该是为了公众利益而从事公益事业，相反，是为了更好地实现投资者利益而从事公益事业。也就是说，从事公益事业是企业经营的手段，而不是目的，企业经营的唯一目的是最大限度地增进投资者的利益，这是本书与

① 其实，我国原来的国有企业之所以效益低下，一个非常重要的原因就是因为在其多目标函数的股东——政府——的影响下，国有企业也形成了互相矛盾的多重企业目标，国有企业既要追求经济效益，又要解决就业，还要维护社会稳定，实现社会公平，最终导致国有企业经理人的业绩很难衡量，因为难以衡量，也就难免滥竽充数。按照林毅夫先生的观点，国有企业的经理人的业绩信息非常不充分，国有企业的改革也就困难重重。传统国有企业的困境也提醒了那些认为公司可以同时追求股东利益和社会利益两个目标的学者，其想法只是一个幻想而已，根本不具有任何可行性，作为一个经济组织，公司不可能同时有互相矛盾的多重目标。林毅夫：《充分信息与国企改革》，上海人民出版社、上海三联书店，1997年版。

② F. H. Easterbrook & D. R. Fischel, the Economic Structure of Corporate Law. Harvard University Press, 1991, p. 38.

企业的社会责任学说的根本区别。

二、合伙企业的破产问题

依据我国民法通则的规定，合伙企业本身不是法人，不能独立承担民事责任和享有民事权利。但是，现在合伙企业"实体化"倾向非常明显，尤其是有限合伙企业，基本上与两合公司类似，无论是根据企业理论还是企业实践，授予有限合伙企业法人地位，并没有任何不妥。相反，成为法人之后，将使得有限合伙企业的普通合伙人、有限合伙人、债权人等更清楚地行使各自的权利，履行各自的义务。

只要是企业法人，就存在破产的可能性。但是，现在合伙企业尚不是法人的情况下，债权人如何行使自己的权利？合伙企业法授予债权人两个选择，一是申请合伙企业破产，另一个就是直接要求普通合伙人清偿。但是根据合伙企业法第 38 条的规定："合伙企业对其债务，应先以其全部财产进行清偿。"也就是说，即使债权人直接要求普通合伙人清偿，普通合伙人也要先清算企业的财产，只有企业财产不足以清偿债务时，普通合伙人才以自己的个人财产承担无限连带责任。

合伙企业法对合伙企业的破产问题首次作出了明确规定，第 92 条规定：合伙企业不能清偿到期债务的，债权人可以依法向人民法院提出破产申请，也可以要求普通合伙人清偿；合伙企业被依法宣告破产的，普通合伙人对合伙企业债务仍应承担无限连带责任。在这个问题上，我国企业破产法是留有余地的，根据《中华人民共和国企业破产法》第 135 条规定："其他法律规定企业法人以外的组织的清算，属于破产清算的，参照适用本法规定的程序。"

第四章　企业破产法的发展

第一节　我国企业破产制度的回顾

　　破产程序和破产法，对于 20 世纪 80 年代的我国而言，确实是极为新鲜的事物。在中华人民共和国成立后至 20 世纪 70 年代末期改革开放政策的实施，我国不存在市场竞争的机制，自然不存在用于调整资源再分配有序化的破产制度。破产程序和破产法能够萌芽并成长于我国，纯粹是经济体制改革的产物。

　　在我国传统法律制度上，并没有所谓的破产制度。"父债子还"的封建法律传统及伦理观念，统治中国有着长达两千余年的历史，债权人平等的自然法观念荡然无存。我国在清末光绪年间，修订法律大臣沈家本先生于 1906 年起草了历史上的第一部有关破产的法律——《破产律》。中华民国成立后，在修订多种法律的同时，由北京法律修订馆参照德国和日本的破产法，拟订了计有 337 条的破产法草案。1926 年，该草案曾被暂予适用或援用，直至 1934 年。中华民国司法行政部 1934 年起草了由实体法、程序法、复权和罚则 4 编组成，共计 333 条的破产法草案，并同时颁行了《商人债务清理暂行条例》。1935 年，中华民国立法院民法委员会迫于时事的需要，集前述破产法起草之经验，起草公布了《中华民国破产法》，分为总则、和解、破产、罚则 4 章计 159 条。

　　中华人民共和国成立后，废除了中华民国颁布的所有法律，致使我国历史上作为西方法律传统引进的破产法，又再次消失；建国初期，由于私营企业的存在及其债权债务的不能清偿，我国在实践中，运用破产程序解决过一些问题，但是这种司法实务，随着我国对工商业的私有化改造的完成而完成了其历史使命[①]；以致我国在发展社会主义经济的过程中，几乎不知道"破

---

　　① 最高人民法院在 20 世纪 50 年代，对有关私营企业的破产还债程序曾作出了一系列的司法解释，如 1955 年 10 月 10 日最高人民法院、司法部《关于私营企业破产还债程序中的两个问题的批复》、1955 年 11 月 10 日最高人民法院《关于公债能否抵偿债务问题的批复》、1956 年 1 月 26 日最高人民法院《关于私营企业破产还债中的问题的批复》等。

产"为何物，而将之归咎于资本主义生产关系的特有产物。

1979 年，我国开始举世瞩目的经济体制改革，焦点集中于中国的经济往何处去？在认识到计划经济已不能适应经济发展的要求的情形下，开始探索有计划的商品经济在中国的运用，随之而来的便是加快法制建设。在这种背景下，理论界和实务界自 1980 年开始积极探索的问题之一，就是在社会主义条件下如何运用破产制度来推进改革和促进经济发展。① 1985 年，在国务院的指示下成立了企业破产法起草小组，拟出了《企业破产法纲要》。在广泛征询意见和讨论的基础上，1986 年完成《中华人民共和国企业破产法草案》。同年，经第六届全国人大常委会第十七次会议和第十八次会议二次审议，于 12 月 2 日表决通过了《中华人民共和国企业破产法（试行）》。该法由总则、破产申请的提出和受理、债权人会议、和解和整顿、破产宣告和破产清算、附则 6 章组成，共计 43 条。后在 1991 年修改民事诉讼法时，我国又补充增加了民事诉讼法（以下简称 1991 年民事诉讼法）第 19 章"企业法人破产还债程序"。

我国历史上缺乏破产立法的传统，中华民国制定的破产法，又多沿袭德国和日本破产立法的固有制度，在破产程序制度的理念上仍然停留在近代破产立法的层面上。因此，在制定破产法的过程中，我国不仅欠缺破产法理论的基础准备和详尽研究，而且根本就没有破产司法实践的技术支持，企业破产法（试行）的条文过于简单或者原则。再加上经济体制改革尚未发展到建立社会主义市场经济体制的阶段，非市场经济的制度因素还严重地制约着人们对于破产立法的认识和制度应用，导致企业破产法（试行）存在不少非市场经济的制度弊端。特别是，企业破产法（试行）的颁布，是在改革开放需要增强企业活力的历史背景下产生的新生事物，专门适用于国有企业，是作为改革国有企业经营管理体制的一个工具被引进到现实生活中来的，其本身的制度设计难免具有相当大的局限性。

由于诸多的历史原因，我国的破产立法在形式上呈现出多样化、在内容上呈现出立法条文简单化的特点，以致我国破产立法中的程序制度和与程序

---

① 国务院技术经济研究中心：《关于争取科技进步促进经济发展若干问题的建议》（1983 年）、《关于"企业破产整顿法"的方案设想》（1983 年）等，为我国建立企业破产制度开创了理论先河。国务院 1980 年颁布的《关于开展和保护社会主义竞争的暂行规定》为企业破产制度的确立提出了实践需求；1985 年经济体制改革试点城市沈阳发布《关于城市集体所有制工业企业破产倒闭处理的暂行规定》等地方性改革，对我国企业破产制度的确立，又起了推波助澜的作用。

制度相关的实体制度在实践中的运用存在众多问题，远不能够适应我国建立社会主义市场经济体制的客观需求。最高人民法院为妥善处理企业破产案件，不得不以各种司法解释的方式指导各级人民法院的破产案件审理，尤以2002年发布《关于审理企业破产案件若干问题的规定》为代表，丰富了我国的破产程序制度的规范构造，相当程度上起到了"立法"推进企业破产制度建设的作用。

1994年，第八届全国人民代表大会常务委员会财经委员会开始组织起草我国新的企业破产法。这一法案从组织起草到2006年颁布，历时整整12年，可谓"十年磨一剑"。在本次破产法的起草过程中，诸多问题被反复争论，诸如国有企业的破产问题、银行债权的回收与金融风险问题、劳动者保护与社会保障问题等等。但不论怎样，企业破产法还是冲破阻力获得颁布。2006年8月27日，第九届全国人民代表大会常务委员会经表决，通过了《中华人民共和国企业破产法》（下称企业破产法）。这是我国破产立法史上值得纪念的日子，正是在这一天，我国产生了一部统一的企业破产法，创造性地完善和更新了一种不同于民事诉讼和民事执行制度的企业破产制度，包括重整程序、和解程序和破产清算程序三大程序制度，并真正推动了企业破产法的发展。

第二节　企业破产法的制度创新

一、企业破产法的制度创新要点

在立法的理念上，企业破产法以科学的立法技术、充分的当事人意思自治和适度的司法强制，构造了我国全新的破产程序的模式结构。企业破产法有关破产程序的规定，并非纯粹意义上的程序法制度，而是在更高的层面上要提升破产程序在挽救有财务困难的企业方面发挥作用。在企业破产法的规范方面，我们几乎看不到我国过去的破产立法的印记，该法全部134个条文几乎均为具有特定含义的新条文。企业破产法在程序制度的设计方面，尤其是围绕企业再生程序的设计及其运行效果而展开的改革或者制度创新，既有深度也有力度。

企业破产法的制度创新，主要表现在以下三个方面：第一，企业破产法在我国实现了破产程序的体系化设计；第二，企业破产法完成了我国破产程序的法官主导型向当事人自治主导型的彻底转变；第三，企业破产法较为全面地贯彻了以企业再生为主导目标的破产程序制度。①

二、破产程序的模式结构选择

　　选择什么样的破产程序结构，为立法者首先面对的课题。企业破产法较
为全面地规定了具有开放性结构的破产程序，即重整、和解和清算程序独立
进行但又具有一定的联系。重整程序，是企业破产法规定的采取积极措施挽
救有财务危机的企业的司法程序。和解程序，则是企业破产法规定的债务人
和全体债权人在破产程序中经协商妥协而达成清理债权债务的一揽子协议的
程序。清算程序，是指法院宣告债务人破产而变价债务人财产并将之分配给
全体债权人的程序。企业破产法有关破产程序体系化设计的重点，在于创造
性地规定重整程序与和解程序。重整程序与和解程序的功能类似，但前者摆
脱了和解程序消极避免适用破产清算的不利因素，是一种预防破产清算的积
极制度。重整程序在挽救企业方面更为积极，重整的手段和目标是多方位
的。事实上，通过企业破产法的规定，破产程序已经由较为单纯的清算程
序，转化为供债务人选择清理债务的目标和手段多样化的程序。这不仅是破
产程序理念的转变，而且是我国立法和司法实务对破产程序的价值判断的充
分肯定。企业破产法在我国实现了破产程序的体系化设计。另外，在破产程
序之外，企业破产法还规定有供债务人选择避免破产清算的自行和解制度。

　　立法者充分认识到，破产程序建立在当事人的债权债务无争议的基础
上，通过重整、和解或者清算清理债务，其基础条件完全是相同的。所以，
企业破产法得以将重整、和解和清算规定于一部法律中。企业破产法第 1 章
至第 7 章规定的内容，为重整、和解和清算程序共同适用的规范，立法者在
立法技术上以较为清晰的脉络理清了破产程序的共同规范，例如企业破产法
对于破产程序的平等适用、破产程序适用的原因、债权、债务人财产、破产
费用和共益债务、管理人以及债权人自治等事项的规定，在相当程度上满足
了重整、和解和清算这三大程序的需求。企业破产法第 8 章、第 9 章和第
10 章则分别规定了重整、和解与清算的特有程序规范，此三章的内容不能
互为替代，只能个别适用。这样，重整、和解与清算在程序制度和适用上构
成各自独立的程序，将它们统一规定于一部法律中，节约立法成本，彰显立
法技术，并有助于实现重整程序、和解程序与清算程序的适时转换。

　　除本章将专门叙述的内容外，这里将特别就以下四个问题围绕企业破产

---

① 见邹海林：《企业破产法的制度创新》，《中国社会科学院院报》2007 年 7 月 5 日。

法的制度创新作些说明。

（一）有关破产程序的平等适用问题

作为债务清理程序，对于所有的债务人应当一视同仁，不能因为债务人在法律制度的设计或者经济环境中的事实上的地位差异，而在破产程序的制度安排上体现出差别。对于不同的债务人实行有差别的破产程序，将使得不同的债务人所享受的程序利益不同，最后结果是有损民事主体平等这一基本法律原则。企业破产法彻底废除了基于企业法人的所有制分别实行破产程序的制度模式，将所有的企业法人纳入统一的破产程序中。

当然，民事主体并不限于企业法人，企业法人和自然人、其他组织（非法人组织）具有平等的民事主体地位，是否应当平等适用破产程序呢？在企业破产法的起草过程中，破产程序是否应当适用于企业法人以外的债务人，曾经引起了广泛的讨论，归纳起来有以下几种意见。①

第一种意见认为，破产法应当适用于中国境内的所有企业法人和自然人。这种意见的理由主要有：（1）破产程序实质上为债务清偿不能时适用的强制还债程序，目的在于保障所有的债权人能够从债务人的财产中得到公平受偿；自然人和法人一样，同样面临不能偿还到期债务的问题，理应受破产法调整。（2）破产制度下的清偿程序、和解程序，可以使债务人摆脱债务讼累或者减轻债务负担，能给诚实而不幸的债务人一个重新开始事业并参与市场竞争的机会。如果破产法不适用于不能清偿的自然人，那么自然人无法享受适用破产程序的优势，更难以摆脱不能清偿债务的困境。（3）破产程序机制完善，适用于自然人，宜于债务清理，可以更充分有效地保护债权人的利益。（4）我国市场经济的发展，要求将自然人纳入破产法的适用范围；在现实生活中，存在许多不是法人的企业，如私营企业、个人合伙、个体工商户等营业实体，随着市场经济的发展，这些企业不能清偿债务的现象将会越来越多，需要法律对其债务清偿程序加以规范，以利于其在平等的条件下与企业法人展开竞争。

第二种意见认为，破产法应当适用于在中国境内的所有企业法人，而不能适用于自然人。这种意见的理由主要有：（1）自然人破产首先要求自然人的财产清楚，目前我国对自然人的财产缺乏一套完整的申报、监控的法律法规，也没有有效的手段防止隐匿财产、逃避债务。因此，破产程序不宜扩及适用于自然人。（2）自然人破产时，哪些财产属于个人生活必需品，不

---

① 见常敏、邹海林：《中华人民共和国破产法的重新制定》，《法学研究》1995 年第 2 期。

得用于清偿债务，需要作出科学界定，但由于各地生活水平的差异，很难加以规范。（3）自然人负债一般限于生活债务，数额较小，若允许适用破产程序，势必造成破产案件的大量增加，我国现行的审判机制不能适应大量增加的破产案件。这些客观存在的情况妨碍破产程序适用于自然人。

第三种意见认为，破产法应当适用于中国境内的所有的企业法人和依法核准登记的非法人企业。这种意见的理由主要是：随着市场经济体制的建立，非法人企业在我国市场活动中所占的比重正在日益加大，尽管非法人企业的类型不同，但它们均参与社会经济生活交易，成为与法人几近相同的实体，并具有独立从事民事活动的能力，具有自己的相应的可供处分的财产，已经具备适用破产程序的物质基础。再者，因为市场竞争等客观原因导致非法人企业破产的事件将会越来越多，特别需要通过法律加以规范。最后，从立法的稳定性加以考虑，以防破产法在通过后短期内又作修改，破产法是应当适用于企业法人和非法人企业。

有观点主张，破产程序应当适用于企业法人和自然人，没有个人破产内容的破产法不是一步完整的破产法；① 我国处于一般破产主义趋势的时代背景下，没有理由将自然人排除于破产程序的适用范围之外，应当扩大破产法的适用范围而采用一般破产主义。② "破产程序的目的主要在于保护债权人的公平清偿利益，程序制度的设计所主要考虑的事项是如何保证债权人的地位平等，至于债务人为法人还是自然人，对于一个确保公正的程序，并不会产生任何影响。在实体法上，自然人与法人并没有法律地位上的差异，其所承担的债务并不会因为是自然人还是法人而区别对待，这表现在程序法上也应当一体对待自然人与法人。破产法适用于法人，也应当适用于自然人，可以真正做到自然人与法人在债权债务清理程序上的平等。""我国的破产程序包括破产清算、和解以及企业重整程序。因为不同的程序其复杂程度以及耗时、耗费的程度不同，应当有区别地适用于负债状态不同的债务人。……灵活多样的程序制度，可以最大限度地满足负债程度不同地债务人清理债权债务的要求，而不论债务人是法人还是自然人。我国破产法除了设计有可供债务人选择的破产程序外，在破产程序的开始以及进行的诸环节中，我们都要考虑破产程序进行的灵活度，审理破产案件的法官应当依照法律规定享有

---

① 见李曙光：《关于新破产法起草中的几个重要问题》，《政法论坛》2002 年第 3 期。
② 见汤维建：《修订我国破产法律制度的若干问题思考》，《政法论坛》2002 年第 3 期。

足够的自由裁量权，以便做到适用破产程序的及时、公正和有效率。"①

但立法者最终考虑的问题仍然还是自然人破产的财产如何管控的问题，即我国的个人"财产登记制度和个人信用制度处于初建阶段，难以有效防范个人利用破产逃债的问题，故目前不宜适用于个人破产"，② 企业破产法仅将企业法人纳入破产程序的适用范围。依照企业破产法第 2 条的规定，破产程序仅仅适用于企业法人。

值得称道的是，企业破产法统一了破产程序对企业法人的适用，消除了企业法人在适用破产程序方面存在的各种制度性差异，奠定了破产程序平等适用的制度基础。有观点认为，破产法作为私法，应当体现主体平等的精神；如果在所有适用破产法的主体中，采取不同的政策，特别是将国有企业和非国有企业相互区别而采取不同的规则，将违反主体平等这一私法精神和基本原则；坚持破产法上的主体平等，不仅要贯彻破产原因或者破产条件的平等对待，而且尽可能减少政府对国有企业破产的干预。③ 企业破产法有关破产程序适用于企业法人的制度安排，彻底解决了我国长期存在的破产程序适用不平等的问题，除企业破产法第 133 条和第 134 条等的特别规定外④，企业法人适用破产程序没有任何程序上的差异，不论企业法人的所有制性质、规模、行业及其他差异，均无差别地适用企业破产法规定的重整程序、和解程序或者清算程序。

（二）有关破产原因的制度性缓和问题

为满足体系化的破产程序要求，在立法政策上首先要实现破产原因的制度性缓和。破产原因本为破产程序开始的实质要件，但因为程序制度改革的

---

① 邹海林：《关于新破产法的适用范围的思考》，《政法论坛》2002 年第 3 期。

② 《中华人民共和国企业破产法》起草组编：《〈中华人民共和国企业破产法〉释义》，人民出版社 2006 年版，第 8 页。

③ 见李永军：《重申破产法的私法精神》，《政法论坛》2002 年第 3 期。

④ 企业破产第 133 条规定，在企业破产法施行前国务院规定期限和范围内的国有企业，其实施破产的特殊事项，仍按照国务院有关规定办理，这仅仅是企业破产法规定的破产程序适用于国有企业的极为个别的例外，对于破产程序的平等适用不会产生实质性的影响；企业破产法第 134 条只不过是规定了金融监督管理机构作为金融机构的重整或者清算程序的申请人地位，并没有在破产程序平等适用于金融机构和非金融机构之间规定差异性的条件。再者，依照企业破产法第 24 条的规定，法院在指定管理人时，可以指定"由有关部门、机构的人员组成的清算组"为管理人，似与管理人的专业化和市场化的立法价值取向不同，但这主要还是考虑企业破产法实行前已经开始的破产程序与企业破产法规定的破产程序如何衔接的问题而作出的个别制度安排，并不具有普遍性。对此，最高法院司法解释对于法院指定清算组为管理人作出了较为具体的指引，见最高人民法院《关于审理企业破产案件指定管理人的规定》（2007 年）第 14 条。

原因，对破产原因进行僵化、苛刻的表述，都将直接影响破产程序的适用。企业破产法在破产原因的制度设计上体现出极大的灵活性，使得原本僵化的破产原因制度具有弹性空间。

关于破产原因，我国企业破产法（试行）针对清算与和解程序以三元结构、1991 年民事诉讼法以二元结构加以规定。① 如此的规定给人民法院审理破产案件、认定破产原因造成了一定的障碍。在起草企业破产法时，有关破产原因的规定出现了不同的声音，即：第一种意见认为，目前国有企业亏损面比较大，不能清偿债务的情形复杂，有必要对国有企业"不能清偿到期债务"附加一些限制性的条件，如亏损的程度、负债率、不能清偿债务的时间等量化标准。第二种意见认为，破产原因为法院宣告债务人破产的唯一依据，在认定的标准上对所有类型的债务人均应当同一；在立法上，破产原因为法院审理破产案件需要认定的事实问题，各种不同类型、行业、规模的企业，不能清偿到期债务的具体情况各不相同，也不能对破产原因予以量化。第三种意见认为，法人不能清偿到期债务并且已经"资不抵债"的，才能构成破产原因。② 但不论如何，改革企业破产法的目标之一就是要实现破产原因的一元化，即"债务人不能清偿到期债务"。债务人不能清偿到期债务，已经成为破产立法起草人员和学界的主流观点。"不能清偿到期债务"是指债务的履行期限已届满，且债务人明显缺乏清偿债务的能力。③

除债务人不能清偿到期债务以外，尚有如下债务人的行为或者法律事实，司法实践或者学理亦将之归入破产原因的范畴：

第一，停止支付。债务人停止支付债务的，推定为不能清偿到期债务，可以适用清算程序、和解程序或者重整程序。在此情形，债务人得以其具有清偿能力的事实，推翻"破产原因"的推定，从而避免适用破产程序。最高人民法院《关于审理企业破产案件若干问题的规定》第 31 条第 2 款规定，债务人停止清偿到期债务并呈连续状态，如无相反证据，可推定为不能清偿到期债务。

第二，债务超过。债务超过为法人的破产原因，在我国实务界常被称为"资不抵债"。企业法人的负债额超过其资产额的，为防止其债务继续膨胀

---

① 企业破产法（试行）第 3 条将破产原因表述为"因经营管理不善造成严重亏损，不能清偿到期债务"；1991 年民事诉讼法第 199 条将破产原因表述为"因严重亏损，不能清偿到期债务"。

② 见邹海林：《中国的破产制度及其发展方向》，《中国市场经济法治走向》，昆仑出版社 2001 年版，第 150 页。

③ 最高人民法院《关于审理企业破产案件若干问题的规定》（2002 年）第 31 条。

而损害债权人的利益、增加社会生活的不稳定因素，有适用破产程序对债务超过的企业法人加以规制的必要。例如，《德国支付不能法》第 19 条明确规定"债务超过"为法人开始破产程序的原因。但是，我国尚无以债务超过作为法人的破产原因的立法和实务，而且鉴于现实生活"资不抵债"的企业较为普遍存在，将债务超过列为破产原因，立法技术上虽可行，但实务上将面临许多矛盾和压力。

企业破产法将不能清偿界定为"不能清偿到期债务，并且资产不足以清偿全部债务或者明显缺乏清偿能力"。此种规定，与最高法院司法解释所持立场似乎有同质性的效果。最高法院司法解释认为，不能清偿到期债务是指债务的清偿期限已经届满、债权人已要求清偿而债务人明显缺乏清偿能力。① 但是，因为企业破产法用语的改变，不能清偿依照企业破产法第 2 条之规定已有其特定的含义：债务超过且不能清偿到期债务，或者明显缺乏清偿能力且不能清偿到期债务。因此，上述所称"停止支付"或者"债务超过"均已经不能单独构成我国破产程序适用的原因。

首先，债务超过且不能清偿到期债务含有两个不可或缺的基本要素：债务人不能清偿到期债务和资产不足以清偿全部债务。在理论上，不能清偿到期债务仅仅表明债务人对于届期的债权客观上没有予以满足，至于债务人未清偿到期债务的原因、状态如何，则非所问；资产不足以清偿全部债务仅仅表明债务人所保有的全部财产，已经不够全部债权的清偿要求。构成不能清偿的以上两个要素，客观并且宜于认定。但是，债务人有不能清偿的事实，并不总是表现为债务超过且不能清偿到期债务这样一种简单的状态。

其次，明显缺乏清偿能力且不能清偿到期债务，与债务超过且不能清偿到期债务显有不同。不能清偿作为破产原因，应当有其顺应不同情形的债务人的多方面判断基准，故在"债务超过且不能清偿到期债务"之外，债务人还可能因以下两个要素的满足而构成不能清偿：债务人不能清偿到期债务和明显缺乏清偿能力。明显缺乏清偿能力仍然反映着债务人不能清偿的客观事实状态，但因其高度概括而为法院作出判断提供了较大的自由裁量空间。

缺乏清偿能力是债务人客观上没有能力清偿债务，而不是暂时停止清偿债务或者拒绝清偿债务。债务人的清偿能力，由债务人的财产保有状况、信用高低程度、知识财产拥有程度等各种因素所决定。债务人是否缺乏清偿能

---

① 最高人民法院关于贯彻执行《中华人民共和国企业破产法（试行）》若干问题的意见（1991 年）第 8 项。

力，不能只凭其拥有的财产数额的多少来认定，而要结合债务人的可供抵偿债务的各种手段或者因素予以综合评价。债务人凭借自己的资产、信用、知识财产等不能清偿或者不能保证清偿到期债务，又无他人代为清偿或者保证清偿债务的，就构成缺乏清偿能力。[①]

丧失清偿能力的可能性，是指债务人存在明显丧失清偿债务能力的可能的客观事实。此等破产原因对于发生财务困难的企业法人具有意义。尚未发生不能清偿债务状态的企业法人，若已经有财务困难，则没有必要非等到该企业不能清偿债务的事实发生时才适用重整程序；否则，该企业在相当程度上将丧失重新成功的机会。德国在修改其破产法时，专门增加规定"行将出现支付不能"为债务人申请开始支付不能程序的原因。[②] 企业破产法第2条第2款规定："企业法人有……有明显丧失清偿能力可能的，可以依照本法规定进行重整。"可见，丧失清偿能力的可能性，仅能作为企业法人适用重整程序的特殊原因，不能作为企业法人适用和解程序或清算程序的原因。丧失清偿能力的可能性，在解释上仍然应当属于债务人不能清偿的一种客观表现形式。但因为其构成要素并不能完全满足债务人不能清偿的全部客观条件，故其仅为债务人适用破产程序的特殊原因。

丧失清偿能力的可能性，作为事实问题，在认定时应当综合考虑影响债务人清偿到期债务的各种因素。债务人的财产保有状况、信用程度高低、知识财产拥有程度、支付手段多寡等各种因素，对于决定债务人丧失清偿能力的可能性至关重要；但债务人在将来一定期间内的财产保有状况、信用程度、知识财产的拥有程度、支付手段等方面可能发生的变化，或许比在考虑债务人丧失清偿能力方面，更加重要。例如，债务人能够清偿到期债务，但其清偿后续到期债务的手段或措施（诸如资产、信用、知识财产等发生严重变化）面临危险的，可以认定债务人有丧失清偿能力的可能性。再如，债务人虽能够清偿到期债务，但其资产已经严重不足以清偿全部债务（债务超过情形严重）的，发生不能清偿只是迟早的事情，应当认定债务人有丧失清偿能力的可能性。

（三）有关债务人财产的问题

债务人财产，是指受破产程序约束的债务人所有的责任财产的总和。依

---

① 见邹海林：《破产程序和破产法实体制度比较研究》，法律出版社1995年版，第58页。
② 见《德国支付不能法》第18条。见杜景林等译：《德国支付不能法》，法律出版社2002年版，第10—11页。

照我国民法的规定，债务人所有的全部财产，均为其债权人债权受偿的责任财产。但是，并非债务人所有的全部责任财产，均应当受破产程序的约束。在破产程序中如何定位债务人财产，直接关系到破产程序的继续进行与否，更重要的是关系到债权人的受偿利益。所以，立法例对债务人财产的范围，不能不加以明确的规定。因此，债务人财产为破产法上的专有术语，仅以债务人受破产程序约束的责任财产为限。① 企业破产法第 30 条规定："破产申请受理时属于债务人的全部财产，以及破产申请受理后至破产程序终结前债务人取得的财产，为债务人财产。"

依照企业破产法的上述规定，债务人财产是法院受理破产申请时归属债务人所有的财产，以及债务人因为营业或法律上的原因在破产程序终结前取得的财产。但是，不论怎样描述债务人财产，它都是企业破产法所使用的一个术语。"债务人财产"在范围和内涵上不同于企业破产法（试行）以及其后我国法院在司法实务中所使用的"破产财产"一语。债务人财产作为我国破产立法首次使用的一个新术语，对于理论界和实务界而言，自然会显得有些生疏。

企业破产法（试行）以及最高法院相关司法解释所使用的"破产财产"一词，与我国破产立法设计的破产程序结构并不完全吻合。破产财产仅因为破产宣告而存在。破产财产被严格限定于破产宣告后的债务人的财产，那么在法院受理破产申请后，属于债务人所有的财产又该称做什么呢? 法院受理破产申请后，破产程序对债务人的财产产生概括的保全效力，属于债务人所有的全部财产自然受破产程序的约束，在这个程序阶段并不存在"破产财产"。在实行破产程序受理开始主义的体制下，"破产财产"一词用于描述属于债务人所有并受破产程序支配的财产，具有十分明显的局限性。这是企业破产法使用"债务人财产"替代破产财产的一个重要原因。另外，债务人财产被作为破产程序支配或者约束的标的物，与破产程序保全债务人所有的全部财产的固有效力发生直接的衔接，更加有利于贯彻企业破产法规定的管理人中心主义。

---

① 企业破产法规定的破产程序，极类似于美国破产法和德国支付不能法规定的破产程序。美国破产法将债务人财产称之为"破产程序中的财产（bankruptcy estate）"，指破产程序开始前属于债务人的财产以及债务人在破产程序开始后法定期间内因为遗嘱或继承、夫妻财产分割、人寿保险受益而取得的财产，见 11 USC §541（a）（5）。德国支付不能法将债务人财产称之为"支付不能财团"，即"支付不能程序涉及债务人在破产程序开始时所拥有的和其在程序进行期间所取得的全部财产"。见杜景林、卢谌译：《德国支付不能法》，法律出版社 2002 年版，第 22 页。

同时，我们还应当注意到，伴随着债务人财产的形成，企业破产法还就债务人财产的保全规定了内容较新的制度：（1）担保标的物属于债务人财产。法院受理破产申请时属于债务人的财产，不论是否已为担保标的物，均纳入债务人财产受破产程序的约束，这项制度安排不同于企业破产法（试行）所作出的制度安排。① （2）债务人财产的变动。债务人财产因为某种法律规定的事实将发生变动，企业破产法规定了具有全新内容的破产撤销权、取回权和抵消权制度，这是保全债务人财产的较为周密的制度安排。

（四）有关债权及债权申报程序的问题

破产程序开始后，债权人非经破产程序，不得行使权利。但是，债权人行使权利的基础为债权，则如何评价一项可以在破产程序中行使的债权，以及债权人如何参加到破产程序中来，构成破产程序得以进行的基本要素。原则上，所有的在破产程序开始前成立的债权，均可以通过破产程序获得满足；而得以获得满足的债权，应当以在破产程序中申报并经确认的债权为限。

债权申报，指债权人本人或其代理人，在破产程序开始后的法定期间或者法院指定的期间内，向法院或管理人呈报其债权，以示参加破产程序的意思表示。法院在受理破产申请后，非经债权申报，后续程序无法进行。债权申报给债权人参加破产程序提供了平等的机会。法院受理破产申请后，虽然可以根据债务人提交的债务清册，对债权人的存在取得初步了解，但由于债务清册的记载，不能穷尽所有的债权人，故法院或者管理人不能根据债务清册来确定参加破产程序的债权人人数。债务清册上未记载的债权人，应当拥有与债务清册上记载的已知债权人无差别的选择参加破产程序的机会。债权申报使得每个债权人在机会相同的情况下，以最节省的成本参加到破产程序中来。

企业破产法（试行）对债权的评价基准与债权申报制度均有相应的规定，但该法所称"债权"，主要是指"破产债权"，而破产债权又限于债务人被宣告破产清算前成立的无财产担保的债权。② 如此对待破产程序中的债权，与我国实行的破产程序受理开始主义的制度不相吻合；尤其是，在债务人被宣告破产清算前，应当如何对待或者评价债权人据以参加破产程序的

---

① 企业破产法（试行）第28条第2款规定，已作为担保物的财产不属于破产财产（债务人财产）。

② 见企业破产法（试行）第30条和第31条。

"债权"，没有任何法律上的依据。再者，企业破产法（试行）和1991年民事诉讼法第19章规定的债权申报制度，更受到了多方面的批评。曾有学者对我国破产立法的债权申报制度提出了质疑。首先，在法院受理破产申请后至破产宣告前，破产债权的范围尚未确定，因此不存在债权申报期限的客观条件。其次，法律规定在破产宣告前逾期未申报债权，视为自动放弃债权，是不必要和不合理的，唯有在破产宣告后才会存在必要和合理性。① 也有观点认为，企业破产法（试行）和1991年民事诉讼法规定的债权申报制度，没有考虑到破产案件的复杂与难易程度，对所有的破产案件，确定一个固定的债权申报期限，不利于法院对简单的破产案件，采取迅速结案的步骤，从而可能会给有利害关系的当事人造成不应有的损失；法定的债权申报期限还区别已知债权人和未知债权人而实行差别待遇②，至少在诉讼程序上没有做到债权人平等，除限制了已知的债权人选择参加破产程序的决定时间以外，规定这种差别也没有什么实际意义。③

面对企业破产法（试行）规定的如此制度缺陷，并考虑到债权申报期限应当具有灵活性，并给予所有的债权人相同的程序利益，企业破产法对于债权在破产程序中的评价基准及其申报制度进行了创新，主要体现为：（1）统一了参加破产程序的债权人的评价基准。在法院受理破产申请时，对债务人享有的债权，均可以通过破产程序行使权利。企业破产法第44条规定："人民法院受理破产申请时对债务人享有债权的债权人，依照本法规定的程序行使权利。"这样的制度安排，彻底解决了在法院开始的不同程序中应当如何评价债权的基准问题，不论法院开始的破产程序的目的有何不同，债权人仅得以其在法院受理破产申请时对债务人享有的债权，在破产程序中行使权利。（2）实行法院酌定债权申报期限的制度。法院可以根据受理破产案件的实际情况，决定一个合适的债权申报期。④ 企业破产法第45条规定："人民法院受理破产申请后，应当确定债权人申报债权的期限。债

---

① 见王欣新、薛庆予主编：《律师新业务》，中国人民大学出版社1990年版，第32—33页。
② 见企业破产法（试行）第9条第2款、1991年民事诉讼法第200条第2款。
③ 见邹海林：《破产程序和破产法实体制度比较研究》，法律出版社1995年版，第116页。
④ 值得注意的是，1991年民事诉讼法第200条有关债权申报期限（法定期限）的规定和企业破产法第45条有关法院酌定期限的规定发生直接冲突，显然不利于公正迅速地处理破产案件。在这个问题上，并不存在利用普通法和特别法、先法与后法等法律适用工具的条件。我国已经于2007年10月修订民事诉讼法，将企业法人破产还债程序从民事诉讼法中删除，彻底消除了法律上存在的冲突。

权申报期限自人民法院发布受理破产申请公告之日起计算，最短不得少于三十日，最长不得超过三个月。"① （3）明确了债权申报期限的性质。债权申报期限具有程序上的除斥效力，债权人逾期未申报债权的，视为债权人放弃参加破产程序的权利。② 企业破产法第 56 条第 2 款规定："债权人未依照本法规定申报债权的，不得依照本法规定的程序行使权利。"（4）创设补充申报债权制度。债权人未能依照法院酌定的债权申报期申报债权，并非不能参加破产程序，若其补充申报债权，仍可以参加破产程序。企业破产法第 56 条第 1 款规定："在人民法院确定的债权申报期限内，债权人未申报债权的，可以在破产财产最后分配前补充申报；但是，此前已进行的分配，不再对其补充分配。为审查和确认补充申报债权的费用，由补充申报人承担。"

三、当事人自治主导型的破产程序

破产程序在本质上为债务清理程序，债务清理多为事务性的工作。我国以前的破产立法规定有负责债务清理的清算组制度；但是，因为立法所规定的清算组并非贯穿于破产程序始终的债务人财产管理机构。而且，过去的制度模式框架并没有给出清算组的清晰的地位和职责，以至于法官在破产程序中基本上替代了清算组。过去的破产立法确实规定有债权人会议作为当事人自治的基本形式，但是债权人会议的职能定位不准确以及债权人自治的方式或途径过于僵化，当事人自治实际上成为破产程序中法官主导程序的点缀。笔者将以上现象归结为法官主导型的破产程序。

基于破产程序中对债务人财产有效管理以及当事人自治的考虑，企业破产法要完善破产程序中的管理人制度和债权人自治，以最大限度地实现破产程序的当事人自治。破产法改革的核心是建立统一和专业化的管理人制度，并贯彻自治方式多样化的债权人会议制度。企业破产法以管理人中心主义和债权人自治，实现了破产程序由法官主导型向当事人自治主导型的彻底转变。

---

① 　企业破产法以"月"来限定债权申报期限，但是"月"的长短并不完全相同，直接造成司法实务上的不便利。2003 年 11 月，全国人大财经委员会起草的《中华人民共和国破产法》（征求意见稿）第 43 条规定："人民法院受理破产案件后，应当确定债权人申报债权的期限。债权申报期限最短不得少于三十日，最长不得超过九十日。债权申报期限自人民法院裁定受理破产案件公告的次日起计算。"企业破产法应当将债权申报期限的计算确定为"日"，这样做的结果或许在期限的计算上更加科学和便利。

② 　见邹海林：《破产程序和破产法实体制度比较研究》，法律出版社 1995 年版，第 120 页。

　　企业破产法以管理人中心主义和债权人自治，构建了当事人自治主导型的破产程序的两个支柱。管理人中心主义是为科学保全债务人财产而设计的司法程序上的制度。管理人不仅要对债务人财产进行全面的接管，而且要对债务人财产的增值贡献力量。管理人不仅可以更加有效地维护债务人和债权人的利益，而且可以极大地减轻法官在破产程序中的业务负担，节约宝贵的司法资源。依照企业破产法的有关规定，管理人在破产程序中具有独立的地位，依法独立执行职务。

　　再者，在破产程序中，债权人团体的利益，与个别债权人的利益之间总是存在冲突的，保护了债权人的团体利益，就不可避免地会忽视个别债权人的利益，这是由破产程序的公平与公正的属性决定的。在团体利益与个人利益发生冲突时，理性的选择是团体利益优先于个人利益。在破产程序中，之所以团体利益优先于个人利益，原因在于参加破产程序的利害关系人的多面性；若没有团体利益的形成机制，破产程序就无法进行。而且，破产程序中的利害关系人通过团体多数表决机制，维系破产程序的公正性（团体利益）。即使个别利害关系人的意思，与多数利害关系人的意思不同，破产程序将依照多数人的意思照样进行。这是破产程序实现公正的价值目标所在。凡参加破产程序的利害关系人，均受破产程序的约束，享受破产程序上的利益，并承担因破产程序而产生的不利后果。在这个意义上，债权人自治的制度较为完整地反映了破产程序的团体利益优先于个人利益的价值目标。企业破产法对于债权人自治的空间给出了较为清晰的边界，并且以债权人委员会制度的创设扩充了债权人自治的方式，提高了破产程序中债权人自治的有效性。

　　此外，在破产清算程序和和解程序中，任何普通的债权人均不能有超越破产程序的利益；在重整程序中，不仅普通债权人受重整程序的约束，而且对债务人的财产有担保权益的利害关系人，亦受破产程序的约束。这样的制度设计也反映着团体利益优先于个人利益的价值目标。

四、企业破产法的主导价值目标

　　企业破产法较为全面地贯彻了以企业再生为主导目标的破产程序制度。企业再生是破产法改革的世界性课题。企业再生程序的设计水准成为检验破产法改革现代化的标志。

　　在设计破产程序制度时，立法者应当有这样的价值判断，企业的再生利益优先于破产程序中的其他利益；并以此为基础，在立法政策上作出取舍。债务人的重整利益与破产程序中的其他利益之间，存在冲突。债务人有破产原因，其请求重整的，其重整利益应当受到应有的尊重。若重整程序开始，则债权人自无由重整财产获得个别清偿的机会，即使是有财产担保的债权人，或者对债务人的财产享有优先受偿的支配权的担保权人，亦不能从债务人的财产中获得个别清偿。这是采用重整制度所必须实行的制度。所有的债权人，不论其是否享有担保，以及对债务人的财产归属或支配利益享有权利的其他人，均受重整程序的支配。在重整程序中，即使个别表决组的权利人不同意重整计划，法院亦可基于其自由裁量权顺延重整期间或者批准重整计划。可见，债务人受重整程序的保护利益是十分优厚的。我国破产立法应当坚持这样的立场。

企业破产法的改革实际上是围绕着企业再生程序的设计及其运行效果而展开的。企业破产法基于企业再生的理念，对我国过去的破产立法规定的企业清算主导型的破产程序进行扬弃，通过规定重整程序与和解程序，凸显了企业再生主导型的破产程序制度。

破产观念自近代产生防止或者避免破产清算的和解制度开始，日益具有更为丰富的内涵，只不过其变革或者现代化的程度在各国并不完全相同，但是，破产制度向破产清算制度、和解制度和重整制度协调作用的方向发展的趋势，不容怀疑。我国 1986 企业破产法（试行）在破产程序制度上，构造了破产清算程序和和解与整顿程序，正是奠基于这种经过变革的破产观念。有观点对企业破产法（试行）所确立的破产观念予以了高度评价，认为："在我国，破产概念的内涵并没有如同西方那样历经了长期的演变过程，而是从一开始就具有了最丰富的含义，深刻地烙上了现代特征。"[1] 企业破产法（试行）采取破产程序受理开始主义的立场，破产程序分为破产宣告前的程序和破产宣告后的程序两大部分，具体由破产案件的受理程序、破产案件的审理程序、破产宣告程序、破产清算程序组成；在破产程序进行中，还存在我国特有的和解与整顿程序。[2] 所以，破产程序受理开始主义，没有严格固守"破产即为清算"的观念，而是在此之外引进了和解与整顿制度，使破产程序具有更加广阔的适用余地，为有机协调和处理破产清算程序和和解与整顿程序的关系创造了条件。但其弊端也是极为明显的。[3] 企业破产法要立足于我国破产程序

① 汤维建：《破产概念新说》，《中外法学》1995 年第 3 期，第 50 页。

② 见邹海林：《破产法若干理论与实务问题研评》，《民商法论丛》第 1 卷，法律出版社 1994 年版，第 132 页。

③ 见邹海林：《论我国破产程序中的和解制度及其革新》，《法学研究》1994 年第 5 期，第 47—49 页。

制度的经验教训，将企业再生程序制度建设提升一个台阶。

在立法结构上，企业破产法的章节设计首先考虑的是企业再生程序的适用，第 8 章特别规定有重整，其后特别规定有和解，破产清算的特殊规范则被规定在第 10 章。实际上，企业破产法第 8 章和第 9 章有关企业再生程序的规定，并不构成独立的完整程序；企业破产法第 1 章至第 7 章的规定与第 8 章或者第 9 章的结合，方能展现出独立完整的企业再生程序。

在内容上，企业破产法第 1 章总则及其后的相关章节，均为企业再生程序的启动和适用考虑良多。例如，企业破产法有关破产程序适用的原因的规定更加灵活，给予法院启动企业再生程序更大的自由裁量空间，尤其是将企业有明显丧失清偿能力的可能规定为企业适用重整程序的特殊原因。再如，企业破产法有关企业再生程序有效于债务人位于中国境外的财产，足以确保债务人财产和营业的完整性；有关共益债务的规定，为企业在破产程序开始后继续营业获取更多的商业机会（尤其是融资）提供了便利等。特别是，企业破产法第 8 章所规定的重整程序，不仅摆脱了和解程序消极避免适用破产清算的不利因素，而且在挽救存在财务危机的企业方面更为积极，手段和目标也是多方位的。例如，企业破产法第 8 章有关担保权行使的限制、债务人自行管理财产和营业、法院强制批准重整计划等规定，均是针对企业再生而设计的较为有效的制度，对处于重整程序中的债务人提供了更多的保护措施。另外，企业破产法出于防范金融危机的考虑，专门规定国家金融监督管理部门有权向法院申请对金融机构进行重整。

五、劳动者权益优先受保护的问题

除以上程序制度的创新外，企业破产法对于发生财务危机的企业的劳动者的权益保护，也作出了积极有效的规定，成为企业破产法制度改革的一项重要内容。劳动者权益，是指债务企业所欠职工的工资和医疗、伤残补助、抚恤费用，所欠的应当划入职工个人账户的基本养老保险、基本医疗保险费用，以及法律、行政法规规定应当支付给职工的补偿金。[①]

企业被适用破产程序的，劳动者的工资权益以及社会保险权益，在一定程度上会受到相应的影响，特别是会引起劳动者的失业而影响劳动者及其家庭成员的基本或正常生活。在这样的风险机制下，劳动者权益应当在破产程序中居于优先受保护的状态。企业破产法有关劳动者权益作为优先顺位的请

---

① 企业破产法第 113 条第 1 款。

求权、劳动者权益免于债权申报、债权人委员会中的职工代表、重整程序中的劳动者权益表决组、劳动者权益优先于担保物权等事项的规定，相当程度上反映着企业破产法保护劳动者权益的基本价值观。①

劳动者权益优先于国家的税收请求权和普通债权。我国企业破产法（试行）第 37 条规定："破产财产优先拨付破产费用后，按照下列顺序清偿：（一）破产企业所欠职工工资和劳动保险费用；（二）破产企业所欠税款；（三）破产债权。"我国的司法实务对于受优先保护的劳动者权益，作出了内容补充。最高人民法院《关于审理企业破产案件若干问题的规定》第 56 条规定："因企业破产解除劳动合同，劳动者依法或者依据劳动合同对企业享有的补偿金请求权，参照企业破产法第三十七条第二款第（一）项规定的顺序清偿。"第 57 条规定："债务人所欠非正式职工（含短期劳动工）的劳动报酬，参照企业破产法第三十七条第二款第（一）项规定的顺序清偿。"第 58 条规定："债务人所欠企业职工集资款，参照企业破产法第三十七条第二款第（一）项规定的顺序清偿。"② 企业破产法第 113 条规定："破产财产在优先清偿破产费用和共益债务后，依照下列顺序清偿：（一）破产人所欠职工的工资和医疗、伤残补助、抚恤费用，所欠的应当划入职工个人账户的基本养老保险、基本医疗保险费用，以及法律、行政法规规定应当支付给职工的补偿金；（二）破产人欠缴的除前项规定以外的社会保险费用和破产人所欠税款；（三）普通破产债权。破产财产不足以清偿同一顺序的清偿要求的，按照比例分配。"

但劳动者权益是否优先于在债务人财产上设定的担保物权，企业破产法之前的立法并没有提供相应的一般解决方案。③ 这在企业破产法起草过程中引起了重大争议。一种意见认为，劳动者权益涉及企业职工的切身利益，应优先于其他债权，包括有财产担保的债权，企业破产法只

---

① 邹海林：《企业破产法的制度创新》，《中国社会科学院院报》2007 年 7 月 5 日。

② 以上司法解释所指向的"企业破产法"条文，系企业破产法（试行）的相应条文。

③ 劳动者权益优先于在债务人的财产上设定的担保，仅在试点城市的国有企业破产的情况下有意义。国务院《关于在若干城市试行国有企业破产有关问题的通知》规定："企业破产时，企业依法取得的土地使用权，应当以拍卖或者招标方式为主依法转让，转让所得首先用于破产企业职工的安置；安置破产企业职工后有剩余的，剩余部分与其他破产财产统一列入破产财产分配方案。"国务院 1997 年发布《关于在若干城市试行国有企业兼并破产和职工再就业有关问题的补充通知》规定："安置破产企业职工的费用，从破产企业依法取得的土地使用权转让所得中拨付。破产企业以土地使用权为抵押物的，其转让所得也应首先用于安置职工，不足以支付的，不足部分从处置无抵押财产、抵押财产所得中依次支付。"

有这样规定，才能真正保护破产企业职工的利益；另一种意见认为，劳动者权益的清偿与担保债权的清偿属于不同的制度，过去对国有企业实行的破产财产不足清偿劳动者权益部分以债务人的担保财产优先清偿的特定政策，主要是考虑我国社会保障制度不完备而解决历史遗留问题采取的不得已的临时政策，不能作为一种固定做法长期实行，否则不利于我国的市场经济体制的建设。①

　　当然，若将劳动者权益的保护问题归入国有企业的历史遗留问题，则该问题确实不能通过企业破产法予以解决。如果仅仅将劳动者权益作为一种市场行为的结果，则企业破产法应当面对这个问题，并给出相应的解决方案。即使如此，学者们的意见也是不同的。有观点认为，依照国际上破产立法的经验以及我国民商事立法的有关规定，劳动者权益（包括破产企业所欠职工工资、劳动保险费用和解除劳动合同的补偿费用）作为优先权的清偿地位，应当优先于有财产担保的债权；企业的财产基本上设定有担保，劳动者权益不能因为企业破产而得不到清偿；在一个法律规定的合理范围内的劳动者权益，应当列在有财产担保的债权之前清偿，给劳动者以充分的保障。② 也有观点认为，劳动债权优先于物的担保的债权获得清偿，看起来是在维护职工利益，但从我国社会经济发展的实际情况和民商法律制度的整体效能来看，会对市场经济的交易活动产生重大负面影响，最终不利于职工整体利益的增加或保护，劳动债权的清偿放在抵押权等担保的债权之后，是一个既符合市场经济发展又符合职工整体利益的合理选择。③

　　劳动者权益是否优先于有财产担保的债权，此为社会公共政策应当作出抉择的问题，并没有特定的法理上非此即彼的学说支持。从观念上看，劳动者权益为破产程序中的社会公共利益，而有财产担保的债权并不能够一般地归入社会公共利益的范畴，社会公共利益高于其他的利益，故劳动者权益应当优先于在债务人财产上存在的担保物权，这或许应当成为企业破产法采取劳动者权益优先保护的立场的一个理由。另外，劳动者权益作为社会公共利益都是具有限度的，属于可以控制并可以预见的事件，尤其是立法者可以对

　　① 见《中华人民共和国企业破产法》起草组编：《〈中华人民共和国企业破产法〉释义》，人民出版社 2006 年版，第 365 页。
　　② 见王欣新：《试论破产立法与国有企业职工救济制度》，《政法论坛》2002 年第 3 期。
　　③ 见陈甦：《新破产法应当合理规定债权清偿的优先次序》，《中国社会科学院院报》2005 年 2 月 3 日。

此利益作出事先的限定，以防止劳动者权益保护过当而损害其他的利益①。企业破产法第 132 条规定："本法施行后，破产人在本法公布之日前所欠职工的工资和医疗、伤残补助、抚恤费用，所欠的应当划入职工个人账户的基本养老保险、基本医疗保险费用，以及法律、行政法规规定应当支付给职工的补偿金，依照本法第一百一十三条的规定清偿后不足以清偿的部分，以本法第一百零九条规定的特定财产优先于对该特定财产享有担保权的权利人受偿。"较为明显的是，企业破产法在对待劳动者权益是否优先于在债务人财产上存在的担保物权的问题上，虽以上述规定作出了一个初步的尝试，但问题却远没有解决。②

第三节　管理人中心主义

一、破产程序与管理人中心主义

破产程序的首要问题，是如何加强对债务人财产的管理。破产程序对于债务人财产具有概括的保全效力。法院裁定开始破产程序，破产程序对于债

---

① 对企业破产法公布前企业拖欠的职工工资等费用，作为历史遗留问题，采取特殊措施予以解决是必要的；这部分历史欠账已是一个定量，其优先于有担保的债权受偿可能带来的风险基本上是可预期、可控制的。见《中华人民共和国企业破产法》起草组编：《〈中华人民共和国企业破产法〉释义》，人民出版社 2006 年版，第 366 页。

② 企业破产法第 132 条存在以下三个问题，值得检讨：（1）以企业破产法的公布（2006 年 8 月 27 日）为临界点，试图解决劳动者权益的可控状态，方式过于简单。在事实上，企业破产法公布前已经发生的劳动者权益虽然有一个总量的预先估计，但实际上并不可控，因为没有人可以预见企业破产法公布前的特定的债务人所负担的劳动者权益的规模或状态。（2）对我国初创阶段的担保制度的冲击，后果难以预料。以不可控的劳动者权益优先于债务人财产上的担保物权，将对专用于提升信用水准的担保制度产生不可预见的冲击，似乎是保护了劳动者利益，但客观上因为损害市场经济的交易体系而不利于劳动者利益的保护。（3）制度设计创造了权益次序冲突但没有解决方案。2006 年 8 月 27 日前产生的劳动者权益优先于债务人特定财产的担保权，属于一项过渡性措施；而此后发生的劳动者权益按企业破产法第 113 条规定的清偿顺序受偿。见《中华人民共和国企业破产法》起草组编：《〈中华人民共和国企业破产法〉释义》，人民出版社 2006 年版，第 368 页。这似乎是既保护了债务企业的职工利益，又肯定了债务人财产上的担保权的优先受偿地位。但是，企业破产法公布后发生的劳动者权益，是否就不优先于债务人财产上的担保物权，恰恰因为企业破产法第 30 条、第 107 条第 2 款、第 111 条和第 113 条的规定，问题被再度提出，事实上法律规定已经发生了劳动者权益与担保物权的受偿次序冲突。企业破产法的改革已经废弃了担保财产不属于债务人财产的做法，供做担保的债务人的特定财产属于债务人财产，而第 113 条并没有将劳动者权益得以第一顺位受偿的债务人财产限定于"没有提供物的担保"的财产之上，故发生劳动者权益与担保物权的直接冲突，如何解决，在企业破产法上是没有依据的。

务人即产生概括的保全效力；不论债务人财产所处的地理位置、种类，所有的债务人财产均受法院开始破产程序的裁定的约束。在破产程序开始后，无须对于债务人财产采取个别的民事保全措施，债务人财产均因破产程序的开始而受到保全。破产程序的制度设计应当如何对待不同观念和不同形式的债务人财产，直接关系到破产程序的保全效力的实现。破产立法为实现破产程序对债务人财产的保全效力，应当设计合理并有效的相关制度。

在观念上，债务人财产由积极财产和消极财产构成；在法律上，债务人财产由不动产、动产及视为动产的财产构成。破产程序对于债务人财产的保全效力，首先应当体现为控制债务人财产的占有、使用、收益和处分状态。债务人财产的占有、使用、收益和处分状态的控制，不会因为法院开始破产程序的裁定而自动实现，仍需要采取相应的步骤才能够实现。是否应当由法院去实现控制债务人财产的占有、使用、收益和处分状态呢？在理论上说，由法院发挥这样的职能，并无不可；但是，法官并非专业的经理人员，事实上不可能有效地实现控制债务人财产的占有、使用、收益和处分状态的目标。破产程序应当借助于特别的制度设计，实现破产程序对债务人财产的保全效力。除非需要法院作出决定，破产程序中的事务管理应当由管理人来完成，法院的作用应当被限定于仅作争议的裁决者。① 管理人中心主义正是基于破产程序的需要而产生的。

破产程序开始后，债务人管领财产的能力受到限制，诸如不得清偿个别债务，其目的在于保证破产程序的公正进行。既然债务人的管领财产的能力受到限制，就要有相应的制度来保证债务人的财产不受意外的处分，故在破产程序中不能缺少管理人。在我国，企业破产法（试行）和 1991 年民事诉讼法规定的管理人，仅以"破产宣告后"的破产清算组为限。

在破产程序受理开始主义的制度框架内，企业破产法之前的立法有关管理人的制度设计，对债权人利益的保护是不够周详的。人民法院受理破产申请后，破产程序即告开始；即使在债权人申请破产的情事下，经债务人和解申请而开始整顿的，破产程序也只是中止，并未终结。在债务人被宣告破产前以及和解整顿过程中，债务人的财产由谁监督或管理，已经成为困扰人民法院处理破产案件的障碍。另外，人民法院宣告债务人破产后，在成立破产清算组织之前也存在着同样的问题。虽然在紧急情况下，人民法院对债务人

---

① George M. Treister, etc., Fundamentals of Bankruptcy Law, 3rd edition, American Law Institute, 1993, p. 89.

的财产可以采取财产保全措施，但是这终归是一种不得已的办法。在破产程序进行中，对债务人的财产予以财产保全，一方面加重了法院保全财产的负担；另一方面，破产程序具有保全债务人财产的概括效力，民事诉讼程序中的保全措施对已开始的破产程序本身就是不必要的。在破产程序中，法院并无义务管理债务人的财产。我国在破产程序制度上应当建立适合国情的财产管理人制度。①

　　我国司法实务对于管理人制度的完善，则是有所推动的。最高人民法院《关于审理企业破产案件若干问题的规定》第 18 条规定："人民法院受理企业破产案件后，除可以随即进行破产宣告成立清算组的外，在企业原管理组织不能正常履行管理职责的情况下，可以成立企业监管组。企业监管组成员从企业上级主管部门或者股东会议代表、企业原管理人员、主要债权人中产生，也可以聘请会计师、律师等中介机构参加。企业监管组主要负责处理以下事务·（一）清点、保管企业财产；（二）核查企业债权；（三）为企业利益而进行的必要的经营活动；（四）支付人民法院许可的必要支出；（五）人民法院许可的其他工作。企业监管组向人民法院负责，接受人民法院的指导、监督。"

　　破产程序对于债务人财产的保全效力，首先应当体现为控制债务人财产的占有、使用、收益和处分状态。债务人财产的占有、使用、收益和处分状态的控制，不会因为法院开始破产程序的裁定而自动实现。是否应当由法院去实现控制债务人财产的占有、使用、收益和处分状态呢？在理论上说，由法院发挥这样的职能，并无不可。但是，法院并非专业的债务人财产"经理人员"，事实上不可能充分实现控制债务人财产的占有、使用、收益和处分状态的"价值最大化"目标。破产程序应当借助于特别的制度设计，以实现破产程序对债务人财产的保全效力。企业破产法完善了管理人制度。企业破产法规定的管理人，自破产程序开始之日起产生；管理人自其产生时起，接管债务人财产；管理人在破产程序进行的全过程全面负责债务人财产的管理。在破产程序开始后，除非应当由法院作出决定，破产程序中的事务管理应当由管理人来完成，法院的作用应当被限定于仅作争议的裁决者。

　　管理人中心主义，是指破产程序的事务性工作通过管理人来进行，管理人在破产程序开始后依法对债务人的财产进行接管、清理、保管、运营以及

① 见邹海林：《破产法若干理论与实务问题研评》，《民商法论丛》第 1 卷，法律出版社 1994 年版，第 137 页。

必要的处分，以更好地保护债权人的利益。管理人中心主义是为科学保全债务人财产而设计的司法程序上的制度。管理人不仅要对债务人财产进行全面的接管，而且要对债务人财产的增值贡献力量。管理人是债务人利益和债权人利益的维护者。以管理人中心主义作为我国破产程序中的债务人财产管理的立足点，显然有利于加强债务人财产的管理或保全；同时，管理人中心主义还可以相应减轻法院的责任或负担，法院参与破产程序的事项应当多集中于程序方面，而非管理人应当为的事务性工作上。基于这样的理念，企业破产法第 13 条、第 23 条和第 25 条就管理人及其地位所作规定，基本上反映了破产程序中的管理人中心主义。①

企业破产法实行破产程序受理开始主义。在这样的程序前提下，我国的破产程序的模式结构具体体现为重整程序、和解程序与破产清算程序的有机结合。原则上，债务人有破产原因的，当事人可以向法院申请重整程序，或和解程序，或破产清算程序，以求法院能够裁定开始破产程序。不论当事人申请的程序目的差异，法院受理破产申请的，破产程序对于债务人的财产和债权的清理均产生约束力，有管理人存在的必要。因此，只要有破产程序的开始，就应当有管理人的存在。企业破产法第 13 条规定："人民法院裁定受理破产申请的，应当同时指定管理人。"破产程序中的管理人随破产程序的开始而产生并发挥作用。

这里还需要说明的是："破产程序中的管理人中心主义应当贯穿于统一的破产程序的各个环节。管理人中心主义不能仅仅在破产清算程序中有意义，而且应当有效于和解程序与重整程序。管理人中心主义与重整程序中的债务人自行管理财产的地位并不矛盾。依照企业破产法的相关规定，我们确实可以看到，在破产清算程序和和解程序中，管理人的中心地位十分显著；但在重整程序中，管理人的作用则是有限的。管理人的作用在重整程序中'有时'并不十分显著，这种现象只是管理人中心主义的异化，即管理人的职能向重整程序中的债务人发生了有条件的转移，并非对管理人中心主义的否定。"② 例如，企业破产法第 73 条规定："在重整期间，经债务人申请，人民法院批准，债务人可以在管理人的监督下自行管理财产和营业事务。有

---

① 在起草企业破产法的过程中，有观点建议将管理人中心主义限定于破产清算程序中，认为管理人在清算程序和重整程序中的作用不同，管理人的作用更多地表现在清算程序中，在重整程序中的作用则是有限的。见李曙光：《关于新〈破产法〉起草中的几个重要问题》，《政法论坛》2002 年第 3 期。

② 邹海林：《新企业破产法与管理人中心主义》，《华东政法学院学报》2006 年第 6 期。

前款规定情形的，依照本法规定已接管债务人财产和营业事务的管理人应当向债务人移交财产和营业事务，本法规定的管理人的职权由债务人行使。"①

二、管理人的法律地位

管理人在破产程序中处于何种地位，是一个具有重要实践意义的理论问题，关系到管理人如何正当履行职责。管理人的地位，立法予以明文规定的，自然不会有疑问；但是，立法对其一般不加以明文规定，在学说和实务上则不可避免地存在着一定的分歧。

在英美法系各国，确定管理人的地位适用以信托关系为基础的受托人制度。管理人被称为破产程序中的受托人（Trustee in Bankruptcy）。管理人为破产财团的受托人，在法院、破产人之外取得独立的地位，仅以受托人的名义为法律行为和以破产财团的"所有权人"的名义管理、变价和分配破产财团。例如，美国联邦破产法典第 323 条规定，管理人为破产财团的代表，并以自己的名义起诉和应诉。英美法把信托制度引入破产程序，规定管理人为破产财团的受托人，管理人以受托人的名义执行职务，避免了法律理论对管理人地位的争执，而且从未引起法律理论和实务的怀疑。总之，英美法的信托制度是管理人的受托人地位的基础。

除英美法系以外，管理人在破产程序中的地位，历来就是一个长期争论不休的问题，并产生有以下五种主要学说：

第一，破产人代理说。这种学说认为，破产程序的实质为清算程序，不是强制执行程序，管理人的地位和公司清算人的地位并无不同；再者，破产宣告并不剥夺破产人对其财产的所有权，破产人只是暂时丧失对破产财团的管理和处分权，管理人依据法律的规定管理和处分为破产人所有的破产财团，只能以破产财团管理人的名义而非自己的名义为法律行为，行为的效力及于破产人。所以，管理人是破产人的法定代理人，代理破产人管理和处分破产财团的财产，并代理破产人行使权利。依据上述学说，管理人为法律行为时，不能以管理人本人的名义为法律行为，只能以破产人的名义为法律行为，特别是提起有关破产财团诉讼和应诉，诉讼当事人为破产人而非管理人，管理人在诉讼上仅为破产人的法定代理人。

①　应当注意的是，企业破产法的上述规定不同于美国破产法第 11 章重整程序所规定的"占有中的债务人（debtor in possession）"制度。在美国破产法中，占有中的债务人为重整程序中管理债务人财产的基本态样，除非法院基于某种理由任命债务人财产的管理人或者受托人（trustee）。

　　第二，债权人代理说。这种学说认为，债务人受破产宣告后，债权人取得对破产财团的排他性的受偿质权，管理人代表债权人的利益行使对破产财团的质权；管理人作为债权人行使质权的代理人，执行职务依据法律的规定，无须债权人的特别授权；再者，破产撤销权为破产债权人的权利，但是在破产程序中却由管理人向相对人行使，管理人实为债权人的代理人。所以，管理人为债权人的法定代理人。管理人作为债权人的代理人，在学说上又分成两种：管理人为各破产债权人的共同代理人，管理人为债权人团体的法定代理人。在这种学说之下，管理人代理债权人为破产财团的管理和处分、对破产人的行为主张无效或者行使破产撤销权。

　　第三，破产人和债权人共同代理说。这种学说综合了上述两个学说的优点，认为管理人在管理和处分破产财团时，为破产人的法定代理人；管理人在为债权人的团体利益执行职务时，例如，主张破产无效行为或者行使破产撤销权，又是破产债权人的代理人。因此，管理人为破产人和债权人的共同代理人。但是，这种学说显然有悖于代理制度的本质，破产人和债权人为利益不同的双方当事人，管理人显然不能为双方代理。

　　第四，破产财团代理说。这种学说认为，破产财团已经脱离破产人而有存在的特定目的，仅为破产债权人的利益而存在，在破产程序中表现为集合体，从而取得破产程序上的权利和义务主体地位，具有非法人团体的性质或者可以视为法人团体，管理人执行职务，管理和处分破产财团、行使权利和负担义务，均以破产财团的名义为之。所以，管理人为破产财团的代理人。破产财团代理说，有的学者称之为破产财团代表说。这种学说的基础，在于承认破产财团在破产程序中的独立地位。

　　第五，职务说。职务说又称为公吏说。这种学说认为，破产程序为概括的强制执行程序，管理人为法院选任的、负责破产财团的管理和处分的执行机关，与代理人的性质不同；破产财团的管理和处分，破产人和债权人均无权涉及，专属于管理人，况且，有关破产财团的诉讼，以管理人为原告或者被告；管理人执行职务，不仅要维护破产债权人的利益，而且还要维护破产人的利益。所以，管理人为破产程序中具有公吏性质的执行机关。德国、日本的判例和多数学者支持这种学说。[①]

　　上述五种主要学说，依其性质可以划分为两类：管理人代理说和管理人职务说。代理说的实质，源于破产程序的自力救助主义，过分渲染了管理人

---

① 见刘清波：《破产法新论》，台湾：东华书局1984年版，第247页。

的"私权机关"地位。相反，职务说则是破产程序公力救助主义思想的产物，较为符合现代破产立法的务实倾向，突出了管理人的"公权力机关"地位。但是，这两类学说都有其自身所不能克服的缺陷，均受到了多方面的批评。"无论代理说或职务说，均无法圆通就全部之法律现象为解释。代理说之优点，则成为职务说之缺点，而职务说之优点，又成为代理说之缺点，此乃何以代理说及职务说无法获得学者普遍赞同之原因。"①

我国的破产立法对管理人的地位，没有明文加以规定。许多学者认为，管理人为破产企业的法定代表人。② 但是，有些学者提出了新的主张，认为管理人"为破产财产的法定管理人，它依法接管破产企业，依法对破产财产行使分配权，是企业被宣告破产后，破产财产分配前在法院领导下的一个临时机关"。③ 在我国的法律理论和实务上，债务人所有的财产在破产程序开始后构成债务人财产，但是债务人财产不具有法人或者非法人团体的地位，仅仅为破产程序支配的客体，管理人不是债务人财产的代理人；再者，管理人实际为独立的民事主体，以自己的名义从事破产执业行为，特别是在诉讼上取得独立的当事人地位，"用自己的名义参加诉讼"，④ 由此决定管理人不是债务人或者债权人的代理人或者代表人；最后，管理人也不具有执行机关的地位，因为管理人既不是国家公务员，也不是法院的执行员，只是法院指定的管理债务人财产的临时机关，随着破产程序的终结而解散。因此，管理人为破产法特别规定的管理债务人财产的专门机关。⑤

依照企业破产法的规定，管理人在破产程序中取得独立的地位，依破产法的规定行使权利和承担义务，并仅以自己的名义执行破产事务，受债权人会议或债权人委员会的监督。企业破产法第 23 条规定："管理人依照本法规定执行职务，向人民法院报告工作，并接受债权人会议和债权人委员会的监督。"管理人在破产程序中取得当事人地位，其所享有的权利和承担的义务，源自于企业破产法的专门规定，为依照法律规定执行破产事务的专门机构。

---

① 见陈荣宗：《破产法》，台湾：三民书局2001年增订二版，第173页。

② 见柯善芳、潘志恒：《破产法概论》，广东高等教育出版社1988年版，第144—145页；王晓同：《试论破产清算组的法律地位》，《西北政法学院学报》1988年第4期。

③ 见付洋等著：《企业破产法简论》，群众出版社1988年版，第81页。

④ 最高人民法院关于贯彻执行《〈中华人民共和国我国民法通则〉若干问题的意见（试行）》第60条。

⑤ 见柴发邦主编：《破产法教程》，法律出版社1990年版，第136页。

管理人是破产程序中管理债务人财产的特殊机关，对法院、债权人和债务人财产负有重大责任，应当以善良管理人的注意执行职务。善良管理人的注意，是指行为人在进行交易或者行为时应当具有的注意，用于评价具有相当的知识或者经验的人在为具体行为时的注意程度，并以此衡量其有无过失的一般观念。企业破产法第 27 条规定："管理人应当勤勉尽责，忠实执行职务。"与此相对应，管理人执行职务违反善良管理人的注意，应当对其过错行为负责。依照我国民法通则的规定，管理人在履行职务时，由于其过错造成破产财产损害，或者因其过错损害债权人或者第三人利益的，应当负损害赔偿责任。① 企业破产法第 130 条规定："管理人未依照本法规定勤勉尽责，忠实执行职务的，……给债权人、债务人或者第三人造成损失的，依法承担赔偿责任。"

三、管理人的产生

不同的立法例对于管理人的产生方式有不同的规定，但基本上可以分成债权人会议选任和法院指定两种基本类型。依照企业破产法的规定，管理人产生的法律形式仅以"法院指定"为限。法院指定管理人属于法院的职权行为，管理人在破产程序中的地位源自于法院的指定。

法院指定管理人，极为强烈地反映法院在破产程序中的职权主义色彩。法院基于其审判机关的地位，独立行使指定管理人的权力。法院在破产程序中居于主导地位，独立行使对破产案件的审判权，不受债权人会议的干预或者影响，如何任命管理人、任命何人为管理人、任命多少人为管理人，均取决于法院自己的决定。对于法院任命的管理人，债权人会议不服的，不能另行选任管理人，只能向法院提出异议。法国、意大利、日本、埃及、泰国、韩国、伊朗等国的破产立法，均实行法院指定管理人的制度。

企业破产法第 22 条规定："管理人由人民法院指定。债权人会议认为管理人不能依法、公正执行职务或者有其他不能胜任职务情形的，可以申请人民法院予以更换。"

管理人的作用，在于通过接管债务人的全部财产和经营事务，使债务人的财产完全受破产程序的支配，在债权人会议的监督下进行清理、估价、保管和营业增值。法院指定管理人，目的在于及时接管债务人的财产和经营事务，债务人本人自然不能被指定为管理人。法院指定管理人时，应当充分考

---

① 见我国民法通则第 106 条第 2 款；公司法第 190 条。

虑所指定的人选是否能够胜任管理人的工作。企业破产法第 24 条规定：
"管理人可以由有关部门、机构的人员组成的清算组或者依法设立的律师事务所、会计师事务所、破产清算事务所等社会中介机构担任。人民法院根据债务人的实际情况，可以在征询有关社会中介机构的意见后，指定该机构具备相关专业知识并取得执业资格的人员担任管理人。有下列情形之一的，不得担任管理人：（一）因故意犯罪受过刑事处罚；（二）曾被吊销相关专业执业证书；（三）与本案有利害关系；（四）人民法院认为不宜担任管理人的其他情形。个人担任管理人的，应当参加执业责任保险。"

　　破产程序应当讲求效率和节俭，负责破产事务的人员素质和规模应当与破产案件的复杂程度相协调，不应当划一。各国立法例对于管理人的选任，在资格方面不以自然人为限，法人也可以担任管理人，① 对管理人的人选仅附加消极的限制，往往规定哪些人员不能担任管理人；在人数上，则不以多人为必要，选任一人为管理人居多。② 这些都有助于提高效率和节省破产程序的费用。法院在选任管理人的实务上，多选任律师。我国台湾地区的司法实务规定，选任管理人应当优先考虑会计师和律师。③

　　"破产立法对管理人中心主义的具体落实还应当提供必要的技术支持。技术支持构成管理人中心主义更好地实现债务人财产管理的'效率'水准的基础。企业破产法在这个问题上表现出了管理人的专业化要求的倾向，并迈出了实质性的一步。"④ 企业破产法第 24 条规定："管理人可以由有关部门、机构的人员组成的清算组或者依法设立的律师事务所、会计师事务所、破产清算事务所等社会中介机构担任。人民法院根据债务人的实际情况，可以在征询有关社会中介机构的意见后，指定该机构具备相关专业知识并取得执业资格的人员担任管理人。……个人担任管理人的，应当参加执业责任保险。"而且，企业破产法还进一步明确了担任管理人的消极资格，以求进一步限定管理人的选任标准的客观化，即存在"（一）因故意犯罪受过刑事处罚；（二）曾被吊销相关专业执业证书；（三）与本案有利害关系；（四）人民法院认为不宜担任管理人的其他情形"的，不得担任管理人。

　　显然，企业破产法并不排除选任律师事务所、律师为管理人。除了律师

---

① 见美国联邦破产法典第 321 条规定，信托公司可以充任管理人。
② 日本破产法第 158 条规定：管理人为一人；但是，法院认为必要时，可以选任数人。
③ 见我国台湾地区"各地方法院选任管理人统一办法"（台湾地区司法行政部 1966 年发）。
④ 邹海林：《新企业破产法与管理人中心主义》，《华东政法学院学报》2006 年第 6 期。

事务所和律师以外，会计师事务所、注册会计师、公证人、企业管理人员、银行家、拍卖员、政府官员以及其他人员都有可能被选为管理人。企业破产法对管理人提出了专业化和市场化的基本要求，但毕竟我国还没有建立起能够担当管理人的符合市场预期的专业人员储备，企业破产法规定的管理人的作用能否发挥，实际上将取决于我国的管理人团队的基础建设。因此，企业破产法第24条规定的指定管理人的范围，还是存在相当大的弹性空间的。

　　究竟什么样的人可以被指定为管理人呢？企业破产法第22条第3款规定："指定管理人和确定管理人报酬的办法，由最高人民法院规定。"依照上述规定，最高人民法院发布《关于审理企业破产案件指定管理人的规定》（2007年），确定了"管理人名册"制度，审理破产案件的法院应当从"管理人名册"中指定管理人。"高级人民法院应当根据本辖区律师事务所、会计师事务所、破产清算事务所等社会中介机构及专职从业人员数量和企业破产案件数量，确定由本院或者所辖中级人民法院编制管理人名册。人民法院应当分别编制社会中介机构管理人名册和个人管理人名册。由直辖市以外的高级人民法院编制的管理人名册中，应当注明社会中介机构和个人所属中级人民法院辖区。"① 编制管理人名册，除了要保证在全国范围内能够得到统一指定管理人制度的适用外，更要考虑地区间发展的不平衡状况，这样才能够指引不同地区的法院在众多的符合企业破产法规定条件的专业人员中指定出合格的管理人。②

　　依照最高法院的司法解释，凡符合企业破产法规定条件的社会中介机构③及其具备相关专业知识并取得执业资格的人员，均可申请编入管理人名册；已被编入机构管理人名册的社会中介机构中，具备相关专业知识并取得执业资格的人员，也可以申请编入个人管理人名册。社会中介机构及个人申请编入管理人名册的，应当向所在地区编制管理人名册的高级人民法院或者高级人民法院决定的中级人民法院提出，由该人民法院予以审定。人民法院应当通过本辖区有影响的媒体就编制管理人名册的有关事项进行公告。编制管理人名册的人民法院应当组成专门的评审委员会，决定编入管理人名册的社会中介机构和个人名单。人民法院根据评审委员会评审结果，确定管理人

---

① 最高人民法院《关于审理企业破产案件指定管理人的规定》（2007年）第2条。
② 见奚晓明主编：《最高人民法院关于企业破产法司法解释理解与适用》，人民法院出版社2007年版，第40页。
③ 能够担任管理人的社会中介机构，目前仅以律师事务所、会计师事务所和破产清算事务所为限。

初审名册；管理人初审名册应当通过本辖区有影响的媒体进行公示。公示期满后，人民法院应审定管理人名册，并通过全国有影响的媒体公布，同时逐级报最高人民法院备案。

管理人名册制度的产生，为我国管理人制度的专业化和市场化发展奠定了基础，对于法院指定管理人提供了技术指引。"受理企业破产案件的人民法院指定管理人，一般应从本地管理人名册中指定。对于商业银行、证券公司、保险公司等金融机构以及在全国范围内有重大影响、法律关系复杂、债务人财产分散的企业破产案件，人民法院可以从所在地区高级人民法院编制的管理人名册列明的其他地区管理人或者异地人民法院编制的管理人名册中指定管理人。"①

这里需要说明的是，法院指定管理人不受其他国家行政机关或者任何第三人的干预。但在我国，涉及国有企业破产的，法院指定管理人时，确实应当考虑国有企业的实际需要，商得有关政府部门的意见，指定管理人。② 尤其是，管理人名册并不能解决管理人指定的所有程序问题，因为企业破产法还规定了清算组担任管理人的例外情形。"如清算组被选任为管理人，并不依赖于其在名册中事先进行了登记。"③ 最高人民法院《关于审理企业破产案件指定管理人的规定》（2007 年）第 18 条规定："企业破产案件有下列情形之一的，人民法院可以指定清算组为管理人：（一）破产申请受理前，根据有关规定已经成立清算组，人民法院认为符合本规定第十九条的规定；（二）审理企业破产法第一百三十三条规定的案件；（三）有关法律规定企业破产时成立清算组；（四）人民法院认为可以指定清算组为管理人的其他情形。"④

---

① 最高人民法院《关于审理企业破产案件指定管理人的规定》（2007 年）第 15 条。

② 涉及国有企业破产的事件，我国法院的某些做法仍然是值得肯定的。例如，最高人民法院《关于审理企业破产案件若干问题的规定》（2002 年）第 48 条规定："清算组成员可以从破产企业上级主管部门、清算中介机构以及会计、律师中产生，也可以从政府财政、工商管理、计委、经委、审计、税务、物价、劳动、社会保险、土地管理、国有资产管理、人事等部门中指定。人民银行分（支）行可以按照有关规定派人参加清算组。"

③ 见奚晓明主编：《最高人民法院关于企业破产法司法解释理解与适用》，人民法院出版社2007 年版，第 41 页。

④ 最高人民法院《关于审理企业破产案件指定管理人的规定》（2007 年）第 19 条规定："清算组为管理人的，人民法院可以从政府有关部门、编入管理人名册的社会中介机构、金融资产管理公司中指定清算组成员，人民银行及金融监督管理机构可以按照有关法律和行政法规的规定派人参加清算组。"

依照企业破产法的规定，人民法院在受理破产申请时，除指定清算组为管理人外，应当从管理人名册中指定管理人。但是，管理人名册中的社会中介机构的成员或者个人、清算组的成员，有以下情形之一的，不得指定为管理人：（1）与债务人、债权人有未了结的债权债务关系；（2）在人民法院受理破产申请前三年内，曾为债务人提供相对固定的中介服务；（3）现在是或者在人民法院受理破产申请前三年内曾经是债务人、债权人的控股股东或者实际控制人；（4）现在担任或者在人民法院受理破产申请前三年内曾经担任债务人、债权人的财务顾问、法律顾问；（5）现在担任或者在人民法院受理破产申请前三年内曾经担任债务人、债权人的董事、监事、高管人员；（6）与债权人或者债务人的控股股东、董事、监事、高管人员存在夫妻、直系血亲、三代以内旁系血亲或者近姻亲关系；（7）法院认为可能影响其忠实履行管理人职责的其他情形。[①]

管理人一经选任并接受选任的，选任机关应当向管理人交付选任证书，以确认其管理人的地位。英国、德国、日本等国破产法均规定，选任管理人的机构或法院，应当向管理人交付选任证书，以确认管理人的地位。企业破产法对管理人的指定，没有规定相应的法律文书形式。最高法院司法解释认为，人民法院指定管理人应当制作决定书，并向被指定为管理人的社会中介机构或者个人、破产申请人、债务人、债务人的企业登记机关送达。[②] 法院作出的指定管理人的决定书，为管理人产生并确定其在破产程序中的地位的依据。

再者，管理人一经选任，应当公告。例如，日本破产法第143条规定：法院为破产宣告时，应当选任管理人，并同破产宣告一并公告管理人的姓名和住所。在实践上，公告管理人的产生有重要意义。管理人负责债务人财产的接管、调查、管理、营业的继续、破产财产的变价和分配等事务，凡是与债务人财产有利害关系的人，都有必要知道管理人的姓名和住所、办公地点，以便其行使权利或履行义务。公告所具有的宣示效力，使得与破产程序有关的各利害关系人同管理人为法律行为，更加便利和现实，也有利于各利害关系人监督管理人在破产程序范围内的活动。企业破产法第13条和第14条规定，法院在裁定受理破产申请之日起25日内通知债权人，并公告管理人的名称或者姓名及其处理事务的地址；而且，法院裁定受理破产申请时，

---

① 最高人民法院《关于审理企业破产案件指定管理人的规定》（2007年）第23条和第24条。
② 最高人民法院《关于审理企业破产案件指定管理人的规定》（2007年）第27条。

应当指定管理人，并作出指定管理人的决定书。因此，决定书应与受理破产申请的民事裁定书一并公告。[①]

企业破产法第 29 条规定，管理人无正当理由，不得辞去职务，辞去职务应当征得人民法院的许可。但是，该条所规定的内容是否对于管理人的指定亦有约束？可否依照该条规定得出结论：管理人无正当理由，不得拒绝法院的指定？企业破产法第 29 条的目的，在于保持破产程序的连续性，防止破产程序的不适当中断而影响或者损害破产程序中的利害关系人的权益。企业破产法第 29 条限制已经接受指定的管理人辞去职务，对于维护破产程序的稳定与连续性具有十分重要的意义。同样，依照企业破产法第 13 条的规定，法院在受理破产申请时，应当同时指定管理人。若管理人有权决定是否接受法院的指定，则受理破产申请的法院将会因为被指定担任管理人的人拒绝指定，而无法顺利完成管理人的指定，以至相应延误后续的破产程序。考虑到管理人中心主义制度的目的，以及法院开始破产程序的需要，基于企业破产法第 13 条和第 29 条之规定，解释上应当认为：法院指定管理人的，被指定的人员无正当理由，不得拒绝法院的指定。当然，亦有观点认为，我国法院已经建立管理人名册制度，管理人名册的编制实行当事人自愿申报和法院核准的方式，"社会中介机构或者个人主动提出编入管理人名册的申请，表明其承诺愿意承担管理人的职务，故无正当理由，是不能拒绝人民法院指定的"。[②] 基于诸多的理由，最高人民法院《关于审理企业破产案件指定管理人的规定》（2007 年）第 28 条规定："管理人无正当理由，不得拒绝人民法院的指定。"

管理人由法院指定，则法院有权依法变更已指定的管理人。管理人经指定后，其地位已经确定，为贯彻破产程序的连续性，保证管理人处理破产事务的统一性，法院不能随意变更或者频繁变更管理人。法院决定更换管理人的，应当重新指定管理人。在这个意义上，管理人的更换与管理人的指定，性质相同。企业破产法第 22 条第 2 款规定了债权人会议申请法院更换管理人的制度，但是否更换已经指定的管理人，并不取决于债权人会议申请更换管理人的决议，是否更换管理人将完全由法院作出决定。所以，管理人的更换为法院的职权行为。

---

① 最高人民法院《关于审理企业破产案件指定管理人的规定》（2007 年）第 27 条。
② 奚晓明主编：《最高人民法院关于企业破产法司法解释理解与适用》，人民法院出版社 2007 年版，第 105 页。

　　基于破产程序的稳定和连续性的需要，法院决定更换管理人的，应当有法律规定的正当理由。企业破产法第 22 条第 2 款对于法院决定更换管理人的事由，给出了"不能依法、公正执行职务或者有其他不能胜任职务情形"的概括性描述，具有相当的灵活性。

　　对于更换管理人的事由仅作概括性描述，确实可以涵盖应当更换管理人的所有事由；但是，如此规定实践操作性差，而且可能发生"不当"更换管理人的事件。为此，最高法院司法解释对于法院更换管理人的事由，区分社会中介机构管理人和个人管理人，分别予以了具体列举。① 社会中介机构管理人或者清算组有下列情形之一的，法院应当作出更换管理人的决定：(1) 执业许可证或者营业执照被吊销或者注销；(2) 出现解散、破产事由或者丧失承担执业责任风险的能力；(3) 与本案有利害关系；(4) 履行职务时，因故意或者重大过失导致债权人利益受到损害；(5) 有重大债务纠纷或者因涉嫌违法行为正被相关部门调查的。个人管理人有下列情形之一的，法院应当作出更换管理人的决定：　(1) 执业资格被取消、吊销；(2) 与本案有利害关系；(3) 履行职务时，因故意或者重大过失导致债权人利益受到损害；(4) 失踪、死亡或者丧失民事行为能力；(5) 因健康原因无法履行职务；(6) 执业责任保险失效；(7) 有重大债务纠纷或者因涉嫌违法行为正被相关部门调查的。

　　对于法院决定更换管理人的事由，有观点认为，法院不能超出最高法院司法解释列举的情形作出更换管理人的决定，"无论是依债权人会议的申请或依职权决定更换管理人，都必须是在管理人存在本条规定的情形时才可以"。② 但是，我们也应当注意到，最高法院司法解释所列举的以上情形，并不能够穷尽企业破产法第 22 条第 2 款规定的"不能依法、公正执行职务或者有其他不能胜任职务情形"的所有可能案型，何以能够排除企业破产法第 22 条第 2 款规定的应当更换管理人的"其他情形"？法院在决定更换管理人时，最高法院司法解释列举的情形当可作为事由，但若存在未被最高法院司法解释列举的情形时，例如管理人和债权人会议之间有巨大"冲突"而难以调和，管理人是否构成企业破产法第 22 条第 2 款所称不能胜任职务的其他情形，法院还应当根据具体案件作出判断，才能决定是否更换管

---

① 最高人民法院《关于审理企业破产案件指定管理人的规定》(2007 年) 第 33 条和第 34 条。
② 奚晓明主编：《最高人民法院关于企业破产法司法解释理解与适用》，人民法院出版社 2007 年版，第 122 页。

理人。

四、管理人的职责

关于管理人中心主义，我国破产立法所要解决的根本问题，并不是要否坚持管理人中心主义的问题，而是在管理人中心主义的架构下，如何协调管理人、法院和债权人之间的关系或者说这些机构的"权利分配"问题。

法院在破产程序中居于主导地位，对破产程序的顺利进行负有全面责任。管理人在法院的领导下，对债务人的财产行使全面的管理权，并负具体的责任。管理人为依法选任的负责债务人财产管理的专门机构，在破产程序中具有独立的地位。企业破产法第 23 条规定："管理人依照本法规定执行职务，向人民法院报告工作……"显然，管理人依法在其职责范围内独立执行职务。

在这样的制度安排下，企业破产法第 25 条规定："管理人履行下列职责：（一）接管债务人的财产、印章和账簿、文书等资料；（二）调查债务人财产状况，制作财产状况报告；（三）决定债务人的内部管理事务；（四）决定债务人的日常开支和其他必要开支；（五）在第一次债权人会议召开之前，决定继续或者停止债务人的营业；（六）管理和处分债务人的财产；（七）代表债务人参加诉讼、仲裁或者其他法律程序；（八）提议召开债权人会议；（九）人民法院认为管理人应当履行的其他职责。本法对管理人的职责另有规定的，适用其规定。"当然，管理人的职责并不以企业破产法第 25 条的规定为限[①]；甚至，当企业破产法欠缺明文规定时，尤其是在管理人和债权人会议就有关的事项发生冲突而欠缺法律的明文规定时，管理人是否应履行相应的职责，法院还可以依照当事人自治主导型破产程序的本旨，决定管理人应当履行的职责。

原则上，管理人应当在其职责范围内进行活动，在职责范围以外的一切行为，不能对抗债权人、债务人等利害关系人，管理人超越职责范围所为管理和处分债务人财产的行为，对债务人财产不发生效力，由管理人自己承担后果。但是，管理人超越职责范围，与管理人违反企业破产法的规定所为管

---

① 企业破产法还规定有管理人接受债权申报（第 48 条）、审查申报债权（第 57 条）、通知债权人会议的召开（第 63 条）、准备和提交重整计划草案（第 79 条）、申请法院强制批准重整计划（第 87 条）、监督重整计划的执行（第 90 条）、申请法院宣告债务人破产清算（第 78 条和第 93 条）、申请法院终结破产程序（第 43 条和第 120 条）、办理注销登记（第 121 条）等诸多职责。

理和处分债务人财产的行为，在性质上是不同的。管理人为债务人财产的法定管理机关，如果其管理和处分债务人财产的行为违反企业破产法的规定或者债权人会议的决议，其行为本身还是有效的，只发生管理人的损害赔偿责任。

管理人的职责，包括管理人依企业破产法享有的权利和承担的义务。依照企业破产法的相关规定，现就管理人的主要职责叙述如下：

（一）接管债务人财产

管理人接管的债务人财产，不仅包括债务人的积极有形财产，而且要包括债务人享有的一切财产权利、债务人的营业及印章、债务人的消极财产或者负债，以及有关债务人财产的账簿、资料等。法院指定管理人后，债务人应当依法院的决定向管理人办理财产、管理和营业事务的移交手续。债务人拒不向管理人办理财产、管理和营业事务的移交手续，或者只办理部分财产、管理和营业事务的移交，管理人可以请求法院对债务人采取强制措施。

管理人接管债务人财产后，债务人的债务人和财产持有人，应当向管理人清偿债务或者交付财产；有财产担保的债权人行使权利，也应当以管理人为相对人。如果债务人的债务人和财产持有人，在法院指定管理人后，继续向债务人清偿债务或者交付财产的，只以管理人接管的债务人财产所受利益为限，可以对抗管理人；但是，债务人的债务人和财产持有人不知有破产程序开始者，不在此限。①

管理人接管债务人财产后，有关债务人财产的诉讼或者仲裁程序尚未结束的，应当由管理人承受债务人在诉讼或者仲裁中的当事人地位，继续进行相关的诉讼或者仲裁。

（二）调查债务人财产的状况

管理人接管债务人财产后，为确保债务人移交的财产、管理和营业事务的真实性，保证债权人的利益不受债务人诈害行为的影响，必须对债务人先前的民事行为、财产和财务状况进行调查。管理人除审查债务人提交的所有文件外，例如，审查债务人的财产状况说明书、债务清册、债权清册、财务报表、债权债务凭证，还应当对债务人及其利害关系人（例如，债务人的近亲属、雇员）进行询问，以确切掌握有关债务人的民事行为、财产和财务状况的真实材料。管理人调查债务人财产的状况，依照企业破产法的规定有义务予以协助的所有人员，对于管理人的询问必须作出如实回答，不得拒

---

① 见企业破产法第 17 条第 2 款。

绝回答或者作虚伪回答。[①] 特别是，债务人应当听命于管理人的指示，按照管理人的要求进行工作，并如实回答管理人的询问。

对于债务人财产的状况所为调查，管理人应就其结果向法院报告。企业破产法第 25 条规定：管理人调查债务人财产状况，制作财产状况报告。该规定实际上已经将破产程序查明债务人是否具有企业破产法第 2 条规定的"破产原因"的法律事实，交由管理人来完成。这样的制度安排，使得我国的破产程序由法官主导型的程序向当事人自治主导型的程序的转变更加清晰。受理破产申请的法院没有义务"亲自"调查债务人财产的状况，而管理人承担调查债务人财产的状况之法定责任；管理人向法院提交的债务人财产状况的调查报告，不仅为管理人的职务行为，而且构成法院判断债务人是否具有企业破产法第 2 条规定的"破产原因"的直接事实依据。在这个意义上，管理人调查债务人财产的状况的职责，成为企业破产法构建管理人中心主义的制度创新的核心内容之一。

（三）管理和处分债务人财产

管理和处分债务人财产，相对于债务人财产而言，基本上可以划分成两个类型：管理人的事实行为和管理人的法律行为。

管理人的事实行为，应当包括债务人的财产的保管和清理行为、决定债务人的内部管理事务和日常开支等，这些行为对债务人财产的权益关系不产生法律上的效果。管理人作为债务人的接管人，享有保管和清理债务人财产的权利，并负有保管和清理债务人财产的责任。保管和清理债务人财产，事实上有助于维持债务人财产的完整性。

保管债务人财产，属于管理人的日常工作，目的在于防止债务人财产遭受人为或者意外的损失。为保管债务人财产，管理人应当采取积极有效的措施，防止债务人财产流失或者遭受自然灾害损失；管理人疏于保管，包括没有采取必要措施而使债务人财产受损失的，应当负损害赔偿责任。清理债务人财产，是为了更好地保管债务人财产，使管理人在保管过程中做到心中有数，为管理和处分债务人财产做好前期准备工作。为此，管理人要将债务人财产诸项登记造册，记明债务人财产的种类、数量、原价值、估价、坐落地点等。

依照我国的司法实务，管理人接管债务人财产后，债务人的原法定代表人和有关责任人员，必须根据管理人的要求进行工作，协助管理人保管和清

[①] 见企业破产法第 15 条。

理债务人财产，不得擅离职守；管理人并应当组织债务人的留守人员或者聘用必要的工作人员，对债务人的全部财产予以清点、登记造册，以查明债务人的实有财产。① 当然，管理人为保管和清理债务人财产，可以聘任必要的保管和清理人员。

管理人的法律行为，涉及债务人财产的权益关系变动的所有管理和处分行为，主要指管理人依法进行的必要民事活动和辅助活动。破产程序开始后，管理人成为债务人财产的唯一管理和处分机关，为确保债务人财产的增值或者维护债务人财产的现状，管理人有必要进行必要的民事活动。此外，管理人为更好地履行职责，除实施必要的民事行为外，还有必要进行相应的辅助活动，例如诉讼活动、仲裁活动、拍卖活动等，以达较好地实现破产程序管控债务人财产的目的。管理人依法进行其必要的民事活动和辅助活动，均能产生相应的法律上的效果，主要包括以下方面的内容：

第一，继续债务人的营业。管理人接管债务人财产，并没有剥夺债务人对其财产的所有权，只是限制债务人继续管理和处分债务人财产的权利。自破产程序开始之日，除非法院在受理破产申请时许可债务人继续营业，债务人的营业应当停止。② 债务人的营业继续与否，事关债务人财产的价值贬损或者增值，从而直接关系到债权人的利益。在此情形下，是否继续债务人的营业，应当由债权人会议或者债权人会议委托的债权人委员会予以决定。管理人出于债务人营业的需要，经债权人会议同意，可以继续债务人的营业。但是，管理人为债务人财产的继续营业，在第一次债权人会议召开前，应当征得受理破产申请的法院的许可。③ 为债务人营业的继续，管理人可以委任债务人的原经营人员继续营业或者聘用特别经理人员继续债务人的营业。

第二，收受债务人财产。管理人在管理债务人财产的过程中，应当及时行使追回债务人财产的权利，以便收受债务人财产，保持债务人财产的完整和充实。管理人应当特别注意做好三项工作：其一是追回被他人占有的债务

----

① 最高人民法院关于贯彻执行《中华人民共和国企业破产法（试行）》若干问题的意见（1991 年）第 49 条、第 54 条和第 56 条。

② 我国破产立法先前对债务人的营业事项没有作出规定，但最高法院的司法解释认为，人民法院或者清算组认为，确有必要进行生产经营活动的，则清算组可以继续破产企业的营业。见最高人民法院关于贯彻执行《中华人民共和国企业破产法（试行）》若干问题的意见（1991 年）第 43 条。

③ 见企业破产法第 26 条。

人财产，包括及时行使撤销权，要求债务人财产的持有人向管理人交付财产；其二是向债务人的债务人收受债权，要求债务人的债务人向管理人履行债务；其三是要求尚未完全履行出资义务的债务人的出资人，向管理人履行缴纳出资义务。①

第三，决定未履行的双务合同的解除或者继续履行。管理人对于债务人和相对人均未履行完毕的合同，有解除合同或者继续履行合同的选择权。例如，管理人可以解除债务人和对方当事人尚未履行完毕的买卖合同。解除或者继续履行债务人和相对人均未履行完毕的合同，是管理人的法定权利；但是，管理人只能选择行使解除合同或者继续履行合同的权利，合同的相对人也可以催告管理人作出选择。② 管理人有权决定解除债务人和相对人均未履行完毕的合同，但在决定继续履行债务人和相对人均未履行完毕的合同时，应当及时报告债权人委员会。③

第四，承认或者否认债务人财产上的他人权利。别除权、取回权、抵消权、破产费用和共益债务请求权，均为债务人财产上的负担。他人对债务人财产主张别除权、取回权、抵消权、破产费用和共益债务请求权的，在破产程序开始后，只能通过管理人行使权利。例如，企业破产法第 38 条规定，人民法院受理破产申请后，债务人占有的不属于债务人的财产，该财产的权利人可以通过管理人取回；第 40 条规定，债权人在破产申请受理前对债务人负有债务的，可以向管理人主张抵消。对于上述各项权利的行使或者主张，管理人应当依照企业破产法的规定予以承认或者否认。

第五，变价和分配破产财产。破产清算程序的目的在于分配破产财产，以求债权人能够获得公平清偿。为保证清偿时的公正，就必须将所有的破产财产变现为货币，称之为财产的等质化或破产财产的变价。破产财产的变价和分配，为管理人在破产清算程序中的重要职责。管理人应当变价的破产财产，不仅包括非以金钱形式体现的动产、不动产等有形财产，而且包括债权、知识产权、证券权利、营业权利等所有的无形财产。变价破产财产的方式，应当以拍卖为之，但债权人会议的决议另有规定的，依债权人会议的决议办理；依照国家规定不能公开拍卖或者出售的物品，应当依照国家规定的方式予以变价。管理人分配破产财产，应当作成破产财

---

① 见企业破产法第 17 条和第 35 条。
② 见企业破产法第 18 条。
③ 见企业破产法第 69 条。

产分配方案或者破产财产分配表，提交债权人会议讨论通过后予以执行。破产财产的分配应当在变价破产财产后及时进行，并以金钱分配为原则；在实在无法变价而进行金钱分配时，才可以采用实物分配。破产财产的变价和分配方案由管理人提出，经债权人会议讨论未能通过的，管理人应当依法请求人民法院裁定。①

第六，代表债务人参加法律程序。债务人财产涉及诉讼、仲裁或者其他法律程序的，由管理人代表债务人参加诉讼、仲裁或者其他法律程序。在破产程序开始前，对债务人已经开始的诉讼或者仲裁，管理人接管债务人财产后，由管理人承担继续诉讼或者仲裁的责任；在破产程序开始后，管理人为追回被他人占有的债务人财产，或者为行使债务人的债权等权利，得以自己的名义启动诉讼、仲裁或者相关的法律程序。因为管理人否认他人的债权等权益主张，他人得以管理人为被告启动诉讼、仲裁或者相应的法律程序，管理人则以当事人地位参加有关法律程序。

第七，聘任必要的工作人员。管理人为管理和处分债务人财产的需要，可以根据破产事务的复杂程度，聘任必要的工作人员，并向其支付应得的报酬。企业破产法第 28 条规定，管理人经人民法院许可，可以聘任必要的工作人员。例如，管理人可以根据需要聘任会计师、律师、资产评估人等专业人员作为工作人员。管理人聘任必要的工作人员的费用，构成破产费用，但应当报债权人会议审查。②

（四）提议召开债权人会议

管理人有权提议召开债权人会议。管理人提议召开债权人会议的，并不以债权人会议的召开有必要为条件，只要管理人有召开债权人会议的提议，就应当召开债权人会议。企业破产法第 62 条规定："……以后的债权人会议，在人民法院认为必要时，或者管理人……向债权人会议主席提议时召开。"

（五）接受债权人的监督

事实上，除企业破产法规定应当由法院裁定或者决定的事项外，管理人依法独立执行职务受债权人会议或者债权人委员会的监督。企业破产法第 23 条规定："管理人依照本法规定执行职务，向人民法院报告工作，并接受债权人会议和债权人委员会的监督。管理人应当列席债权人会议，向债权人

---

① 见企业破产法第 65 条。
② 见企业破产法第 41 条和第 61 条。

会议报告职务执行情况，并回答询问。"这就是说，在破产程序进行中，应当坚持管理人中心主义，但又必须强调债权人的自治，以充分保护债权人的团体利益。

依照企业破产法的相关规定，管理人应当列席债权人会议，回答债权人的提问，向债权人会议或者债权人委员会汇报工作，以接受债权人的监督。债权人会议选任债权人委员会的，管理人必须接受债权人委员会的日常监督。管理人为债务人财产的管理和处分、破产财产的变价和分配的，应当向债权人会议提交方案，并经债权人会议讨论决定。特别是，管理人为债务人的继续营业、不动产物权或者无形财产权利的让与、全部库存商品的转让、债权和有价证券的转让、借款或者设定财产担保、取回担保财产、放弃权利、履行债务人和相对人均未履行完毕的合同等对债权人利益有重大影响的行为时，必须及时报告债权人委员会。[①]

五、管理人中心主义的局限性及其克服

企业破产法就破产程序中的管理人中心主义作出了如上的规定，并基本奠定了管理人中心主义的运作基础。但是，因为法律制度设计的原则性和现实生活之间的复杂性的矛盾仍然存在，管理人中心主义仍然存在这样或那样的局限性，需要我国法院在实践中逐步克服。

总体而言，我国司法实务应当着力于克服的企业破产法规定的管理人中心主义的局限性，主要表现在以下四个方面。

（一）管理人的选任和解任标准的客观化问题

管理人由人民法院指定，但人民法院如何把握指定"清算组"、专业的社会中介机构或者个人担任管理人[②]的客观标准，本身就是一个颇具争议的问题。于是，企业破产法第 22 条第 3 款才规定："指定管理人……的办法，由最高人民法院规定。"最高人民法院已经就管理人的产生办法发布相应的司法解释，并建构了管理人名册制度，以期确保管理人指定和更换的公平与公正性，无疑具有十分重要的意义。但是，最高人民法院《关于审理企业破产案件指定管理人的规定》受多种因素的限制，带有临时性和极强的地域性特点，而且管理人名册由不同层级的法院编制，并呈现出限制个人管理人在破产程序中的应有作用的价值倾向，是否能够完全体现企业破产法设计

---

① 见企业破产法第 69 条。
② 企业破产法第 24 条。

的管理人中心主义制度的专业化和市场化目标，仍然值得司法实践慎重对待。再者，"债权人会议认为管理人不能依法、公正执行职务或者有其他不能胜任职务情形的，可以申请人民法院予以更换"①，但法院对于债权人会议"申请人民法院更换管理人"的决议②是否还要进行事实判断或者对什么样的事实进行判断，也是值得争议的问题；尤其是，最高人民法院《关于审理企业破产案件指定管理人的规定》有关管理人更换的"标准"的规定，并不能够涵盖企业破产法第 22 条所指更换管理人的所有情形，更加值得法院在司法实践中不断总结经验。

（二）管理人和法院、债权人会议（债权人委员会）之间的关系问题

管理人和法院、债权人会议（债权人委员会）之间的关系仍然存在一些法律制度设计上的空白。例如，管理人为法院指定管理债务人财产的"人"，既非法院的"工作人员"，亦非债务人的"代表"，其究竟应当如何"向人民法院报告工作"，企业破产法并没有提供切实可行的解决方案；管理人向人民法院报告工作，是否意味着人民法院应当对管理人的职务行为承担"责任"，亦是不小的问题。再如，管理人受债权人会议（债权人委员会）监督，但企业破产法对于债权人会议（债权人委员会）监督管理人的具体方式或者效果并没有予以较为明确的规定（如企业破产法第 61 条和第 69 条），致使债权人会议（债权人委员会）对管理人的监督可能流于形式而削弱其应有的实质价值。管理人和债权人会议（债权人委员会）之间的关系不清楚，直接后果是债权人无法实现对管理人的监督。尤其是，因为管理人和债权人会议（债权人委员会）之间的关系不清楚，当管理人拒绝债权人会议或者债权人委员会的"监督"时，管理人的行为究竟是否属于"违反本法规定拒绝接受监督的"情形，更缺乏企业破产法上的正当判断理由，概由法院"就监督事项……作出决定"，③ 是否符合企业破产法极力倡导之当事人自治主导型破产程序的制度选择，亦值得深入讨论。

（三）管理人为数人时的相互关系问题

除企业破产法第 24 条规定之"清算组"为管理人以及法院指定一人为管理人之外，均会发生数个管理人执行职务的问题。当管理人为数人时，各管理人如何执行职务，企业破产法并没有相应的规定。破产立法例一般规

---

① 企业破产法第 22 条。
② 企业破产法第 61 条。
③ 见企业破产法第 16 条。

定，管理人为数人时，以管理人共同执行职务为原则。所谓共同执行职务，指各管理人在执行职务活动中互为代表，独自执行职务无须取得其他管理人的同意。依照企业破产法的规定，人民法院指定的管理人，取得以自己的名义独立执行职务的地位。在此体制下，管理人为数人时，应当以共同执行职务为原则；如果管理人之间有约定并经人民法院许可，可以分别执行职务。与此相适应，当管理人为数人时，各管理人应当对债务人财产的管理承担连带责任。

（四）重整程序中的管理人的职责问题

企业破产法第 73 条规定有管理人监督下的债务人自行管理财产和营业事务的制度。在债务人自行管理财产和营业事务的情形下，管理人不得行使企业破产法规定之应当由管理人行使的职权，企业破产法规定的管理人的职权由债务人行使。但是，管理人如何监督债务人自行管理财产和营业事务，企业破产法并没有有关监督措施、手段或者效果的任何规定，管理人的监督地位颇令人怀疑。① 再者，依照企业破产法第 90 条的规定，重整计划由债务人负责执行，管理人在重整计划规定的监督期内，监督重整计划的执行，但是，除债务人应当向管理人报告重整计划执行情况和企业财务状况外，管理人是否还有其他的监督手段、措施或者相应的监督效果可以利用，亦缺乏相应的规定。最后，依照企业破产法第 86 条和第 87 条的规定，人民法院批准重整计划的，应当裁定终止重整程序；管理人在重整程序终结后仍然监督重整计划的执行，究竟处于何种法律地位，也是值得讨论的。

第四节　破产程序中的债权人自治

一、破产立法上的债权人自治

破产程序中的债权人自治，就是为多数债权人参加破产程序、平等行使权利而设立的制度。债权人自治，是指全体债权人组成债权人会议或者选任其代表，对破产程序进行中的有关重大事项，发表意见并作出决定，以监督

---

① 重整程序中自行管理财产和营业的债务人，应当受债权人会议（债权人委员会）的监督，但企业破产法对此并没有明确规定。自行管理财产和营业的债务人，在重整程序中受管理人和债权人会议（债权人委员会）的双重监督，增加重整交易的成本，特别值得讨论。有关债权人监督重整程序中的债务人问题，见本章后述内容。

管理人正当履行其职责。①

　　从历史上观察，古典的民事执行制度实行执行优先主义，即先获得执行名义的债权人，对债务人的财产取得优先受偿的权利或者机会。这种原则有悖于债权平等原则，于债务人不能清偿债务时，难以协调多数债权人间的利害冲突；况且，还由于存在各债权人争先恐后地对债务人的财产采取措施的可能，不仅妨碍债权人行使请求权，而且有悖于社会文明和秩序。正是为了避免多数债权人行使请求权发生混乱、尽量协调债务人和债权人以及债权人相互间的利害冲突，才有选择破产程序制度的必要。② 所以，破产程序是针对多数债权人行使请求权的有序和公平而设计的程序制度。

　　但我们也应当注意到，在破产程序中，意思自治在两个层面上展开：个体意思和团体意思。个体意思使得破产程序具有进行的基础；而团体意思则维系着破产程序的公平。

　　破产程序中的个体意思，通过破产申请和债权申报等制度予以体现。破产程序要贯彻破产申请和债权申报的自愿原则，无利害关系人的申请，不得开始破产程序；破产程序开始后，无债权人申报债权的行为，破产程序无法进行。故破产申请和债权申报构成破产程序得以进行的基础。但是，破产程序中的个人意思自治，并不具有绝对的意义。个人意思不得滥用；甚至，个人意思在有些场合为法律所排斥。在理论上，破产程序的开始以破产申请为必要。债务人可以申请法院宣告自己破产。但若债务人为法人，不能清偿到期债务的，法人的信用基础发生危机，这时，为了防止债务的进一步膨胀，保护多数债权人的利益，法人的代表应向法院申请破产。与申请破产相对应的问题是，若无债务人或债权人的破产申请，法院可否依职权开始破产程序？企业破产法（试行）没有规定、司法实务暂时不承认人民法院可以不根据当事人的申请而直接依职权开始破产程序。但是，我们如果考虑到，破产并非债务人与个别债权人之间的私事，它涉及众多债权人的公平受偿利益，从而涉及社会公共利益，作为国家公权力机关的法院，有必要在适当的时候进行适度的干预。所以，这是个人意思服从法律安排的体现。再者，破产申请提出后，申请人基于其个人意思请求撤回申请的，因破产程序关乎多数债权人的利益，本非专一保护申请人的利益，故是否准许撤回申请，由法

---

① 见邹海林、王仲兴：《论破产程序中的债权人自治》，《民商法论丛》第 2 卷，法律出版社 1994 年版，第 157 页。

② 陈荣宗：《民事程序法与诉讼标的理论》，台湾国立大学法律系 1988 年版，第 144 页。

院依照破产申请的具体情况，自由裁量。因此，破产程序中的个人意思，其自治的范围依从于对多数债权人的利益保护的需要。

在破产程序中，起到至关重要的作用的意思自治，为债权人团体意思的自治。破产程序中的债权人团体意思的自治，有着悠久的历史。近现代破产立法的主流意识及其实务，是日益强化国家公权力对破产程序的参与程度，使债权人的本位利益不能不受影响，债权人在破产程序中的地位当然已不如昔日那样优越。在这样的意义上说，债权人自治则是在公力救助范围内的自治，法院对债权人自治的活动拥有最终裁决的权力。[①]

不同的国家或者地区的历史文化背景，决定了破产立法例对债权人自治的态度差异，具体表现为债权人自治的形式有所不同。近现代破产立法例将债权人在破产程序中的自治设定为两种形式：债权人会议制度和债权人委员会制度。只不过债权人委员会在不同的立法例上，地位或者称谓还是有所不同的。例如，德国、意大利、法国、泰国的破产立法，称为债权人委员会；英国、美国、加拿大、新西兰、澳大利亚等国的破产立法，称为检查委员会；日本、韩国等国称为监察委员或者监察人；我国台湾地区称为监察人。

债权人会议制度在我国的破产立法上，似乎是因为现实惯性而获得延续的。1986年，我国颁布企业破产法（试行）。该法仅仅规定有债权人会议，而债权人会议作为债权人利益在破产程序中的代表机构，受到立法和司法实务的尊重；该法规定的债权人会议由全体债权人组成，并对债权的调查、和解协议的议决、债务人财产的管理、变价和分配享有较为广泛的权力，较为鲜明地体现了破产程序中的债权人自治理念。1991年民事诉讼法第19章仍然肯定债权人会议在破产程序中的地位。但企业破产法（试行）以及1991年民事诉讼法第19章企业法人破产还债程序均没有规定债权人委员会制度，故在我国的破产立法上不可能存在债权人委员会制度。[②] 债权人会议在破产程序中具有独立的地位，并没有受到来自理论和司法实务界的批评，似乎表明了债权人会议作为债权人自治的形式的妥当性与合理性。在企业破产法的起草过程中，人们并没有对债权人会议的自治形式提出任何怀疑。企业破产法选择债权人会议制度作为债权人自治的基本形式，很难说是经过理性选择形成的制度。[③]

---

① 邹海林：《破产程序和破产法实体制度比较研究》，法律出版社1995年版，第129页。

② 我国破产立法对于破产程序中的债权人自治，长期以来仅仅规定了债权人会议制度，未规定债权人委员会制度，司法实务自然也不宜承认债权人委员会的债权人自治地位。

③ 见邹海林：《中国大陆企业破产法上的债权人自治》，《月旦民商法杂志》第14期，2006年。

债权人会议在破产程序中具有相对独立的地位，为债权人参加破产程序表达意愿的基本形式。但是，债权人会议由全体债权人组成，人数众多，对破产程序难以实施日常监督，若经常召集债权人会议，也不利于破产程序的节俭和简化。况且，债权人会议不是债权人全体的常设机关，特别是债权人会议休会期间，无法对破产程序进行中的具体事务实施监督。在我国的司法实务上，曾经通过设立债权人会议的常设机构——债权人会议主席委员会，该委员会由债权人会议表决候选人，并由法院宣布指定成立；债权人主席委员会在破产程序中行使日常监督权，负责监督"清算组"的工作，向债权人会议汇报清算工作情况，筹备和主持债权人会议。[①] 最高法院司法解释认为："债权人会议主席由人民法院在有表决权的债权人中指定。必要时，人民法院可以指定多名债权人会议主席，成立债权人会议主席委员会。"[②] 债权人会议主席委员会在一定程度上可以起到代表债权人会议监督破产程序的作用，但其毕竟不同于债权人委员会。从债权人自治的实际需要出发，以使债权人自治贯串于破产程序进行的各阶段，企业破产法规定有债权人会议和自治职能有限的债权人委员会制度。[③]

企业破产法将债权人自治的形式规定为债权人会议和债权人委员会，与破产立法例上的债权人自治制度并无本质的不同。但是，我国毕竟有其特殊的社会、经济和法律背景，企业破产法并规定有重整程序、和解程序及清算程序三个相对独立的破产程序，债权人自治的空间和制度运行还是有其特点的。债权人自治作为破产程序的标志性要素，始终会贯穿于破产程序的各个环节。企业破产法较为清晰地彰显了这样的理念：破产程序为债权人自治主导型的债务清理程序。

二、债权人自治的基本形式

企业破产法将债权人会议作为债权人自治的基本形式。在债权人会议的自治形式下，债权人会议有权决定是否设置债权人委员会。

债权人会议的性质决定着债权人会议的地位。但是，债权人会议究竟是

---

① 吕伯涛主编：《公正树丰碑——审理广东国投破产案始末》，人民法院出版社 2005 年版，第59 页下。

② 最高人民法院《关于审理企业破产案件若干问题的规定》第 39 条第 2 款。

③ 企业破产法第 63 条似乎规定有职能较为广泛的债权人委员会制度，但第 64 条仅仅规定管理人向债权人委员会报告的制度，并没有赋予债权人委员会任何决定权，故债权人委员会的自治职能事实上十分有限。

债权人全体的临时性组织，还是债权人团体的机关组织，在理论和实务上存在争议。

有学者认为，债权人在破产程序中有共同的利益，有必要组成债权人会议；但是，债权人会议并非权利主体或者非法人主体，不具有诉讼能力，从而在破产程序中当然也不具有独立的地位。债权人会议是法院认为必要时临时召集成立的集会。[①] 我国也有部分学者认为，债权人会议只是"破产案件处理过程中集中体现债权人意志的临时性组织形式"。[②] 还有学者认为，并非所有的破产案件都应当设债权人会议，当参加破产程序的债权人较少时，没有必要成立债权人会议。[③]

事实上，在那些破产程序不设债权人会议的国家，例如，法国、埃及、比利时、意大利等国，债权人会议是否组成或者召集，则完全取决于法院在破产案件处理过程中的需要。法院认为有必要召开债权人会议时，才会临时召集债权人会议以决定有关债权人切身利益的问题。于此情形，债权人会议确为债权人参加破产程序的临时性集会。

另有学者认为，债权人在破产程序进行中有一致的基本利益、共同的利害关系，债权人对于是否同意和解、对于债务人财产的增加或者减少、破产费用的增加或者拨付、债务人财产的变价或者分配等事项，表达共同利益的唯一方式，是组成和召开债权人会议；何况，债权人会议还是债权人参加破产程序表达意愿的法定机构。因此，债权人会议是债权人团体的机关组织。日本学者多采取这种立场。

笔者认为，债权人会议不是债权人参加破产程序的临时性集会，而是债权人团体在破产程序中取得独立地位的意思表示机关，理由主要有两点：

第一，债权人会议，是债权人参加破产程序表达其意思、行使权利的基本形式。企业破产法对债权人会议的组成、召集、职权范围及其决议的执行等事项，都作了专门规定，充分肯定债权人会议在破产程序进行中的不可或缺的地位。债权人在破产程序中有权成立债权人会议作为其表达共同意志的机关，而且应当成立债权人会议。只要有破产程序的开始，不论债权人人数多寡，均应当组成债权人会议；债权人会议为破产程序中必须设置的法定机构。

第二，债权人会议，在破产程序中有独立的意思表示能力。债权人会议

---

① 陈荣宗：《破产法》，台湾：三民书局1986年版，第170页。
② 曹思源：《企业破产法指南》，经济管理出版社1988年版，第90页。
③ 张卫平：《破产程序导论》，中国政法大学出版社1993年版，第108页。

不是民法上的权利主体或者非法人团体，不能从事民事活动；债权人会议也不具有诉讼法上的诉讼能力，不构成民事诉讼法所规定可以起诉或者被诉的其他非法人组织。但是，债权人会议依破产法的规定，在破产程序中有独立的意思表示能力，相对于债务人（破产人）而言，它是成立和解的一方当事人，又是决定债务人财产的管理、变价和分配的职能机构；相对于管理人而言，它是独立实施监督的专门机构；相对于法院而言，它是债权人表达意愿的自治共同体。债权人会议在民法和民事诉讼法上的无能力，不足以说明其在破产程序上的无能力。实际上，债权人会议在破产程序上所取得其独立意思表示能力，源于破产法的创制，债权人会议在破产程序中所为职权范围内的一切活动，充分反映了其在破产程序上的独立地位。

理论上，债权人会议是全体债权人的意思表示机关。那么，不论债权人是否依法申报债权，均应当为债权人会议成员。但是，债权人会议是债权人参加破产程序、行使权利的基本形式，不能依破产程序行使权利的债权人，自然难以组成债权人会议。债权人会议的成员应当以依法申报债权者为限。① 债权人会议的成员，有出席债权人会议、对债权人会议讨论的议题发表意见、表决（除不能行使表决权者以外），以及请求召开债权人会议的权利。债权人会议的成员并不一定都享有表决权。债权人会议成员可以分为有表决权的债权人和无表决权的债权人两类。

有表决权的债权人，是指对债权人会议议决的事项有支持或者否认权利的债权人，主要包括依法申报债权的且其债权确定的债权人，包括但不限于无财产担保的债权人、放弃优先受偿权利的有财产担保的债权人、未能就担保物受足额清偿的有财产担保的债权人、已代替债务人清偿债务的保证人或者连带债务人，以及其他可依破产程序行使权利的债权人。至于其他可依破产程序行使权利的债权人，依具体情况加以确定。例如，债务人的保证人或者连带债务人，在代替债务人清偿债务前，对债务人享有将来求偿权，此项求偿权可否对债务人行使，取决于债权人是否已经以债权全额对债务人主张权利；债权人未主张权利的，将来求偿权人可对债务人行使权利，在债权人会议上有表决权。② 以上各种类型的债权人，若债权额不确定或者有异议，

---

① 最高人民法院《关于审理企业破产案件若干问题的规定》第39条规定："债权人会议由申报债权的债权人组成。"

② 最高人民法院法（经）发［1991］35号第61项（2）规定："保证人在申报债权的期限届满以前得知债权人不参加破产程序的情事后，可以其保证的债务数额作为破产债权申报并参加分配。"该司法解释在一定程度上反映着相同的精神。

由法院裁定临时确定或管理人临时确定债权额后，可以行使表决权。

无表决权的债权人，是指那些有权出席债权人会议、发表意见，但对债权人会议所讨论的事项没有决定权的债权人。一般而言，无表决权的债权人可以分为以下三种：（1）债权尚未确定的债权人。对于债权额未确定的债权、附停止条件的债权、将来求偿权、债权人或者管理人有异议的债权，债权人均不能参加债权人会议行使表决权；但是，法院根据情况确定其可以行使的债权额时，该债权人则可以行使表决权。[1]（2）有财产担保的债权人。为了防止或者避免有财产担保的债权人以优先受偿权利为优势、在行使表决权时作有害于无财产担保的债权人的意思表示，立法例限制其行使表决权。有财产担保的债权人在破产程序中对债权人会议议决和解协议和债务人财产分配方案，不享有表决权。[2]（3）对债权人会议的决议有特别利害关系的债权人。对债权人会议的决议有特别利害关系的债权人，不宜行使表决权。例如，日本破产法第179条第2款规定：对债权人会议的决议有特别利害关系者，不得就该决议行使其表决权。但是，若破产立法对此没有明确规定的，是否应当限制有特别利害关系的债权人行使表决权，学者间有不同意见。[3]例如，债权人会议以决议选任债权人委员会的，债权人被推举为候选人，该债权人可否行使表决权？这就是问题。

在破产程序进行中，除第一次债权人会议应当依照法律的规定召开外，依照法律规定或者有涉及债权人团体的切身利益，而有召开债权人会议加以讨论和决定的必要时，应当召开债权人会议。在召开债权人会议时，与破产程序有一定利害关系的非债权人会议的成员，可以或者应当列席债权人会议。例如，破产取回权人，可以列席债权人会议。此外，债务人有义务列席债权人会议，并就债权人的询问作出如实回答。债务人无故不列席债权人会议，或者对债权人的询问不作回答或者作虚伪回答，法院得对其采取强制措施。法院受理破产案件后指定的管理人，应当列席债权人会议，就有关债务人财产的事项等，回答债权人的提问。

三、债权人自治的空间

债权人自治的基本形式为债权人会议。债权人自治的空间预示着债权人

---

①　见企业破产法第59条第2款。

②　见企业破产法第59条第3款。

③　陈计男：《破产法论》，台湾：三民书局1986年版，第112页；陈荣宗：《破产法》，台湾：三民书局1986年版，第174—175页。

会议的职责范围。债权人会议是全体债权人的意思表示机关，代表了债权人的团体利益。在破产程序中，债权人通过债权人会议或者债权人委员会依法可以决定的事项，为债权人自治的空间。债权人无论通过债权人会议还是债权人委员会实现自治，都只能在法律规定的活动范围内进行。

企业破产法第 61 条规定："债权人会议行使下列职权：（一）核查债权；（二）申请人民法院更换管理人，审查管理人的费用和报酬；（三）监督管理人；（四）选任和更换债权人委员会成员；（五）决定继续或者停止债务人的营业；（六）通过重整计划；（七）通过和解协议；（八）通过债务人财产的管理方案；（九）通过破产财产的变价方案；（十）通过破产财产的分配方案；（十一）人民法院认为应当由债权人会议行使的其他职权。"企业破产法的上述规定，相对于我国 1986 年颁布的企业破产法（试行）有关债权人会议职权的规定①更加具体可行。

企业破产法的规定较为清晰地描述了债权人会议调查债权的职能，债权人会议不再具有无法而且难以完成的"确认债权"的职能，并增加规定债权人会议监督管理人、议决重整计划等本属债权人自治范畴的职能。② 应当注意的是，企业破产法第 61 条以"法院认为应当由债权人会议行使的其他职权"，对破产程序中的债权人自治"预留"了更大的空间，表明债权人自治的空间不单纯取决于企业破产法的规定，还可基于法院的自由裁量权而扩展债权人自治的空间。以下仅就债权人自治的三个方面的问题，予以特别的说明。

（一）关于调查债权

调查债权被企业破产法规定为债权人会议的首要职权。债权申报后，法院应当召集第一次债权人会议就申报的债权予以调查；对于补充申报的债权，若有必要，亦应当召开债权人会议进行调查。债权人会议调查有关债权的证明材料，有助于澄清事实，并促使债权人、债务人、管理人及时对有关债权的证明材料发表意见，做到确认债权以事实为根据。债权的调查程序，

---

① 企业破产法（试行）第 15 条规定：债权人会议有权（1）审查有关债权的证明材料；确认债权有无财产担保及其数额；（2）讨论通过和解协议草案；（3）讨论通过债务人财产的处理和分配方案。此外，该法还规定债权人会议有权监督和解（整顿）的进行，该法第 20 条和第 21 条又分别规定了债权人会议定期听取债务人破产整顿报告、申请终结破产整顿的权力。我国司法实务还承认债权人会议监督管理人的活动的权力。

② 有不少破产立法例赋予债权人会议的职权范围更加广泛，债权人会议不仅有权决定债务人应否被宣告破产清算，而且还有权选任管理人。

构成债权确认的基础保障。

债权人会议调查债权，是指在债权人会议上，所有的申报债权的证明材料必须向全体债权人出示，供各债权人阅览，由出席会议的债权人对已经申报的债权的成立与否、数额多寡以及有担保的债权的顺位先后等的证明材料的真实性提出异议，或者发表意见，并询问债权的申报者；列席债权人会议的管理人、债务人亦有权就债权人会议调查的债权发表意见。可见，债权人会议调查债权，实际为异议债权的活动。[①] 因此，债权人会议对债权进行调查，只对债权事实予以判断，对债权的成立与否、性质、数额提出异议，不产生确认债权的效果，即经债权人会议调查无异议的债权，须取得管理人和法院认可，记入债权表，方才确定而具有执行效力。

企业破产法所规定的债权人会议调查债权的职能，并不含有债权人会议"确认债权"的意思。这与我国1986年企业破产法（试行）所持立场完全不同。企业破产法（试行）第15条规定，债权人会议有权审查有关债权的证明材料；确认债权有无财产担保及其数额。有学者认为，由于债权总额涉及各债权人的分配利益，同时债权有无担保以及担保债权额的多少也直接关系到各债权人的利益，所以，债权人会议有必要对债权人申报的债权予以审查，并确认其债权额和有无财产担保。[②] 另有学者分析企业破产法（试行）第15条规定债权人会议审查和确认债权的原因时，认为我国破产立法实行破产程序受理开始主义，申报债权时，清算组尚未成立，不可能由清算组来审查确认债权；我国未设专门的破产法庭，破产案件由人民法院经济审判庭处理，概由法庭审查确认债权，会加重法院审理案件的负担，不利于破产程序的迅速、顺利进行。[③]

但我们应当注意到的是，在债权确认前，债权人无法行使表决权，无法行使表决权，也就无法通过决议确认债权。这就是说，债权人会议确认债权

---

①　调查债权为债权人会议的首要职能。在企业破产法的起草过程中，全国人大财经委员会起草的数个破产法草案以及《中华人民共和国企业破产法（草案）》（二次审议稿）均使用"调查债权"来描述债权人会议讨论、异议申报债权的职能。但是，《中华人民共和国企业破产法（草案）》（三次审议稿）却将"调查债权"改成了"核查债权"，但并没有对此修改作出说明。笔者以为，企业破产法使用"核查债权"一词来描述债权人会议讨论、异议申报债权的职能，与原先数个草案使用的"调查债权"一词，并无本质上的区别。

②　柴发邦主编：《破产法教程》，法律出版社1990年版，第91页。

③　柯善芳、潘志恒：《破产法概论》，广东高等教育出版社1988年版，第129页。

同债权人会议的表决制度不能相互协调而发生冲突。① 我国司法实务也充分注意到，企业破产法（试行）第 15 条所规定的债权人会议审查确认债权，与该法第 13 条所规定的债权人会议成员的认定，也是矛盾的。② 其二，在我国的司法实务上，债权人会议确认的债权，不应当具有执行力，任何债权人对于其确认的债权有异议，都将由人民法院审查后予以裁定。③ 事实上，债权人会议确认债权的效果，仍然停留在债权调查阶段，债权的最终确认取决于人民法院的裁定。所以，企业破产法对债权人会议调查债权的职能之明文规定，是符合债权人自治的性质的。在债权人会议上进行的债权调查，构成管理人职权调查、取证而确认债权的必要辅助。

（二）关于监督管理人

企业破产法规定债权人会议和债权人委员会均有监督管理人的职能，但监督管理人的内容并没有法律的明文规定，监督管理人是否表明债权人会议的地位在破产程序中高于管理人呢？依照企业破产法的规定，管理人中心主义几乎决定着破产程序的命运，整个破产程序无不围绕管理人的活动而展开，而作为当事人自治的制度之一，管理人中心主义并没有赋予管理人在破产程序中不受限制的地位，那么作为当事人自治的另一项制度，就有必要充分发挥制约管理人的活动的效用。原则上，企业破产法并没有就管理人和债权人会议在破产程序中分出层次高下，但在涉及有关债务人财产的管理和营业时，采取的基本立场则是由债权人会议决定的立场。除企业破产法规定专属于管理人的职责事项外，债权人会议监督管理人，无异于管理人应当服从债权人会议的意思。

正是在这个意义上，围绕企业破产法所规定之管理人中心主义，债权人会议监督管理人的内容在理论上解释将十分广泛，包括但不限于：（1）以决议的方式限定管理人管理和处分债务人财产的方法；（2）审查管理人为债务人财产的管理、清理、估价、处分、营业等具体事务的报告；（3）评议管理人执行债权人会议决议的状况；（4）发现并要求管理人纠正其有损

---

① 邹海林、王仲兴：《论破产程序中的债权人自治》，《民商法论丛》（第 2 卷），法律出版社 1994 年版，第 186 页。

② 见吕伯涛主编：《公正树丰碑——审理广东国投破产案始末》，人民法院出版社 2005 年版，第 86 页。

③ 最高人民法院法（经）发［1991］35 号第 30 项规定："行使表决权的债权人所代表的债权额，按债权人会议确定的债权额计算。对债权人会议确定的债权额有争议的，由人民法院审查后裁定，并按裁定所确认的债权额计算。"

于债权人利益的行为；（4）询问管理人，并要求管理人列席债权人会议报告工作；（5）审查并决定管理人的报酬①和应当支付的费用；（6）申请法院更换管理人等。②

企业破产法有关债权人会议监督管理人的规定，因为法律规范在制度设计上的不周全，难免形成债权人会议监督管理人的"真空"状态。例如，债权人会议有权决定债务人财产的管理方案，并应当就其表决通过的债务人财产管理方案作成决议；但是，有关债权人会议的此项决议，管理人是否应当无条件地予以执行，企业破产法并没有任何规定；若管理人认为债权人会议的决议不当，其是否有权申请法院撤销债权人会议的决议，亦没有法律上的依据。③ 实际上，企业破产法有关债权人会议监督管理人的规定，并没有给出债权人自治的"监督管理人"的内容方面的具有实质意义的指引。

尤其是，企业破产法更没有彻底解决债权人自治与选任（撤换）管理人的问题，债权人会议仅仅具有申请法院更换管理人的权力，而不能决定选任或撤换管理人。管理人中心主义容易导致对债权人利益的漠视，只有将管理人中心主义限定于债权人自治的范畴，才更容易实现破产程序的宗旨。管理人归根结底是为债权人（和债务人）服务的，法院指定管理人，并不妨碍债权人会议选任管理人。故债权人会议决议选任管理人，应当为债权人自治的内容之一。④ 企业破产法若考虑赋予债权人会议决议选任或更换管理人的职能，不仅可以明确债权人会议和管理人之间的地位差异，使得债权人会议审查并决定管理人的报酬更加合理，而且会更加鲜明地体现出企业破产法规定的程序作为当事人自治主导型破产程序的制度理念。

（三）关于议决债务人财产的管理

债务人财产的管理，为管理人的职务行为，但管理人为债务人财产的管理，应当服从于债权人自治的意思。在破产立法例上，债权人会议有权决定债务人财产的管理及其管理方法。例如，依韩国破产法第 167 条和第 187

---

① 依照企业破产法第 28 条第 2 款和第 61 条第 1 款（二）项之规定，管理人的报酬由法院确定是否排除了债权人会议对管理人报酬的决定权，还是存在议论的空间的。管理人的报酬应当由债权人会议审查和决定，正好能够成为法院"确定"管理人的报酬之依据。

② 见邹海林：《中国大陆企业破产法上的债权人自治》，《月旦民商法杂志》第 14 期，2006年。

③ 见企业破产法第 61 条和第 64 条。

④ 见邹海林：《我国新破产法（草案）与债权人自治》，《法学家》2005 年第 2 期。

条，债权人会议有权议决下列事项：不动产物权的让与、矿业权等特许权的出卖、营业转让、变卖全部商品、出借财产、动产的任意出卖、债权和有价证券的转让、双务合同的履行、提起诉讼或者和解、放弃权利、承认财团债权、取回权和别除权以及收回别除权标的物等。我国台湾地区破产法第120条规定，债权人会议得议决"破产财团之管理方法"、"破产人营业之继续或停止"。

有关债务人财产的管理所确立的原则是，债务人财产的管理人应当接受债权人会议的监督，债权人会议就其管理、利用、变价和分配的行为之合法性、公正性、适当性予以监督。为此目的，企业破产法第61条原则规定：债权人会议通过"债务人财产的管理方案"、"决定继续或停止债务人的营业"。

有关债务人财产的管理原则、管理之具体方法，债务人企业是否继续营业，债权人会议均有权作出决定。债务人财产的管理，包括非以破产分配为目的的处分债务人财产的所有行为，尤其包括企业破产法第69条所列管理人处分债务人财产的行为：涉及土地、房屋等不动产权益的转让；探矿权、采矿权、知识产权等财产权的转让；全部库存或者营业的转让；借款；设定财产担保；债权和有价证券的转让；履行债务人和对方当事人均未履行完毕的合同；放弃权利；担保物的取回，以及对债权人利益有重大影响的其他财产处分行为。

有关债务人财产的管理，债权人会议作出决议的，管理人应当执行债权人会议的决议。但是，在第一次债权人会议召开之前，有关债务人财产的重大管理活动，或者决定继续债务人的营业的，管理人应当经受理破产申请的法院许可。① 同时考虑到，第一次债权人会议有可能对债务人财产的管理、债务人是否继续营业无法形成决议，则在债权人会议就相关事项作出决议前，管理人应当经受理破产申请的法院许可，方可为有关债务人财产的重大管理活动，或者继续债务人的营业。

四、债权人自治的方式

债权人会议在职权范围内如何实现自治的目标，从而约束所有的债权人，必须要有法定的自治方式。债权人会议经讨论形成决议，为债权人会议的法定自治方式。债权人会议决议，是指债权人会议在职权范围内，对会议

---

① 见企业破产法第26条。

议题进行讨论，由出席会议的有表决权的债权人通过表决所形成的意见或者决定。

债权人会议形成决议，应当符合以下两个条件：

第一，债权人会议决议的内容，限于债权人自治的范围。债权人会议在职权范围以外，不能通过决议；债权人会议超出债权人自治的范围，表决通过的决议不具有任何法律效力。例如，依企业破产法的规定，管理人由法院指定产生，若债权人会议以决议选任管理人，则其选任管理人的决议不产生效力。

第二，债权人会议决议的形成，应当经过表决。债权人会议在职权范围内通过决议，应当经出席会议的有表决权的债权人表决；未经表决或者表决程序不合法，均不得形成债权人会议决议。债权人会议决议的表决，是指出席会议的有表决权的债权人依照法定的方式对会议议题所为同意或者不同意的意思表示。

原则上，债权人会议讨论自治范围内的事项，应当表决并作出决议。但是，债权人会议调查债权时，则没有必要作出决议。① 依照企业破产法的规定，债权人会议的决议，原则上以简单多数表决通过为必要，即使个别债权人有异议，决议同样产生约束力。但是，对于债权人会议调查债权时产生的异议，哪怕异议仅仅来源于债务人或者个别债权人，也不能以债权人会议决议的方式解决争议，而应当以确认之诉的方式解决争议。② 因此，第一次债权人会议调查债权的，不应当通过表决作成决议。

企业破产法以一般决议和特殊决议为基础，分别规定有债权人会议不同的表决机制。对于债权人会议的一般决议，企业破产法第 64 条第 1 款规定："债权人会议的决议，由出席会议的有表决权的债权人过半数通过，并且其所代表的债权额占无财产担保债权总额的二分之一以上。但是，本法另有规定的除外。"对于通过重整计划的决议，企业破产法第 84 条第 2 款规定："出席会议的同一表决组的债权人过半数同意重整计划草案，并且其所代表的债权额占该组债权总额的三分之二以上的，即为该组通过重整计划草案。"对于通过和解协议的决议，企业破产法第 97 条规定："债权人会议通过和解协议的决议，由出席会议的有表决权的债权人过半数同意，并且其所

---

① 见邹海林：《我国新破产法（草案）与债权人自治》，《法学家》2005 年第 2 期。

② 企业破产法第 58 条规定："债务人、债权人对债权表记载的债权有异议的，可以向受理破产申请的人民法院提起诉讼。"

代表的债权额占无财产担保债权总额的三分之二以上。"① 债权人会议的决议，是债权人团体为共同意思表示的结果，故对全体债权人均有约束力。不论债权人是否出席会议，也不论债权人是否享有表决权、或者放弃表决、或者表决时保留意见，更不论债权人是否反对决议，均受债权人会议决议的约束。②

债权人会议经表决形成决议时，应当作成书面文件，并由会议主席签署。企业破产法第61条第2款规定："债权人会议应当对所议事项的决议作成会议记录。"会议决议依法应当报法院裁定认可（批准）的，债权人会议主席应当及时报请法院裁定认可（批准）。例如，债权人会议讨论和解协议草案，经表决通过和解协议的，应当报请法院裁定认可。债权人会议决议无须报法院裁定认可（批准）的，会议主席亦应当呈报法院备案。对于涉及管理人的行为的债权人会议决议，债权人会议主席还应当将该决议送达管理人，以备管理人执行。

债权人会议的决议，除报请法院裁定认可（批准）的外，债权人若对债权人会议决议有异议，可以在决议通过后向法院提出异议而申请法院撤销债权人会议决议，或者申请法院责令债权人会议重新作出决议。企业破产法第64条第2款规定："债权人认为债权人会议的决议违反法律规定，损害其利益的，可以自债权人会议作出决议之日起十五日内，请求人民法院裁定撤销该决议，责令债权人会议依法重新作出决议。"该条所规定的法定15日期间，应当解释为程序上的除斥期间，债权人逾此期间未向法院请求撤销债权人会议决议的，不得再向法院提出撤销债权人会议决议的请求；债权人在法定15日期间经过后请求法院撤销债权人会议决议的，法院应当径行裁定驳回债权人的请求。

企业破产法对于债权人会议通过的损害部分债权人利益的决议，采取异议撤销的立场，本无可非议。但是，债权人会议决议并非损害部分债权人利益，而是损害债权人的一般利益，或者决议违反法律，是否应当撤销以救济债权人的一般利益呢？在立法例上，依据管理人的申请，或者对债权人会议

① 有关债权人会议通过决议的表决机制，有观点认为企业破产法所规定"同意的债权额"应当占债权总额的二分之一或三分之二以上，不甚合理，增加了债权人会议无法通过任何有效决议的几率，应当借鉴德国和日本破产法的经验，以出席会议的债权人代表的债权额的多数作为债权人会议通过决议的法定最低债权比例，较为合适。见王欣新：《论新破产立法中债权人会议制度的设置思路》，《法学家》2005年第2期。

② 企业破产法第64条第3款。

决议表示不同意的债权人的申请，法院对债权人会议作出的违背债权人共同利益的决议，应当禁止执行。[①] 企业破产法对之没有作任何规定。[②] "理论上，破产立法就后者的救济措施的规定应当更具有价值。"[③] 因此，在解释上，若债权人会议的决议违反法律的强制性规定或者违反债权人的共同利益，一切有利害关系的人，包括但不限于管理人、债务人以及债权人，在破产程序进行中的任何期间，都可以申请法院裁定禁止决议的执行，法院也可以依职权裁定禁止决议的执行。

五、债权人自治的司法干预

破产程序涉及的债权人众多，若将债权人自治推向绝对化，有可能会影响破产程序的顺利进行，故债权人自治属于法院的司法控制范围内的自治。"债权人自治原则的贯彻落实，要求破产立法应始终从债权人如何利用破产程序实现合法权益的视角予以设计和规制，而不是从人民法院如何行使对破产案件的审判权这个角度作出规定。人民法院对破产案件的审判权集中体现在它的监督权和指挥权上，其目的主要在于对债权人自治权予以限缩和制约，从而平衡债权人和债务人双方的合法权益，避免债权人对债务人滥用破产程序权。"[④] 当债权人自治难以保证破产程序的目的实现时，法院将进行必要的干预。依照企业破产法的相关规定，只要发生以下情形，法院将以裁判取代破产程序中的债权人自治。

（一）未通过债务人财产管理方案的

议决债务人财产管理方案，本属于债权人自治的事项。但是，若债权人会议经表决未能通过债务人财产管理方案，或者因为个别债权人的不当目的，或者因为管理人提交的债务人财产管理方案有损于债权人的团体利益；只要未通过债务人财产管理方案，都将直接影响破产程序的进行。在此情形

---

① 见日本破产法第 184 条第 1 款、韩国破产法第 168 条第 1 款。

② 我国破产立法对之曾经是有所规定的。例如，企业破产法（试行）第 16 条第 3 款规定："债权人认为债权人会议的决议违反法律规定的，可以在债权人会议作出决议后七日内提请人民法院裁定。"很明显，以上规定也不周延：（1）违反法律规定的决议是否为无效或不得执行，法无明示；（2）决议若为无效或不得执行，申请法院裁定限于决议作出后的七日，似乎没有理由；（3）得以申请法院裁定的人限于债权人，并不包括破产程序中的管理人；（4）违反法律的决议并不必然导致有害于债权人的共同利益，债权人得以寻求救济的案型十分有限。见邹海林：《破产程序和破产法实体制度比较研究》，法律出版社 1995 年版，第 154 页下。

③ 邹海林：《中国大陆企业破产法上的债权人自治》，《月旦民商法杂志》第 14 期，2006 年。

④ 汤维建：《修订我国破产法律制度的若干问题思考》，《政法论坛》2002 年第 3 期。

下，法院应当以裁定确定债务人财产管理方案。企业破产法第 65 条第 1 款规定：对于债务人财产的管理方案事项，经债权人会议表决未通过的，由人民法院裁定。

上述规定仅以"经债权人会议表决未通过"债务人财产管理方案作为法院裁定的条件，并不周延，法院以裁定取代债权人自治还应当包括债权人出席会议的人数所代表的债权额不足无财产担保债权总额的半数而无法表决的情形。另外还应注意的是，债务人财产管理方案由管理人准备并提交债权人会议议决。① 当债权人会议经表决未通过债务人财产管理方案的，法院予以裁定的事项是否就是支持管理人提交给债权人会议议决的管理方案，应当区别情形而定。若债权人滥用其自治地位而未通过债务人财产管理方案的，法院应径行裁定管理人提交的债务人财产管理方案；否则，法院应当视情况裁定有关债务人财产的具体管理方案。②

（二）未通过破产财产变价方案的

议决破产财产变价方案，本属于债权人自治的事项。但是，若债权人会议经表决未能通过破产财产变价方案，或因为个别债权人的不当目的，或因为管理人提交的破产财产变价方案有损于债权人的团体利益，都将直接影响破产分配程序的开始。在此情形下，法院应当以裁定确定破产财产变价方案。企业破产法第 65 条第 1 款规定：对于债务人财产的变价方案事项，经债权人会议表决未通过的，由人民法院裁定。③ 上述规定仅以"经债权人会议表决未通过"破产财产变价方案作为法院裁定的条件，实际上并不周延，法院以裁定取代债权人自治还应当包括出席会议的债权人人数所代表的债权额不足无财产担保债权总额的半数而无法表决的情形。对破产财产变价方案，法院应当如何作出裁定，情形同上述裁定债务人财产的管理方案相同。

（三）未通过破产财产分配方案的

议决破产财产分配方案，本属于债权人自治的事项。但是，若债权人会

---

① 依照企业破产法第 25 条之规定，管理人负责债务人财产的管理和处分，准备债务人财产的管理方案应属管理人执行职务的当然内容。

② 若管理人提交的债务人财产管理方案有损于债权人的团体利益，或者管理人因为其他原因而提出了不合适的债务人财产管理方案，法院是否应当或者可以责令管理人重新准备或者修改债务人财产的管理方案并提交给债权人会议议决，仍然是值得讨论的问题。

③ 该条规定源自于我国最高法院的司法解释。见最高人民法院法（经）发〔1991〕35 号第 31 项规定，债权人会议经讨论，表决不能通过管理人提交的债务人财产的变价方案，由人民法院裁定。

议经表决未通过破产财产分配方案，不论其未通过破产财产分配方案的原因如何，破产分配将不能进行。尤其是，对于破产财产分配方案，经债权人会议再次表决仍不能通过时，法院应当及时进行干预。在此情形下，法院应当以裁定确定破产财产分配方案。企业破产法第 65 条第 2 款规定：对于破产财产分配方案的事项，债权人会议经两次表决仍未通过的，由人民法院裁定。① 上述规定以"经债权人会议二次表决仍未通过"破产财产分配方案作为法院裁定的条件，实际上并不周延，法院以裁定取代债权人自治还应当包括出席会议的债权人人数所代表的债权额不足无财产担保债权总额的半数而无法进行表决的情形。

（四）部分表决组未通过重整计划的

重整程序开始后，企业破产法第 82 条所列各表决组对重整计划草案予以表决，本属于利害关系人自治的当然内容。但是，各表决组均有其特定之利益，各表决组之间甚至存在利益的冲突，因不同的表决组基于其自身的利益考量而拒绝通过重整计划，则重整程序的目的难以达成。基于利害关系人的自治，重整计划草案应当由表决组讨论通过；但是，部分表决组经再次表决重整计划草案未能通过的，债务人或者管理人可以申请法院裁定强制批准重整计划。"强制性批准重整计划，法院更多考虑的是社会公益或其他利益。"② 企业破产法第 87 条规定："未通过重整计划草案的表决组拒绝再次表决或者再次表决仍未通过重整计划草案，但重整计划草案符合下列条件的，债务人或者管理人可以申请人民法院批准重整计划草案……人民法院经审查认为重整计划草案符合前款规定的，应当自收到申请之日起三十日内裁定批准，终止重整程序，并予以公告。"

法院以裁定取代破产程序中的债权人自治，虽然仅限于个别情形，但毕竟是对债权人自治的否定，在程序制度的设计上应当考虑予以债权人适当的救济，以彰显债权人自治主导型的债务清理程序的本质特征。依照企业破产法第 66 条的规定，债权人对法院作出的有关债务人财产管理、破产财产变价的裁定不服的，可以自裁定宣布之日或者收到通知之日起 15 日内向法院申请复议；债权额占无财产担保债权总额二分之一以上的债权人，对法院作

---

① 该条规定源自于我国最高法院的司法解释。最高人民法院《关于审理企业破产案件若干问题的规定》第 44 条规定："清算组财产分配方案经债权人会议两次讨论未获通过的，由人民法院依法裁定。"

② 汤维建：《我国破产法草案在重整程序设计上的若干争议问题之我见》，《法学家》2005 年第 2 期。

出的破产财产分配的裁定不服的，可以自裁定宣布之日或者收到通知之日起
15 日内向法院申请复议。但是，对于法院依照企业破产法第 87 条强制批准
重整计划的裁定，相关表决组可否提出复议，企业破产法对此并没有作出明
文规定，能否适用企业破产法第 66 条规定的复议程序救济，存在疑问。①

六、债权人委员会的自治功能

（一）债权人委员会的设置及其职能

债权人委员会是债权人会议在破产程序中的代表机关，负责对破产程序
进行日常监督。依照企业破产法第 67 条和第 61 条的规定，债权人会议有权
决定设立债权人委员会，并有权选任和更换债权人委员会成员。

是否设置债权人委员会作为监督破产程序进行的常设机构，由债权人会
议根据破产案件的复杂状况、债权人人数的多寡、集会的便利与否等具体情
形决定。债权人会议可以决议不设债权人委员会，但是，在破产程序的进行
中，债权人会议又认为存在选任债权人委员会的必要时，仍然可以另为决议
选任债权人委员会。这就是说，债权人会议在破产程序进行过程中，可以适
时决议设置债权人委员会执行职务。债权人会议决定设置债权人委员会的，
依照需要并可决定债权人委员会的人数，债权人委员会的人数为偶数抑或奇
数，法律未作特别规定，但债权人委员会的人数不能超过法律规定的限额。
企业破产法第 67 条规定："债权人会议可以决定设立债权人委员会。债权
人委员会由债权人会议选任的债权人代表和一名债务人的职工代表或者工会
代表组成。债权人委员会成员不得超过九人。"

债权人通过债权人委员会实现自治，仅限于法律明文规定的活动范围。
债权人会议对于监督破产程序拥有广泛的权利，但这并不表明代表债权人会
议的债权人委员会亦可行使这些权利，债权人委员会可以在多大范围内实施
对破产程序的有效监督，不仅要取决于破产立法的专门规定，而且还要符合
债权人会议的意图，后者则更具有实践意义。企业破产法第 68 条第 1 款规
定："债权人委员会行使下列职权：（一）监督债务人财产的管理和处分；

---

① 考虑到法院依照企业破产法第 87 条作出的裁定，对于重整程序的各方当事人均有约束力，
并产生终结重整程序的效力，应当允许相关表决组（利害关系人）对法院的裁定表示不服或者异
议，但企业破产法和民事诉讼法均无提请复议的相关规定。依照民事诉讼法第 178 条有关申诉的规
定，并见最高人民法院《关于审理企业破产案件若干问题的规定》第 44 条第 2 款的规定，相关表
决组（利害关系人）对法院强制批准重整计划的裁定有异议的，可以在法院作出裁定之日起 10 日
内向上一级人民法院申诉。

（二）监督破产财产分配；（三）提议召开债权人会议；（四）债权人会议委托的其他职权。"

原则上，债权人委员会执行监督破产程序的职务，应当以决议的方式为之。企业破产法对于债权人委员会执行职务的方法，缺乏明文规定。理论上，债权人委员会在监督管理人调查债务人财产状况、审查管理人法定的处分财产行为、监督重整程序中的债务人、申请解任管理人、申请法院撤销或禁止执行债权人会议决议以及申请召开债权人会议等方面，应当形成决议。

（二）债权人委员会的职能扩张

仍然存在疑问的是，企业破产法似乎并没有完整地规定债权人委员会的职权。从理论和实务的角度观察，债权人委员会除上述明文规定的职权外，还应当享有以下的职权：[①]

1. 调查债务人财产状况

债权人委员会有权随时要求管理人，向其报告债务人财产的状况，指导和监督管理人清理、估价和保管财产、继续债务人的营业，以及管理、处分债务人财产等日常事务。企业破产法第 68 条第 2 款规定："债权人委员会执行职务时，有权要求管理人、债务人的有关人员对其职权范围内的事务作出说明或者提供有关文件。"调查债务人财产的状况，是债权人委员会的基本职能。为进行调查活动，债权人委员会除了要求管理人报告工作外，还可以查阅有关债务人财产的所有业务账簿和文件、询问债务人、询问管理人。债权人委员会就被调查的债务人财产状况有异议时，应当及时向法院提出异议，并有权要求召开债权人会议讨论有关事项。[②]

2. 审查并决定管理人的重大管理活动

管理人的重大管理活动，是指管理人所为企业破产法第 69 条所规定之行为。理论上，破产程序开始后，非经法院许可，或者债权人会议的同意，任何人不得处分属于债务人的财产、账簿、文书、资料和其他物品。特别是，管理人继续债务人财产的营业、为不动产或者不动产权利的转让、债权或者有价证券的转让、借款或者提供财产担保、承认别除权、取回权、出卖

---

① 为更好地实现破产程序中的债权人自治，对于债权人委员会应当享有的企业破产法未作明文规定的职权，而依照企业破产法规定的债权人委员会监督管理人的原则规定又难以确定时，债权人会议在决定设置债权人委员会时，则有必要依照企业破产法第 68 条之规定，以决议的方式"委托"债权人委员会行使这些职权。

② 邹海林、王仲兴：《论破产程序中的债权人自治》，《民商法论丛》（第 2 卷），法律出版社1994 年版，第 190 页。

所有库存商品、提起有关财产的诉讼或者仲裁等行为时，应当事先征得法院的同意或债权人会议的同意。债权人会议选任债权人委员会的，管理人为重大管理活动时，应当征得债权人委员会的同意。

但是，企业破产法第 69 条仅规定，管理人为重大管理活动，应当及时报告债权人委员会。与此规定相适应，管理人向债权人委员会报告的，债权人委员会自然有权审查管理人的重大管理活动。债权人委员会审查管理人的重大管理活动有异议时，如何能够责令管理人停止相应的活动，法无明文规定。显然，依照企业破产法的规定，债权人委员会监督管理人为重大管理活动的地位极为低下，实际上很可能起不到代表债权人会议监督管理人的职务行为的作用。因此，债权人委员会的监督地位在企业破产法上应当大幅提高，最为直接和简单的做法则是明确规定：管理人实施不动产所有权的转让等重大管理活动的，应当及时报告债权人委员会，并征得债权人委员会的同意。①

或许，在这个问题上，还有另一种解决问题的思路。依照企业破产法第 68 条之规定，债权人委员会可以行使债权人会议委托的职权。债权人会议在其职权范围内，可以将有关债务人财产的管理方面的职权，通过决议的形式委托给债权人委员会行使，并同时决议债权人委员会得在必要时以决议的方式行使此等委托的职权。若有债权人会议的委托，则债权人委员会在收到管理人有关企业破产法第 69 条的重大管理活动的报告时，可以审查并决定管理人的重大管理活动。

3. 监督重整程序中的债务人

重整程序开始后，债权人委员会可以就重整计划的议决发表意见，并对重整程序中的债务人的行为予以监督。

依照企业破产法的规定，重整程序开始后，经法院批准，债务人可以在管理人监督下自行管理财产和营业事务；企业破产法规定之管理人的职权由债务人行使。② 在重整期间，自行管理财产和营业的债务人，由管理人予以监督，自无法律规定上的疑问；但债务人管理财产和营业事务的行为，原本应当为管理人之行为，且将直接影响重整程序中的债权人的利益，债权人会议应当有权对重整程序中的债务人进行监督；代表债权人会议监督破产程序的日常机构债权人委员会，亦应当有权对重整程序中的债务人进行监督，此

---

① 见邹海林：《我国新破产法（草案）与债权人自治》，《法学家》2005 年第 2 期。

② 见企业破产法第 73 条。

为债权人自治的固有内容。债权人委员会监督重整程序中的自行管理财产和营业的债务人时，有权要求债务人对其管理财产和营业事务的行为作出说明或者提供有关文件；债务人拒绝接受监督的，债权人委员会有权就监督事项请求法院作出决定。①

在重整期间，自行管理财产和营业事务的债务人，若其行为将有害于债权人的利益，债权人委员会可以申请法院解除债务人自行管理财产和营业事务的资格，由管理人接管债务人的财产和营业事务；在重整期间，自行管理财产和营业事务的债务人，若有企业破产法第 69 规定的行为，是否应当向债权人委员会报告，并接受债权人委员会的审查和征得债权人委员会的同意，更值得予以特别的重视。

4. 申请解任管理人

管理人由法院指定产生。但是，债权人委员会具体负责监督管理人的日常活动。如债权人委员会认为管理人不称职、或者怠于善良管理人的注意而有失当行为、或者有严重损害债权人利益的行为，有权申请法院更换管理人。企业破产法对债权人委员会申请更换管理人事项缺乏明文规定，但经债权人会议决议委托，债权人得将其申请法院更换管理人的职权委托给债权人委员会行使。

5. 申请法院撤销或禁止执行债权人会议的决议

债权人会议的决议违反法律规定而损害债权人利益的，债权人有权申请法院裁定撤销该决议。② 若债权人会议的决议可能损害债权人的一般利益的，则作为债权人一般利益的代表机关债权人委员会，自然有权向法院申请撤销债权人会议的决议，或者禁止执行债权人会议的决议。例如，日本 1922 年破产法第 184 条规定，债权人会议的决议违反债权人的一般利益时，法院可以根据"监察委员"的申请，禁止决议的执行。在债权人会议的决议有损于债权人的一般利益时，考虑到企业破产法第 64 条第 2 款规定之精神，应当允许债权人委员会申请法院裁定撤销债权人会议的决议，责令债权人会议重新作出决议；在此等情形下，债权人会议的决议有执行内容的，债权人委员会并可同时申请法院禁止执行债权人会议的决议。

---

① 见企业破产法第 68 条第 2 款和第 3 款。
② 企业破产法第 64 条第 2 款。

第五节　企业再生程序的制度构造

一、以企业再生为主导目标的破产程序

企业再生程序（rehabilitation）的创立为破产程序现代化的标志。破产法的现代改革主要是围绕着企业再生程序的设计及其运行效果展开的，我国破产法的改革亦不例外。自 1994 年起草企业破产法开始，企业再生程序在破产程序中的地位及其规范创设都是企业破产法改革的核心内容。企业破产法基于企业再生的理念，将企业再生程序与清算程序进行了整合，分别规定有重整程序、和解程序和清算程序，并凸显了企业再生主导型的破产程序制度。企业破产法为债务人与利害关系人处理债务危机而再度安排交易提供了一个司法程序平台。

依照企业破产法的规定，企业法人不能清偿债务或者有不能清偿债务的可能的，可以适用企业再生程序。企业再生程序因其具体构造和适用条件的差异，被划分为重整程序及和解程序，有关重整程序的特别规定见之于企业破产法第 8 章、和解程序的特别规定见之于企业破产法第 9 章。

企业破产法所构造的破产程序，彰显了破产法作为企业再生法的全新理念，并围绕着这一理念展开了以企业再生为主导的破产程序的制度创新，实现了企业破产法由清算主导型的破产程序制度向再生主导型的破产程序制度的转变。在企业破产法的起草过程中，立法者曾经有这样的想法，"在企业出现'不能清偿到期债务'的情况时，有破产清算、和解、重整三种程序供债务人和债权人根据自己的具体情况予以选择。如果能通过和解得到的利益优于破产清算，债权人出于自己的利益也会同意和解；对符合产业政策和公共利益，又有复苏希望的企业法人，国家和政府主管部门也可以通过注入资本金或申请重整等手段，使其摆脱困境，免于破产，只有在各种措施都无济于事的情况下才会实际破产清算"。① 企业再生程序构成企业破产法的首选程序制度，企业破产法的程序制度设计实际上都是围绕企业再生程序而展开的，破产程序在我国已经转变为企业再生主导型的债务清理程序。

众所周知，固有意义上的破产程序为破产清算程序。我国企业破产法

---

① 朱少平、葛毅编著：《中华人民共和国破产法——立法进程资料汇编（2000 年）》，中信出版社 2004 年版，第 26 页。

（试行）规范的程序及其司法实务所关注的程序，均是以清算为主要目的的债务清理程序。破产清算程序，是债务人不能清偿债务时为满足债权人的清偿要求而迫不得已采用的处理债务危机的方法。破产清算程序作为一种程序制度，其存在自身无法克服的诸多缺陷，主要表现为以下三个方面。

第一，破产清算妨碍发生财务危机的债务人的复苏。破产清算程序将阻断债务人复苏的物质基础。适用清算程序，债务人的全部财产将被变价分配给债权人，很难再有足够的财力从事新的事业或者恢复昔日的经营能力，使得债务人失去复苏的机会。而且，适用破产清算程序，债务人的财产将被廉价变卖分配，有可能进一步损害债务人的应有利益。再者，债务人受破产宣告沦为破产人，法人受破产宣告而消灭其民事主体地位，债务人的人格发生变化或者其行为受法律的限制，债务人将直接丧失从事特定目的的事业的资格或者机会。在这个意义上，破产清算程序对于债务人的继续生存或者发展过于苛刻。

第二，破产清算相当程度上有损于债权人的利益。通过破产清算程序处理债务人的财产，一方面所花费的程序费用高昂，耗费时间和精力，这是债权人不愿意承担但又必须承担的后果。另一方面，债务人不能清偿债务，其信用和财产已无法避免无形价值的耗损，如果再以破产分配处置债务人的财产，债务人的财产让渡的机会和价值被人为压低，债权人可以从债务人财产中获得清偿的成数则会进一步降低。适用破产清算程序，最终将使债权人受到不应有的廉价分配。因此，破产清算程序使债权人受到清偿不能的更多损失。

第三，破产清算对社会经济和社会生活产生无法估量的影响。市场经济的发展不时地改变着债权债务关系的面貌，但这样的变化是因为交易或者竞争而发生的。破产清算作为社会资源或财富重新配置的一种方式，仅仅在迫不得已的场合具有价值，这种财富的重新配置是以债务人失去市场竞争的地位作为代价的，这本身就是对市场秩序的一种损害。而且，一个债务人的破产清算，足以或者可能引起债务危机的连锁反应，致使社会经济生活的正常运转发生故障，给社会生产力造成无法估量的损失；严重的，可能造成经济危机。同时，适用破产清算程序还会造成劳动力的失业，加重社会保障或社会救济的负担，影响社会生活的稳定，由此也会产生难以预测的后果。[①]

[①] 以上内容，见邹海林：《破产程序和破产法实体制度比较研究》，法律出版社 1995 年版，第163—164 页。

　　尤其是在我国，过去的破产立法规范的程序及其司法实务所关注的程序，均是以清算为主要目的的债务清理程序。我国的法院自 1988 年年底以来，每年审理的近万件破产案件，几乎清一色地属于破产清算案件，每一个案件的处理都或多或少地存在前述破产清算程序的固有缺陷，而这些缺陷也导致社会观念对破产程序制度的片面认识，似乎破产案件就是企业清算案件。"长期以来，在企业破产问题上，存在着一个似乎是约定俗成并且无可动摇的观念，破产就是倒闭清算。"①

　　破产清算制度存在的以上固有缺陷，给立法者提出了这样一个问题：可否创设既可以使债务人免于破产清算、使债权人少受损失，又能稳定社会经济和社会生活秩序的破产程序制度？破产立法的历史告诉人们，防止破产清算为目的或手段的企业再生程序制度应运而生。企业再生程序制度可以克服破产清算程序制度存在的固有缺陷，使得破产程序制度的存在价值更具合理性。也正是在这个意义上，企业再生程序赋予了破产程序在现代市场经济环境下更加鲜活的生命力。有学者曾经写道："现代重整制度的诞生和成长，开辟了在公平清理债务的前提下实现困境企业再建和复兴的途径，从而更新了破产法的观念和结构，并拓展了民商法的思维空间。"②

　　企业再生程序自其产生后，确实经历了一个由低级向高级发展的过程。笔者将企业再生程序区分为两种形式：企业再生程序的低级形式为和解程序，它也是企业再生程序的最初成果；企业再生程序的高级形式为重整程序，它是和解程序的制度构造和价值的升华。企业再生程序的创设和应用，不仅能够保证债权人的公平受偿利益，而且能照顾到债权人的意思自治和债务人应有的利益，特别是排斥破产清算程序的适用而给予债务人参与市场竞争的机会，并有效地保护市场的竞争秩序和生产力资源，维护社会生活的稳定。在我国的企业破产法上，用于防止企业破产清算的企业再生程序制度，主要表现为两种形态：

　　其一，阻止破产清算程序开始的企业再生程序。企业再生程序具有避免对债务人适用破产清算程序的直接效果，尤其是在实行破产宣告开始主义的立法体例下，此一效果更加突出。法院依照当事人的选择开始企业再生程序的，除非有法律的明文规定，不得对债务人开始破产清算程序。重整程序、和解程序与破产清算程序均为目的和手段不能相容的独立程序，若法院对债

---

① 王卫国：《论重整制度》，《法学研究》1996 年第 1 期。
② 同上。

务人已经开始重整程序或和解程序的，则不得宣告债务人破产清算，除非企业再生程序提前终止或者出现法定的宣告债务人破产清算的事由。①

其二，破产程序进行中的企业再生程序。非以企业再生为目的的破产程序开始后，若债务人有再生的意愿并具备启动再生程序的条件，可以在破产程序进行中开始企业再生程序，以避免债务人被宣告破产清算。在破产程序受理开始主义的前提下，只要法院尚未宣告债务人破产清算，债务人均有机会向法院请求和解或申请重整，若债务人申请和解或重整，并经债权人会议同意而就债权债务的清理作出妥当的安排，法院应当适用和解或重整程序清理债权债务，不得宣告债务人破产清算。②

除此以外，为增加困难企业的再生机会，企业破产法还规定有一种"自行和解"的制度。③ 严格地说，债务人的自行和解并非程序制度，但该制度的实践价值或效果在于终结已经开始的破产程序，尤其是终结可能开始的破产清算程序。自行和解制度适用于法院宣告债务人破产清算前，自无疑问；但可否适用于法院宣告债务人破产清算后，则存在疑问。笔者以为，法院宣告债务人破产清算后，应当对债务人的财产予以变价并分配给债权人。为防止债务人财产的破产分配而发生不应有的变价损失和分配费用损失，债务人和债权人可以自行和解清理债权债务，以终结破产清算程序。债务人自行和解制度之创设，不仅具有阻止法院宣告债务人破产清算的功效，而且具有防止以清算程序分配债务人财产的功效。④

为了体现企业破产法规定的企业再生目标，最高法院在《关于〈中华人民共和国企业破产法〉施行时尚未审结的企业破产案件适用法律若干问题的规定》（2007年4月23日）第1条规定："债权人、债务人或者出资人向人民法院提出重整或者和解申请，符合下列条件之一的，人民法院应予受理：（一）债权人申请破产清算的案件，债务人或者出资人于债务人被宣告破产前提出重整申请，且符合企业破产法第七十条第二款的规定；（二）债权人申请破产清算的案件，债权人于债务人被宣告破产前提出重整申请，且符合企业破产法关于债权人直接向人民法院申请重整的规定；（三）债务人申请破产清算的案件，债务人于被宣告破产前提出重整申请，且符合企业破

①　企业破产法第78条、第79条、第88条、第99条等。
②　企业破产法第70条第2款、第95条。
③　企业破产法第105条，具体内容可参阅本章后续内容的分析。
④　邹海林：《我国企业再生程序的制度分析和适用》，《政法论坛》2007年第1期。

产法关于债务人直接向人民法院申请重整的规定；（四）债务人依据企业破产法第九十五条的规定申请和解。"

　　这里需要说明的是，我国1986年制定企业破产法（试行）时，就已经注意到了企业再生程序在破产程序中所具有的地位，企业破产法（试行）专门规定有"和解与整顿"制度，目的在于挽救濒于破产的企业。同样，我国1991年民事诉讼法曾以"企业法人破产还债程序"为章规定有"和解"制度。以上的企业再生程序的初步设计，出发点或目的并无不当，但因为企业破产法（试行）所规定的程序制度在适用上的局限性①，致使企业破产法之前已经存在的"企业再生程序"，并无多少适用的价值。企业破产法规定的企业再生程序并非企业破产法（试行）有关企业再生程序的简单复制，而是一种全新的程序设计。企业再生程序构成企业破产法的首选程序制度，整个企业破产法的程序制度设计实际上都是围绕企业再生程序而展开的，我国的破产程序已经转变为企业再生主导型的债务清理程序。

二、企业破产法规定的企业再生程序结构

（一）企业再生程序的立法结构

　　在立法结构上，企业破产法的章节设计首先考虑的是企业再生程序的适用，第1章总则及其后的相关章节，均为企业再生程序的启动和适用考虑良多，第8章特别规定有重整，其后特别规定有和解，破产清算的特殊规范则被规定在第10章。② 实际上，企业破产法第8章有关重整程序、第9章有关和解程序的规定，并不构成独立的完整程序。企业破产法第1章至第7章的规定与第8章或者第9章的结合，方能展现出独立完整的企业再生程序。当然，企业破产法规定的重整程序，摆脱了和解程序消极避免适用破产清算的不利因素，是一种预防破产清算的积极制度。③

---

① 邹海林：《我国破产程序中的和解制度及其革新》，《法学研究》1994年第5期。

② 立法者采用这样的立法结构，是否表明破产清算只是企业有财务困难时清理债务的最后的迫不得已的选择，虽然不能从现有立法资料中得到证实，但立法者强调企业再生程序的重要性的价值判断，可以说十分清晰地表现了出来。

③ 企业破产法规定有防止企业破产清算的重整程序，是否有必要继续规定和解程序，曾经引发了争议。但企业破产法最终还是规定有和解程序。因为和解程序手续相对简单、和解成功的机会成本相对降低，此为债务人提供了多样化的再生选择的方式。此外，企业破产法规定的和解程序，除在适用上表现得更加灵活外，还通过规定破产程序外的自行和解来进一步缓解和解程序对当事人的束缚，相当程度上使得和解程序更加开放，其适用的空间相应获得了拓展。笔者以为，和解程序作为重整程序的补充，可以将之归类为"简易重整程序"或者"小重整程序"。

企业破产法为满足企业再生主导型的破产程序的要求，在以下四个方面作出了具有实质意义的规定[①]：

第一，破产原因的制度性缓和，使得破产程序适用的原因更加灵活，给予法院准许启动企业再生程序更大的自由裁量空间。[②] 例如，企业破产法第2条不仅规定有企业再生程序和清算程序适用的一般原因（明显缺乏清偿能力），而且特别规定有企业法人适用重整程序的特殊原因（明显丧失清偿能力的可能）。

第二，强调破产程序作为当事人自治主导型的债务清理程序的特性，使得企业再生程序能够在破产程序参加人的充分有效的合作状态下获得适用，使得企业再生程序存在和实践的价值目标更具现实性。[③] 特别是，企业破产法第73条有关债务人自行管理财产和营业的制度安排，第105条有关债务人自行和解的制度安排，为当事人自由选择再生程序并获得成功创造了更大的空间。

第三，对处于破产程序中的企业（债务人）规定了更多的保护性措施，为企业再生程序的目标实现提供了较为有效的制度支持。[④] 例如，企业破产法有关企业再生程序的效力之规定，使得债务人位于我国境外的财产能够归入债务人财产，足以确保债务人财产和营业的完整性，使得债务人继续营业的基础更加牢固。再如，企业破产法有关共益债务的规定，为企业在破产程序开始后继续营业获取更多的商业机会（尤其是融资）提供了便利；有关债务人财产的争议的诉讼中止和另行诉讼、执行程序的中止、保全措施的解除、担保权行使的限制，则为债务人的继续营业提供了更多的制度帮助。

第四，适度增强了国家公权力对破产程序的当事人自治的干预程度，有助于促使债务人选择企业再生程序。[⑤] 例如，依照企业破产法的规定，对于特定行业（如金融行业）的企业，国家监督管理机构有权向法院申请启动再生程序，这在相当程度上扩大了启动重整程序的当事人范围；另一方面，基于当事人自治主导型的企业再生程序，当事人的合作若不能顺利达成企业再生的目标，则有必要增加法院干预重整程序的措施，企业破产法专门规定

---

① 见邹海林：《我国企业再生程序的制度分析和适用》，《政法论坛》2007年第1期。
② 有关破产原因的制度性缓和，见前述有关内容。
③ 见企业破产法第3章、第7章、第8章和第9章的相关内容。
④ 见企业破产法第5条、第18条、第19条、第21条以及第5章、第8章和第9章的相关内容。
⑤ 见企业破产法第87条和第134条。

有强制批准重整计划的制度。

（二）企业再生程序的结构

依照企业破产法的规定，企业再生程序具体分为重整程序与和解程序。重整程序，是指经由利害关系人的申请，法院裁定许可债务人继续营业，并与债权人等利害关系人协商后形成清理债权债务的"重整计划"的程序。重整程序的核心在于重整计划的提出和形成，没有重整计划的提出和形成，就谈不上重整程序。在重整计划中，债务人不仅要有重整企业的营业以清理债权债务的意愿，而且更要有实现重整计划所要采取的措施。在这个意义上，重整程序构成促使企业再生的"积极"程序。

重整程序摆脱了和解程序消极避免适用破产清算的不利方面，是一种预防破产清算的积极制度。企业破产法规定有防止企业破产清算的重整程序，是否有必要继续规定和解程序，曾经引发了争议。争议源自于和解程序与重整程序所具有的某些共有价值。例如，重整程序与和解程序均具有避免法院宣告债务人破产清算的功能。但问题在于，重整程序是否应当取代和解程序呢？

重整程序不能取代和解程序，学者对之已有多个方面的研究，这两个程序之间存在太多的差异或不同。① 尤其是，重整程序较为复杂，各方利害关系人所负担的成本费用（因为营业的继续而发生）昂贵，重整的手段和目标是多方位的，故重整程序在挽救企业方面更为积极；和解程序只不过是一种不同于破产清算的债权债务清理方式，和解程序的目的仅在于通过债务人和债权人的谅解让步而尽快了结债权债务，在某种程度上具有帮助债务人复苏的功能，但并不以债务人复苏为唯一目标，和解程序在帮助债务人复苏方面还是消极的。企业破产法规定的和解程序，手续相对简单、和解成功的机会成本相对降低，为债务人选择再生提供了多样化的选择。此外，企业破产法规定的和解程序，除在适用上表现得更加灵活外，还通过规定破产程序外的自行和解来进一步缓解和解程序对当事人的束缚，相当程度上使得和解程序更加开放，其适用的空间相应获得了拓展。②

但总体而言，重整程序与和解程序的构造机理并无本质上的差异，启动和推行重整程序或者和解程序几乎都是在当事人自治的"交易合作"过程

① 见李永军：《破产重整制度研究》，中国人民公安大学出版社1996年版，第40页以下；齐树洁主编：《破产法研究》，厦门大学出版社2004年版，第440页以下。
② 见邹海林：《我国企业再生程序的制度分析和适用》，《政法论坛》2007年第1期。

中实现的。但是，企业破产法对于重整程序规定有不同于和解程序的较高的
"标准"，例如重整程序有"程序期间"的限制、重整程序依赖于重整计划
的制定和批准等，这些都是和解程序所不具备的。重整程序的核心在于重整
计划的提出和形成。

依照企业破产法的规定，企业再生程序的结构主要包含以下的要素：

第一，再生程序的启动。企业再生程序的启动取决于利害关系人的申
请，非有利害关系人向法院申请企业再生，法院不得依职权开始企业再生程
序。能够申请企业再生的利害关系人包括债务人和债权人。① 依照企业破产
法的特别规定，在债务人非自愿破产清算程序开始后，持有债务人出资额
10%以上的出资人，可以申请对债务人进行重整；国务院金融监督管理机构
可以依法申请对金融机构进行重整。

第二，重整或和解申请的受理。利害关系人申请对债务人进行重整或者
和解，法院经形式审查认为重整或和解申请符合企业破产法规定的重整或者
和解条件的，应当裁定准许债务人重整或者和解，重整或者和解程序开始。
重整或者和解程序开始时，法院应当指定管理人，接管债务人的财产和营
业；但在重整程序开始时或者之后，债务人申请法院准许其自行管理财产和
营业的，管理人接管债务人的财产和营业的权力，则由债务人行使。

第三，企业再生期间的营业。重整或者和解程序开始后，债务人的营业
原则上不受破产程序的影响，除非债务人的营业有损于债权人的利益，管理
人或者自行管理财产的债务人应当继续企业的营业。② 企业再生期间的营
业，对于拯救发生财务困难的债务人具有极为重要的影响，营业与否甚至构
成债务人能否重整成功的核心要素。故债务人在再生期间的营业，构成企业
再生程序的重要组成部分。依照企业破产法的有关规定，债务人在重整程序
开始后继续营业，因为受到重整程序的特别保护③，营业的商业机会将大幅
提高。

第四，企业再生措施的安排。企业再生措施因为重整程序与和解程序而

---

① 但是，依照企业破产法第95条的规定，向法院申请和解程序的，仅以债务人为限。

② 对于债务人在重整或者和解程序开始后的营业，企业破产法未有专门的规定，似有不足。
重整或者和解期间的债务人的营业，与债务人在清算程序开始后的营业应当有所差别，但企业破产
法将之并未区别而就债务人的营业作出了相同的规定。有关债务人在破产程序开始后的营业，见企
业破产法第25条、第26条和第61条。

③ 例如，企业破产法第5章有关共益债务的规定，将更有力地保护债务人营业，并有助于提
升与债务人交易的相对人的信任度。

有不同。在重整程序中，重整计划的提出与表决，构成企业再生措施安排的基本制度；在和解程序中，和解协议的提出与表决，则构成企业再生措施安排的一般制度。重整计划与和解协议作为妥当安排债务清理的方案，本质上并无差异；但重整计划在债务清理之外，则更加注重企业恢复活力的具体措施，诸如债务人的经营方案、债权调整方案、重整计划的执行期限、重整计划执行的监督、债务人的出资人权益变动等诸多直接事关债务人营业的措施安排①。企业破产法为企业再生措施的安排提供了一个供利害关系人讨价还价的交易平台，债务人和债权人（含其他利害关系人）依照法定的程序和表决机制，在法院的控制下形成可供当事人信赖的企业再生措施，从而终结已经开始的破产程序。

　　第五，企业再生措施的执行。债务人与利害关系人协商而作出的企业再生措施，经法院批准，产生终结企业再生程序的效力。企业再生程序终结后，债务人应当执行企业再生措施所规定的义务。企业再生措施的执行因发生在企业再生程序终结后，本不应当属于企业破产法规定的程序内容，但是，因为企业再生措施的执行与否事关已经终结的企业再生程序的基础，企业破产法仍对企业再生措施的执行予以相应规定，以确保企业再生程序的基础牢固。当然，债务人不能执行企业再生措施或者违反其在企业再生措施中作出的承诺，债务人将重新面临破产程序约束的危险。

三、企业再生程序的专有制度

　　依照企业破产法的规定，破产程序由重整程序、和解程序和清算程序组成。这三个程序的目的存在差异、制度结构有所不同，但企业破产法又要体现出企业再生的程序价值目标，故必须对企业再生程序的适用规定专有的制度。企业再生程序的专有制度，不仅彰显企业破产法的再生法理念，而且构成企业再生程序发挥效用的决定因素。

　　（一）企业再生程序适用的原因

　　因为企业再生程序适用的必要，破产原因问题成为企业破产法改革的基础性问题。以企业清算为主导目标的破产程序，将程序适用的原因限定为债务人不能清偿债务，具有其合理性，但若将企业再生程序也限定于同一原因，恐怕再生程序的制度价值将大打折扣。企业破产法第 2 条规定："企业法人不能清偿到期债务，并且资产不足以清偿全部债务或者明显缺乏清偿能

---

① 见企业破产法第 81 条和第 85 条第 2 款。

力的，依照本法规定清理债务。企业法人有前款规定情形，或者有明显丧失清偿能力可能的，可以依照本法规定进行重整。"以上有关破产原因的规定具有灵活性，为存在财务困难或危险的企业法人寻求破产法规定的再生程序保护提供了较为广阔的空间。

企业破产法将不能清偿界定为"不能清偿到期债务，并且资产不足以清偿全部债务或者明显缺乏清偿能力"。此种规定，与我国最高法院司法解释所持立场似乎有同质性的效果。最高法院司法解释认为，"不能清偿到期债务"是指债务的清偿期限已经届满、债权人已要求清偿而债务人明显缺乏清偿能力。[①] 但是，因为企业破产法用语的改变，不能清偿依照企业破产法第 2 条之规定已有其特定的含义：债务超过且不能清偿到期债务，或者明显缺乏清偿能力且不能清偿到期债务。

首先，债务超过且不能清偿到期债务为两个不可或缺的基本要素：债务人不能清偿到期债务和资产不足以清偿全部债务。在理论上，不能清偿到期债务仅仅表明债务人对于届期的债权客观上没有予以满足，至于债务人未清偿到期债务的原因、状态如何，则非所问；债务人的资产不足以清偿全部债务，仅仅表明债务人所保有的全部财产，已经不够全部债权的清偿要求。

其次，明显缺乏清偿能力且不能清偿到期债务，与债务超过且不能清偿到期债务显有不同。不能清偿作为破产原因，应当有其顺应不同情形的债务人的多方面判断基准，故在"债务超过且不能清偿到期债务"之外，债务人还可能因以下两个要素的满足而构成不能清偿：债务人不能清偿到期债务和明显缺乏清偿能力。明显缺乏清偿能力仍然反映着债务人不能清偿的客观事实状态，但因其高度概括而为法院对破产原因作出判断提供了较大的自由裁量的空间。

丧失清偿能力的可能性，是指债务人存在明显丧失清偿债务能力的可能的客观事实。丧失清偿能力的可能性，在解释上应当属于债务人不能清偿的一种客观表现形式。但其构成要素并不能完全满足债务人不能清偿的全部客观条件，故其仅为债务人适用重整程序的特殊原因。

（二）企业再生程序申请主义

企业再生程序的开始，以债务人或其他利害关系人向法院提出重整或者和解申请为必要。没有债务人或者利害关系人的重整或者和解申请，法院不

---

① 最高人民法院《关于贯彻执行〈中华人民共和国企业破产法（试行）〉若干问题的意见》（1991 年）第 8 项。

得依职权开始企业再生程序。法院裁定是否开始企业再生程序，相当程度上将取决于债务人或利害关系人的选择。重整或者和解申请，为企业再生程序开始的绝对要件。债务人或利害关系人申请企业重整或者和解，除向法院提交重整或者和解申请书外，还应当提交财产状况说明、债务清册、债权清册、有关财务报告、企业职工情况和安置预案、职工工资和社会保险费用支付情况以及相关的企业再生措施方案。

依照企业破产法的规定，企业再生程序的申请人原则上为债权人和债务人。但是，在特殊情形下，有权启动企业再生程序的人还包括：

1. 债务人的出资人

持有债务人的法定出资份额的出资人，可以向法院申请对债务人进行重整。持有法定出资份额的出资人作为重整申请人，以其"出资额占债务人注册资本 1/10 以上"为已足。① 单独持有债务人注册资本 1/10 以上出资额的出资人，可以为重整申请人；合并持有债务人注册资本 1/10 以上出资额的出资人，亦可以共同为重整申请人。企业法人不能清偿债务，而债权人申请对该债务人破产清算的，破产清算不仅将终止债务人的法人地位，而且直接分配其财产，关系到企业法人的出资人的投资利益。企业破产法赋予出资人以重整申请权，主要目的在于照顾和保护债务企业的中小投资者的利益，以增加重整程序的适用机会。② 但应当注意的是，持有法定出资份额的出资人行使重整申请权的，以非自愿破产申请和法院尚未宣告债务人破产清算作为条件。若债务人自愿申请破产清算，或者债权人申请债务人破产清算而法院已经裁定宣告债务人破产清算的，持有法定出资份额的出资人不得再申请对债务人进行重整。

2. 金融监督管理机构

商业银行、证券公司、保险公司等金融机构在不能清偿债务或者有不能清偿债务的可能时，不仅影响与之交易的债权人的信用安全，而且会对不特定的社会公众造成影响，增加社会信用成本，危害金融安全，金融监督管理机构有权而且有必要进行干预。国务院金融监督管理机构向法院提出对存在财务困难的金融机构进行重整，将直接提升重整程序防范金融危险的制度价值。企业破产法第 134 条规定："商业银行、证券公司、保险公司等金融机构有本法第二条规定情形的，国务院金融监督管理机构可以向人民法院提出

---

① 见企业破产法第 70 条第 2 款。

② 见邹海林：《我国企业再生程序的制度分析和适用》，《政法论坛》2007 年第 1 期。

对该金融机构进行重整或者破产清算的申请。"金融监督管理机构向法院申请对金融机构进行重整，仅有破产原因作为提出申请的限制，故金融监督管理机构不仅可以在金融机构存在企业破产法第 2 条规定的情形时，直接向法院申请对该金融机构进行重整，而且可以在针对金融机构的破产程序开始后，不论已经开始的破产程序为自愿抑或非自愿申请的破产程序，均可向法院申请对该金融机构进行重整。

（三）双重多数表决控制模式

破产程序为当事人自治主导型的程序，而债权人自治又居于至高无上的地位。利用企业破产法规定的企业再生程序，能否达成拯救企业的目的和效果，实际上取决于债务人或管理人与利害关系人的协商结果。企业破产法第 7 章有关债权人会议的规定，首先肯定了债权人会议"通过"企业再生措施方案（重整计划或者和解协议）的职权，并以双重多数表决控制模式[①]来实现"债权人"对企业再生程序的自治地位。

依照企业破产法第 8 章关于重整计划的分组表决的规定，议决重整计划并不仅仅为债权人的事情。债权人会议确有"通过重整计划"的自治地位。但是，因为重整程序涉及的关系人之利益，已然超出"债权人"的范畴，原本不属于"债权人"范畴的利害关系人，诸如劳动工资请求权人、税收请求权人以及对债务人不享有债权的担保权人，甚至企业法人的出资人等，均有依照其意思对重整计划予以表决的权利。[②] 所以，企业破产法第 61 条所称债权人会议"通过重整计划"，仅仅在"普通债权人"以及对债务人的特定财产享有担保权的"债权人"的层面上，有其意义。再者，企业破产法第 84 条第 1 款规定"法院应当自收到重整计划草案之日起 30 日内召开债权人会议，对重整计划草案进行表决"，其中所称"债权人会议"也并非企业破产法第 61 条规定之债权人会议，而应当是分组表决权人会议，只不过包括企业破产法第 61 条规定之债权人会议而已。[③]

在重整程序中议决重整计划时，参与破产程序自治的各利害关系人有权对债务人或管理人提交的重整计划草案发表意见，表示拒绝或者接受，并有权要求债务人或管理人修改已经提交的重整计划草案。利害关系人分组议决重整计划草案，相当程度上将决定债务人在重整程序中的命运。出席会议的

---

① 见企业破产法第 84 条和第 97 条。
② 见企业破产法第 59 条、第 61 条、第 82 条和第 85 条。
③ 见邹海林：《我国企业再生程序的制度分析和适用》，《政法论坛》2007 年第 1 期。

同一表决组的权利人过半数同意重整计划草案，并且其所代表的表决权额占该组表决权总额的 2/3 以上的，即为该组通过重整计划草案。[①] 在和解程序中议决债务人所提和解条件时，表示同意的债权人应当超过出席会议的有表决权的债权人的半数，且其所代表的债权额应当占全部无财产担保的债权总额的 2/3 以上；债权人会议仅以简单多数通过决议接受和解条件的，不发生效力。

（四）弱化管理人的地位

依照企业破产法的规定，管理人在破产程序中居于中心地位。法院在作出受理破产申请的裁定时，应当同时指定管理人。管理人负责接管债务人的财产、印章、账簿、文书等资料，调查债务人的财产状况和制作财产状况报告，并决定债务人的内部管理和日常开支、管理和处分债务人的财产等。管理人依照企业破产法的规定，独立执行职务，不受债务人的约束。债务人的有关人员还应当按照管理人的要求，如实回答询问，并配合管理人的工作。[②]

但是，为再生程序的需要，尤其是考虑债务人在重整期间营业之便利或自由，管理人在再生程序中的地位呈现出弱化的趋势。依照企业破产法第 73 条的规定，重整程序开始后，经法院批准，债务人可以在管理人监督下自行管理财产和营业事务；企业破产法规定之管理人的职权由债务人行使。债务人自行管理其财产和营业事务，实际上是对管理人中心主义的否定；说得轻巧一点，则是弱化了管理人在破产程序中的中心地位。但接下来的问题则是，管理人的地位弱化了，但因为管理人中心主义而设计的各项监督机制，是否应当有效于自行管理财产和营业事务的债务人？

理论上，破产程序开始后，非经法院许可，或者债权人会议的同意，任何人不得处分属于债务人的财产、账簿、文书、资料和其他物品。特别是，管理人继续债务人财产的营业、为不动产或者不动产权利的转让、债权或者有价证券的转让、借款或者提供财产担保、承认别除权、取回权、出卖所有库存商品、提起有关财产的诉讼或者仲裁等行为时，应当事先征得法院的同意或债权人会议的同意。债权人会议选任债权人委员会的，管理人为重大管

[①] 企业破产法第 84 条第 2 款规定之双重多数表决控制模式的计算基准之一"债权额"，并不严谨。各表决组的权利人行使表决权的基础权利并非均为"债权"，故以"债权额"作为计算表决结果的基准就不科学了。

[②] 见企业破产法第 15 条。

理活动时，应当征得债权人委员会的同意。① 或许，在这个问题上，还有另一种解决问题的思路。依照企业破产法第 68 条之规定，债权人委员会可以行使债权人会议委托的职权。债权人会议在其职权范围内，可以将有关债务人财产的管理方面的职权，通过决议的形式委托给债权人委员会行使，并同时决议债权人委员会得在必要时以决议的方式行使此等委托的职权。若有债权人会议的委托，则债权人委员会在收到管理人有关企业破产法第 69 条的重大管理活动的报告时，可以审察并决定管理人的重大管理活动。

依照企业破产法的规定，在重整期间，自行管理财产和营业的债务人，由管理人予以监督，自无疑问。但是，债务人管理财产和营业事务的行为，原本应当属于管理人之行为，这些行为将直接影响重整程序中的债权人的利益，债权人会议应当有权对重整程序中自行管理财产和营业事务的债务人进行监督；代表债权人会议监督破产程序的日常机构债权人委员会，亦应当有权对重整程序中的债务人进行监督，此为债权人自治的固有内容。债权人委员会监督重整程序中的自行管理财产和营业的债务人时，有权要求债务人对其管理财产和营业事务的行为作出说明或者提供有关文件；债务人拒绝接受监督的，债权人委员会有权就监督事项请求法院作出决定。② 但这些问题因为企业破产法没有明文规定，值得讨论。尤其是，在重整期间，自行管理财产和营业事务的债务人，若有企业破产法第 69 规定的行为，是否应当向债权人委员会报告，并接受债权人委员会的审察和征得债权人委员会的同意，更值得重视。

再者，在重整期间，自行管理财产和营业事务的债务人，若其行为有害于债权人的利益，债权人委员会可以申请法院解除债务人自行管理财产和营业事务的资格，由管理人接管债务人的财产和营业事务。

（五）强制批准重整计划

重整程序开始后，企业破产法第 82 条所列各表决组对重整计划草案予以表决，本属于利害关系人自治的当然内容。但是，各表决组均有其特定之利益，各表决组之间甚至存在利益的冲突，因不同的表决组基于其自身的利益考量而拒绝通过重整计划草案，则重整程序的目的难以达成。"重整程序是一种成本高、社会代价大、程序复杂的制度，它更多的是保护社会整体利

---

① 见邹海林：《我国新破产法（草案）与债权人自治》，《法学家》2005 年第 2 期。
② 见企业破产法第 68 条第 2 款和第 3 款。

益，而将债权人的利益放在次要位置。"① 当利害关系人自治而不能通过重整计划时，为社会整体利益的考虑，有必要借助公权力干预以实现重整的目的。

依照企业破产法第七章关于债权人会议的规定，并结合企业破产法第八章关于重整计划的分组表决的规定，议决重整计划仅仅为债权人自治的一个表象，并不能由债权人自治所包容。债权人会议确有"通过重整计划"的自治地位。但是，因为重整程序涉及的关系人之利益，已然超出"债权人"自治的范畴，本不属于"债权人"范畴的利害关系人，诸如劳动工资请求权人、税收请求权人以及对债务人不享有债权的担保权人，甚至企业法人的出资人等，均有依照其意思对重整计划予以表决的权利。② 企业破产法第61条所称"通过重整计划"仅仅在"普通债权人"以及对债务人的特定财产享有担保权的"债权人"的层面上，肯定了重整程序中的债权人自治。但，企业破产法第84条第1款规定"法院应当自收到重整计划草案之日起三十日内召开债权人会议，对重整计划草案进行表决"，其中所称"债权人会议"并非企业破产法第61条规定之债权人会议，而应当是分组表决权人会议，只不过其包括了企业破产法第61条规定之债权人会议而已。严格地说，重整程序中的债权人自治仅仅是各利害关系人自治的一个侧面或缩影。③

在议决重整计划时，参与自治的各利害关系人有权对债务人或管理人提交的重整计划草案发表意见，表示拒绝或者接受，并有权要求债务人或管理人修改已经提交的重整计划草案。利害关系人分组议决重整计划草案，相当程度上影响着债务人在重整程序中的命运。

因此，当利害关系人自治而不能通过重整计划时，为社会整体利益的考虑，有必要借助公权力干预以实现重整的目的。当部分表决组未能通过重整计划草案的，经债务人或者管理人申请，法院可依法视情况裁定批准重整计划。企业破产法第87条规定："部分表决组未通过重整计划草案的，债务人或者管理人可以同未通过重整计划草案的表决组协商。该表决组可以在协商后再表决一次。双方协商的结果不得损害其他表决组的利益。未通过重整计划草案的表决组拒绝再次表决或者再次表决仍未通过重整计划草案，但重

---

① 李永军：《破产重整制度研究》，我国人民公安大学出版社1996年版，第48页。
② 见企业破产法第59条、第61条、第82条和第85条。
③ 见邹海林：《中国大陆企业破产法上的债权人自治》，《月旦民商法杂志》（台北）第14期，2006年。

整计划草案符合下列条件的，债务人或者管理人可以申请人民法院批准重整计划草案：（一）按照重整计划草案，本法第八十二条第一款第一项所列债权就该特定财产将获得全额清偿，其因延期清偿所受的损失将得到公平补偿，并且其担保权未受到实质性损害，或者该表决组已经通过重整计划草案；（二）按照重整计划草案，本法第八十二条第一款第二项、第三项所列债权将获得全额清偿，或者相应表决组已经通过重整计划草案；（三）按照重整计划草案，普通债权所获得的清偿比例，不低于其在重整计划草案被提请批准时依照破产清算程序所能获得的清偿比例，或者该表决组已经通过重整计划草案；（四）重整计划草案对出资人权益的调整公平、公正，或者出资人组已经通过重整计划草案；（五）重整计划草案公平对待同一表决组的成员，并且所规定的债权清偿顺序不违反本法第一百一十三条的规定；（六）债务人的经营方案具有可行性。人民法院经审查认为重整计划草案符合前款规定的，应当自收到申请之日起三十日内裁定批准，终止重整程序，并予以公告。"

对于法院依照企业破产法第 87 条强制批准重整计划的裁定，相关表决组可否提出复议，企业破产法对并没有作出明文规定，能否适用企业破产法第 66 条规定的复议程序救济，存在疑问。①

（六）自行和解制度的适用

自行和解，是指在法院受理破产申请后，债务人和债权人全体自行协商达成清理债权债务的协议而终结破产程序的方式。企业破产法第 105 条规定："人民法院受理破产申请后，债务人与全体债权人就债权债务的处理自行达成协议的，可以请求人民法院裁定认可，并终结破产程序。"

"自行和解并非在法院主导下的破产程序中的和解。不论人民法院受理的破产案件的类型，债务人和全体债权人经协商，均可自行和解。自行和解没有特定的程序要求，只要债务人和全体债权人有自行和解的愿望，均可以协商自行和解。债务人可以请求与债权人自行和解；债权人也可请求与债务人自行和解。自行和解不限于人民法院宣告债务人破产前，在法院宣告债务

---

① 考虑到法院依照企业破产法第 87 条作出的裁定，对于重整程序的各方当事人均有约束力，并产生终结重整程序的效力，应当允许相关表决组（利害关系人）对法院的裁定表示不服或者异议，但企业破产法和民事诉讼法均无提请复议的相关规定。依照民事诉讼法第 178 条有关申诉的规定，并见最高人民法院《关于审理企业破产案件若干问题的规定》第 44 条第 2 款的规定，相关表决组（利害关系人）对法院强制批准重整计划的裁定有异议的，可以在法院作出裁定之日起十日内向上一级人民法院提起申诉。

人破产后，仍可以自行和解。故自行和解适用于人民法院终结破产程序前的任何阶段。"①

企业破产法第 105 条规定的自行和解制度，在性质上是否为程序法上的制度？第 105 条被置于企业破产法第 9 章，似乎属于和解程序的组成部分。企业破产法第 9 章有关和解程序的规定，作为程序法规范，参与破产程序的所有当事人均应当受该程序的约束；尤其是，债务人与债权人会议达成和解协议取决于债权人的双重多数表决；未经双重多数表决的，和解协议不可能达成。和解程序中的双重多数表决机制，可以最大限度地维护和解程序的各利害关系人的公平清偿利益。但考虑到，自行和解制度适用的基础在于债务人和全体债权人达成清理债权债务的协议；依照企业破产法第 9 章的规定，债务人与债权人会议按照"双重多数表决"机制无法达成和解协议的，更不可能存在债务人和全体债权人达成和解协议的机会。由此，将自行和解制度纳入企业破产法第 9 章规定的和解程序予以讨论，没有任何适用的价值。

在解释上应当认为，企业破产法第 105 条规定之自行和解制度，完全不同于企业破产法所规定之和解程序。自行和解制度并非破产程序（和解程序）的组成部分，债务人和全体债权人协商债权债务的清理也不需要法院的主持或参与。不论法院受理的破产申请的类型，债务人和全体债权人经协商，均可自行和解。②

自行和解达成的协议，作为一种法律事实，在性质上属于债务人和全体债权人订立的重新安排其相互间的债权债务关系的共同行为。自行和解协议作为债务人和债权人重新安排或调整其债权债务的法律事实，引起债务人和债权人相互间实体民事权利义务的变动，债务人对自行和解协议成立前的债务不再承担清偿责任，债务人的清偿责任仅以自行和解协议的约定为限。担保义务人所承担的责任，因为债务人的清偿责任的减免而相应的归于消灭，故担保义务人所承担的责任仅以自行和解协议约定的清偿义务为限。自行和解协议为债务人和债权人全体就债务清偿订立的协议，具有实体法上确认债权人减免债务人债务的效力，故其应当具有程序法上的强制执行力。债权人在自行和解协议中放弃的债权利益，不论债务人是否执行自行和解协议，均

① 《中华人民共和国企业破产法》起草组编：《〈中华人民共和国企业破产法〉释义》，人民出版社 2006 年版，第 306—307 页。
② 见邹海林：《我国企业再生程序的制度分析和适用》，《政法论坛》2007 年第 1 期。

不得再行主张。①

四、我国企业再生制度的设计检讨

企业破产法以企业再生作为主导规范目标，但有关企业再生的特别规定第 8 章重整和第 9 章和解，并不能够独自构成完整的企业再生程序。因为第 8 章和第 9 章的规定，仅仅限于清算程序不能适用的特别规定，专门为企业再生程序而设计。实际上，企业破产法中的完整的企业再生程序，必定是企业破产法第 1 章至第 7 章所规定的内容，分别与第 8 章或者第 9 章结合后呈现的债务清理程序。

企业破产法有关企业再生的特别规定，条文有限。这与立法者在设计企业再生程序时没有实践经验有关。在我国，以往的企业债务清理案件，清算型案件占到了所有案件的 99.99%，利用和解程序拯救存在财务困难的企业的案件，仅有数件，而且还不能称之为真正意义上的企业再生型案件。所以，我国的司法实务没有为立法者在创制企业再生程序方面提供实践经验支持。作为舶来品的企业再生程序，立法者仅能在可以预见的情形下，于企业破产法第 8 章和第 9 章规定有企业再生的特别规定。

但是，立法者在企业破产法的立法结构上，对此并没有明示指引。如何将企业破产法第 1 章至第 7 章分别与第 8 章、第 9 章或者第 10 章结合而形成独立完整的重整程序、和解程序或者清算程序，只能依赖于法院在实践中通过解释来完成了。尤其是，当破产程序已经开始，而有关的利害关系人请求适用第 8 章或者第 9 章规定的再生程序时，法院是否应当依照第 1 章至第 7 章的规范启动和适用再生程序，当成为实践中的问题。例如，债权人依法申请宣告债务人清算，在法院裁定宣告债务人清算前，债务人向法院申请重整。法院对于此等情形下的债务人申请，是否应当按照企业破产法第 10 条的规定处理？颇有疑问。

再者，企业破产法第 1 章至第 7 章虽为破产程序的共同规定，但其中也有不少内容似与企业再生程序发生程度不等的冲突。例如，依照企业破产法的规定，在重整期间，自行管理财产和营业的债务人，由管理人予以监督，

---

① 值得一提的是，债务人不执行或者不能执行和解协议时，债权人可以申请法院宣告债务人破产清算。于此情形下，法院宣告债务人破产清算的程序为独立之新破产程序，债权人在自行和解协议中作出的减免债权的承诺并不失效，仅能以自行和解协议约定的未得到清偿的债权部分，依法予以申报并参加破产分配。

自无疑问。但是，债务人管理财产和营业事务的行为，原本应当属于管理人之行为，这些行为将直接影响重整程序中的债权人的利益，债权人会议应当有权对重整程序中自行管理财产和营业事务的债务人进行监督；代表债权人会议监督破产程序的日常机构债权人委员会，亦应当有权对重整程序中的债务人进行监督，此为债权人自治的固有内容。债权人委员会监督重整程序中的自行管理财产和营业的债务人时，有权要求债务人对其管理财产和营业事务的行为作出说明或者提供有关文件；债务人拒绝接受监督的，债权人委员会有权就监督事项请求法院作出决定。① 诸如此类的问题，因为企业破产法没有明文规定，是否应当适用于自行管理财产和营业事务的债务人，将直接影响重整程序的进行，亦值得讨论。

在企业再生程序的制度设计上，有关再生程序的后程序转化问题，已经成为明显的法律漏洞。

破产立法规定的企业再生程序为企业再生提供了手段或方式。企业再生程序的目标在于挽救有财务困难的企业，适用再生程序挽救企业是否能够成功，并不完全取决于企业再生程序的设计和应用。企业再生通常为一个长期的过程，依赖于对未来经济状况的预测、债务人的偿债能力以及债权人的合作或者其他利害关系人的合作。② 当债务企业利用再生程序而不能摆脱财务困境，破产立法应当为利用该程序的企业提供救济的途径，以免增加或浪费企业再生程序的资源，造成更大的损失。破产程序开始后，"除有某些特定的限制外，债务人和其他利害关系人可以申请法院将依照特定规定开始的破产案件转变为依照其他规定开始的破产案件"。③ 所以，企业再生程序开始后，若再生程序目的不能实现，应当有企业再生程序向其他债务清理程序转化的机制。

企业破产法区分企业再生程序的目的不能实现的状态，对再生程序的后程序转化分别作出如下的类型化规定：

第一，再生程序的提前终止。再生程序开始后，因为法律规定的事由出现，受理破产申请的法院应当裁定终止再生程序的，构成再生程序的提前终止。依照企业破产法的规定，再生程序的提前终止，因下列情形或原因而发

---

① 见企业破产法第 68 条第 2 款和第 3 款。

② 见 Brian A Blum, Bankruptcy and Debtor/Creditor: Examples and Explanations（第 2 版），中信出版社 2004 年（影印版），第 153 页。

③ 同上书，第 161 页。

生：（1）债务人有妨碍重整的行为。重整程序开始后，债务人有企业破产法第 78 条规定的妨碍重整的行为之一的。① （2）未按期提出重整计划草案。重整程序开始后，债务人或者管理人在法院裁定债务人重整之日起 6 个月内，或者经法院裁定延期后的 3 个月内，未按期提出重整计划草案的。② （3）全部表决组否决重整计划草案。出席会议议决重整计划草案的各表决组，未获得出席会议的该表决组成员的过半数同意，或者同意重整计划草案的出席会议的该表决组成员所代表的债权额，不足该组表决权总额的 2/3 以上的。③ （4）法院拒绝批准重整计划。部分表决组否决重整计划草案，且法院未依照企业破产法第 87 条的规定，强行批准重整计划，或者法院未批准已经各表决组通过的重整计划的。④ （5）债权人会议拒绝和解。和解协议草案经债权人会议表决，若同意和解协议草案的债权人不足出席会议的债权人的半数，或者同意和解协议草案的债权人所代表的债权额不足全部无财产担保的债权额的 2/3。⑤ （6）法院拒绝认可和解协议。债权人会议通过的和解协议，违反法律、行政法规规定的，法院应当裁定不予认可。⑥

　　第二，终止执行企业再生措施。法院裁定批准企业再生措施（重整计划或者和解协议）后，企业再生程序终止，企业再生措施对债务人与全体债权人（含利害关系人）产生约束力，债务人应当按照企业再生措施的规定执行其作出的各项承诺。不能执行或者不执行企业再生措施，或者执行时违反其作出的承诺，经管理人或利害关系人请求，法院应当裁定终止执行企业再生措施。依照企业破产法的规定，终止执行企业再生措施的，因为下列原因而发生：（1）债务人不能执行或者不执行重整计划的；⑦ （2）债务人不能执行或者不执行和解协议的；⑧ （3）和解协议因债务人的欺诈或者其他违法行为而被法院裁定无效的。⑨

---

①　例如，在重整期间，债务人的经营状况和财产状况继续恶化，缺乏挽救的可能性；债务人有欺诈、恶意减少债务人财产或者其他显著不利于债权人的行为；由于债务人的行为致使管理人无法执行职务。见企业破产法第 78 条。

②　见企业破产法第 79 条。

③　见企业破产法第 84 条和第 88 条。

④　见企业破产法第 88 条。

⑤　见企业破产法第 99 条。

⑥　同上。

⑦　见企业破产法第 93 条。

⑧　见企业破产法第 104 条。

⑨　见企业破产法第 103 条。

　　凡有以上提前终止企业再生程序或者终止执行企业再生措施的情形发生时，企业破产法均规定，经利害关系人请求，法院应当裁定宣告债务人破产清算。这明显存在法律漏洞，将可能造成清算程序的不当适用。例如，当法院裁定对债务人适用重整程序的原因为企业破产法第 2 条第 2 款规定之"有明显丧失清偿能力的可能"，则在提前终止再生程序的情形下，若未发生债务人"不能清偿债务"的事实，法院则不能裁定宣告债务人破产清算，而仅能裁定重整程序终结。笔者以为，企业再生程序的后程序转化，应当以企业破产法规定的再生程序的基本目的为基点，予以限缩解释，将不应当宣告债务人破产清算的相关案型排除在相应条款的规范之外，避免对债务人不当适用破产清算程序。①

　　①　见邹海林：《我国企业再生程序的制度分析和适用》，《政法论坛》2007 年第 1 期。

第五章　证券法的发展

第一节　我国证券法学发展的新机遇

随着我国经济和金融体制改革的不断深化以及社会主义市场经济的不断发展，2006 年以来，我国资本市场出现了许多积极的变化。这些变化在对我国未来资本市场的发展产生深远影响的同时，也为证券法学的发展提供了崭新的经济基础和制度背景。我国证券法学面临突破创新的新机遇。

一、经济基础的变化

国民经济持续快速的健康发展是资本市场赖以发展的基本保证。据国家统计局公布的数据显示，从 2003 年开始，我国经济增长率一直在 10% 的平台上加速。2003 年的增长率为 10.0%，2004 年为 10.1%，2005 年为 10.4%，2006 年为 10.7%，2007 年为 11.9%。我国 2007 年的国内生产总值（GDP）达到人民币 24.6619 万亿元，约合 3.61 万亿美元，与德国 2007 年的 2.38 万亿欧元（约合 3.8 万亿美元）GDP 仅一步之遥。实体经济的飞跃，为虚拟经济的发展奠定了基础、打开了空间。据沪深证券交易所公布的数据显示，截至 2007 年年底，沪深两市总市值达 32.7 万亿元，相当于 GDP 的 132.6%。与其他市场相比，2005 年年底美国股市市值占 GDP 的比重高达 130%，而 2007 年年初数据显示，美国股市总值超过 20 万亿美元，占 GDP 比重为 160%，我国周边的日本、韩国、印度等国的这个比重约为 100%，东盟国家的大约是 70%~80%。目前我国股市总市值与 GDP 占比已经达到或超过其他多数国家的这一比例，并逼近美国的这一数据，从这个意义说，目前我国股市已经达到发达国家平均水平。①

此外，伴随着经济增长，人民生活水平的提高，居民财富逐渐积累壮大，居民存款储蓄余额逐年增加。中国人民银行公布的报告显示，1990 年

---

① 《沪深两市总市值 211466 亿元首度超越 GDP》，http://www.sina.com.cn 2007 年 8 月 9 日新浪财经。

我国城乡居民储蓄余额为 7119.8 亿元，到 2005 年年末为 14.1 万亿元，2006 年年末为 16.1 亿元，2007 年年末为 17.2 万亿元，17 年间增加了 20 多倍。高储蓄率为我国经济增长提供了充足的资金来源，成为支持经济快速增长的重要因素。中国证监会提供的数据显示，截至 2007 年年底，沪深两市上市公司家数 1550 家，总市值达 32.7 万亿元。2007 年沪深两市共计筹资 7728.2 亿元。沪深两市股票日均成交 1903 亿元。与此同时，沪深两市开户数不断增加。中国证券登记结算有限责任公司统计数据显示，截至 2007 年年底，沪深股市账户总数达 13887.0 万。这样，我国的资本市场规模已从原来的新兴市场第三位变成了新兴市场第一位，成为亚太地区重要的资本市场。

我国经济基础的巨大变化，尤其是资本市场的量变到质变，在推进我国适时改进资本市场运行机制的同时，也为我国证券法学科的发展提供了变革的原动力。

二、制度环境的变迁

(一) 加入 WTO 对我国证券业的影响

证券市场国际化是 20 世纪 80 年代以来世界金融市场的一大发展趋势。加入 WTO 实质上是证券市场对外开放的过程。2006 年正值我国加入 WTO 过渡期结束之时，按国际惯例融入国际市场既给我国证券市场带来良好的发展机遇，也给我国证券市场造成巨大的压力和挑战。按照我国加入 WTO 时的承诺，我国证券市场逐步对外开放。截至 2007 年年底，中国共有 7 家中外合资证券公司，28 家中外合资基金公司，其中 19 家的外资股权已达到 40% 以上。引进境外合格的机构投资者（QFII）52 家，批准金额为 99.95 亿美元。在逐步开放并与国际接轨的进程中，最重要最迫切的无疑是制度接轨。在我国加入 WTO 后，证券市场的竞争格局、投资理念、证券定价标准以及投资者结构发生了巨大变化，但我国证券市场在发展过程中由于受传统经济体制的影响，至今还存在不少制度障碍，明显与市场国际化、WTO 规则有实质的距离。因此，以 WTO 的基本原则为参照系，按照 WTO 的原则要求加强制度建设和机制优化，提高我国证券业和证券市场的运作绩效，积极应对国际资本市场的竞争已经成为我国证券法学研究迫在眉睫的重大课题。在研究制度接轨的过程中，积极研究 WTO 的基本原则，尤其是充分利用服务贸易总协定的相关规定和例外条款，恰当地组合使用经济、法律、行政等手段，构建并优化我国证券市场的运行机制，培育有竞争力的市场运行主体，适应国际经济一体化趋势，并保障我国证券市场的平稳运行和持续发展，不仅是证券业，也是证券法学界面对的共同的任务。

（二）后股权分置时代我国证券市场的趋势

股权分置改革作为一项重要的基础性制度改革，对我国证券市场乃至对整个国民经济的发展来说，都是具有里程碑意义的。2006 年 6 月 19 日，首家全流通 IPO 的中工国际上市，以及 100 股三一重工法人股以每股成交价格11.18 元完成抛售，标志着我国资本市场进入了后股权分置时代。[①] 后股权分置时代的到来，预示着我国资本市场的市场机制、市场格局、市场理念、市场赢利模式、投资者结构及监管对象的行为方式等都将发生根本性的转变。

有学者指出，后股权分置时代，我国资本市场在资产估值功能、市场的有效性、大股东行为、上市公司的考核目标、公司并购与控制权市场的争夺等 10 个方面，均会呈现与股权分置时代不同的基本特征。归结起来，后股权分置时代我国资本市场体现了四大趋势：第一，市场利益主体的一致性带来市场化的趋势。第二，机构主导带来的理性投资趋势。第三，监管目标清晰化提高权益保护水平。第四，市场对外开放带来境内外市场一体化趋势。[②]

要应对这样的趋势，我国的资本市场面临着诸多制度性的挑战。从宏观层面看，由于市场化的趋势更加明显，资本市场的优胜劣汰机制及资源配置的功能将进一步强化，资本市场的发展和创新将对法制建设及监管执法提出更高的要求；从微观层面看，在后股权分置时代，在国有股、法人股获得流通权之后，我们面临着更加艰巨的任务，这就是建构新的治理结构，重塑企业经营机制。具体而言，就是厘定新的国家股、法人股与其代理人及经营层的利益关系，制定新的评价制度，确定有效的评估机制及奖惩机制，目的是建立新型的符合市场经济发展要求的责、权、利真正统一的利益关系与约束机制。[③] 总而言之，进入后股权分置时代，我国资本市场法制化、规范化、制度化的特点将更加鲜明，而实现法制化、规范化、制度化的任务无疑是证券法学界研究的重中

---

① 《"G 三一"启全流通大幕实际控制人身家超 20 亿》，http://finance. people. com. cn 2006 年 6 月 20 日。

② 张育军：《"后股权分置时代"监管、创新与市场发展》，《证券市场导报》2006 年第 7 期。

③ 肖国元：《股权分置改革是一连串事件》，《股市动态分析》2005 年第 34 期。

之重。

(三) 公司法和证券法框架下的制度空间

公司法和证券法[①]的联袂出台, 为我国证券市场的发展构筑了坚实的制度基础。尤其是证券法的全面修订是我国资本市场法制建设的标志性事件。证券法许多重大条款的修订摆脱了 1998 年颁布的《中华人民共和国证券法》(以下简称 1998 年证券法) 拘泥于防范风险的种种局限, 为市场主体的发展壮大提供了制度空间, 为从根本上解决影响我国资本市场发展的深层次问题和结构性矛盾创造了条件。

为落实证券法和公司法预设的制度空间, 两法实施两年半以来, 证券监管部门对证券市场法律制度体系作了进一步的梳理与完善。截至 2007 年 6 月 30 日, 陆续出台了 87 件规章及规范性文件, 包括《上市公司信息披露管理办法》、《证券公司风险控制指标管理办法》、《期货交易管理条例》、《期货公司管理办法》、《期货交易所管理办法》等。这些配套立法工作, 对我国资本市场法律规则体系进行了一次全方位的清理和重构, 使法律规则体系覆盖到资本市场发行、交易、结算的各个方面和领域, 促进了证券市场健康稳定发展。[②] 此外,《证券公司监督管理条例》、《证券公司风险处置条例》、《上市公司监督管理条例》、《上市公司独立董事条例》、《期货法》的起草工作也在紧锣密鼓地进行当中。这样的立法背景下, 以实体法制度为支撑的证券法学科获得了前所未有的发展机遇并展示了务实创新、开放进取的研究态势。今后我国证券法学的研究应不再拘泥于旧有制度的束缚, 而更注重我国新兴市场运行规则的健全, 注重市场功能的发挥, 让证券法真正起到为市场保驾护航的作用。

第二节　多层次资本市场的法律建构

多层次资本市场体系是一个综合概念。从投资品种来说, 它包括股票市场、债券市场、基金市场及其衍生品市场; 从市场结构来说, 它包括主板市场、二板市场以及形式多样的场外交易市场。目前我国资本市场体系构架不完善, 市场机制不健全, 交易品种单一, 制约了资本市场功能的有效发挥。

---

① 如无特别说明, 本书中所称"证券法"系指我国 2005 年修订并重新公布的《中华人民共和国证券法》。

② 《中国证券市场健康稳定发展》,《上海证券报》2007 年 8 月 13 日。

如何依法"建立多层次资本市场体系，完善资本市场结构"，尤其是为实践中亟须规范的场外交易与多级市场的确立、信用交易及避险机制的建立等提供法律支持是法学界关注的焦点。

一、我国资本市场体系的结构性矛盾

经过十多年的改革发展，我国已经形成了以股票、债券为主体的多种证券形式并存、各类市场参与者，包括证券交易所、市场中介机构和监管机构共同发展、相关市场交易规则和监管办法日益完善的初步健全的全国性资本市场体系。但是，由于我国处于经济转轨时期，资本市场由政府主导建立，因此，我国的资本市场从萌生之日起就存在着许多先天性的障碍，一些深层次的问题和结构性矛盾长期突出地存在：

第一，股权分割问题。由于历史的原因，我国沪深两个证券交易所在创立之初采用了股权分置的方法，即按照投资主体的不同，把上市公司的股票分为国有股股票、法人股股票和社会公众个人股股票。其中，约占我国证券市场总股本 70% 以上的国有股和带有国有背景的法人股不能在二级市场上流通。此外，按照认购股票投资者身份的不同，分为境内上市内资股（A股）、境内上市外资股（B股）。流通股与非流通股的分置，A、B 股的分割，使股市价值发现功能弱化，定价机制扭曲，同时使得以市场为导向的收购兼并难以进行，市场无法真正发挥有效配置资源的功能。如今，尽管流通股与非流通股股权分置改革已经基本完成，但我国证券市场长期以来存在着全球独有的 A、B 股市场并存的特殊分割体制，阻碍了 A、B 股市场间的跨市场套利行为，扭曲了资本市场所特有的资源配置优化功能，使我国的资本市场成为一个非完全市场化的市场。

第二，市场结构问题。我国资本市场是伴随着经济体制改革和市场化进程逐步发展起来的，改革的发展路径和发展思路导致了资本市场的深层次结构性矛盾。主要表现为：重间接融资，轻直接融资；重股市，轻债市；重国债，轻企债。[①] 资料显示，这些年我国直接融资占企业融资的比例不超过5%，与此同时，银行贷款所占比例却一路上升。此外，就股市与债市比较而言，证券市场中股票市场和债券市场是互补的，应该并行不悖，在西方成熟市场，公司债券是证券市场的主体性产品，公司债券和政府债券的每年融

---

① 王伟、汪继年：《我国建立多层次资本市场的发展现状调查研究》，《陕西省经济管理干部学院院报》2006 年第 4 期。

资额远高于股票。但在我国，由于我国对企业债券发行、交易的管制过于严格，而且多头管理，企业债的期限、利率结构也很单一，品种很少，因此，债券市场极不发达，除政府明确扶持的大型国企外，一般企业难以通过发行债券融资。这种资本市场结构不仅难以适应我国经济发展水平和市场经济发育程度，也不能适应投资者多元化的投资需求和发行人多样化的融资需求，导致了整个社会资金分配运用的结构畸形和低效率，严重影响到市场风险的有效分散和金融资源的合理配置。

第三，市场层次问题。市场层次是证券市场结构的主要内容。我国的证券市场规模小，根本原因就在于市场结构太简单。我国的资本市场主体至今仍是沪深交易所形成的主板市场。我国在 2004 年 6 月创立的以中小企业特别是高新技术企业融资服务为对象的中小企业板市场附属于深圳证券交易所之下，其组织管理系统、交易系统和监管标准都还与主板相同，基本上延续了主板的规则，因此，沪、深两地市场属于同一层次上的两个市场，或者说它只是对二板市场进行的一种微小尝试，属于过渡性质。2001 年启动的"代办股份转让业务"（业界也称"三板市场"）还处于创立时期或幼稚时期。至于现代场外市场还没有成型，伴随股份制改革由地方政府正式或非正式批准成立的地方性股权交易市场的市场定位不明确，分布不合理，也缺乏正式法规予以管理，还有待进一步发展。这种证券市场结构使市场容纳不下明显的投资偏好的差异，不利于证券市场投资者基础的进一步壮大，不能满足大多数中小企业和中小型高新技术企业的投资需求，抑制了中小企业、高科技企业和资本市场的发展，也使得市场的风险甄别机制不健全，风险揭示能力下降，加剧了市场的风险，增大了金融系统的脆弱性和经济运行的风险性。

第四，市场交易品种问题。市场层次和品种丰富、投资主体和对象多元化是成熟资本市场的显著特征。我国资本市场投资品种十分有限，长期以来，我国证券市场证券品种单一，金融期货、期权等证券衍生品种几乎处于空白状态，而美国等成熟资本市场上包括衍生产品在内的投资品种有上千种之多。权证、股票期权、指数期货、国债期货等证券衍生品种，具有套期保值、价格发现、管理风险、活跃交易等功能，这些产品长期缺位，加剧了股票、公司债券等基础证券市场的风险和困境，严重制约了证券市场发展。例如，我国股票市场可以用于规避系统性风险的指数期货等衍生品迟迟没有推出，证券公司就无法通过衍生品的对冲交易来对其自营业务和委托理财业务中产生的头寸暴露进行套期保值，从而加大了证券公司资产管理的风险。可以说，证券衍生品种欠缺是我国证券市场结构性矛盾和深层次问题产生的重要原因之一。

二、证券法对我国多层次资本市场的法律支持

建立多层次资本市场是一项系统工程，以法律为依托是建构多层次资本市场体系的根本所在。1998 年证券法制定之时，我国证券市场刚起步，又值亚洲金融危机，因此，证券法重风险防范，轻制度创新，在很多制度设计上限制了我国资本市场多层次、全方位发展。2004 年 2 月《国务院关于推进资本市场改革开放和进一步明确提出稳定发展的若干意见》明确指出要"在统筹考虑资本市场合理布局和功能定位的基础上，逐步建立满足不同类型企业融资需求的多层次资本市场体系"，以此为指导，证券法从证券交易场所、交易方式、适用范围等多方面予以突破，给我国多层次资本市场发展创造了巨大的制度空间，但这些制度的落实还需要具体规则的支持。

（一）关于证券交易场所的规定

在成熟的证券市场上，证券交易市场一般包括证券交易所市场和场外交易市场，但我国立法对场外交易长期持排斥的态度。对证券交易的场所，我国 1998 年证券法第 32 条规定："经依法核准的上市交易的股票、公司债券及其他证券，应当在证券交易所挂牌交易"；1993 年公司法第 144 条规定："股份有限公司股东转让其股份，必须在依法设立的证券交易场所进行"；1993 年《企业债券管理条例》第 22 条规定："企业债券的转让，应当在经批准的可以进行债券交易的场所进行。"根据上述规定可以看出：第一，经依法核准的上市证券交易只能在证券交易所进行，即上海和深圳两家证券交易所是唯一合法的交易场所；第二，未上市证券可以进行场外交易，只是该场外交易的场所必须是"依法设立的"或者"经批准的"的交易场所。目前我国现实中，存在于交易所之外的合法场外交易主要包括两类：一是通过产权交易所的非上市公司股份的转让；二是证券公司的代办股份转让业务。①

对上市证券而言，我国证券法仅仅确立了证券交易所交易的合法性。这

---

①　我国证券市场早期存在"全国电子交易系统"（NET）和"全国证券交易自动报价系统"（STAQ）两个全国性证券交易网络，主要进行法人股交易。1999 年 9 月，两个系统停止交易。为了切实保护投资者利益，妥善解决 NET、STAQ 系统原挂牌公司的流通股份问题，2001 年"代办股份转让业务"启动。

种规定在我国证券市场发展之初，证券市场发育不成熟的情形下，对增强证券交易的快捷与安全、维护证券市场秩序具有十分重要的意义。但是，从实践看，上市证券的场外交易的需求客观存在。如收购时的协议转让、法人股司法委托拍卖等。尤其是相当一部分国有股和法人未流通股的场外交易曾相当活跃。因此，对1998年证券法第32条有关场内交易的限制性规定，证券法第39条修订为："依法公开发行的股票、公司债券及其他证券，应当在依法设立的证券交易所上市交易或者在国务院批准的其他证券交易场所转让。"该规定为使我国证券流通市场从证券交易所拓展到场外交易市场预留了空间，为建立多层次市场排除了法律障碍。

（二）关于证券交易方式的规定

制定1998年证券法时，考虑到我国的证券市场刚刚起步，风险较大又难以控制的金融衍生工具对我国来说还缺乏经验，因此，对证券交易的方式，我国1998年证券法第35条规定，"证券交易以现货进行交易"。此外，第36条规定，"证券公司不得从事向客户融资或者融券的证券交易活动"；第141条规定，"证券公司接受委托卖出证券必须是客户证券账户上实有的证券，不得为客户融券交易。证券公司接受委托买入证券必须以客户资金账户上实有的资金支付，不得为客户融资交易"。

如果说，我国证券市场刚刚起步时，鉴于证券交易市场参与者的风险意识、法律意识、整体素质、操作经验等都还处于较低水平，立法者谨慎从事禁止非现货交易无疑是为尚不成熟的证券市场设置了一个安全阀，从而能有效地限制投机，避免造成经营风险。那么，经过十余年的发展，还是一味地禁止信用交易等，那是不明智的，也是对证券市场的发展极其有害的。因为就信用交易而言，其从性质上来说并不属于违法行为，相反，信用交易作为世界成熟证券市场上广泛采取的交易方式之一，信用交易制度本身反映了市场交易的内在需求，是证券市场成熟、发展的必然需要。实践表明，证券信用交易是完善证券市场投资及资产配置功能必不可少的基本制度，它提供了重要的风险对冲和风险规避的功能，它对创造证券市场更多的供给和需求，活跃股市的功能有目共睹，同时它还是形成有效、理性的证券价格的必由之路。正因如此，尽管我国立法明令禁止信用交易，但事实上，证券公司私下向客户融资融券或通过"三方监管业务"为客户之间融资融券提供"监管服务"的现象屡禁不止，难以杜绝。此外，由于1998年证券法规定只允许现货交易，那么我国就不会有合法的融资融券，也就不能有做空机制，更不会有期指、期权等衍生金融产品市场，从而导致证券市场的价格发现功能、套期保值功能和风险规避功能无从发挥。

鉴于上述种种缘由，证券法规定，"证券交易以现货和国务院规定的其他方式进行交易"。同时，第142条规定："证券公司为客户买卖证券提供融资融券服务，应当按照国务院的规定并经国务院证券监督管理机构批准"，上述规定为我国信用交易制度的建立提供了法律依据，为实施股指期货等金融衍生品工具交易预留了法律空间。

（三）关于证券交易品种的规定

鉴于我国证券市场起步较晚，对证券市场的监管经验有限，我国1998年证券法将"证券"之范围界定为"在中国境内，股票、公司债券和国务院依法认定的其他证券"。由于对"国务院依法认定的其他证券"，国务院始终未以条例或解释的形式加以指定，因此，股票、公司债券为我国证券市场上的基本品种，期权、期指等证券品种的合法性一直悬而未决。由于我国证券市场交易品种单一，且实行单一的现货交易原则，证券市场只能单边运行，不允许有做空机制，这样，证券市场风险难以有效释放，我国证券市场上曾经出现的大范围股票跌停引爆系统风险的可能性始终存在。

面对我国股市巨大的避险需求，借鉴发达国家证券市场的立法经验，证券法在1998年立法规定的基础上拓宽了证券法的调整范围，将调整范围由过去的股票、债券扩大到了证券投资基金及证券衍生品种，大大丰富了我国证券市场的品种，并从根本上改变了1998年证券法只是作为股票现货交易法的地位，为积极、稳妥地推出期货、期权、认股权证等证券衍生品种留下了法律空间。

（四）关于证券交易运行规则的规定

1998年证券法第33条规定，"证券在证券交易所挂牌交易，应当采用公开的集中竞价交易方式。证券交易的集中竞价应当实行价格优先、时间优先的原则"。所谓集中，就是指所有在交易所上市股票的交易必须在交易所进行，排除场外交易市场存在和发展的可能。从技术手段角度看，以中央登记结算公司来保证"集中"的实现。所谓竞价，是指采用指令（委托）驱动交易制度，严格遵循"价格优先、时间优先"原则，在交易系统中所有参与者的地位平等，无特殊地位的交易者（如做市商）。然而，实践中，目前我国证券交易市场的大宗交易并不实行价格优先、时间优先的集中竞价交易原则。根据上海证券交易所发布的《上海证券交易所大宗交易实施细则》之规定，在价格确定方面，大宗交易的成交价格，由买卖双方在当日已成交的最高和最低成交价格之间确定。该证券当日无成交的，以前收盘价为成交价。在成交确认方面，大宗交易由买卖双方达成一致，并由交易所确认后方可成交。

考虑到证券市场对证券交易方式多样化的需求，证券法第 40 条规定："证券在证券交易所上市交易，应当采用公开的集中交易方式或者国务院证券监督管理机构批准的其他方式。"该规定为我国交易运行规则的进一步完善提供了法律支持。

三、我国资本市场层次性的主要制度完善

成熟的资本市场，不仅要有证券交易市场，还应该包括场外交易、柜台交易、直接的产权转让等多层次、多形式的资本交易，而证券交易所内部又细分为包括主板和创业板市场的证券集中竞价交易、大宗交易、非流通股转让等资本运营的平台。理论界与实务界对完善我国资本市场层次性的主要制度设计如下。

（一）交易所内多板市场的建设

在证券交易所设置多板市场是积极完善我国多层次资本市场结构的一个重要环节。比较成熟的证券市场体系除证券交易所市场与各种场外交易市场并存外，即使是同一个证券交易所，也往往设置不同的市场板块，以适合不同条件的证券上市之要求。美国、中国香港、新加坡、东京等地的证券市场莫不如此。多层次的证券市场为各种类型的证券上市提供了机会，同时也为证券退市提供了广阔的空间。

目前我国作为资本市场主体的沪、深两地交易所市场属于同一层次上的两个市场。法律上的原因就是我国证券法仅仅规定了主板市场的上市条件。当证券市场上只有一个上市、退市条件时，证券市场的层次性便无从实现。我国原来是由公司法规定上市条件，经过公司法和证券法一同修改，有关上市条件的规范已经由公司法移到证券法。同时，证券法降低了股票上市门槛，而且规定，证券交易所可以规定高于法律规定的上市条件，并报国务院证券监管机构批准。这种由法律直接规定证券上市条件的模式，可以保证上市公司的质量，避免因各证券交易所上市条件的不统一而造成的上市公司优劣不均，以确保上市股票的基本投资价值，保护投资者的权益。但是，用法律统一上市条件，僵化了国家对证券市场的调控功能。[1] 反映在实践中，由法律直接规定上市条件的具体内容，各证券交易所只能按照法定的上市条件

---

[1] 陈甦：《证券法专题研究》，高等教育出版社 2006 年版，第 91 页。

接纳上市公司，不承认证券交易所对上市公司标准的选择权，使证券上市及退市条件难以适应情况变化。由于一国国民经济中的产业不同，市场化阶段不同，企业的经营风险不同，融资的要求也不同。一个成熟的证券市场应当具有不同的市场定位，才能够满足不同企业的需求，也才能满足不同的投资者的需求。从这个意义上说，证券市场应有层次之分，而这种层次上的分级绝不是靠一味降低上市门槛来实现的。只有允许上市、退市条件内容多样化，使符合不同上市条件的股份公司在不同的证券交易场所上市交易其股票，才有可能设立不同层次的证券交易场所以健全证券市场结构。

借鉴国外之经验，我们应尽量采取由证券交易所规定上市、退市条件，尔后再由证券监管机构核准的模式，避免上市、退市条件过于死板，以适应客观情况发展变化的要求。当然，也可以由证券法对公司上市、退市做原则性规定，包括批准退市的权限、一般程序等，具体标准和程序则由上市规则规定。

（二）场外交易市场的发展

由于证券交易所的交易和管理能力不可能容纳规模和经营能力存在巨大差异的各类中小企业，也不可能满足对风险和收益持有不同偏好的广大投资者的需求，因此，证券交易所并不是资本市场的全部。建设多层次资本市场不仅要搞好证券交易所，更要积极发展场外交易市场。

我国目前的场外交易市场，主要包括"代办股份转让系统"和地方性产权交易市场。

1. 关于地方性产权交易市场

我国先后在武汉、淄博、天津、沈阳等十几个城市形成了将企业股权公开挂牌交易的地方性股权交易市场，尽管产权交易市场日益成为中小企业投融资的重要场所，但目前我国产权交易市场的发展仍然比较滞后。首先是这些市场绝大多数由地方政府正式或非正式批准成立，产权交易市场的法律地位尚难确定。我国至今还没有建立较为完善的、全国性的产权交易法律和法规，导致产权交易行业在整体上处于无序发展的状态。其次，产权交易市场的流动性太低。再有，区域分割严重，大大降低了市场有效性。对此，在明确产权交易所的定位、挂牌标准、建立统一监管体系的基础上，有学者建议，应该在已有的全国中心市场的基础上，设置以较大城市为核心的区域市场和分布在各省中心城市的柜台交易市场，从而形成中心市场、区域市场、柜台市场三个层次合理分布的市场组织体系架构，既为全国数以万计的股份公司开辟上市场所和流通渠道，拓宽市场空间，又可以公司的资本规模、规范程度、成长性与经济业绩作为评价尺度，让上市公司在三级市场上升级和降级。

2. 关于代办股份转让系统

证券公司代办股份转让系统是为解决 STAQ 和 NET 系统历史遗留问题公司的股份流通问题于 2001 年设立的。代办股份转让系统自设立以来，业务规则不断完善，为保护投资者的权益，维护社会稳定发挥了重大作用。但目前代办股份转让系统存在交头清淡、流动性不足，交易手续繁杂、缺乏做市商制度，投资者不成熟等问题。对此，我们还要进一步研究企业进入报价系统的交易、结算制度，探索从代办系统到中小企业板的转板机制，还要尽快出台非上市公众公司股份转让办法与监管标准，研究股份公司股份流转的途径和方式，充分发挥代办股份转让系统在多层次资本市场建设中的作用。

（三）做市商制度的引入

作为组织市场交易的一种方式，做市商制度的形成是证券市场历史发展的产物。做市商制度具有保持市场的流动性、市场价格的稳定性和连续性、校正买卖指令不均衡现象、抑制价格操纵以及价格发现等功能。

按照是否具备竞争性的特点，做市商制度存在两种类型：垄断型的做市商制度和竞争型的做市商制度。但不管哪种类型的做市商，做市商制度的核心内容可以归纳为四个方面：（1）做市商的资格条件。做市商要具备雄厚的资金实力、较高的商业信誉、相关的行业背景以及极强的管理风险的能力，才有能力履行做市义务，满足市场和投资者的需要。（2）做市商的权利与义务。做市商享有的权利一般包括：从事代理业务、享有全方位的个股资讯、融资融券优先权、一定条件下的做空机制、减免交易手续费和印花税以及享受优惠或减免保证金等。至于其义务主要是双边报价，即按照规定的时间、价差、持续挂单时间、数量进行报价，当任何其他投资者向其提交委托时，该做市商有义务以不劣于其报价的条件执行交易，否则将构成违规行为。（3）对做市商的监管。包括对做市商资格条件的动态考评、考核其履行义务的实际情况以及违规行为的查处。（4）责任的豁免。例如，市场价格发生异常变动，做市商无法履行其义务，交易所允许豁免做市商的义务，以保护做市商的利益；做市商所负责的品种或合约的成交已经十分活跃，市场报价十分踊跃时就无需强制做市商来履行责任。

有学者指出，做市商制度对于我国证券市场来说还是一个新生事物，其完全建立需要很多时间和条件的配合。我们应结合我国的实际情况，分步骤的试行，例如可在中小板市场首先试行做市商制度，以便取得一定的经验教训，使我国的证券市场尽早与国际接轨。①

（四）证券信用交易制度的构建

证券信用交易是海外证券市场普遍、成熟的一种交易制度。信用交易制度除了能够扩大资金的供给，从而稳定证券市场价格体系以外，还能通过信用交易本身的"买空"和"卖空"交易模式，使市场维持理性波动和必要的流动性。

2006年7月中国证监会发布《证券公司融资融券业务试点管理办法》（以下简称《管理办法》）和《证券公司融资融券业务试点内部控制指引》，并于8月1日正式实施，这标志着备受投资者关注的证券信用交易方式正式登陆中国证券市场。作为资本市场的一项基础性制度创新，证券信用交易的适时推出，对我国整个金融业尤其是证券业的发展具有重要意义。

《管理办法》对试点券商的资格条件提出了较高的要求，并通过对融资融券的业务规则、债权担保、权益处理等多项措施进行明确，从而最大可能地实现防范和降低市场风险的目的，不过，《管理办法》回避了两方面的问题：一是选择合适的运作模式；二是信用交易的监管问题。

1. 我国信用交易的模式选择

信用交易模式基本上分为两类，一种是以美国为代表的分散授信模式，一种是以日本为代表的集中授信模式。选择不同模式的根本原因在于各国信用经济成熟度的差异：美国是信用经济高度发达的国家，完善的信用制度本身足以胜任调控信用规模和在一定程度上控制风险的要求。而日本、韩国等的信用经济并不发达，非市场因素、内幕交易经常造成过度的投机，甚至由此引发金融危机，损害实质经济的运行。② 考虑到我国证券市场的发展仍处于新兴加转轨阶段，市场运行机制尚不健全，各市场参与主体尚未成熟，我国的信用机制也还没有真正建立，集中信用模式更适合目前我国市场的现状。但我国的证券市场又有自己的特殊性，简单地模仿日、韩的模式同样也行不通，还必须在制度的设计上进行本土化的创新，以防证券信用交易制度在实施过程中的南辕北辙。在选择"集中信用模式"的前提下，有学者建议我国目前应采用单轨制的集中授信制度，即设立一家或几家证券融资公司，由其通过众多的证券公司向投资者提供信用融通，并在适当的成熟阶段适时转轨为高度市场化分散信用模式，切实发挥证券信用交易的促进市场流

---

① 柏高原：《美国证券市场中的做市商制度》，《产权导刊》2006年第9期。
② 巫晓亚：《信用交易与我国证券市场制度创新》，《现代管理科学》2004年第3期。

通、完善发现价格等多种功能。

　　2. 我国信用交易的监管模式

　　证券信用交易的监管主要包括对保证金比率、信用限额、外界信用进入市场的监管以及自律管理等内容。由于证券信用交易涉及证券业、银行业、保险业，包括证券市场、货币市场及保险市场三个市场的互动，因此，跨业金融监管的协调是个突出问题，在当前分业监管的模式下，需要银行、证券、保险等监管部门加强沟通与协调。有学者指出，证券信用交易监管体系的设计可以从以下方面着手：① 中国银监会作为商业银行的主管机构，制定有关银行向证券金融公司提供资金的渠道、方式和管理办法；中国证监会作为证券监管机构，制定证券金融公司向证券公司或投资者提供资金、证券转融通的管理办法，并由证券交易所对有关交易、存管和结算等方面制定出细则作为补充。证监会应在证券信用交易监管体系中发挥主导作用。央行、银监会、证券交易所和证券登记结算公司是证券信用交易的重要监管主体，证券业协会、证券金融公司以及有许可证的证券公司也是证券信用交易监管体系中的重要环节。尤其是专业性的证券金融公司，其性质、地位及其与监管部门的关系决定了它在提供服务时必须履行严格的自律准则，降低风险和防范不规范行为的发生。

　　此外，就证券市场信用交易监管体系来看，至少包括三个层次的监管互动。首先是证监会的行政监管。证监会应从证券流通方面制定相应的信用交易操作规则和管理规则，并负责稽查违反法律和规则的行为。其次是交易所的市场监管。交易所根据整个市场的和某只证券的信用交易情况，允许或者终止某些证券的信用交易资格，并对市场中交易的异动发出警示。此外，交易所还根据整个市场的交投情况，适时调整维持保证金比率。受证监会的委托，行使部分行政处罚权。第三是证券业协会的行业监管。主要负责有关信用交易合同和协议文本的标准化，并从行业规范和行业道德方面，对协会成员进行行为监管。

第三节　证券衍生品种的法律规制

　　证券衍生品种的开拓、创新是证券市场活跃和成熟的一个重要表现。如

---

　　① 陈红：《证券信用交易：海外规制经验与中国制度建设》，2007 年 12 月 28 日中国经济信息网。

何界定证券衍生品种的内涵、法律地位并设计与其相适应的发行、上市、交易制度，进而构建有利于证券衍生品种创新的配套制度是证券理论界与实务界关注的热点。

一、证券衍生品种的法律地位

从世界范围看，衍生产品的法律定位不仅直接影响衍生品的市场结构，还会直接影响各个国家和地区衍生品市场的监管框架。

（一）关于证券衍生品种的法律地位

我国 1998 年证券法对于证券衍生品种的法律地位并无涉及，但学界通常认为证券衍生品种属于"由国务院依法认定的其他证券"。证券法对证券衍生品种的法律地位依旧没有直接界定，但证券法第 2 条新增规定："证券衍生品种发行、交易的管理办法，由国务院依照本法的原则规定。"尽管证券法较 1998 年证券法明确提及"证券衍生品种"并对制定证券衍生品种发行与交易制度做出授权性规定，无疑值得肯定，但该规定仍有可供讨论之处。有学者指出，新的证券衍生品种的出现，在为投资者提供新的投资手段和交易方式的同时，也往往暗含新的风险形式乃至对现行规制措施的规避，因此法律对证券衍生品种予以特别规制是必要的。但是，法律的变化永远也跟不上证券衍生品种的创新步伐，由国务院主导证券衍生品种的创新模式与证券市场的发展需要不相适应，对每一种证券衍生品种的发行和交易进行特别规制显然过于浪费立法资源。因此，一个可供考虑的制度建构建议是：（1）应当直接规定证券衍生品种属于证券法的适用范围，其发行与交易首先要适用证券法的一般规定。（2）对于证券衍生品种在发行与交易方面的特殊之处，可预先制定体现证券法原则的特别管理办法。（3）对于具体的证券衍生品种，其发行与交易可由证券监管机构认定和核准即可。[①]

为什么要在证券法中直接规定证券衍生品种的法律地位？证券衍生品种纳入证券法调整范围的依据是什么？这些问题的探讨有利于我们进一步厘清证券衍生品种的内涵与特性，是构建证券衍生品种法律制度的前提和基础。

（二）证券衍生品种的本质特征

证券法规制的证券的特性是什么？辨别经济活动中新出现的证券品种应否归证券法规制的标准是什么？对此问题的见解尽管不尽一致，但从法理上说，判定证券法上的证券范围，无疑是根据证券法的宗旨和投资证券的特性

---

① 陈甦：《证券法专题研究》，高等教育出版社 2006 年版，第 23 页。

决定的；从立法技术上说，是从证券权利的存在过程和实现方式，即根据证券权利的产生、移转和实现的特点确定证券法应规制的证券的范围。具体分析，证券法的宗旨是保护投资者权益，维护证券市场的公正与秩序，体现证券法宗旨的具体制度的实现方式是：建立公正的证券市场价格形成机制，赋予投资者均等的证券投资机会，实现公平的信息资源分配，禁止不正当证券交易行为等等。那些需要依此方式实现和保障其上权利的证券，即可归入证券法的适用范围。从这个意义上说，与一般民法上的证券相比，证券法上的证券应当具有资本性、公开性、批量性、标准性、程序性和市场性。[①]

证券衍生品种是原生证券的衍生产品，分为契约型（如股指期货、期权等）和证券型（如认股权证等）两大类。以认股权证为例来分析证券衍生品种的证券特性。第一，从证券的基本原理上看，证券品种都是一种特定权利的证券化，如股票是股东权的证券化，债券是债权的证券化，而认股权证系"选择权"的证券化，应当属于证券范畴。之所以称之为衍生证券，是因为其建立在买卖特定股票的基础上，以标的股票的存在为基础，具有衍生性。第二，与股票和公司债券一样，认股权证有发行人，设定发行价格，经历发行和募集程序，具有直接或间接的筹资功能。[②] 而投资者持有权证的目的也是为了取得资本性收益。第三，认股权证必须向社会公众公开发行，具有公开性，其认购者，多为公众投资者。第四，认股权证作为金融商品进行交易，证券交易规模巨大，证券交易主体众多，具有高度的流通性，并通过发行与交易形成大规模的专门市场，呈现出市场化的特征。第五，同次发行的认股权证采取批量发行的方式，交易也采取批量交易的方式，在不特定的多数人之间交易，因此具有批量性特征。第六，认股权证具有标准性，即同种类的权证上记载的权利内容标准均一。此外，认股权证具有程序性，即在发行或交易活动中，必须遵守证券法规定的程序。综上可见，认股权证尽管是证券衍生品种，但其权利实现方式和股票、公司债券等保持一致，具有证券法规制的证券的共性特征。[③] 因此，应当纳入证券法的适用范围，受证券法的规制。

（三）境外成熟市场的立法借鉴

从境外成熟市场的立法看，大都将证券衍生品种定性为有价证券，接受

① 陈甦：《证券法专题研究》，高等教育出版社 2006 年版，第 23 页。
② 契约型证券衍生品种，并无发行人和发行程序，也无筹资功能。
③ 卢文道：《证券衍生品种法制构建与〈证券法〉修改》，《证券市场导报》2005 年第 9 期。

证券发行和交易有关法律的调整。以权证为例，在权证的起源地美国，1933年证券法第 2 条第 1 款中对"证券"的定义就包括认股权证；在权证市场高度发达的德国，其《有价证券交易法》第 2 条规定："本法所指的有价证券为可以在市场上交易的：股票、代表股票的证书、债券、红利股票、期权证书和其他相当于股票或债券的有价证券"；在权证产品同样发达的我国香港特区，权证也属于证券之列，其《证券条例》第 2 条对有价证券的定义除了所列举的股票、债券等外，还及于权利、选择权及利益等；此外，日本《证券交易法》第 2 条第 1 款、我国台湾地区"证券交易法"第 6 条均将权证纳入有价证券的范围。[①] 由此可见，成熟市场在证券衍生品种法律制度构建路径上具有共性，即在有价证券的制度框架内构建证券衍生品种法律制度，但同时兼顾证券衍生品种的特殊性，进行适当的调整、补充。

证券衍生品种具有套期保值、价格发现、管理风险、活跃交易等功能，但长期以来，我国证券市场证券品种单一，证券衍生品种几乎处于空白状态，严重影响我国证券市场的安全运行，加剧了股票、公司债券等基础证券市场的风险和困境，严重制约了证券市场发展，严重影响我国证券市场竞争力。与此相反，当前世界证券市场国际化、自由化发展日新月异，不同证券市场之间的竞争日趋激烈。在国际和区域金融中心竞争中，证券衍生产品开拓、创新是竞争的重要内容。随着我国香港地区、新加坡、我国台湾地区等地证券衍生品市场的迅猛发展，以及国外证券市场推出的中国股指期货等，如果国内不提供股指期货等证券衍生品种和风险管理工具，可能形成我国股票现货市场与股指期货市场在境内外割据，不利于我国资本市场的安全运行。[②] 将证券衍生品种纳入证券法规范，则有利于形成证券现货市场和衍生品市场互相促进和共同发展的良好局面，符合全球资本市场发展的趋势和我国的国情。

二、我国权证制度设计存在的问题

成熟市场的权证法律制度大多由三部分组成：第一，法律层面的制度；第二，行政规章层面的制度；第三，证券交易所规则层面的制度。这三个层

---

① "证券交易法"第 6 条对有价证券的列举并不包括备兑权证，但该条第 1 款"财政部核定之其他有价证券"之规定属于授权型规则，允许"我国台湾地区财政主管部门"在类型化的证券类别之外，根据市场需要认定其他证券品种，以协调立法稳定性和证券市场变动性之间的矛盾。1997年，我国台湾地区备兑权证推出，便事先由"我国台湾地区财政主管部门"核定。

② 卢文道：《证券衍生品种法制构建与〈证券法〉修改》，《证券市场导报》2006 年第 9 期。

面的制度，效力层次不同，管理权限也各不相同，但三者互相分工协调，共同规制权证的运行。

尽管我国权证市场发展迅速，但国务院并没有根据证券法的授权制定相关的行政法规来具体规范权证市场，所以，有关我国权证的制度设计，主要从证券法和交易所制定的《权证管理暂行办法》两个层面来考察。

（一）证券法层面

除前述证券法没有直接规定证券衍生品种属于证券法的适用范围，而且证券法规定"证券衍生品种发行、交易的管理办法，由国务院依照本法的原则规定"不甚合理外，证券法层面在权证制度设计上最突出的问题就是，证券法中的证券发行、上市制度是针对股票、公司债券等基础证券而设计的，没有充分考虑到证券衍生品种发行、上市制度的特殊性，对权证等衍生证券难以适用。

1. 关于权证的发行

关于权证的发行，主要包括两个问题。一是权证发行审核的主体，二是权证的发行条件。依据证券法第 2 条，"证券衍生品种发行、交易的管理办法，由国务院依照本法的原则规定"，而在证券法框架下，中国证监会依法审核证券的发行并安排证券在证券交易所上市。如果我国的权证发行和上市也走由中国证监会核准的程序，则与成熟市场权证发行与交易的市场化路径完全相反。此外，关于发行条件，证券法第 10 条规定，"公开发行证券，必须符合法律、行政法规规定的条件，并依法经国务院证券监督管理或者国务院授权的部门核准或者审批；未经依法核准或者审批，任何单位或者个人不得向社会公开发行证券"。该规定适用于权证也不尽合适。首先，如前所述，证券衍生品种分为契约型和证券型两类，契约型证券衍生品种以股票、债券等资本证券或者资本证券的整体价值衡量标准如股票指数为基础，主要包括各类期货、期权等品种，如股指期货、股指期权、国债期货、股票期权等。契约型衍生品种是以证券交易场所设计的标准化、规格化的合约形式存在，而不是以证券的形式存在，而且没有发行人，也没有发行环节；其次，对认股权证、可转换公司债券等证券型证券衍生品种，原则上需要公开发行，但按照证券法第 10 条的规定，公开发行证券，必须符合法律、行政法规规定的条件，目前我国证券发行条件实行法定化，直接由法律、行政法规给予具体规定，而对权证，尚无法律、行政法规规定的发行条件，如此权证等证券衍生品种的发行遥遥无期。

2. 关于权证的上市

就证券上市，证券法规定股票、公司债券上市交易申请由交易所依照法定条件和法定程序核准。对证券衍生品种上市申请是否需要核准，如何核准，并无涉及。从我国证券市场实践看，我国证券市场发行、上市审核带有浓厚的市场管制特征，长期以来以发行审核为主上市审核为辅，发行和上市条件法定化。权证作为衍生证券，其经国务院认定后，具体的发行、上市审核模式要在证券法现有架构下寻求依据。但权证品种类型各异，法律无法对上市条件事先逐一给予具体规定。从境外权证市场发展经验看，权证作为衍生产品，其监管以上市审核为主、发行审核为辅，且上市审核基本采用市场化方式，由证券交易所规定上市条件，行使上市核准权。由于我国现行法律难以在短期内规定证券衍生品种的上市条件，实践中权证的发行审核也是由证券交易所完成并报中国证监会备案，权证的上市审核则完全由证券交易所负责。这在我国现阶段的法治环境中，应是一种迫于实际的选择。

（二）《暂行办法》层面

2005 年 7 月 18 日上海证券交易所、深圳证券交易所分别发布了《上海证券交易所权证管理暂行办法》和《深圳证券交易所权证管理暂行办法》（简称《暂行办法》），标志着我国证券市场的制度创新进入了崭新的阶段。但是，由于受我国证券市场目前发展状况的限制，两个《暂行办法》还存在着诸多问题。其在法律层面上的疏漏主要体现在以下两个方面：

1. 超越甚至违背证券法

尽管法律总是落后于现实，但以此为由超越甚至违背法律也无法改变违法行为的本质。依据证券法第 10 条之规定，只有经过证监会的审核，某个具体的证券品种才能公开发行。但上交所《暂行办法》第 4 条规定，"本所对权证的发行、上市、交易、行权及信息披露进行监管，中国证监会另有规定的除外"，并且在其他条款中具体规定了发行权证的条件和交易所核准的程序规范。同样的问题也存在于深交所的《暂行办法》中。两个《暂行办法》将证券交易所认定为权证发行与上市的审核主体，这显然与证券法中规定的以中国证监会为证券发行和上市的审核主体不一致。《暂行办法》的这些规定是违背证券法的，明显是一种"权力僭越"。而且，证券法及相关行政法规没有规定允许证监会将其法定权力转而授权给交易所，因此《暂行办法》的规定欠缺合法性。此外，《暂行办法》发布之时证券法尚未出台，1998 年证券法第 106 条规定了"证券公司接受委托或者自营，当日买入的证券，不得在当日再行卖出"，即"T＋0"交易是被禁止的。然而上交所《暂行办法》的第 21 条规定"当日买进的权证,当日可以卖出",这显然也与 1998 年证券法冲突。又如,1998 年证券法第 35 条规定"证券交易以现货进行交易",权证本质上是一种期权,是无法"现货交易"的。

2. 某些规定的缺漏或不合理

第一,没有分类构建公司权证、备兑权证的法律制度。《暂行办法》没有区分公司权证、备兑权证,对不同类型的权证适用同一法律规则,势必造成一些问题。例如,沪深交易所把提供履约担保作为所有权证上市交易的必备条件,上交所《暂行办法》第 11 条要求发行人"通过专用账户提供并维持足够数量的标的证券或现金,作为履约担保",或者"提供经本所认可的机构作为履约的不可撤销的连带责任保证人",实际上,履约担保的情况只适用于备兑权证,对于公司权证的发行,则不存在这一问题。

第二,缺乏对权证发行人资格条件的规定。权证市场监管的一个重要手段便是设定特定的发行门槛。《暂行办法》对发行门槛的设定,除了有关标的证券①、发行量②以及发行担保③等的特定要求以外,缺乏一个极为重要的条件就是对有关发行人本身的资格限制。《暂行办法》除了原则性规定权证的发行上市申请需经上交所核准以外,对发行人的资格限制没有任何明确规定,亦未说明就此应适用其他何种标准。

第三,对标的证券条件的规定不完备。《暂行办法》第 9 条规定,标的股票应符合以下条件:(一)最近 20 个交易日流通股份市值不低于 10 亿元;(二)最近 60 个交易日股票交易累计换手率在 25% 以上;(三)流通股股本不低于 2 亿股;(四)本所规定的其他条件。《暂行办法》虽然以列举的方式规定了股票和其他证券品种可以作为标的证券,但其只针对选择单只股票作为标的证券的条件作出了明确规定,对于以基金、一篮子股票等为标的证券的具体条件,没有予以明确。

第四,缺乏权证创设的操作细则。《暂行办法》虽然规定,合格机构可以创设权证,以增加二级市场权证供给量,防止权证价格暴涨以致脱离合理价格区域,但上海证券交易所并没有发布统一的有关创设权证的具体操作细则,仅仅针对具体的创设行为,以发布通知的方式进行规范。深圳证券交易所虽单独制定了《关于证券公司创设权证有关事项的通知》,但也不完善。

---

① 《暂行办法》第 9 条。
② 《暂行办法》第 10 条。
③ 《暂行办法》第 11 条。

此外，《暂行办法》未能充分考虑权证持有人行权时对正股市场可能带来的冲击而给予相应的防范；《暂行办法》虽然要求权证发行人提供专门账户并维持足够量的标的证券或现金以作为履约担保，但没有指出履约担保的存在形式等等。

三、我国权证制度的完善

由于我国现有的证券法律法规没有充分考虑权证等证券衍生产品的特殊性，因此一定程度上就使得权证的推出缺乏一个完善的制度支撑。完善我国权证制度，应当着眼于以下几个关键的问题。

（一）公司权证与备兑权证法律制度的分类构建

由于公司权证与备兑权证在本质上具有重大区别，公司权证的发行是与融资或者再融资的目的联系在一起的，而备兑权证的发行则不会增加股票存量，因此成熟市场大都构建不同的法律规则体系，对两种权证的发行、上市、交易等环节分别进行监管。

从成熟市场经验考察，公司权证与公司证券发行、资本筹集相关联，具有一定的依附性，因此配套法律规范以公司法为主，行政规章和市场业务规则为辅。至于备兑权证，它是一种相对独立的证券衍生品种，多由证券交易法直接规定备兑权证的法律地位，也可以通过"授权条款"赋予其法律空间。具体的制度则主要由行政规章，特别是证券交易所的业务规则加以规定。[①]

就我国而言，关键问题是在区别公司权证与备兑权证的基础上，对权证的发行、上市审核实行不同的监管模式。对于公司权证的发行，由于其基本依附于股票或公司债券之发行，因此，公司权证之发行可作为股票发行的一部分，由中国证监会按照股票发行条件，行使审核权。凡具备首次发行股票条件的股份公司以及上市后具备增发条件的上市公司，都可以申请发行公司权证，法律可不单独规定此类权证的发行条件。至于公司权证上市审核权可授权证券交易所，由其在业务规则中规定此类权证的上市条件。对于备兑权证的发行，由于不涉及融资问题，则应将审核权限授予交易所，同时可以采用"发行人资格管理"模式，由交易所在业务规则中设置相应的条件，符合条件并取得资格者，可根据市场情况和自身需求，随时发行权证，并向交易所申请上市。总的来说要把握这样的原则：一方面要政府监管部门授权交

---

① 《权证产品开发中的相关法律问题研究》，《上海证券报》2005 年 7 月 13 日。

易所对权证的发行进行审核，从而提高监管效率并降低交易成本；另一方面又要明确政府监管部门作为发行上市审批的最高权力机构，可以在特定情况下行使发行申请的否决权，以保证集中管理体制下政府监管部门对证券市场运作各主要环节的最高权力控制，也防止因自律监管的缺陷和政府监管的不足而可能导致的市场失灵现象。①

在备兑权证具体发行条件的设计上，应侧重于权证持有人行权时发行人的债务履行能力。从域外的实践看，对于无抵押的备兑权证，各国或地区的证券法规大都从财务状况和风险控制两方面对发行人规定了最为严格的条件，如发行人不符合规定条件，则必须有担保人以首要义务人的身份无条件及不可撤销地负有发行人妥善和如期履行因发行备兑权证而产生的义务；若发行人发行有抵押的备兑权证，即要求发行人提供标的股票或现金作为行权担保，这种条件下对发行人的资格要求相对降低。

（二）自律监管和行政监管的职责边界

由于在构建权证法律制度时，既要遵循现有证券市场发行、上市、交易、监管等一系列规则，又要兼顾权证的特殊性，进行适当的制度调整、创新，因此，权证制度供给中厘定自律监管和行政监管职责的边界尤为重要。

从成熟市场的经验考察，权证法律制度的调整与创新，大多是由证券监管机构和证券交易所共同完成的。但是，考虑到权证产品的特性，赋予证券交易所应有的自主权，是权证产品创新和发展的客观需要。从两者的分工来看，相关的原则性、框架性制度由行政监管机构提供，具体制度的规定，如发行人资格、权证上市等由交易所业务规则给予明确，但证券监管机构对交易所的自律监管享有监督权和最终否决权。

就我国而言，目前我国权证法律制度建设的关键问题是要厘定中国证监会与证券交易所在规定权证发行、上市条件、审核发行、上市申请等方面的职责和权力边界。立足我国市场实践及监管传统，借鉴发达国家（地区）的经验，权证的具体制度主要遵循自律监管原则，证券交易所在发行人的资格条件、权证上市条件的决定以及发行人资格管理和上市审核中，可享有广泛的自律管理权限，但交易所制定的有关权证发行、上市和交易的业务规则，应报中国证监会批准，接受中国证监会监管。

（三）权证交易特有风险防范机制

交易风险控制是产品创新制度设计中的重要环节。权证交易风险主要包

---

① 黄韬：《权证的法律软肋》，《法人》2005 年 7 月 28 日。

括两部分，一是现有证券市场环境和交易机制下存在的普遍性风险，如证券公司挪用客户资金风险；二是权证自身产品特性所决定的特有风险，如投资者交易取得的权证到期失去行权价值、权证交易价格剧烈波动或者严重背离标的证券交易价格等。针对权证交易的特有风险，必须设计相应的控制机制：①

第一，向投资者充分揭示交易风险。可要求证券公司向首次买卖权证的投资者全面介绍相关业务规则，充分揭示可能产生的风险，并要求其签署风险揭示书等。

第二，设置交易价格约束和揭示机制。可比照股票交易，设置权证价格涨跌幅限制，防止权证交易价格剧烈波动或者严重背离标的证券交易价格。交易所在权证交易时间内，可定时公布权证的溢价率，揭示权证交易价格与标的证券交易价格偏离的幅度，供投资者买卖权证时参考。

第三，完善权证创设机制。条件成熟时，可借鉴我国香港、台湾地区"进一步发行"、"持续发售"等机制，允许合格机构创设权证。在权证交易时间内，经交易所认可的证券公司、基金管理公司、保险公司等机构投资者，在提供相应证券或资金作履约担保的情况下，可以上市交易的特定权证为基础，实时创设权证，当日创设的权证，当日可以卖出。

第四，强化权证交易实时监控。交易所可预先设置合理监管指标，对权证交易价格剧烈波动或者严重背离标的证券的交易价格，及时预警；对异常交易中的相关投资者，可采取口头警告、约见谈话等柔性监管措施；对出现重大异常交易情况的证券账户，可采取限制权证交易等刚性监管措施；如存在内幕交易或市场操纵嫌疑，上报证监会立案查处。

第四节 公募、私募的界定与监管

证券发行是企业直接融资的主要手段。由于证券公开发行（公募）涉及社会公众利益和证券市场秩序，因此，各国证券立法大都对证券公开发行规定了比较严格的监管措施，如证券发行注册制或核准制，并强制信息披露义务人向社会公开披露有关信息等；而对非公开发行（私募），则可以豁免监管，或者规定较为宽松的监管措施。

---

① 陆文山、焦津洪等：《我国权证法制框架及制度设计构想》，《中国证券报》2005 年 7 月 13 日。

就我国而言，由于我国立法长期未对证券公开发行予以明确界定，致使企业通过资本市场的直接筹资行为没有得到合理的规范和有效的支持。实践中，一些企业担心"非法集资"而放弃了直接融资以取得长期资本的机会，制约了企业发展；另一些企业则以增资扩股为名，变相向公众发行股份，留下了社会风险隐患。① 如何合理界定公募、私募并确定相应的监管力度和范围，既便利企业融资，给市场主体以充分的自主活动空间，又积极维护公众利益和社会秩序，提高证券监管效率，是证券法领域引人关注的问题。

一、我国有关证券公募的立法与实践

（一）证券法修订前的立法情况

尽管 1993 年颁行的《公司法》和《股票发行与交易管理暂行条例》（以下简称《股票条例》）以及 1998 年颁行的证券法都是以"公开发行、上市公司"为基本出发点来设计规范我国证券市场的基本法律制度，但仔细推敲，证券法修订前我国立法有关证券公开发行的界定几近空白。

第一，《股票条例》的规定。《股票条例》第 81 条明确规定"公开发行"是指发行人通过证券经营机构向发行人以外的社会公众就发行人的股票作出的要约邀请、要约或者销售行为。然而，仅仅依据"通过证券经营机构"承销和"向发行人以外的社会公众"发行这两个要素来界定公开发行显然是不够的，而且究竟什么是"社会公众"也没有界定。不过，《股票条例》特别规定了"证券经营机构在承销期结束后，将其持有的发行人的股票向发行人以外的社会公众作出要约邀请、要约或者销售，应当经证监会批准，按照规定的程序办理。"② 换言之，承销商在承销期结束后对包销证券的处理可能适用公开发行的监管要求。此外，《股票条例》也明确规定，"发行人用新股票换回其已经发行在外的股票，并且这种交换无直接或者间接的费用发生的"，③ 不适用公开发行的监管规定。

第二，1998 年证券法的规定。尽管 1998 年证券法多处使用"公开发行"一词，但始终没有给予"公开发行"任何的说明解释。例如，1998 年证券法第 10 条规定："公开发行证券，必须符合法律、行政法规规定的条

---

① 《中国证监会发行监管部学习〈证券法〉、〈公司法〉体会》，《证券时报》2005 年 11 月 24 日。

② 《股票条例》第 27 条。

③ 《股票条例》第 28 条。

件，并依法报经国务院证券监督管理机构或者国务院授权的部门核准或者审批；未经依法核准或者审批，任何单位和个人不得向社会公开发行证券。"概言之，有关证券公开发行，我国的立法在证券法修订前几无任何实质性的界定，以致给我国证券市场实践造成许多困扰。

（二）证券法修订前的实践问题

由于 1998 年证券法对公开发行缺少认定标准，在公募、私募的构成和监管机制上相当混乱，实践中问题丛生。

第一，监管思路不清晰，监管随意性大。由于立法缺乏对公开发行的明确界定，导致证券监管机构对公开发行监管缺乏明确的思路，实践中监管标准不一、监管随意性大的情况相当严重。例如，关于承销商公开出售包销股票的行为，尽管《股票条例》第 27 条明确要求其出售必须经中国证监会批准，按照规定程序办理，但实践中证监会并不要求承销商销售包销股票再经过批准。[①] 再如，证券监管机构要求上市公司发行新股，不管是对社会公开募集的增发还是对现有股东的配股，都必须得到核准，但在以利润转增股本，即向现有股东的送股时却没有核准要求。此外，证券法修订之前，公开发行和上市的联动是我国证券市场的一大特色，由于证券法缺乏对公开发行的明确界定，证监会实际上利用上市的渠道控制公开发行，无疑大大提高了公开发行的门槛，给中小企业融资造成困难。

第二，大量的变相公募行为得不到有效规制，造成市场隐患。由于证监会的职能仅仅监管上市公司，因此，除了上述证券监管机构对上市公司的公开发行监管比较随意外，对未上市公司的可能涉及公开发行的行为更难纳入监管视野。例如，公司发起设立，召集大量发起人认购公司股份就可能规避公开发行监管。实践中国有企业改制由全体职工作为发起人认购公司所有股份以发起设立股份有限公司就未认定构成公开发行。相应的，发起设立公司的增资扩股一般也无需审查是否构成公开发行。此外，通过产权交易所的股份公开转让可能为发行人利用转售规避公开发行。上述种种缺乏监管的灰色地带的存在，使得一些本应得到证券法保护的投资者没有获得应有的保护，给证券市场造成风险隐患。

---

① 《证券经营机构股票承销业务管理办法》第 25 条规定，证券经营机构依第 16 条第 1 款所得股票，除按国家关于金融机构投资的有关规定可以持有的外，自该股票上市之日起，应当将该股票逐步卖出，并不得买入，直到符合国家关于公司对外投资比例及证券经营机构证券自营业务管理规定的要求。

　　第三，私募的生存空间亟须保障。私募是证券发行的一个重要方式。相对于公募而言，私募发行具有发行成本低、发行周期短、发行难度不大、信息披露较为宽松等特点，能够为股票发行人和投资者提供差异化的融资和投资渠道，对促进整个金融市场的资本形成具有十分重要的作用。我国1998年证券法没有明确界定公募，从而使私募的法律地位处于不确定的状态，限制了我国私募行为的发展。近几十年来，随着全球股票市场上投资者结构的变换，尤其是机构投资者的数量和规模不断扩大，私募发行开始发挥着更为重要的作用。我国境内的私募资本市场事实上已经存在，但因不具备法律地位，这种市场只能在遮遮掩掩和极不规范的状况下进行。

　　（三）证券法有关公募的规定

　　证券法第10条规定：公开发行证券，必须符合法律、行政法规规定的条件，并依法报经国务院证券监督管理机构或者国务院授权的部门核准；未经依法核准，任何单位和个人不得公开发行证券。有下列情形之一的，为公开发行：（一）向不特定对象发行证券的；（二）向特定对象发行证券累计超过二百人的；（三）法律、行政法规规定的其他发行行为。非公开发行证券，不得采用广告、公开劝诱和变相公开方式。

　　从上述规定可以看出，立法对公开发行的界定采用了三类标准：一是募集对象的非特定化标准，只要发行证券的对象是不特定的，就构成公开发行；二是人数标准，虽然募集对象是特定的，但只要发行证券的对象累计超过200人，也应纳入公开发行的范围；三是方式标准，只要采用广告、公开劝诱等形式发行证券的，不论是向特定对象还是向不特定对象发行，不论对象人数累计是否超过200人，均构成公开发行证券的行为。对公开发行行为，证券法规定，须报经国务院证券监督管理机构核准方可进行，未经核准擅自或变相公开发行证券的，按照证券法第188条规定予以处罚。

　　上述规定相较以往的立法规范，无疑具有实质性进展。但是，由于缺乏对关键性概念的界定，公开发行的边界依旧模糊不清。

　　第一，什么是"发行"？仅指首次创设证券的交付行为，还是包括为募集资金而发出的要约或者要约邀请行为？发行主体仅仅指发行人吗？公开转售是否也应当包括在内？倘若没有规定非公开发行证券的持有人是否可以转售，非公开发行证券的持有人完全可以通过拆细的方式将证券通过非公开交易的形式转让给多数人，从而突破200人的限制。

　　第二，什么是"特定对象"？"特定对象"的资格如何限定？发行对象是否特定为证券法界定公开发行之首要因素，但立法没有对"特定对象"

的含义作出相应解释，难免在实践中引起混乱。

　　第三，如何理解"累计"？为了防止发行人在短期内多次向不超过200人的特定对象发行证券，规避核准和监管，立法加上"累计"的限制无疑是必要的。但人数的累计如何计算立法却语焉不详。实践中在以信托或委托代理等方式间接持有证券的，是否需要将委托人的实际人数合并计算？此外，"累计"是否需要有时间的限制？

　　第四，如何界定"公开劝诱"和"变相公开"？证券法第10条对证券非公开发行的方式限定为："不得采用广告、公开劝诱和变相公开方式"，但是，何为"公开劝诱"、"变相公开"没有具体说明。

二、我国证券私募制度的完善

　　2005年修订的公司法、证券法虽然没有直接引入证券"私募"的表述，但其中关于"股份公司可以向特定对象募集设立"、"公开发行"的界定、"上市公司可以非公开发行新股"等规定，[①]大体上勾勒出了我国证券私募制度的基本框架，扫除了我国证券私募发行的法律障碍，但缺乏具体的操作细则，尤其是关于投资者的资格界定、信息披露、发行方式、转售的限制等都尚付阙如，因此，要形成一套完整、符合我国实际、可操作性强的证券私募制度，还需要相关部门尤其是中国证监会制定相关条例和细则作为补充。

　　（一）我国证券私募制度现存的问题

　　1. 发行方面的问题

　　由于公募与私募实际上是发行问题的两个方面，界定了公募也就界定了私募，因此，私募的界定与公募的界定问题相类似。主要包括：第一，"特定对象"资格及人数如何限定？第二，公开发行但未上市公司及上市公司特定对象人数如何计算？第三，如何界定"公开劝诱"和"变相公开"？

　　2. 转让方面的问题

　　目前我国私募证券转让有待明确的问题有：第一，采取发起方式设立的公司，如果发起人的首次出资额低于注册资本，而一年后仍未缴足的，其首次出资购买的股票是否可以转让？第二，公开发行但未上市公司及上市公司的非公开发行股份是否有持有时间要求？第三，非公开发行证券转让对象是否有资格限制？第四，投资者自发行人购买非公开发行股份并按规定持有一

---

　　①　见《公司法》第78条、第138条、第139条、第142条以及《证券法》第10条、第13条等规定。

段时间后再行转让，受让人是否有持有时间要求？如何要求？第五，非公开发行证券是否可以采取"公开"方式转让？如果不能，应采取何种方式？第六，是否在机构投资者之间建立非公开发行证券交易市场？[①]

3. 监管方面的问题

监管方面存在的问题主要包括：第一，证券私募的核准限制。例如，非公开发行公司及公开发行但未上市公司进行证券私募是否需要有关机构事前核准？公开发行但未上市公司进行证券非公开发行是否应当符合经国务院批准的国务院证券监督管理机构规定的条件？是否要报国务院证券监督管理机构核准？第二，证券私募中的信息披露问题。诸如，是否要求发行人对"特定对象"披露特定信息？非公开发行证券转让时是否要求发行人或出让人向受让人提供特定信息？等等。

（二）完善我国证券私募制度的若干思考

私募发行不同于公开发行的最大特点就在于私募是免于核准或注册，也不需要像公开发行那样进行全面、详细的信息披露。这也正是私募的根本价值所在。从国外实践来看，发展私募资本市场并不需要政府立法规范，放松行政管制，让市场去处理本该由市场决定的事情是私募资本市场发展的必要前提。综观我国证券市场的发展过程，严格管制一直是主旋律，但充分考虑证券私募制度的价值，立足我国证券市场的发展阶段和监管水平，我国应从放松管制的角度出发，采取比"公开发行"宽松的原则，完善证券私募制度的设计，以促进企业利用该制度融资与发展，也切实保护投资者的利益。具体立法形式上，监管者可以利用证券法第 10 条第 2 款第（3）项对国务院的授权，通过行政立法，规定对于不同的非公开发行适用不同的程序。

1. 私募发行证券的主体资格

出于对投资者利益保护的考虑，我国目前对私募发行主体还需进行一定的资格限制，但该资格限制应遵循不妨碍筹资便利、合法、便于监管和制裁等原则。[②] 根据我国公司法和证券法的规定，符合法定条件的股份有限公司可公开发行股票和债券，符合法定条件的有限责任公司可公开发行债券。这两类主体是我国证券市场上的主要发行者，当然也应成为证券私募发行的主体。此外，政府作为国有资产所有权的代表者和管理者，经法律的授权，可

---

① 孔翔：《我国需要什么样的证券非公开发行制度》，《证券市场导报》2006 年第 2 期。

② 郭俊秀、李国献：《我国证券私募发行法律问题研究》，《江西财经大学学报》2006 年第 4 期。

以在证券市场公开发行债券，也可以作为私募主体发行证券。

2. 私募"特定对象"资格

相对于公开发行而言，私募发行所针对的对象必须是特定范围内的特定对象，并且一般有人数上的限定。从成熟市场的经验看，认定私募对象的标准为：投资者的商务知识、投资经验、经济实力、与发行人之间存在的关系等。归结起来主要看该发行对象是否符合成熟投资者的要求，从而不需要证券法的特殊保护。

至于界定成熟投资者的方法，美国 SEC 主要采纳了三个标准：第一，是否有投资经验。机构投资者及商业经验丰富的商人有丰富的投资经验，显然不需要证券法的保护；第二，和发行人的关系。发行人的董事和高管人员基于与发行人的特殊关系，熟悉发行人的情况，有能力保护自己；第三，财富标准。部分投资者即使没有足够的投资经验作出明智的投资判断，也有财力聘请专业机构帮助他们投资，另外，足够的财富也使得他们有能力承担投资风险。[1]

我国界定私募"特定对象"无疑也可以借鉴上述做法。本着以保护投资者利益为核心，均衡筹资便利的原则，在立法及司法实践中确立私募对象的具体标准和范围：第一，机构投资者。应该包括证券公司、保险公司、商业银行、证券投资基金管理公司、企业年金、社保基金、财务公司等。第二，发行人之关系人。该类主体必须与发行人具有一定关系。如发起人或股东的亲属、朋友，发行人内部高管人员和员工，关联企业的高管人员等。第三，一般企业和自然人。该类人不与发行人存在一定关系，但必须同时具备法律规定的商务知识、投资经验、经济实力等要求。比较可操作的是以财富标准进行限定。可以借鉴的方式是直接规定单个投资者购买的最低金额，从而间接对投资者的财富水平提出要求。目前，信托公司监管机构在对资金信托的管理中已经采取了此种方法，要求单份信托合同的金额不得低于 5 万元人民币。这种方法在我国较为切实可行。

3. 募集方式

为了限制出现违法行为时私募对公众利益造成影响的程度和范围，各国的法律一般都规定，私募发行不能公开通过广告、募集说明书等形式来推销证券和募集资金，私募过程中发行人一般同投资者直接协商并出售证券，一般不通过承销商的承销活动。针对我国立法规定的"不得采用广告、公开

---

① 　彭冰：《构建针对特定对象的公开发行制度》，《上海证券报》2006 年 4 月 14 日。

劝诱和变相公开方式"对私募方式的限制，我们可以参照美国及中国台湾地区的相关法律规定，私募发行证券的发行人或其代理人，要约发行或出售其证券时，不得使用一般性劝诱或公开广告的方式，包括但不限于：在报纸、杂志或类似媒体上刊登广告、文章、通知或其他信息传递形态；或者通过电视或收音机进行广播；或者以一般性劝诱及公开广告的方式邀请大众参与研讨会、会议等。换言之，第一，不得采取任何登载于报纸、杂志、其他类似平面媒体或广播、电视媒体的广告、文章、通知或其他意思表达形式。第二，不得以广告、电传信息、信函、电话等方式邀请不特定对象参加发表会、推介会或说明会。

4. 信息披露要求

尽管公司法、证券法均没有明确是否要求发行人向私募对象提供特定信息，但考虑到私募对象的自我保护能力的差异性，有必要对自我保护能力不足的投资人给予一定程度的保护，但信息披露要尽量减少企业的负担，以利于非公开发行制度优势的发挥，有利于企业利用该制度简单快捷地进行融资。

在证券私募中保护投资者利益的重点是特定类型的投资者可以获得相应的信息披露，以达到自我保护的目的。有学者建议，首先，对于具有较强的信息收集与谈判能力的专业投资机构，例如金融机构、产业投资公司与基金等，如果需要可以自行向发行人索要并作为是否投资的条件，因此，不强制要求发行人必须对其提供特定信息。其次，公司董事、监事、高管人员作为内部人，由于工作关系已经获得了相关信息，因此，也不强制要求发行人必须对其提供特定信息。最后，对具有一定规模的企业、富裕并具备相当财经专业知识及投资经验的成熟投资人（自然人）而言，由于其信息收集、谈判能力及自我保护能力不及金融机构、产业投资公司与基金，为加强对这两类投资人的保护，可以参照我国台湾地区的相关规定，要求"发行人应购买人的合理请求，于发行完成前负有提供与本次非公开发行证券有关的公司财务、业务或其他信息的义务"。①

5. 转让限制

投资者通过私募认购股票时，其目的应是投资而不是销售，因此，各国证券立法在放开对私募监管的同时，对投资者通过私募取得的证券的对外转售都有一定的限制。但是，为了发展私募资本市场，私募证券也必须保持一定的流动性，以降低市场风险，因此美国立法就规定私募证券可以在"合

---

① 孔翔：《我国需要什么样的证券非公开发行制度》，《证券市场导报》2006 年第 2 期。

格机构购买者"之间流通。

对于私募证券的转售问题，我国《上市公司证券发行管理办法》第38条规定："本次发行的股份自发行结束之日起，十二个月内不得转让；控股股东、实际控制人及其控制的企业认购的股份，三十六个月内不得转让。"该规定过于简单，存在严重的缺陷：第一，非公开发行证券的持有人完全可以通过拆细的方式将证券通过非公开交易的形式转让给多数人，从而突破200人的限制。第二，没有对受让人的资格作出限制。第三，没有规定非公开发行证券的转让方式。第四，没有规定非公开发行证券的转让数量，一旦大量非公开发行证券集中上市，有可能对市场造成巨大冲击。第五，没有明确报告制度，监管机构难以有效监督非公开发行证券的转售情况。第六，对关系人的范围规定得过于狭窄。该办法仅仅对控股股东、实际控制人及其控制的企业认购的股份延长持有期间，而对于控股股东的亲属、公司高管人员及其亲属等没有作出严格的规定，存在很大的漏洞。对此，立法应明确禁止拆细转售。如果因特殊情况需要拆细转让且拆细转售后股东人数超过200人的，应履行公开发行的核准程序。对因为继承、拍卖等法定原因拆细转让，并导致股东人数超过200人的，应事先向中国证监会申请豁免。在发行当时要求发行人对其私募发行的证券的再转让采取合理的注意。实践中私募发行人可以要求所有购买人签署一份"投资函"，保证他们在购买证券时没有向公众转售证券的意图。

6. 私募监管问题

由于目前我国证券的公开发行以核准为基本原则，因此证券的非公开发行可以考虑采取登记注册制为一般的原则。如果未来我国证券市场机制更加完备并且市场参与者更加成熟，公开发行改以登记注册制为一般原则，则非公开发行可以事前或者事后的备案制为一般原则。在监管措施方面，除了继续打击非法集资外，应当着重强化有关非公开发行虚假陈述和欺诈行为的法律责任。

第五节　证券公司的规范与发展

证券公司作为专门从事证券业务的经营主体，在证券市场运行中具有举足轻重的作用。如何规制证券公司，既赋予其创新发展空间，又规范其组织和行为，以充分发挥其在证券市场中的积极作用，是证券法领域的重要课题。

一、证券法对证券公司的全面规范

1998 年证券法制定之时，立法者对证券市场经验单薄，对证券经营机构的特殊性考虑不够，致使证券立法既未赋予证券公司必要的自主空间，又缺乏完善的监管措施，最终影响了证券公司的规范和发展。2005 年证券法修订之时，针对证券公司运行实践中的突出问题，积极借鉴境外成熟做法，大刀阔斧，将第六章"证券公司"修改了 13 条、增加了 13 条、删除了 9 条，条文从 29 条增加到 33 条，是修订幅度最大的一章。修订后的证券法加强投资者利益保护，强化对证券公司的监管，重塑证券公司的组织运行机制，力求推动证券公司的规范发展。与 1998 年证券法相较，现行证券法对证券公司的全面规制主要体现在以下几方面：

（一）证券公司业务许可管理模式的确立

1998 年证券法对证券公司按照"经纪类"和"综合类"划分并实行分类管理。这种将证券公司的经营规模和经营能力、业务范围结合起来的"两分法"在实践中造成很多问题：一是分类管理模式使得证券公司为实现业务调整必须先要通过组织形式的调整，不利于证券公司的业务开展和证券行业的发展。二是对证券公司业务类型的规定不够全面，很多证券公司未彻底完成分类，实践中出现很多既不是经纪类也不是综合类的"不伦不类"的证券公司。三是经纪类证券公司业务范围过于狭窄，限制了其竞争和发展能力，对证券公司业务创新造成实质性障碍。四是中外合资证券公司（外资参股证券公司）的业务范围须根据我国加入世界贸易组织关于证券业对外开放的承诺予以限定，无法适用上述"两分法"（如不能从事 A 股的自营、承销等）。

证券法取消了综合类与经纪类的划分，规定证券监管机构根据证券公司的经营条件和经营记录，授予证券公司从事特定证券业务的许可。这种业务许可管理模式有利于证券公司开展竞争和金融创新，也为建立健全证券公司的业务牌照管理制度打下了基础。此外，证券法明确废止了证券公司不得向客户融资融券的规定，由此，融资融券业务作为一种独立的证券业务类型，将通过国务院行政法规的方式进行具体规定，这无疑拓展了证券公司的业务范围，为证券公司的业务创新预设制度空间。

（二）对证券公司监管的强化

1. 证券公司的设立条件

证券法详细规定了证券公司的设立条件和审批程序，补充、完善了证券公司及其分支机构变更、终止环节的许可事项，规定证券公司在境外设立、收购或者参股证券经营机构必须经证券监管机构批准，以确保证券公司重大变更、终止活动的合规进行。

2. 证券公司的内部控制制度

证券法立足于健全证券公司内部控制制度，严格防范风险。第一，防火墙要求。证券法明确要求证券公司在为不同客户服务时建立隔离措施，在制度上防范公司与客户、不同客户之间的利益冲突。第二，负债比例的限制。证券法提出以净资本为核心的财务指标监管体系，建立公司业务范围和规模与其净资本和内控水平动态挂钩的监管机制。第三，建立交易风险准备金。由证券公司从每年的税后利润中提取交易一定比例的资金组成，该项资金的用途是用以弥补证券交易的损失。第四，财务报告制度。证券公司应当按照规定向证券监管机构报送业务、财务等经营管理信息和资料；证券监管机构有权要求证券公司及其股东、实际控制人在指定的期限内提供有关信息、资料；证券公司及其股东、实际控制人向证券监管机构报送或者提供的信息、资料，必须真实、准确、完整。

3. 证券公司人员的监管

证券法加强了对证券公司人员的监管。第一，增加了对证券公司主要股东的资格要求，禁止证券公司向其股东或者股东的关联人提供融资或者担保。第二，规定了证券公司高管人员的任职条件。第三，对于高危证券公司高管人员的特别限制。在证券公司被责令停业整顿、被依法指定托管、接管或者清算期间，或者在证券公司出现重大风险时，中国证监会可以对该证券公司直接负责的董事、监事、高管人员和其他直接责任人员采取特别限制措施，如通知出境管理机关依法阻止其出境，申请司法机关禁止其转移、转让或者以其他方式处分财产，或者禁止其在财产上设定其他权利。

4. 违规行为的处罚措施

对于证券公司的种种违规行为，证券法规定了证监会的多种处罚权力。例如，在证券公司的净资本或者其他风险控制指标不符合规定时，证券监管机构应当责令其限期改正。违规的证券公司如果逾期未改正，或者其行为严重危及该证券公司的稳健运行、损害客户合法权益的，证券监管机构可以对其采取措施的包括：（1）限制证券公司业务活动，责令暂停部分业务，停止批准新业务；（2）停止批准证券公司增设、收购营业性分支机构；（3）限制证券公司分配红利，限制证券公司向董事、监事、高管人员支付报酬、提供福利；（4）限制证券公司转让财产或者在财产上设定其他权利；

（5）责令证券公司更换董事、监事、高管人员或者限制其权利；（6）责令证券公司的控股股东转让股权或者限制有关股东行使股东权利；（7）撤销有关业务许可。证券公司整改后，应当向国务院证券监管机构提交报告。经证券监管机构验收，符合有关风险控制指标的，应当自验收完毕之日起三日内解除对其采取的有关措施；如果情节非常严重，证券公司违法经营或者出现重大风险，严重危害证券市场秩序、损害投资者利益的，证券监管机构可以对该证券公司采取责令停业整顿、指定其他机构托管、接管或者撤销等监管措施。

（三）投资者利益保护的加强

证券法规定了证券公司客户资金管理制度的基本要求，并增加保护客户资产安全的基本规定。严禁任何机构或者个人以任何形式挪用客户交易结算资金、客户证券账户名下的债券、基金、股票等证券资产；要求证券公司必须将客户的交易结算资金存放在商业银行，以每个客户的名义单独立户管理。同时，证券法建立了证券投资者保护基金制度。为了使投资者在其权益受到证券公司损害时能够得到补偿，证券法参考境外成熟市场的做法规定了投资者保护基金制度，由国家设立证券投资者保护基金。该项基金由证券公司缴纳的资金及其他依法筹集的资金组成，其筹集、管理和使用的具体办法由国务院规定。

二、证券公司实际运行中面临的问题

（一）立法规范的问题

证券法全面修改、补充和完善了证券公司监管制度，有很强的针对性，但修订的很多内容只是原则性的规定，如对"证券、银行、信托、保险分业经营，机构分别设立"的基本原则规定了"国家另有规定的除外"的例外，规定证券公司为客户买卖证券提供融资融券应按照国务院的规定进行，以及规定改进客户交易结算资金的存管方式等。这些规定需要通过行政法规或部门规章的方式制定具有操作性的实施细则，其中一些还需要相关部门共同协调才能完成。

此外，尽管证券法是规定证券公司监管制度的基本法律，但是，其他法律对证券公司监管制度也有直接的影响。比如，作为公司法人，证券公司的监管制度既要以证券法为基础，又要遵守公司法的规定，还可能适用破产法中有关证券公司风险处置的破产清算制度、重整制度等。因此，法律规范之间的相互衔接问题值得重视。

（二）监管部门的过度介入

我国的证券监管机构不仅是证券市场的监管者，有时还像计划经济下的行业主管部门。监管部门对证券公司监管方式的"深度介入"就是极好的例子。

从证券公司运行实践看，证券监管机构除了拥有通常的市场管理权和行业管理权之外，还直接拥有较大的限制私权的权力。[①]（1）人事控制权。其一，任职资格授予权。证券法规定证券公司的董事、监事、高管人员，在任职前取得国务院证券监督管理机构核准的任职资格。其二，任职资格撤销权。证券法规定，证券公司的董事、监事、高管人员未能勤勉尽责，致使证券公司存在重大违法违规行为或者重大风险的，国务院证券监督管理机构可以撤销其任职资格，并责令公司予以更换。其三，撤职权。在证券公司风险控制不力时，证券监管机构可以区别情形，责令证券公司更换董事、监事、高管人员或者限制其权利。其四，行为限制权。在证券公司被责令停业整顿、被依法指定托管、接管或者清算期间，或者出现重大风险时，经证券监管机构批准，可以对该证券公司直接负责的董事、监事、高管人员和其他直接责任人员采取措施，通知出境管理机关依法阻止其出境，申请司法机关禁止其转移、转让或者以其他方式处分财产，或者在财产上设定其他权利。（2）财产处分权。证券公司的净资本或者其他风险控制指标不符合规定的，证券监督管理机构可以责令其限期改正；逾期未改正，或者其行为严重危及该证券公司的稳健运行、损害客户合法权益的，证券监督管理机构可以限制分配红利，限制向董事、监事、高管人员支付报酬、提供福利，责令控股股东转让股权或者限制有关股东行使股东权利。

监管机构的深度介入是我国证券公司运行机制中极具"中国特色"的一点，并已成为我国证券公司业务创新的主要障碍。证券监管机构以管理者的身份过分干预证券公司的微观活动，既有干涉经营自主权之嫌，又直接影响证券公司的经营活动和赢利能力。在种种介入下，证券公司无法形成"自生能力"，丧失创新空间。所以，要合理界定监管机构与证券公司之间的关系，监管机构对证券公司拥有的权力越多，其行使目的及行使效果就越不确定。

三、证券公司规范发展的若干思考

（一）客户交易结算资金的存管

由于观念、制度、技术等多方面的原因，证券公司挪用、质押客户交易

[①]　陈甦：《证券法专题研究》，高等教育出版社 2006 年版，第 211 页。

结算资金的现象长期普遍地存在，严重损害了证券公司客户的合法权益，给我国证券市场的稳定与安全造成了很大的隐患。

为了有效控制证券公司挪用客户交易结算资金的现象，近年来监管机构和市场参与各方一直在探索建立更为严密合理的客户交易结算资金存管模式。2001 年证监会出台了《客户交易结算资金管理办法》（中国证券监督管理委员会令第 3 号），对客户交易结算资金的分账管理予以明确规定。2004 年 8 月 30 日，证监会又紧急下发了《关于对证券公司结算备付金账户进行分户管理的通知》，通知规定，证券公司应在中国证券登记结算有限责任公司分别设立自营结算备付金账户和客户结算备付金账户，分别用于自营业务结算和代理业务结算。2004 年 10 月 12 日，证监会又发布了《关于进一步加强证券公司客户交易结算资金监管的通知》，提出了落实客户交易结算资金独立存管的进一步要求。

证券法更是对客户交易结算资金的存管制度提出了明确要求，其第 139 条明确规定："证券公司客户的交易结算资金应当存放在商业银行，以每个客户的名义单独立户管理。"该规定在法律上明确了客户交易结算资金的法律地位，为保障客户资产安全确立了有力的法律基础。但在成熟证券市场上，客户的证券托管主体和资金托管主体多是统一的，鲜见证券托管主体和资金托管主体分离的情况，而且，经纪商存管也是主流形式。借鉴域外经验，充分考虑目前的银行独立存管的制度设计中银行本身的信用风险问题，未来我国证券市场上证券公司客户交易结算资金的存管模式，应当以证监会《客户交易结算资金管理办法》（3 号令）确立的基本框架为基础，同时通过大力推进和落实证券公司独立存管标准、加强商业银行对客户资金明细账户的监督核查以及客户及监管机构的外部查询机制，达到加强客户资金安全性的目的。

此外，笔者以为，从我国实践出发，挪用客户交易结算资金问题的解决并非仅仅依赖于客户交易结算资金存管模式的改革，实践中的问题是，尽管证监会屡次要求证券公司将自有资金和客户交易结算资金账户分开管理，但是，不少证券营业部的客户交易结算资金还是以证券营业部的统一账户存入银行进行集中管理的。可见，监管不力、有令不行、有法不依是客户交易结算资金屡屡被挪用的一大缘由。因此，从根本上说，加强证券市场基础制度建设，加强市场诚信和监督惩处力度，建立和完善证券公司内部控制制度，完善投资者赔偿机制和证券经营机构的准入和退出机制，各方面措施协调配合，才能切实保护投资者利益以及证券市场的健康良性发展。

（二）证券公司的退出机制

作为资本市场中最重要、最具影响力的中介机构，证券公司的退出往往会威胁到投资者的资产安全、破坏投资者的信心，最终影响到整个证券市场乃至金融系统的健康运行和社会安危，因此，市场成熟国家对防范证券公司的退出风险都非常重视，普遍建立了完备的证券公司退出机制以及相应的风险防范机制。

在我国强制证券公司退出实践中，有责令关闭、停业整顿、吊销证券经营资格、撤销、托管、行政接管等多种做法，但有必要对以下两种作些说明。

证券法中并没有"吊销证券经营资格"这样的规定，与之相近的是"撤销证券业务许可"和"撤销相关业务许可"。例如，第221条规定，提交虚假证明文件或者采取其他欺诈手段隐瞒重要事实骗取证券业务许可的，或者证券公司在证券交易中有严重违法行为，不再具备经营资格的，由证券监督管理机构撤销证券业务许可；第220条规定，证券公司对其证券经纪业务、证券承销业务、证券自营业务、证券资产管理业务，不依法分开办理，混合操作的，责令改正，没收违法所得，并处以30万元以上60万元以下的罚款；情节严重的，撤销相关业务许可。吊销证券经营资格并不必然导致公司法人资格消失，只是该公司不能再从事证券业务经营。

停业整顿首见于证监会2001年发布的《证券公司管理办法》。该办法第35条规定："证券公司因突发事件无法达到第33条（财务风险监管指标）规定的要求时，应在1个工作日内报告中国证监会，并说明原因和对策。中国证监会可以根据不同情况，暂停其部分证券业务直至责令其停业整顿。"证券法第153条规定，证券公司违法经营或者出现重大风险，严重危害证券市场秩序、损害投资者利益的，证监会可以对该证券公司采取责令停业整顿、指定其他机构托管、接管或者撤销等监管措施。停业整顿的结果可能有三种：第一，整顿期间证券公司经营状况好转，证监会因此结束整顿，恢复正常经营；第二，在整顿期间发现有严重违规行为，从而责令关闭，进行清算；第三，整顿期间发现证券公司资不抵债，从而转入破产清算程序。

我国证券公司的强制退出，在实践中存在以下三个方面的问题：

第一，行政干预过度，退出的市场化程度很低。由于我国行政主导的监管体制，证券公司的退出也基本以行政干预为主。证券公司是否退出、如何退出以及机构整顿、合并重组等事项均由政府决定。而且，在过去相当长的时期内，在处理证券公司托管关闭问题上，央行一直起着"最后救护员"

的作用。从 2002 年起，中国人民银行先后向多家问题证券公司发放了再贷款，以帮助它们渡过难关。但事实表明，这种做法效果并不好。例如，向鞍山证券和新华证券发放的 15 亿和 14.5 亿再贷款，已经随着它们的破产而化为乌有。这种将证券经营机构的风险转嫁给中央银行的做法显然是后患无穷。还有从退出方式看，目前我国大部分证券公司的退出基本上都是资不抵债之后被动退出，相较成熟市场中大多采取的市场化并购的主动性退出方式，可以看出，我国证券公司的退出还停留在较低层次，而且，我国行政主导的退出往往会造成交易成本的提高和效率的损失，有可能加剧系统性风险。

第二，退出机制不够系统、规范。尽管 1998 年证券法对证券公司被吊销营业执照或被撤销经营证券业务资格及责令关闭等情形做了明确规定，但是，1998 年证券法对于证券公司退出的法定标准、证券公司的破产、解散、关闭等具体退出程序未作规定，现行证券法在此问题上也没有进展。至于公司法，其第 10 章对公司破产、解散和清算作了详尽的规定，但也未就公司退出程序作具体阐述；2006 年 8 月 27 日通过的《中华人民共和国企业破产法》对包括证券公司在内的企业法人的破产与重整程序作了规范，但专门的金融机构破产法尚未制定。在这样的立法框架下，我国的证券公司退出机制比较混乱，概念的运用随意性较强，各种措施之间的关系也缺少梳理。更大的问题在于，这些机制没有专门的破产清算程序予以配合，难以形成系统化的制度。

第三，对投资者的保护缺乏力度。证券公司的客户包括为数众多的公众投资者，证券公司破产对其个人财产造成的损害可能是毁灭性的。从我国证券公司退出实践看，个人债权收购程序烦琐，牵扯面广，收购工作旷日持久，执行随意性大，引发投资者集体上访现象在各地屡有发生，不利于保护投资者利益和维护社会稳定。

（三）证券公司强制退出机制的完善

首先，建立证券公司破产清算特别程序。目前我国证券公司的退出程序，基本上是在《金融机构撤销条例》的框架下进行的。不过，由于《金融机构撤销条例》明确规定只适用于人民银行（现为银监会）批准设立的金融机构，因此，证监会对证券公司的撤销程序尽管可以借鉴或者类推适用金融机构的撤销程序，但毕竟于法无据。因此，许多学者建议应当借鉴美国证券公司破产的法律规定，制定证券公司破产的特别程序，将目前退出过程中的行政处置事务纳入破产框架内。

其次，建立证券投资者补偿制度，实现投资者保护市场化。鉴于证券公司破产清算制度与证券投资者补偿制度的密切关系，有必要借鉴美国 SIPA 的做法，对投资者保护基金的筹集、管理和运用同证券公司的破产清算、财产分配统一作出规定，并赋予保护基金管理机构启动、参与和组织证券公司破产清算程序的权力，即在普通破产清算程序的基础上，确立旨在保护投资者利益的特殊程序和制度。

第六节　证券交易所的改制与自律

近年来，随着我国证券市场的发展，学界立足证券市场实践，放眼证券市场国际化的趋势，对居于证券市场核心地位的证券交易所的结构、功能及相关制度建构作了较为深入细致的探讨。其中，对证券交易所的性质、组织结构的变革、行政监管与自律管理的协调等方面的认识不断深化，研究成果颇丰。

一、证券交易所的性质

证券交易所是证券集中和有组织交易的场所，是组织市场交易的核心环节。不管新兴市场还是成熟市场，证券交易所的基本功能不外两个：一是为证券集中交易提供场所设施；二是为维护证券市场交易秩序而承担监管职责。为实现上述基本功能，证券交易所在市场运行中实际承担了两种角色：

（一）作为企业组织的证券交易所[①]：提供有偿的市场服务

当证券交易所在实现提供交易市场的功能时，其性质与提供产品或服务的企业组织无异。

第一，证券交易所提供的产品和服务。古今中外，证券交易所最基本的功能都是为证券集中交易提供场所和设施。随着市场的发展，从产品或服务的角度来看，证券交易所提供的服务可以概括为上市服务，即接受企业上市申请、安排证券上市，以及由此产生的交易服务、结算服务、信息服务和其他服务。

第二，证券交易所提供的产品或服务的有偿性。营利性是企业组织的本质特征，证券交易所也具有营利性。就公司制证券交易所而言，其营利性是

[①]　这里使用"企业组织"概念，并非表明我国的证券交易所是营利性的企业组织，而只是从一个企业组织角度来考察证券交易所的性质与功能。

显而易见的；就会员制证券交易所来说，尽管观念上人们常常视其为非营利性的，[①] 但非营利性往往是指交易所不能分配盈余。实践中，由于证券交易所的正常运营及相应设施的改造均需要相当的费用，而证券交易所运营的费用完全靠自身收入，因此证券交易所提供的服务并非无偿的。证券交易所从上市公司、证券公司以及其他机构收取上市费、交易费、结算费以及信息费等收入，可以视为其提供产品和服务的回报。因此，从总体上说，交易所仍然是一个追逐利益的组织。[②] 证券交易所和服务对象之间这种提供服务与享受服务的有偿交易关系，和一般企业向客户出售产品或者提供有偿服务并没有本质的区别。因此，证券交易所具有明显的企业组织特征。

（二）作为公共机构的证券交易所：承担维持市场秩序的监管职责

除了提供有偿的市场服务外，证券交易所大都承担维持市场秩序的一线监管者的角色。就我国而言，交易所目前的监管职能主要有：（1）通过《上市规则》和《上市协议》监督上市公司的信息披露；（2）通过《交易所章程》和《会员规则》监管会员；（3）通过《交易规则》实时监控监管证券交易活动。证券交易所承担监管任务的目标和政府证券监管的目标是一致的："自律的一般目标和 IOSCO《证券监管的目标和原则》中为政府监管金融市场确定的目标是相同的，即维护市场的完善（公正、有效率和透明的市场），维护金融的安全（降低系统的风险）以及保护投资者。"[③] 从这个意义上说，证券交易所具有公共机构的性质。

由此可见，证券交易所在证券市场活动中扮演的角色具有复合性：它既是一个集中交易场所，又是由众多证券从业机构组成的市场自律组织；它既是市场运营组织，又是市场监管机构。证券交易所可谓集市场职能和监管职能于一身的特殊市场主体。证券交易所这种双重属性和多重角色的特征也正广为认识和接受。例如，公司制的香港交易所就认为自己是一家综合机构，肩负三种不同的角色：公营机构、监管者、商业实体。明确证券交易所兼具公共机构和企业组织的双重属性，对立法适当规制证券交易所，正确处理政府监管与证券交易所监管的关系以及政府对证券交易所监管的正当性甚为重要。

---

① 例如，我国 1998 年证券法第 95 条明确规定，"证券交易所是提供证券集中竞价交易场所的不以营利为目的的法人"，但修改后的证券法删去"不以营利为目的"的内容。

② 彭冰、曹里加：《证券交易所监管功能研究》，《中国法学》2005 年第 1 期。

③ 国际证监会组织 IOSCO《证券监管的目标和原则》。

二、证券交易所的监管功能定位

对市场行使监管权是证券交易所的重要职能，但证券交易所监管权的性质和效力如何，见仁见智。笔者以为，由于证券交易所在行使市场监管职责时，其权力来源不同，致使权力性质不同，效力也有所差异。大体而言，证券交易所监管权同时具备"权利"和"权力"的双重属性。

具体来说，证券交易所监管权的法律渊源有三类：

第一，国家法律直接设定证券交易所的监管权限。例如，证券法第114条规定，"因突发性事件而影响证券交易的正常进行时，证券交易所可以采取技术性停牌的措施；因不可抗力的突发性事件或者为维护证券交易的正常秩序，证券交易所可以决定临时停市"。采取技术性停牌的措施和决定临时停市就是法律直接赋予证券交易所的一项职权。对这种国家立法授权，有学者认为，从历史发展和理论角度看，多属于交易所作为独立主体应当享有的自治权，国家法律对这些权利进行规定，意味着法律对交易所享有自主权的认可和保护，与其说是自律监管"权力"的来源，还不如说是对交易所自律监管"权利"的确认。①

第二，政府管理机构对证券交易所的委托授权。行政授权是交易所监管职能的一个重要的权力来源。在政府监管机构授权交易所行使监管权力的情形下，交易所进行的是行政监管，并不是自律监管。

第三，由市场参与人通过契约一致同意让渡而获得。证券交易所是实行自律性管理的法人。自律性组织管理的权力一般来自组织成员的自愿授权。例如，通过成立该组织的契约（一般表现为章程），组织成员把自己的一部分权利让渡给该组织，同意该组织为了大家的利益，可以对自己进行管理。实践中，交易所是依据其与市场参与者订立的上市协议、会员章程对市场进行管理的，这些章程和规则并不是通过国家立法行为来确定的，而是通过双方约定成立的。这类监管权，即交易所基于市场参与者的同意和权利让渡而取得的权力，从理论上看，属于私权利，在本质上有别于政府行使的公权力，不同于立法授权和行政授权的监管权力。

这三类不同来源的权力并不是截然分开的，实际上它们之间具有融合的趋势。一方面，交易所的章程和规则可以通过事先的备案或批准来获取官方

---

① 徐明、卢文道：《从市场竞争到法制基础：证券交易所自律监管研究》，《华东政法学院学报》2005 年第 5 期。

的认可和支持，从而获得对其成员及市场的法定强制力和约束力；另一方面，国家法律常常直接采纳交易所章程和规则的内容，或者将其决定建立在这些规定的基础上。如果说在早期纯粹自律状态下的交易所监管，其性质必然是私权性质的，但在证券交易所发展到一定规模时，国家立法或者行政机构通过授权，利用交易所的便利条件和优势地位，在交易所已有的监管功能之上，叠加或者扩充证券交易所的监管职能，这种监管权无疑同时具备了"权利"和"权力"的双重属性。

三、证券交易所组织结构的变革

（一）我国证券交易所的组织结构

以组织结构为标准，证券交易所可以分为会员制交易所和公司制交易所，传统的交易所大多为会员制交易所。关于我国证券交易所的组织形式，理论界与实务界大都认为目前我国上海、深圳证券交易所实行的都是会员制。不过，从我国现行法律规定的模糊性、法律规定与现实操作的矛盾性以及证券交易所的运行实践等可以看出，我国证券交易所采用的会员制与国外由民间机构发起设立的社团法人的会员制有着本质上的差异。

首先，从我国证券交易所的成立来看，我国的证券交易所实际上是政府拨款设立的事业单位法人，政府是交易所的直接发起人和设计者。据资料记载，上海和深圳证券交易所的设立动议和筹备运作主要来自官方的规划和筹办，因此，政府（地方政府）是这两个交易所得以设立的主要推动力。[①]

其次，从证券交易所的管理体制看，实践中，作为中国证监会对证券系统实施垂直统一管理的一级单位，证券交易所和中国证监会的派出机构并列，成为中国证监会市场监管活动的一个环节。证交所不仅有自律监管责任，同时还执行证监会下达的监管指令，并可根据证监会的授权对其会员和上市公司进行处罚。[②] 与此同时，证券交易所本身的管理权很大程度上由政府掌握。例如，作为交易所最高权力机关的会员大会并无选择和决定交易所管理层的权力，实践中，上海、深圳证券交易所总经理一直是政府直接任命。由政府直接任命的交易所的管理者显然无法真正代表交易所的会员的利益和交易所的自身利益。

---

① 鲁篱：《证券交易所自治地位的比较研究》，《社会科学研究》2004 年第 5 期。
② 吴卓：《证券交易所法人地位需更明确——我国证券交易所法人形态问题研究》，《上海证券报》2002 年 12 月 3 日。

第三，目前立法规定之冲突使证券交易所的组织形式难以界定。从我国现行立法之规定看，我国证券法和《证券交易所管理办法》均未明确规定我国证券交易所的组织形式，只是其中很多关于"会员"的提法以及体现会员制交易所本质特征的表述使诸多学者倾向性地认为我国证券交易所采用的是会员制。例如，证券法第 106 条规定，"证券交易所设理事会"；第 110 条规定，"进入证券交易所参与集中交易的，必须是证券交易所的会员"。不过，与此同时，证券法和《证券交易所管理办法》中也有许多条款的规定又与会员制的特征不相容。例如，《证券交易所管理办法》第 4 条规定，"证券交易所由中国证券监督管理委员会监督管理"；第 13 条规定，"证券交易所上市新的证券交易品种，应当报证监会批准"；第 24 条规定，"证券交易所设总经理 1 人，副总经理 1 至 3 人。总经理、副总经理由证监会任免"；第 25 条规定，"证券交易所中层干部的任免报证监会备案，财务、人事部门负责人的任免报证监会批准"等等。这种立法规定上的矛盾使学界对证券交易所组织形式的界定颇费踌躇。

综上分析可见，我国证券交易所的组织形式大体上符合会员制的特征，但是我国的会员制带着很深的政府主导的烙印，与西方传统的会员制有着本质的区别。

（二）公司制与会员制证券交易所的优劣比较

公司制交易所和会员制交易所的差异主要表现在三方面：所有权结构、治理结构及经营目标。（1）在所有权结构上，会员制交易所由会员所有，而公司制交易所由股东所有（股东并不一定是会员）。（2）在治理结构上，会员制交易所属互助性组织，实行一人一票的决策机制，而公司制交易所则引入普通商事公司的治理结构，实行一股一票的资本多数决原则。（3）在经营目标上，会员制交易所通常是非营利性的，而公司制交易所以营利为目的，股东利益的最大化是交易所运营的重要目标。[1]

客观而言，会员制和公司制各有利弊。公司制证券交易所的缺点在于，公司制证券交易所存在着追求其本身利益最大化的倾向，从而可能不合理地提高交易成本，纵容甚至助长市场投机行为，不利于证券市场的稳定；同公司制相比，会员制证券交易所不以赢利为目的，收取的上市费用和交易费用较低，有利于促进证券交易的活跃和证券市场的繁荣。但是，在会员制下，由于证券交易的管理者和参与者均为作为其会员的证券公司，故有可能引起

---

[1] 谢增毅：《证券交易所组织结构和公司治理的最新发展》，《环球法律评论》2006 年第 2 期。

二者角色的利益冲突，从而危及交易市场的公平和效率。此外，会员制也不利于政府对证券市场的统一监管。

20 世纪 90 年代以来，传统会员制证券交易所纷纷向公司制改革。究其原因，内外因结合使然。（1）外因。随着技术进步和市场发展，交易所面临激烈的国内外竞争，为在竞争中求生存，证券交易所必须提高运营的效率。公司制的决策机制比会员制的决策机制无疑更有效率。（2）内因。交易所的公司制改制有助于减少会员制交易所中会员对交易所的过分控制，使交易所的管理层以交易所和股东利益最大化为出发点，而不是追求某一会员或者利益团体的利益。此外，交易所变成公司制后，由于股票流动性的加强，将为交易所的联合和并购提供便利，也有利于实现股东的利益。

（三）我国证券交易所组织结构变革的方向

关于我国证券交易所的改革方向，主流观点认为，应借鉴各国交易所非互助化改制经验，对我国交易所进行股份化改造①，使其与当今世界证券交易所公司制改革潮流相一致。

首先，由于我国缺乏西方行会自治的传统，而且我国证券交易所完全由政府主导推动建立，在这样的背景下，要把我国证券交易所改造成纯粹意义上的会员制证券交易所不切实际。而且，会员制交易所并非证券交易所发展的必由之路，因此，从各方面促使我国的证券交易所发展成为真正意义上的会员制证券交易所既无可能也不必要。

其次，公司制与会员制比较，更适合证券交易所竞争发展的态势。在我国交易所长期居于垄断地位，片面维护会员利益的情形下，公司制改革有利于改变现阶段证券交易所的法律形态和治理结构模糊的状态，加强交易所活力。

因此，朝公司制方向变革可以作为今后我国证券交易所组织结构变革的一种选择方案。

四、证券交易所的自律功能与行政监管的协调

（一）行政监管与交易所自律的基本关系定位

目前全球证券市场监管的模式大致有三种：政府主导型管理模式（集中型管理模式）、自律型管理模式和结合型管理模式。

不同管理模式的选择反映了各国对政府和市场关系认识的差异，同时也

---

① 于绪刚：《交易所非互助化及其对自律的影响》，北京大学出版社 2001 年版，第 201 页。

与各国证券市场的发展状况、社会政治和经济制度等因素密切相关。不过，近年来，随着各国证券市场规模的急剧扩大，金融产品创新的迅速发展以及证券市场国际化进程的加快，世界上大多数实行集中型或自律型管理模式的国家已逐渐向结合型过渡。这样，结合型管理模式或双重监管模式逐渐成为当今证券市场监管的主流模式。①

当然，由于各国或各地区特定的历史环境和制度理念的差异以及各证券市场发育程度的不同，在实行该模式时各国具体的制度设计可能有所不同，但总的来说，市场自律与行政监管的相互结合已被视为共识。至于"结合"的具体内涵，即自律组织负责证券市场的运行与秩序，政府监管机关对自律组织的监管进行监督。这是行政监管与交易所自律关系的基本定位。

各国殊途同归，强调交易所自律和行政监管的紧密结合，究其原因，主要有二：

第一，二者具有共同的监管目标。关于自律目标和证券监管目标的关系，国际证监会组织明确指出：自律的一般目标和政府监管金融市场的目标是相同的，即维护市场的完善（公正、有效率和透明的市场），维护金融的安全（降低系统的风险）以及保护投资者。②

第二，二者各有所长，具有互补性。与行政监管相较，交易所自律具有自己特殊的优势和功效。其一，因证券交易需要专门技术，精通实际情况的自我监管团体，可以期待更好的管理效果；其二，证券交易所可根据每日业务开展进行检查，效果好，成本低；其三，业内自律可实施极细致的管理行为，进而可建立起适当及时的、预防出现不公正行为的措施。③ 简言之，自律组织来自市场、了解市场，自律管理具有灵活性，专业性，同时也满足了证券市场监管的多层次性需要。因此，国际证监会组织在《证券监管目标和原则》中指出，"自律组织是监管机构实现证券法规目标的有益补充"。

就我国而言，尽管成熟证券市场发展的经验告诉我们，证券监管制度成

---

① 也有学者认为，目前全球证券监管体制最为突出的发展趋势是政府主导型的监管模式得到不断发展，包括注重自律主导型的监管模式也正在向其转变。不过，笔者以为，从市场监管较为成功的国家和地区的选择出发，政府管理和自律管理并重的双层监管体系更受推崇。见北京大学光华管理学院——上海证券有限责任公司联合课题组：《证券交易所管理市场职能的法律性质研究》，《上证研究（2003年法制专辑）》，复旦大学出版社2003年版。

② Model For Effective Regulation, Report of SRO Consultative Committee of the IOSCO, May, 2000.

③ 河本一郎、大武泰南著，侯水平译：《证券交易法概论》，法律出版社2001年版，第328—329页。

功的关键在于处理好行政监管和自律管理之间的关系，但是，由于我国证券市场的发展主要由政府主导和推动，长期以来证券市场的监管主要依靠行政权力，自律管理机制非常薄弱，因此，如何充分发挥自律管理机制的效能、协调行政监管和自律管理的关系始终是困扰我国证券市场健康发展的关键问题。

（二）现行证券法框架下行政监管与交易所自律关系的协调

对我国行政监管与交易所自律关系上存在的问题，学者们的认识颇为一致，即自律管理机制和职能没有真正到位。具体表现在：（1）在法律上，证券市场自律管理缺乏应有的地位。我国 1998 年证券法所规定的证券市场监管，基本上是行政监管为主，自律监管未作系统性表述。（2）在主体资格上，证券市场自律管理组织独立性不够。证券交易所和证券业协会都带有一定的行政色彩，通常被看做准政府机构。（3）在职责分工上，自律管理与政府监管的权限不够明晰。在对证券市场监管过程中，自律组织与证券行政主管机构对证券市场监管的权力边界不够清晰，职责分工和监管机制还没有理顺，有的地方存在交叉或重叠，有的地方出现了缺位或越位。①

现行证券法在明确了交易所自律管理的法律地位的基础上，② 充实了交易所自律管理的职能，规范了交易所接受行政监管的法定义务，主要表现为：

第一，赋予证券交易所上市审核权。证券交易所有权按照上市规则接受上市申请或决定暂停上市、终止上市③。同时，证券交易所可以规定更高的上市条件以及补充规定暂停上市、终止上市的其他条件④。此外，证券法取消了对证券上市、暂停上市和终止上市等事项的行政许可，将与证券上市有关的审核权基本纳入证券交易所的"自律管理"的范畴。

第二，赋予证券交易所业务规则的制定权。证券法将可由市场业务规则解决的技术性、操作性事项交由交易所规定，以利于交易所适时进行交易制度的创新。

第三，加强证券交易所市场监管权限。一是完善了交易所监管证券交易

---

① 朱从玖：《建立和发展证券市场自律管理体系》，《经济法学、劳动法学》（中国人民大学报刊复印资料）2003 年第 11 期。

② 证券法第 102 条规定："证券交易所是为证券集中交易提供场所和设施，组织和监督证券交易，实行自律管理的法人。"

③ 证券法第 48、55、56、60、61 条。

④ 证券法第 50、55、56 条。

的措施，如授权交易所根据需要对出现重大异常交易情况的证券账户限制其交易等①，有利于提高交易所自律管理的权威和效率；二是将上市公司控股股东、实际控制人等"相关信息披露义务人"纳入交易所信息披露监管范围②，有利于提高信息披露质量，保障投资者公平获取证券信息。③

第四，明确了交易所接受行政监管的法定义务。如交易所制定的章程、上市规则、交易规则、会员管理规则等，应经国务院证券监督管理机构审批；④ 交易所采取技术性停牌、临时停市、限制异常交易证券账户的证券交易等措施，应及时报告中国证监会；⑤ 交易所对不符合条件的证券上市申请予以审核同意的，中国证监会可以作出警告、罚款等处理。⑥

尽管现行证券法在明确交易所的法律地位、重新界定证监会和交易所的权力边界、加强证券交易所监管市场职能、完善对交易所的行政监管等方面作出了巨大努力，证监会和交易所的职能设置得到了明显改善，但从实践来看，交易所依然具有极强的行政依附性。时至今日，中国证监会对于证券交易所仍享有绝对的控制权。证券法尚未实际上也无法触及证券交易所的独立性问题，而证券交易所的独立性恰恰是其真正成为自律组织的根本前提。证券交易所无法成为独立市场主体进行有效的自律管理，也就无法成为真正意义上的自律管理组织。具体而言：

第一，证券法充实交易所的职能，将原属证监会的许多权力移交或下放给交易所，但由行政体制衍生的交易所尚未形成内生的自律运行机制，那么，这种权力的转移也许只是表象。仅仅将职权由证监会转交给交易所行使，并不能自动实现自律管理的实质。

第二，证券法在明确交易所的法律地位的同时加强对交易所的监管，这种监管强化有可能导致人们对交易所自律机制运行的误解。有学者认为，证监会之所以规范交易受行政监管之法定义务，是因为交易所已经是自律管理组织。换言之，交易所若非实行自律性管理之法人，则对其行政监管可以弱化。对此，笔者以为，任何市场主体都要接受监管。接受监管与自律之间并无内在的因果关系。

---

① 证券法第 115 条。
② 同上。
③ 《强化交易所自律管理完善市场监管体制》，《证券日报》2005 年 12 月 8 日。
④ 证券法第 118 条。
⑤ 证券法第 114、115 条。
⑥ 证券法第 229 条。

（三）交易所独立性的实现

协调行政监管与交易所自律关系的核心，在于实现交易所的独立性，亦即交易所的自律职能能否在市场机制上独立运行。从行政监管角度出发，应注意尊重和维护证券交易所的独立市场地位，对交易所的监管应立足于通过法律手段，对交易所的干预应更多地采用市场手段。从交易所自律角度出发，则应着力构筑符合自律要求的独立运行机制。

实现交易所的独立性必须从两个方面予以制度设计：形式上的独立和实质上的独立。

1. 形式上的独立

作为证券市场上一种特殊的法律主体，证券交易所具有独立的法人地位可以使其更好地发挥调整证券交易关系的作用，同时，在处理各种证券交易事务，尤其是在处理与其会员的关系、处理有关交易结果的确认等方面，证券交易所的法人地位有着相当重要的现实意义。国际上证券交易所公司化热潮不仅昭示着竞争格局，同样昭示着交易所独立性的强化。

目前我国证券交易所的非会员理事由证监会委派，证券交易所的总经理、副总经理由证监会任免，中层干部的任免须报证监会备案，财务、人事部门负责人的任免则要报证监会批准。[1] 由证监会任命的管理人员，自然要对证监会负责。如此一来，交易所的管理人员在处理与证监会关系时容易自我矮化，同时，在处理市场问题或会员关系方面却缺乏约束。对此，我们可以参考公司法的规定，完善证券交易所理事会（董事会）制度。我国台湾地区的经验是，在会员制交易所中也规定董事会，并且将公司法中董事、监事的规定适用于会员制交易所的董事和监事。[2]

证券交易所非营利性并不意味着交易所不能拥有独立的财产。相反，交易所必须拥有独立的财产，这是交易所法人作为市场主体的物质基础。交易所的独立财产必须独立于其他法人和自然人的财产；独立于法人成员的财产；独立于其创始人的其他财产。证券交易所可以按照规则自行支配其各项收入，同时，证券交易所不得违反规则使用其资产，任何机构组织和个人均不得侵害交易所财产的独立占有、使用、收益和处分权益。

2. 实质上的独立

交易所必须独立行使职权。为此，交易所必须建立自律管理的组织框架

---

① 《证券交易所管理办法》第24、25条。

② 我国台湾地区"证券交易法"第113、118条。

和运作机制。在管理过程中，会员可以派出代表参与管理，这些代表的来源应当具有广泛性基础。目前证券交易所采用"一会员一票"的集体决策机制。其组织机构包括会员大会、理事会和监察委员会。交易所的重大运营决策权应从高管人员向各种代表性的机构转移。此外，许多事务应当设立代表性的专门委员会负责处理。例如，交易所应当设立内部的申诉、复核委员会，及时、妥善解决自律管理过程中出现的争议。

交易所必须独立承担责任。交易所的独立性与其行为的可诉性密不可分。交易所应当能够以自己的财产承担自己行为的法律后果。交易所作为市场组织者，直接面对各市场参与者。当市场出现异常情况，市场参与者之间有可能将矛盾焦点转向证券交易所，从而使交易所面临诉讼的局面。① 为了避免不必要的诉讼阻碍交易所对证券市场及时、灵活的自律管理，我们可以设置必要的诉讼阻隔机制，但证券交易所市场监管行为的可诉性必须予以确认。

第七节 证券监管的目标定位与功能实现

证券监管是证券法律制度的重要内容。我国对证券市场监管的研究是与证券市场本身的发展同步的。随着我国证券市场的建立以及逐步完善，学界对证券市场监管进行了日益广泛深入的探讨。

法学界对证券市场监管的研究主要集中在以下几个方面：第一，关于证券市场监管基本理论的研究，包括运用公共选择理论、不完备法律理论等探求我国证券监管不力的症结，为管理层提高证券监管效率，给投资者营造公平、高效的投资环境提供新的思路。第二，关于证券市场具体监管制度的国际比较研究。主要是审视我国证券市场具体制度建设的疏漏，借鉴国际经验，吸收国外成熟监管制度的有益启示，取长补短，洋为中用。第三，关于我国证券市场监管体制、模式及现状的研究。从分析我国证券市场监管体制的现状和存在的问题入手，提出一些具体的改革措施和模式设计。此外，还有一些学者对我国证券市场监管的效率问题、证券监管国际协作问题、政府监管与市场自律协调运行等问题进行了分析探讨。

回顾法学界对证券市场监管的研究，选择集中型的证券市场监管模式符

① 见北京大学光华管理学院—上海证券有限责任公司联合课题组：《证券交易所管理市场职能的法律性质研究》，《上证研究（2003 年法制专辑）》，复旦大学出版社 2003 年版。

合我国证券市场环境已经成为共识。在证券市场监管的基本模式已经确立的情况下，继续纠缠于集中型和自律型的选择问题已经没有多少实际意义，相反，现阶段对我国证券市场监管理念、职能定位以及监管权力的合理行使等问题进行符合国情的研究探讨尤显迫切。

一、我国证券市场监管目标与理念的转变

（一）证券监管理念的转变：从行政干预到尊重市场机制

对于一个制度的建构过程来说，制度建构理念的选择至关重要。不同的制度建构理念，决定了不同的制度内容、实现机制和实施效果。

纵观我国证券市场十几年的监管实践，由于证券监管理念的偏差使得我们的证券立法不科学，监管机关的定位、监管方式的确定不合理。尤其是监管机构权力过分垄断和集中，证券监管方式的过度行政化倾向，使我国的证券市场监管陷入了难以自拔的误区，监管权威受到严重挑战。要解决我国证券市场存在的一系列问题必须以树立正确的监管理念为前提。如果说，在制度不完善状态下较多的政府行为和行政干预在某种意义上是新兴市场的共性，那么，现阶段，随着我国进入后股权分置时代，资本市场的市场化趋势已是必然。这就要求在监管理念方面，必须坚持市场化的方向，逐步放松行政管制，把证券监管思路从原先带有强烈计划色彩的控制风险思路转向遵循市场运行规律的揭示风险的思路，[①] 把预防和惩处市场不当行为作为主要目标，把确保市场的流动性和透明性、市场信息的有效性作为监管重点。

1. 尊重市场机制

由于我国的证券市场在很大意义上是借助政府的推动发展起来的，证券监管承袭了计划经济模式下行政管理为主导的管制模式，证券监管机构长期作为证券市场发展的计划者和控制者，通过人为的计划直接干预证券市场的发展进程，并通过行政控制选择市场的参与者、资金规模、行情趋势等。典型表现为股票发行的高溢价和证券发行的额度管理。从股票发行实行审批制的阶段直到证券法规定实行核准制，证券监管机构通过额度管理、家数控制、证监会实质性审批等，对股票发行上市拥有"生杀大权"。同时，在相当长的一个时期，证券监管机构以维持证券市场行情平稳作为监管的主要目标，实行把股票指数和社会安定挂钩的策略，以至于在多次股价波动中，政府和监管机构频频采取行政措施，或颁布"三大政策"救市，或发表人民

---

① 黄运成等：《证券市场监管理论、实践与创新》，中国金融出版社 2001 年版，第 219 页。

日报社论压市。这种由证券监管机构充任证券市场调控者的监管思路，在市场化、国际化的背景下无法实现对资源的优化配置和对市场的有效监管，同时限制了市场机制的自我调整能力，制约了市场主体的行为自由，挤压市场的发育空间，影响了市场的健康发展。①

转变证券市场监管的理念，就是要尊重市场机制，尊重市场规则。核心问题就是要让政府准确定位。实践表明，处于市场早期阶段，证券市场上的政府干预就越强，且越具有干预的现实合理性，但市场化进程的演进必然要求政府逐步淡化过多的直接干预，尤其是放松纯粹出于筹集资本等目的而形成的管制过度。

2. 切实保护投资者利益

保护投资者利益是证券市场监管的基本出发点。投资者作为资本市场的重要参与者，其利益能否得到有效保护，是关系到整个证券市场能否持续稳定发展的重要因素。一方面，只有保护投资者的合法权益，树立投资者对市场的信心，证券市场才有源源不断的资金进入，有了资金来源，证券市场才能发挥筹资和资源配置的功效，才能繁荣与发展。另一方面，证券市场的投资者特别是中小投资者往往是分散的个体，在市场中处于弱势地位，是市场的弱者。在市场失灵或失控的时候，守法的投资者特别是中小投资者常常是市场中最大的受害者。② 因此投资者的合法利益应当得到切实保护。

就我国而言，在经济转轨过程中，由于证券法律和监管往往滞后于证券市场发展，加上企业和金融机构的治理结构不完善，极易使广大中小投资者的利益被侵害。转变证券市场监管的理念，就是要牢固树立以保护投资者利益为基本宗旨的观念，将保护投资者利益视为我国证券市场监管长期的、根本性的任务。

3. 倡导市场自律

市场自律机制的完善，可以弥补政府管理功能的不足，增强市场监管的有效性。由于我国证券监管机构长期坚持经营证券市场的理念，将那些本应属于运营证券市场的机构，如证券交易所和证券业协会，实质上变成监管机构的下属部门或分支机构，而且自律监管与行政监管权力边界不清，造成监管资源配置不当，交易所的自律功能没有充分发挥，证券业协会作为一家行业协会也未能发挥其应有的作用。例如，尽管证券法规定上市核准属于证券

① 高西庆：《论证券监管权》，《中国法学》2002 年第 5 期。
② 陈岱松：《WTO 与证券监管理念》，《上市公司》2002 年第 3 期。

交易所的职权，但实际上证券交易所在选择上市公司方面几乎没有实质性权力。转变证券市场监管的理念，就是要倡导市场自律。从监管资源的有效发挥以及降低监管成本的角度出发，立法上应为证券市场自律组织创造一个自由成长的空间，使其能够担负起更多的职责，从而与政府以及其他监管主体一起营造一个多层次的监管与自律并重的高效的证券监管体系。

（二）我国证券监管目标的转变：从发展到规范

监管目标往往取决于一国在特定历史时期的经济、政治、体制、法制、文化等方面的客观状态和发展水平。1998 年 9 月"国际证券管理委员会组织"（IOSCO）发布《证券监管目标和原则》，明确提出了证券监管的三大目标：一是保护投资者权益；二是保证市场公平、有效和透明；三是减少系统风险。从成熟市场的发展和监管历史来看，其经验也都是把保护投资者利益、维护证券市场的公正、透明、有效以及保证证券市场的安全与稳定作为证券监管的目标，并使这三项目标紧密相连，相辅相成，共同实现证券监管之真谛。

由于我国证券市场起步于计划经济向市场经济转轨的过程中，作为新兴市场的监管者，往往需要承担比成熟市场更多样、更复杂的职责。在监管实践中，我国监管机构长期承担着发展市场的职能。一方面监管机构积极培育市场，鼓励市场制度创新，另一方面是积极关注与证券市场相关联的各种因素。例如国有企业的股份制改造、国有资产的保值增值、社保基金的充实等等。这些使命和重任，或多或少都要通过监管目标来实现，以至在客观上使市场监管呈现多元化的目标，同时反映为监管者对证券市场及其本身定位认识的摇摆与模糊。目前监管实践突出的一个问题就是，证券监管机构过于关注上市公司的经营活动和内部治理，市场监管机构向行业主管部门转化。造成这种现象的原因主要是在市场经营和市场调控职责的促使下，监管机构对监管对象"过分关心"，监管方式"深度介入"，实际上使证券监管机构成为上市公司的主管机构，致使监管机构偏离监管目标和失去监管重心。从监管机制的功能与目的来说，证券市场监管的直接目的是市场维序，即通过规范市场活动、维护投资者权利，为证券市场的有序运行提供制度保障和秩序环境，从而间接地实现证券市场的发展。[1]

因此，我国应从"发展"向"规范"的思路转变，证券市场监管的基本任务就是监管信息公开活动，禁止不公正交易，至于能否推动证券市场行

---

[1] 陈甦主编：《证券法专题研究》，高等教育出版社 2006 年版，第 207 页。

情高涨，能否推进证券市场规模扩张，能否促进证券公司提高经营效益，实际上都不是证券法的任务，也就不是证券市场监管体制的制度目标。随着市场日益成熟以及市场机制的逐步确立，政府对于证券市场的"发展"职能将逐步弱化，而"规范"职能将相对增强；政府干预市场的范围必将逐步缩小，而市场机制将更有效地发挥作用。

二、我国证券监管机构的职能设置

（一）证券监管机构的功能定位

在市场经济体制下，政府部门可以对市场运行与发展施加干预或监管的职能有三种，其一是市场经营职能，其二是市场调控职能，其三是市场维序功能。[①]

证券法第 179 条规定，国务院证券监管机构在对证券市场实施监督管理中履行下列职责：（1）依法制定有关证券市场监督管理的规章、规则，并依法行使审批或者核准权；（2）依法对证券的发行、上市、交易、登记、存管、结算，进行监督管理；（3）依法对证券发行人、上市公司、证券交易所、证券公司、证券登记结算机构、证券投资基金管理公司、证券服务机构的证券业务活动，进行监督管理；（4）依法制定从事证券业务人员的资格标准和行为准则，并监督实施；（5）依法监督检查证券发行、上市和交易的信息公开情况；（6）依法对证券业协会的活动进行指导和监督；（7）依法对违反证券市场监督管理法律、行政法规的行为进行查处；（8）法律、行政法规规定的其他职责。

从上述职责规定来看，证券法对证券监管机构的职能定位，主要是以维护市场秩序为主、兼顾市场经营。[②] 然而，从我国证券市场发展历史及证券监管实践考察，我国证券市场监管体制实际上是集市场经营、市场调控和市场维序三位一体的监管模式。在政府主导的证券监管模式下，我国证券监管

---

①　市场经营职能，是指政府直接作为市场的组织者和经营者，采取建构型、投入型和经营管理型的措施，直接去实现市场的规模发展和效益增加的目的。市场调控职能，是指政府作为市场的调控者，采取宏观调控措施协调市场运行，防范市场风险，从而间接地促进市场发展。市场维序功能，是指政府作为市场法律制度的执行者，通过严格执法实现市场秩序，以确保市场在有秩序的环境中得到发展。参见陈甦《证券法专题研究》，高等教育出版社 2006 年版，第 204 页。

②　在这些职责中，由于第（4）项包括了制定从事证券业务人员的资格标准，而资格标准的高低宽严可影响证券市场的发展，所以属于市场经营职能；其余各项职责的规定，在性质上都属于市场维序职能。

部门的权力非常庞大，从公开发行证券的审批、上市规模的大小、发行证券的价格到公司独立董事的培训，从证券中介机构的准入到信息披露的监管等等，凡是与证券市场有关的事情似无不在其管制范围之内。修改后的证券法并没有改变原有的监管理念与监管机制，相反，却是在保留原有的监管模式的前提下，通过广泛增加监管机构的权限，进一步固守了原有的市场经营、市场调控和市场维序三位一体的监管理念与监管机制。证券监管机构这种集市场经营者、市场调控者和市场维序者于一身的功能定位，给我国证券市场的发展造成很多问题。

第一，过度干预市场，影响证券市场机制的发育和健全。目前我国证券市场监管体系的最大缺陷在于监管功能错位，监管权力与监管职责过于集中于政府监管部门。这种监管功能的错位，给证券市场造成的潜在风险就是证券市场关系理不顺、市场发展也难以遵循市场规则。[①] 尤其是证券监管机构充任证券市场调控者，会使一些原本属于市场的权利无法得到落实，这样会制约市场主体的行为自由，挤压市场的发育空间，不能充分发挥市场自我发展、自我调控机制，影响市场的健康发展。[②] 例如，在过度管制的制度环境下，那些本应通过声誉机制来加强自律的市场参与主体丧失了发展空间，市场专业人士职业操守、自律精神和诚信观念淡化，行业自律组织薄弱，缺乏自我监管意识。证券市场监管与自律处于严重不平衡状态。

第二，监管权力过度集中，引发证券市场的诚信隐患。从证监会职能运行的实践来看，证监会既是决策者又是监管者，实际执行中极易陷入困境。例如，证监会以组成专家发审委员会的形式决定是否核准发行申请，同时，以行政审批方式使得我国证券市场上行政权力过度介入种种行业准入许可制度，如：证券公司承销许可、经纪许可、基金管理公司从业许可等，结果开辟了极大的"寻租空间"，造成极大的诚信隐患。

第三，证券监管资源分散，容易造成行政低效。由于监管机构的精力有限，在这样巨大规模的市场中，如果既要关注证券市场经营发展，又要进行证券市场调控，势必相应减弱市场监管的效果，容易造成行政低效。突出体现在执法问题上。首先是追查力度问题。由于证券监管部门追查案件没有日常化，而是视市场情形时松时紧、时冷时热，即使行政处罚缺乏一致性，也使行政执法缺少了严肃性。而且，追查案件不够及时，执法滞后现象相当严

---

① 《中国证券市场国际化问题研究报告》之四，《上海证券报》2003 年 9 月 11 日。
② 高西庆：《论证券监管权》，《中国法学》2002 年第 5 期。

重。其次是处罚力度问题。从中国证监会的处罚决定来看，申请行政复议的情况比较少。其中一个重要原因是处罚不当，处罚过轻，当事人正求之不得，根本不会去申请复议。还有就是执法缺乏透明度。证监会的相当部分处罚决定没有公之于众。例如，在对证券公司违规行为的处理上，有时只是内部警告或给予内部通报批评，而且部分处罚决定不够具体，有些没有阐明处罚理由、依据，有的甚至连被处罚对象都没有公布，这样的执法显然缺乏透明度和严肃性。

第四，缺乏对监管机构的责任追究机制，使监管流于随意。在我国，证监会的权力运用和行使一直没有受到合理的制约。证券监管部门往往只运用权力，却不承担使用权力可能产生的责任。例如我国的发行审核机制，大多数规定的是发行人的义务，并没有规定监管机构的义务。实践中，证监会让许多不该上市的股票上了市，又忙不迭地对它们进行查处。然而，对监管机构的种种监管不当行为，似乎未见有证券监管部门的工作人员对自己的工作失误承担责任。正是由于缺乏外部责任追究机制，致使监管机构缺乏解决问题的迫切性和动力，结果影响证券监管的效率，也助长了随意监管的倾向。

总之，证监会作为我国证券市场的最高监管机构，应明确角色定位，做好裁判工作，维护市场的正常秩序。目前我国立法上应当确立正确的监管目标，明确证券监管机构的职责，逐步弱化与监管目标不相符合的职能，尽可能将证监会的职责严格限定在按照有关法律法规查处市场违法违规行为。

（二）证券监管机构的执法权设置

为了确保证券监管机构能够有效地履行监管职责，法律应当赋予其必要的权限。证券法修改最为引人关注之一就是为强化对证券市场的监管而加强了证券监管机构的行政权限。立法机关认为，1998年证券法规定了国务院证券监督管理机构依法履行职责时可以采取的措施，在一定程度上保证了监管机构能够依法履行职责，打击违法犯罪。但是，经过这几年实践证明，这些措施需要进一步予以完善，包括明确监管部门在日常监管中的执法措施，因此修订后的证券法增加了监管机构的执法手段和权限。① 这样，与其他市场领域的监管机构相比，证券监管机构已经成为拥有最多行政监管权力的市场监管部门。

证券法第180条规定证券监管机构有权采取的相关措施为：（1）对证

① 周正庆于2005年4月24日在第十届全国人大常委会第十五次会议上做的《关于〈中华人民共和国证券法（修订草案）〉的说明》。

券发行人及有关机构进行现场检查；（2）进入涉嫌违法行为发生场所调查取证；（3）询问当事人和与被调查事件有关的单位和个人，要求其对与被调查事件有关的事项作出说明；（4）查阅、复制与被调查事件有关的财产权登记、通讯记录等资料；（5）查阅、复制当事人和与被调查事件有关的单位和个人的证券交易记录、登记过户记录、财务会计资料及其他相关文件和资料；对可能被转移、隐匿或者毁损的文件和资料，可以予以封存；（6）查询当事人和与被调查事件有关的单位和个人的资金账户、证券账户和银行账户；对有证据证明已经或者可能转移或者隐匿违法资金、证券等涉案财产或者隐匿、伪造、毁损重要证据的，经国务院证券监督管理机构主要负责人批准，可以冻结或者查封；（7）在调查操纵证券市场、内幕交易等重大证券违法行为时，经国务院证券监督管理机构主要负责人批准，可以限制被调查事件当事人的证券买卖，但限制的期限不得超过 15 个交易日；案情复杂的，可以延长 15 个交易日。

　　与 1998 年证券法相较，证券法赋予证券监督管理机构的"准司法权"备受关注。证监会究竟应该拥有多大的执法权（司法权）一直是个见仁见智的问题。相当多学者认为，在证券法之前，相对于证券监管机构的职能设置来说，我国证券监管机构职责过重，而执法权限太小。反映到实践中，由于关键性执法手段的欠缺，证监会的执法力度饱受非议。以有关账户的查询、冻结问题为例，由于 1998 年证券法并未直接赋予证监会自行冻结或查封"三类账户"的权力，实践中确有需要的，证监会只能申请司法机关冻结存在违法嫌疑的资金和股票账户，这在实务操作中给证监会查处证券市场欺诈行为造成很大的困难。因为申请法院冻结，有赖于司法机关的及时配合，由于冻结程序复杂，耗时长，保密性差，担保费用高，实施效果很不理想。而且，由于 1998 年证券法没有明确授予证监会查询银行账户的权力，使得调查取证工作困难重重。1998 年证券法也没有授予证监会限制涉案当事人股票交易的权力，一定程度上贻误了查处时机，对于有效打击证券违法行为极为不利。鉴于证监会执法中的困境，证券法赋予了证监会调查当事人通讯记录、冻结或者查封有关当事人资金、证券的准司法权，以完善证券监督管理机构的执法权限和手段。

　　针对我国证监会执法权的设置是否适当的问题，笔者以为，脱离外部运行环境单纯地评判证监会执法权的大小问题是片面的，也是没有意义的。首先，从外部运行角度而言，由于我国目前的体制环境下，证监会缺乏独立执法的制度资源，因此，其执法权的有效运行甚值怀疑。其次，从证监会职能设置和执法手段匹配程度看，相对于广泛的被监管对象，证监会有限的执法资源在现实中难免捉襟见肘。第三，从证监会自身执法能力看，目前我国证券市场执法不力的根本症结不是证监会权限不够，而是监管不到位、监管水平不高。至于证监会行使职权时遇到的一些阻力，可以采取变通的途径，力求与司法制度衔接来解决问题。倘若一味地扩大证监会的执法权（司法权），那么在解决证券市场某些问题的同时，可能又会酝酿出新的问题。例如在证券法有关监管权限行使的程序性规定过于简陋的情形下监管权的约束问题。证券法有关监管权行使的程序性规定仅见第181条，即证券监管机构依法履行职责，进行监督检查或者调查，其监督检查、调查的人员不得少于两人，并应当出示合法证件和监督检查、调查通知书。监督检查、调查的人员少于两人或者未出示合法证件和监督检查、调查通知书的，被检查、调查的单位有权拒绝。这一程序规定与证券法授予的权限相比，是极不相称的，根本不能对监管权力的行使形成有效的约束。

三、我国证券监管的替代性纠纷解决机制

"替代性纠纷解决"（Alternative Dispute Resolution，简称 ADR）的广泛适用被认为是西方社会最近数十年来最重要的法律发展之一。1990 年美国国会通过了《行政争议解决法》（Administrative Dispute Resolution Act）和《协商立法法》（Negotiated Rule-making ACT），旨在授权和鼓励联邦行政机关适用调解、协商、仲裁或其他非正式程序，迅速处理行政纠纷以及制定行政规章，取得重大成功。其他西方国家如澳大利亚、英国等也纷纷效仿，在行政程序领域推行 ADR，ADR 逐渐成为西方社会解决行政纠纷的有效方式。[①]

证券监管和解就属于行政和解在证券监管中的运用，本质上是一种行政合同。它是指证券监管部门经与行政相对人协商，就相对人某些行为的处理达成一致意见，并据此作出和解决定。证券监管和解在美、欧等国家以及我国台湾、香港地区都广为应用，并取得了显著成效。尤其是美国证监会依据行政程序法律的有关规定，在证券监管中积极鼓励和解，积累了丰富的经验，形成了完善的操作规则。从各国实践来看，证券监管和解有两大突出好处：一是有利于解决证券违法行为认定难、执法成本高的问题。由于证券市场违法行为大多具有资金转移快、股票变现快的特点，加上行为人背后操

---

① 余军：《私法纠纷解决模式在行政法上的运用》，《法治研究》2007 年第 4 期。

纵,违法行为隐秘,案件涉及面广,情节错综复杂,调查取证非常困难,即使投入大量的执法资源也难以确凿认定,通过和解,相对人不得否认证券监管部门对其行为的认定,并不得再抗辩,有利于节约监管资源,更高效地查处证券违法行为,提升监管水平。二是有利于解决证券处罚执行难、监管效果欠佳的问题。许多证券违法行为涉及金额巨大,实践中由于处罚对象逃逸、解散等多种原因,罚没款的催缴执行十分困难。通过和解,证券监管部门可以要求相对人必须先将其同意支付的罚金存入指定账户,才考虑是否和解,从而大大降低和解决定的执行成本,确保监管效果,促进市场的发展。

我国证券监管领域自始存在着监管职责过重而监管资源有限的矛盾。证券法修订后,证监会查处的案件数量将成倍增长,但监管资源却很难做到同步增加,监管机构执法权限不足、执法难的问题越来越突出。因此,要做到依法履行监管职责,必须不断提高监管资源的使用效率,积极探索、大胆创新监管方式。此外,我国的监管措施过于刚性,反而不利于保护投资者。例如,中国证监会 2002 年作出对四家公司操纵亿安科技股价、内幕交易的处罚,宣布没收四家公司的违法所得 4.9 亿元,并处以 4.9 亿元的罚款。但事实上,这四家公司早已经成为空壳,证监会的处罚根本无从实现,投资者的赔偿更是无从谈起。面对我国证券监管工作面临的监管资源短缺与监管任务繁重的现实矛盾,试行证券监管和解制度成为学者们研究的热点。

我国现阶段试行证券监管和解制度的主要障碍就是缺乏法律的明确授权。不过,有学者认为,法律授权不明的问题不构成试行证券监管和解制度的实质性障碍。证监会在缺乏直接、明确的法律授权的情况下,试行监管和解符合行政处罚法的教育原则,且不违反现行法律。我国现行法律、行政法规中没有对监管和解作出禁止性的规定,相反,《行政处罚法》第 5 条明确规定了行政处罚的教育原则,即"实施行政处罚,纠正违法行为,应当坚持处罚与教育相结合,教育公民、法人或者其他组织自觉守法"。此外,在证券法进一步补充、完善证券违法行为民事赔偿制度的背景下,证券民事诉讼的私人执法形式将对证券违法行为人起到更大的警戒、惩罚和教育作用。在监管资源有限的情况下,证券民事诉讼必将成为行政监管的必要和有力补充。[①] 我国证券监管部门可以根据证券监管工作的实际需要,本着依法行政的精神,在充分借鉴证券监管和解国际经验并征求相关部门意见的基础上,

---

① 林丽霞、薛承勇:《我国试行证券监管和解制度问题初探》,《证券市场导报》2006 年第 10 期。

拟定证券监管和解的试点方案，在报请国务院批准后，积极稳妥地进行监管和解的试点工作。

第八节　证券民事赔偿制度的建立与完善

民事赔偿制度是实现保护投资者利益的最重要、最根本的途径。基此共识，各国日益重视证券民事赔偿制度，并使之逐渐成为国际化的制度。

2003 年 1 月 9 日，最高人民法院颁布了《关于审理证券市场因虚假陈述引发的民事赔偿案件的若干规定》（简称《规定》），使我国证券民事赔偿案件的审理有了实质性突破，学界关于证券民事责任的探讨也是热火朝天。随着 2005 年修订后的公司法和证券法的联袂出台并实施，我国证券民事赔偿制度的基本架构已经完成，其具体内容包括：市场不当行为的民事赔偿制度（如虚假陈述民事赔偿制度、内幕交易民事赔偿制度、操纵市场民事赔偿制度）、股东代表诉讼制度、各类股东权益诉讼制度等。目前证券法学界面临的突出问题就是如何把这些制度落到实处。

一、证券民事责任的界定

尽管证券民事责任引起了理论界和实务界的高度重视和广泛研究，但关于证券民事责任的概念与性质，学者们观点纷呈，意见不一。归纳起来，大致可分成两类观点。

一种观点认为：证券民事责任是指参与证券活动的民事主体违反证券法有关规定而应承担的民事法律后果。它包括证券违约责任、证券侵权责任和证券缔约过失责任。证券违约责任是指证券主体违反证券合同①义务而承担的民事法律后果，主要包括证券承销合同的违约责任、证券买卖合同的违约责任、证券上市合同的违约责任、证券委托合同的违约责任等。证券侵权责任是指证券活动中当事人违反法定义务，侵害他人财产权益所应承担的民事责任，包括"短线交易"的侵权责任、虚假陈述的侵权责任、出具虚假报告的侵权责任、欺诈客户的侵权责任。证券缔约过失责任是指在证券合同订立过程中，发行人由于自身过错致使合同关系无效或被撤销而给证券持有人

---

① 这里的证券合同是指在证券发行、上市和交易以及与之相关的活动中所涉及的各种合同关系。

造成损失所应承担的赔偿责任。①

　　另一种观点则认为，证券法中的民事责任必须是违反了证券法规定的义务而产生的侵权损害赔偿责任，主要包括：发行人擅自发行证券的民事责任、虚假陈述的民事责任、内幕交易的民事责任、操纵市场行为的民事责任、欺诈客户的民事责任。这些责任属于侵权责任，而非合同责任或缔约过失责任。②

　　这两种观点各有道理，但皆存在商榷之处。笔者以为，证券民事责任是指参与证券活动的主体，违反证券法律的有关规定或当事人之间的约定，给投资者造成损失所要承担的民事法律后果。它包括证券违约责任和证券侵权责任，但主要属于侵权责任。

　　第一，由于建立证券民事责任制度的核心在于保护投资者的合法权益，使因他人违法违规行为遭受损害的投资者能够获得法律上的救济，因此，证券民事责任应限定为参与证券活动的民事主体的行为给投资者造成损失而应承担的民事责任。上述第一种观点将参与证券活动的各种民事主体之间所产生的各种民事责任，包括发生在发行人与证券承销商之间的证券承销合同所生责任、上市公司与证券交易所之间的证券上市合同所生责任等非与投资者相关的民事责任，都纳入证券民事责任的范畴，使证券民事责任范围过于宽泛，无法彰显证券民事责任的特殊价值。

　　第二，对于违反证券法规定的义务所要承担的民事法律后果，如发行人擅自发行证券、虚假陈述、内幕交易、操纵市场、欺诈客户等行为的民事责任，这些责任主要属于侵权责任，但不排除合同责任或缔约过失责任的存在。以虚假陈述为例，当虚假陈述者与投资者没有事实上的合同关系时，该虚假陈述行为属于不导致合同关系的行为，如果投资者因此有损害则可要求虚假陈述者承担侵权责任。在虚假陈述者与投资者有事实上的合同关系的情形下，该虚假陈述行为既违反了合同义务，也违反了法定义务，属于违约责任和侵权责任的竞合。对责任的竞合，受欺诈的投资者可以选择其一要求虚假陈述者承担责任。如把责任竞合情形乃至缔约过失责任都要求作为侵权责任来对待，就等于限制了当事人的选择权，既不利于对投资者的保护，也有违我国合同法第 122 条之规定。

---

① 周友苏、罗华兰：《论证券民事责任》，《中国法学》2000 年第 4 期。
② 王利明：《证券市场民事赔偿责任与中小投资者利益保护研究》，"上证联合研究计划"2000 年度课题研究成果。

在证券民事责任制度中，证券侵权责任是重点。究其因：首先，证券侵权行为的侵害对象，往往是不特定的投资者，对证券市场公正性和秩序性的破坏较大。其次，证券市场中典型的违法行为如虚假陈述、内幕交易和操纵市场等都是侵权行为，行为人应承担的都是侵权责任。再次，证券民事责任制度的特殊设计，如因果关系的推定、损失确定的技术标准、归责原则的特殊性以及法定连带责任等，都是针对证券侵权责任而设计的。所以，在证券民事责任制度中，证券侵权责任制度最能彰显证券民事责任制度的特殊价值，许多国家和地区的证券立法也大都倾向于用追究侵权责任的方式对受损害的投资者进行救济。[1]

第三，证券民事责任是证券法上的民事责任，即只有需要适用证券法认定和处理的民事责任，才能称之为证券民事责任。离开了证券法的特别规定，所谓的与证券有关的民事责任就只能是一般的民事责任。例如，因违反股票买卖合同而承担的民事责任虽然与证券有关，但如果买卖的是不公开发行的股票，该民事责任就是一般的违约责任，只需适用合同法或在一定情形中还需适用公司法即可，而不需适用证券法。再如，因盗窃他人上市股票而承担的返还责任亦是与证券有关的民事责任，但如果盗窃者不是证券公司的业务人员，其民事侵权责任只需按照一般侵权法认定即可，而不需适用证券法，因此该民事侵权责任就不属于证券民事责任。

第四，证券民事责任具有与一般民事责任不同的显著特点。证券民事责任归根结底是民事责任，所以，对于认定和解决证券民事责任问题，需要运用一般的民事责任制度和相关理论。但是，证券民事责任毕竟是一种特殊的民事责任，其有许多不同于一般民事责任的特点，其中最为主要的就是法定性、市场性和技术性。（1）证券民事责任具有法定性的特点，这在虚假陈述的民事责任制度中体现得尤为明显。诸如，证券法直接规定虚假陈述的民事主体范围，直接规定适用不同主体的不同归责原则，直接规定连带责任的适用范围。（2）证券民事责任的认定与承担，与证券市场行情的变化紧密联系。（3）证券民事责任的认定需要较高的技术性。因为证券市场是需要较高的交易技术和判断能力的市场，对于证券市场中违法违规的认定，对于

① 例如，美国《证券法》和《证券交易法》、日本《证券交易法》等均主要通过侵权法来支持证券民事赔偿诉讼。当然，这并不排斥在条件满足时可能提起的违约之诉。我国台湾地区"证券交易法"以前对此采用契约型的立法模式，但在其"证券交易法"修订时也改为采用侵权法的模式。

违法违规行为的损害结果的认定，都要依赖一定的技术，包括交易技术、检索技术和计算技术等。

鉴于学者和许多国家立法大都倾向于把证券违法行为引发的民事责任的性质定性为侵权责任，我国相关司法解释对证券市场违法行为也是采取侵权的救济方式，[①] 而且由于我国合同法的规定较为完善，实践中证券违约责任的处理争议相对较少，因此，证券侵权损害赔偿责任是理论界与实务界研究探讨的重点。

二、虚假陈述的民事赔偿责任

在证券法出台之前，由于法院仅仅审理虚假陈述民事赔偿案件，且至今为止最高人民法院只颁布有关虚假陈述民事赔偿的司法解释，因此，学界主要结合《规定》对虚假陈述民事赔偿责任的实体和程序问题进行细致探讨。证券法系统地确立了虚假陈述的民事赔偿责任机制，有关虚假陈述民事责任的主体、责任类型和归责原则等得到了确认和统一。

（一）虚假陈述民事责任的归责原则

关于虚假陈述民事责任的归责原则，1998年证券法并没有明确规定，因而导致理解不一。有观点认为，1998年证券法规定了发行人的无过错责任，因为只要存在虚假记载等内容，使投资者在证券交易中遭受损失的，发行人就要承担赔偿责任，不能用自己没有故意或过失来要求免责；主承销商和发行人同样承担无过错责任；发行人、主承销商的董事、监事、经理承担推定过错责任，因为1998年证券法规定的是"负有责任的董事、监事、经理"承担责任。[②] 1998年证券法第63条所谓"负有责任的董事、监事、经理"中的"负有责任"，其意义究竟如何并不明确，依法理推论，应当指在信息公开活动中有过错。[③] 也有观点认为，在证券法律责任归责中，排除无过错责任的适用。但是在举证责任的承担分配上，证券法广泛适用推定过错责任，即由行为人承担其无过错的举证责任。[④]

实际上，从1998年证券法有关违反信息公开制度的民事责任的各个条款内容来看，实在不能从其中字面意义解释出归责原则。因为1998年证券

---

① 2003年1月9日最高人民法院发布的《关于受理证券市场因虚假陈述引发的民事赔偿案件的若干规定》明确说明该司法解释对证券市场虚假陈述行为采取侵权的救济方式。

② 郑琰：《从红光案看信息披露不实的民事责任》，《证券市场导报》1999年1月号。

③ 周友苏主编：《证券法通论》四川人民出版社1999年版，第463页。

④ 施天涛主编：《证券法释论》，工商出版社1999年版，第323页。

法第 63 条中所谓的"负有责任"，应当是适用证券法进行责任认定的结果，而不是认定责任的依据，1998 年证券法的规定实在是颠倒因果。如果认为对发行人和承销商没有规定免责事由，就意味着发行人和承销商承担无过错责任，那么 1998 年证券法对证券服务机构及其专业人员也没有规定免责事由，殊难认为其承担的也是无过错责任。按一般法理，民法以过错责任为原则，若某类主体或某类行为须承担推定过错责任或无过错责任，须由法律特别规定。其实，法律在规定民事责任的归责原则时，在立法技术上并不是直接标明某一责任是过错责任，另一责任是推定过错责任或无过错责任，而是通过对责任主体免责事由的规定，推导出归责原则来。例如，《民法通则》第 123 条规定："从事高空、高压、易燃、易爆、剧毒、放射性、高速运输工具等对周围环境有高度危险的作业造成他人损害的，应当承担民事责任；如果能够证明损害是由受害人故意造成的，不承担民事责任。"由于只有证明受害人故意才可以免责，可知该项责任为无过错责任。《民法通则》第 126 条规定："建筑物或者其他设施以及建筑物上的搁置物、悬挂物发生倒塌、脱落、坠落造成他人损害的，它的所有人或者管理人应当承担民事责任，但能够证明自己没有过错的除外。"由于只要证明自己没有过错就可免责，可知该项责任为推定过错责任。对于虚假陈述的民事责任，证券法也应当如此规定。以日本证券交易法的规定为例：在信息公开文件有虚假记载或欠缺时，发行人负赔偿责任，但如能证明有价证券取得者于要约取得当时已知有虚假记载或欠缺时，则可免责；[①] 发起人或发行人的高级职员，如能证明其不知并且尽相当注意仍不能得知有虚假记载或欠缺时，则可免责；承销商证明其不知有虚假记载或欠缺并且尽相当注意仍不能得知时，则可免责；在监察证券文件中就虚假记载或欠缺，证明无虚假记载或欠缺的公认会计师或监察法人，证明其就同项证明无故意或过失时，则可免责。[②] 根据这些规定中的免责条款，可知发行人承担的是无过错责任，发起人、发行人的高级职员、承销商、公认会计师或监察法人承担的是推定过错责任。

在信息公开有虚假陈述等内容时，发行人应当承担无过错责任。发行人是已公开信息的最初掌握者，对已公开信息的内容事先当然有充分的了解，能够决定信息公开文件的内容与发布时机，并且其披露的信息对其证券市场价格有重大影响。在另一方面，投资者只是被动地了解已公开信息，已公开

---

① 日本证券交易法第 17 条。
② 日本证券交易法第 21 条。

信息的使用结果对投资者有重大利害关系，投资者对于发行人违法行为的原因又难以举证。因此，如果信息公开中有虚假记载等内容，发行人无论是否有过错，都应承担相应的法律责任，以此充分保护投资者权益。无过错责任之免责条件，一般是责任人举证损害结果是受害人的过错造成。在信息公开制度中，如果发行人能够证明特定投资者在信息公开时已经知道信息的实际情况，则可以免除对这些投资者的民事责任。

对于发行人、上市公司的董事、监事、高管人员和其他直接责任人员，保荐人、承销的证券公司以及证券服务机构，应当采取推定过错原则，而不应当采取无过错原则。在信息公开活动中发行人、上市公司是信息公开义务主体，上述主体只是因为其职务或业务关系，与发行人、上市公司的信息公开活动相联系。发行人、上市公司在信息公开中起决定作用，保荐人、承销的证券公司、证券服务机构等，往往是根据发行人提供的材料了解应公开信息的内容或者制作信息公开文件。要求他们承担无过错责任，似嫌过苛。就发行人、上市公司的董事、监事、高管人员和其他直接责任人员而言，信息公开文件的内容往往是共同判断和决定的结果，如董事是通过决议而不是单独决定有关信息公开事宜，因此在归责时也必须考虑这类主体在信息公开活动中的具体情况，主观上是否有过错便是判定这类主体应负责任或免责的公平而可行的标准。证券法追究这类主体的民事责任，除了确保受损失的投资者能获得充分赔偿之外，也是督促这类主体在信息公开活动中审慎行事、合法行事，以过错与否作为他们承担民事责任的主观要件，可以约束并促使其合法审慎地进行信息公开活动。如果这类主体在其工作中已经尽到其审慎守法义务，自不必令其对发行人、上市公司违反信息公开制度的行为承担责任。但是与公众投资者相比，这类主体在信息公开活动中仍处于主导或优势地位，可以预先了解和决定信息公开文件的内容，而投资者对这些主体是否有过错又难以举证。因此，根据信息公开制度的宗旨以及公众投资者在证券市场中的地位，对于发行人、上市公司的董事、监事、高管人员和其他直接责任人员，保荐人、承销的证券公司以及证券服务机构，应当采取推定过错原则。

我国台湾地区"证券交易法"第 32 条原先只是规定，发行人及其负责人；发行人之职员，曾在公开说明书上签章，以证实其所载内容之全部或一部者；该有价证券之证券承销商；会计师、律师、工程师或其他专门职业或技术人员，曾在公开说明书上签章，以证实其所载内容之全部或一部，或陈述意见者，对公开说明书主要内容有虚伪或欠缺之情事所致损害，就其所应责任部分与公司负连带赔偿责任。此点对于发行人以外之人，责任实嫌过苛。因此，我国台湾地区在1988年修订其"证券交易法"时，参照外国立法例（美国证券交易法第11条，日本证券交易法第21条），增订第32条第2项免责之事由，以促进上述人员善尽调查及注意义务。按该项规定，除了发行人以外，发行人的负责人、在公开说明书上签章以证明其所载内容之全部或一部真实的发行人的职员、证券承销商，对于公开说明书中未经会计师等专业人员签证部分，如能证明已尽相当的注意，并有正当理由确信其主要内容无虚伪隐匿情事，或对于签证意见有正当理由确信其为真实的，可以免责；会计师、律师、工程师或其他专门职业或技术人员，如能证明已经合理调查，并有正当理由确信其签证或意见为正确的，亦可免责。但是，我国台湾地区证券交易法规定发起人承担的也是无过错责任，这与该法将发起人列为发行人有关。

我国证券法修订时，对虚假陈述民事责任的归责原则做了重大的修改与完善。其一，通过适当的立法技术，明确规定了各类主体的归责原则。例如对无过错责任，没有规定任何免责事由；规定过错推定责任，则以"能够证明自己没有过错"作为免责事由；规定过错责任时，直接规定"有过错的"承担责任。其二，将不同的规则原则做了合理的分配。例如，发行人、上市公司承担无过错责任；发行人、上市公司的董事、监事、高管人员和其他直接责任人员，保荐人、承销的证券公司以及证券服务机构，承担过错推定责任；发行人、上市公司的控股股东、实际控制人，承担过错责任。

（二）连带责任的承担

按照证券法的规定，信息披露需由多个主体协作实施。因此，虚假陈述的民事责任通常由多个相关主体共同承担，呈现连带责任的特点。

1998年证券法第63条规定，发行人、承销的证券公司公告招股说明书、公司债券募集办法、财务会计报告、上市报告文件、年度报告、中期报告、临时报告，存在虚假记载、误导性陈述或者有重大遗漏，致使投资者在证券交易中遭受损失的，发行人、承销的证券公司应当承担赔偿责任。对此规定中发行人应承担的赔偿责任，当无疑问，但此规定中承销商的责任与《股票发行与交易管理暂行条例》（以下简称"股票条例"）的规定不同。依"股票条例"第17条规定："全体发起人或者董事以及主承销商应当在招股说明书上签字，保证招股说明书没有虚假、严重误导性陈述或者重大遗漏，并保证对其承担连带责任。"

1998年证券法与"股票条例"规定的不同之处在于："股票条例"规

定承销商承担的是连带责任，1998 年证券法规定承销的证券公司承担的是赔偿责任。有观点认为，1998 年证券法第 63 条的规定将承销商的连带责任改变为分别责任，即："发行人和承销的证券公司分别只就自己的过错行为承担民事责任。"① 但从实质上说，1998 年证券法第 63 条规定的承销商的赔偿责任仍然是连带责任。其理由是：（1）"股票条例"规定主承销商承担连带责任，是将招股说明书有虚假记载等内容的民事责任，首先看做是发行人的责任，承销商是对他人行为承担连带责任。1998 年证券法第 63 条的规定，是将招股说明书等文件有虚假记载等内容的民事责任，既看做是发行人的责任，同时也看做是承销商的责任，其根据是 1998 年证券法第 24 条规定了承销商对证券公开发行文件的核查义务。（2）1998 年证券法第 63 条规定的是发行人与承销商的共同责任，因为当招股说明书等文件有虚假记载等内容时，无论承销商是否有过错，发行人总是要承担民事责任。（3）当承销商对招股说明书等文件的虚假记载等内容承担民事责任时，发行人也要承担民事责任，在此情况下，承销商的民事责任当然应是连带责任。而发行人承担民事责任时，承销商或许因为无过错而免责。可见，连带责任、赔偿责任与过错责任等，各自概念的界定标准有所不同，但其间并无排斥关系，例如，不能认为连带责任就一定是无过错责任，而过错责任就一定不是连带责任。对连带责任主体实行推定过错原则时，在发行人违反信息公开制度时，在这些主体有过错时，则与发行人承担连带责任；在其没有过错时，则不承担连带责任。

所以，依 1998 年证券法的立法本意，在发生虚假陈述时，承销的证券公司应当承担的就是连带责任，但 1998 年证券法的制度表述毕竟不够规范准确，给实务中的适用带来了困惑。因此证券法修改时明确规定，在发生虚假陈述行为时，保荐人、承销的证券公司应当与发行人、上市公司承担连带责任。

1998 年证券法第 63 条还规定，在发行人的信息公开文件有虚假记载等内容，致使投资者在证券交易中遭受损失时，发行人、承销的证券公司的负有责任的董事、监事、经理，应当承担连带赔偿责任。这些主体的连带责任表现在两方面：（1）董事、监事、经理与其公司承担连带赔偿责任；（2）各个董事、监事、经理相互之间承担连带责任。证监会在其颁布的各种信息公开文件准则中，往往要求发行人董事会在信息公开文件中明确表示

---

① 周友苏主编：《证券法通论》四川人民出版社 1999 年版，第 742 页。

其承担连带责任，如要求在年度报告正文中必须作出明确提示："本公司董事会保证本报告所载资料不存在任何虚假记载、误导性陈述或者重大遗漏，并对其内容的真实性、准确性和完整性负个别及连带责任。"证券法修改时，对承担连带责任的公司经营管理者的范围做了调整，将承担连带责任的发行人、上市公司的董事、监事和经理，扩大为董事、监事、高管人员和其他直接责任人员；同时将承销的证券公司的董事、监事和经理，从连带责任主体的范围中划出去。

发行人、上市公司在制作信息公开文件时，须依法委托证券服务机构处理。证券服务机构包括投资咨询机构、财务顾问机构、资信评级机构、资产评估机构、会计师事务所等。依据证券法第173条的规定，证券服务机构为证券的发行、上市、交易等证券业务活动制作、出具审计报告、资产评估报告、财务顾问报告、资信评级报告或者法律意见书等文件，应当勤勉尽责，对所制作、出具的文件内容的真实性、准确性、完整性进行核查和验证。其制作、出具的文件有虚假记载、误导性陈述或者重大遗漏，给他人造成损失的，应当与发行人、上市公司承担连带赔偿责任。证券法第173条对1998年证券法第161条的重大修改，就是将证券服务机构中的专业人员，从连带责任主体的范围中划出去，不再直接向投资者承担直接的虚假陈述的民事责任。

（三）因果关系的推定

在确认虚假陈述侵权责任的过程中，要求受害的投资者负担其损害事实与违法行为之间存在因果关系的证明责任，是诉讼中面临的难题。首先，证券价格的波动受多种因素影响，投资者的损失是市场多种因素综合造成的，即使专业人士也难以确定各种不同因素对证券价格的影响程度，至于一般投资者则很难发现自己遭受损失的原因，遑论区分因欺诈行为造成的损害和正常市场风险带来的损害。其次，证券侵权行为造成的损害既可以是直接损失，也可以是间接损失，如因上市公司的误导所造成证券市值的减少，或公司被停牌导致证券价值的必然减少等。但不管是直接损失还是间接损失，如果投资者未卖出股票或客观上不能卖出股票时，其所受的损失仅是账面上的，账面损失并不是现实确定的损失。随着时间的推移和市场行情的变化，这种账面损失甚至可能被自然而然的填平。因此，证券市场的损害较一般民事损害具有复杂性。再次，在大多数情况下，证券侵权行为往往属共同侵权，共同侵权形态的普遍存在和共同侵权形态的复杂多样，使损害结果与侵害行为之间的因果关系证明更为复杂，技术操作难度更大。此外，不管是交易因果关系还是损失因果关系的证明，都需要一定的技术手段和资金支持。由于公众投资者缺乏必要的专门知识和技术手段，其与公司及董事等侵权行为人之间存在信息量不对称的情形，而且在搜集证据时往往得不到公司的配合，同时又缺乏必要的资金和精力，因此，如果要求投资者按通常规则承担举证责任，显然是不公平不现实的。

对于虚假陈述侵权责任的确定，美国证券立法和司法实践衍生出发达的因果关系推定理论。适用因果关系推定的理论基础是欺诈市场理论，这一理论是根据"有效资本市场"学说而确立的。该理论的核心观点在于，在一个开放而且发展良好的证券市场上，证券价格反映了关于证券发行人的所有公开信息，包括错误虚假的信息。既然所有不真实的和具有欺诈性的信息都反映在证券的市场价格上，那么，所有接受了该证券的市场价格从事交易的投资者都可以被看做是信赖了所有的信息。具体应用到证券侵权责任的因果关系问题上，就是实现了"信赖推定"。具体来说，虚假陈述行为欺诈的是整个证券市场，投资者因相信证券市场是真实的以及证券价格是公正的而进行的投资，其无须证明自己信赖了虚假陈述行为才进行投资；只要证明其所投资的证券价格受到虚假陈述行为的影响而不公正，即可认为投资者的损失与虚假陈述行为之间存在因果关系。① 据此，不管投资者能否证明他们个人是否信赖该错误信息，均推定他们已经受到欺诈，即信赖的存在是被假定成立的。欺诈市场理论与传统因果关系分析理论的不同在于，欺诈市场理论赋予"法律推定或假设存在的信赖"一个较为坚实的经济理论基础。② 由于欺诈市场理论解决了"推定信赖"的基础问题，这对美国证券民事赔偿因果关系的分析规则产生了重大的影响。

就我国而言，继 2002 年 1 月 15 日最高法院下发《关于受理证券市场因虚假陈述引发的民事侵权纠纷案件有关问题的通知》之后，最高法院 2003 年 1 月 9 日出台的《规定》是对该类案件的受理程序和适用法律作出的全面具体的司法解释。关于因果关系，《规定》第 18 条规定：投资人具有以下情形的，法院应当认定虚假陈述与损害结果之间存在因果关系：（1）投资人所投资的是与虚假陈述直接关联的证券；（2）投资人在虚假陈述实施日及以后，至揭露日或者更正日之前买入该证券；（3）投资人在虚假陈述

---

① 奚晓明、贾纬：《证券市场虚假陈述民事赔偿制度》，《证券法律评论》（第 3 卷），第 37 页。
② 胡基：《证券法之虚假陈述制度研究》，《民商法论丛》第 12 卷，第 673 页。

揭露日或者更正日及以后，因卖出该证券发生亏损，或者因持续持有该证券而产生亏损。其第 19 条规定：被告举证证明原告具有以下情形的，法院应当认定虚假陈述与损害结果之间不存在因果关系：（1）在虚假陈述揭露日或者更正日之前已经卖出证券；（2）在虚假陈述揭露日或者更正日及以后进行的投资；（3）明知虚假陈述存在而进行的投资；（4）损失或者部分损失是由证券市场系统风险等其他因素所导致；（5）属于恶意投资、操纵证券价格的。据此可知，《规定》实行了因果关系推定，即在投资者的损失与上市公司虚假陈述之间的因果关系确定方面，明确了只要上市公司存在虚假陈述，投资人在虚假陈述期间买进或者持有股票，在虚假陈述曝光后卖出受到损失的，就可以认定虚假陈述和投资者损失之间存在因果关系。至于举证责任，原则上并不要求原告举证，而是允许被告进行抗辩。

《规定》立足我国侵权赔偿诉讼的因果关系理论，借鉴国外的市场欺诈理论和信赖推定原则，对因虚假陈述引发的民事赔偿案件中因果关系的认定作出了明确的规定。应该说，该司法解释较好地解决了虚假陈述侵权损害赔偿中的因果关系推定问题，基本上克服了中小投资者举证难的问题，积极推动了我国证券市场民事赔偿责任制度的发展与完善。

三、内幕交易的民事赔偿责任

对内幕交易者追究民事责任，可以保护受害投资者的合法权益，同时借此发动整个市场的力量来防范内幕交易。2005 年修订后的证券法第一次以法律方式明确了内幕交易行为若给投资者造成损失的，行为人应当依法承担民事赔偿责任，并对短线交易及归入权行使作出了规定。但是，我国证券法对内幕交易民事责任的规定极为简略，实务中又缺乏最高人民法院的司法解释以及相关规范性文件，因此，进一步探讨内幕交易民事责任制度，将证券法的相关规定落到实处已成为当务之急。

（一）内幕交易损害赔偿请求权人的认定

追究内幕交易的损害赔偿责任，首先要确定哪些人拥有向内幕交易者提出损害赔偿的请求权，即可以通过民事诉讼要求内幕交易者赔偿损失的投资者范围。在开放的证券集中市场上，证券的出售人与买受人互不谋面，具体证券交易的相对人是不易确定的，导致一个具体内幕交易的具体受害人也具有不确定性。再加上活跃的证券市场中证券换手率很高，证券投资与损失之间因果关系具有复杂性，从而使通常的民法归责规则，难以直接适用于内幕交易侵权损害赔偿请求权人的认定。

美国通过一系列判例法和成文法，使内幕交易民事诉讼的原告逐步限制在"同时交易者"。所谓的"同时交易规则"认为，只有在一定时间内与知悉证券交易内幕信息的知情人员进行相反买卖的投资受害者才可以要求内幕交易者赔偿其损失。[①]

制定内幕交易民事责任制度，既要能够有力地制裁内幕交易行为，又要便于司法实务中适用。因此，借鉴美国的经验，采取"同时作相反交易的规则"确定内幕交易受害人（即内幕交易损害赔偿请求权人）范围，是一种可资参照的制度建构思路。（1）按照同时作相反交易的规则，内幕交易的受害人不限于与内幕交易行为人有直接交易联系的人，即并不是内幕交易行为人所卖出的特定证券的直接购买人，也不是内幕交易行为人所购买的特定证券的直接出售人。只要与内幕交易行为人作同种类证券的相反买卖时，即内幕交易卖出某种证券时，其他投资者正好作该种证券的买进，或者内幕交易行为人买进某种证券时，其他投资者正好作该种证券的卖出，即可认定为该内幕交易行为的受害人。（2）作与内幕交易行为人相反的证券买卖，应当是与内幕交易行为同时发生的。不过，法律对于证券交易活动的"同时"，应当是有一定时间长度的时限。实务中对于"同时"的理解，也应当根据具体的交易情形加以分析判断。（3）与以一对一交易作为认定受害人的标准相比，以同时作相反交易来认定内幕交易受害人，其所认定的受害人数量肯定要多于以前者方式认定的数量。（4）以同时作相反交易作为认定受害人的标准，不同于民法上的一般规则，须以法律有明确规定为必要。因此，只有证券法明确规定内幕交易受害人的认定规则，司法实务中才得以据此适用。

（二）内幕交易行为与损害结果之间因果关系的推定

如何确定内幕交易与其他投资者损害之间的因果关系，证券法未作明确规定，我国法院也尚未提供可以分析参照的内幕交易判例。但若依据现行证券法及"谁主张，谁举证"的一般法律规则，受损害的投资者试图成功起诉内幕交易行为人并且获得赔偿，几乎是不现实的。解决此问题的关键，是建立内幕交易诉讼的"因果关系推定"规则，放松适合原告对因果关系的

---

①　1988 年美国修订《证券交易法》，同时交易理论被第 20 条所采纳，该条规定，"（a）任何人违反本款及其规则、规章，在掌握重要未披露信息时买卖证券，对任何在违反本款的证券买卖发生的同时，购买（违反以出售证券为基础时）或出售（违反以购买证券为基础时）了同类证券的人在有管辖权的法院提起的诉讼承担责任"。从这一规定可以看出，那些持有重大未公开内幕消息而在市场上买卖证券者，必须对在同时期从事相反买卖的投资者负担民事赔偿责任。

举证责任要求，或者实行举证责任倒置。

美国的判例及立法确立了同时交易原则，即任何与隐瞒内幕信息的内幕交易者从事交易时进行反向买卖的投资人皆基于对被告行为的直接依赖而买卖证券，他们都可以针对内幕交易者提起损害赔偿诉讼，法律推定因果关系成立。换言之，享有明示诉权的同时交易者不需要举证证明被告行为与其买卖股票之间存在依赖或因果关系，只要原告属于和内幕交易的同时交易者，法律就确认其所受损害与内幕交易行为之间存在因果关系，并赋予其要求内幕交易者赔偿其损失的权利。

在证券集中市场交易中，一个具体内幕交易的真正直接相对人是难以确认的。在与内幕交易作相反买卖的损失，也可能是多种因素造成的，内幕交易的相对人所受损害与内幕交易行为之间的因果关系也是难以认定的。但是，不解决这一因果关系的确定问题，在实务中就难以追究内幕交易行为人的民事责任。因果关系的推定，具有两个层面的法律意义，其一，把与内幕交易行为人同时作相反交易而产生的损失，在法律上视为与内幕交易行为有因果关系的损害；其二，对于该项因果关系，内幕交易的损害赔偿请求权人无需举证证明，投资者只要证明其作了与内幕交易同时相反的交易，法律即可推定该项因果关系存在。内幕交易行为与损害结果之间因果关系的推定，把内幕交易行为与具体的受害人及其损害在法律上连接起来，由此才使得追究内幕交易者的民事责任真正成为可能。

（三）内幕交易人损害赔偿数额的确定

对内幕交易诉讼中损害赔偿额，立法例多依据消息未公开前买入或卖出该股票之价格，与消息公开后"合理期间"后股票价格之差额来确定。据我国台湾地区"证券交易法"第 157 条之一规定，内幕交易损害赔偿之范围是在"就消息未公开前其买入或卖出该股票之价格，与消息公开后十个营业日收盘平均价格之差额限度内"。其中，所谓"消息未公开前其买入或卖出该股票之价格"，应指从内幕消息发生之日起到消息首次公开之日期间，违反内幕交易禁止规定者在集中交易市场或店头市场买进或卖出股票的价格。这里的"消息发生之日"，一般指公司决定或决议做成之日，相关契约签订之日等等。① 但对于内幕交易情节重大者，法院得依善良从事相反交易之人的请求，将责任限额提高三倍。因此内幕交易者最高赔偿责任数额，可达到其通过内幕交易获利的三倍。我国台湾地区的做法，可资参照。

---

① 吴崇权：《有关内幕人员交易之禁止规定》，我国台湾地区《证券管理》第 8 卷第 9 期。

显然，按照民法上侵权行为法的一般规则，不易确定内幕交易造成的损害数额，需要证券法为此规定特殊的规则。证券法规定内幕交易所造成损害数额的确定规则，应当具有的内容包括：（1）内幕交易受害人在特定证券交易中的单价损失幅度。一般使用差价法，即与内幕交易作相反交易时的特定证券价格，与内幕信息公开后一定期间内该证券平均价格之间的差额，即为内幕交易受害者在每一种证券上蒙受的损失。（2）内幕交易受害人在该次交易中的损失范围。即由受害人作相反交易时买卖的证券数量，乘以单价损失幅度。由于凡是与内幕交易行为人同时作相反交易的人均为内幕交易受害人，所以，以此标准确定的全体受害人的受损数额，要远大于内幕交易行为人所获取的利益。（3）确定内幕交易行为人的责任限额。由于内幕交易受害人是根据同时相反交易规则推定的，其损害范围及其与内幕交易行为之间的因果关系也是推定的，如果完全以充分填补损失为赔偿原则，那么发生一次内幕交易，行为人所赔偿的数额可能是天文数字。因此，法律应当确定内幕交易行为人的责任限额，以求制度公平。内幕交易行为人的责任限额，通常就是内幕交易非法所得的数额，即内幕交易时买卖证券所得与内幕信息公开后一定期间内该证券平均价格之间的差额。（4）通过司法调整责任限额与受损数额之间的平衡。由于一次内幕交易的受害人众多，在有责任限额制度的前提下，每一受害人并不能都得到足额受偿，只能根据其受损数额在全体受害人的受损害总额中的比例，按比例受偿。但是这样一来，每一受害人所受到的赔偿可能寥寥无几，受害人获得损失赔偿的程度可能过低。为弥补此项缺陷，法律可以规定法院在确定内幕交易行为人责任限额上有一定的裁量权，即可以根据受害人所受损失的情况、受害人的请求以及内幕交易的情节，对内幕交易行为人的责任限额予以适当提高，既可提高受害人获得补偿的程度，又可适度加重对内幕交易人的民事制裁。

四、操纵市场的民事赔偿责任

1998 年证券法未对证券操纵者的民事赔偿责任作出明确规定。证券法第 77 条第 2 款明确规定，操纵证券市场行为给投资者造成损失的，行为人应当依法承担赔偿责任。证券法关于操纵市场的民事责任的规定，虽然弥补了 1998 年证券法的不足，但有关条款过于笼统，缺乏相应规定使操纵市场民事责任制度完整化，实务中难以操作，也就难以实现运用民事责任制度制裁操纵市场行为和保护投资者权益的立法目的。因此，对操纵市场民事赔偿责任中的疑难问题，诸如操纵市场行为的受害人范围、损害认定标准、归责原则等进行探讨进而作出明确规定，使证券法上有关操纵市场民事责任的制度具有规范意义，已经成为学界共识。

（一）操纵市场损害赔偿请求权人的认定

借鉴美国、我国台湾地区以及香港特别行政区的相关立法例，[①]操纵市场侵权损害赔偿请求权人应为因操纵市场行为导致权益受损的善意投资者。具体来说，无论是在市场被操纵期间从事单向证券交易（只买或卖）的投资者，或者是双向证券交易（既买又卖）的投资者，都可能受到损失。即使不在市场被操纵期间从事证券买卖，但在市场被操纵之前持有证券的投资者，在市场操纵行为结束后，也可能受到损失。因此，这些投资者只要受到损失，都有权请求损害赔偿，简言之，就是因价格被操纵的证券交易受损的买方或卖方。

至于善意，有学者以为，原告是否明知操纵行为的存在并不影响其损害赔偿请求权，因为，操纵市场这种行为具有严重的社会危害性，此种危害性并不因原告知悉而有所减少，我们的目标不是要求人们在知道有操纵行为的情况下不进行交易，而是要求人们不能从事操纵行为，所以从这个角度来说，原告是否为善意对操纵者承担民事责任不应产生影响。[②]

（二）操纵市场行为与损害结果之间因果关系的推定

由于证券交易的特殊性，证券交易者之间无直接联系，操作市场行为涉及面广、手段隐蔽，操纵市场行为人之间在表面上看来毫无联系且全部交易都以合法的形式出现，而且在某一时点影响证券价格的因素很多，因此，确定操纵市场行为与损害结果之间的因果关系非常困难。如果依据传统民法严格的因果关系要件，显然既无法为受害人提供充分的补救，也无法充分有力地遏止操纵市场行为。因此，与内幕交易及虚假陈述案件情形相似，"法律推定因果关系"的立法模式也可以适用于操纵市场情形。具体来说，在诉讼中应采用推定方式，推定被告存在过错，并推定因果关系存在。即不需要原告举证证明其损失与被告的行为具有因果关系，而将举证责任转移给被告承担，即被告若要免除责任，就必须证明原告遭受的损失与自己的行为之间不存在因果关系。实践中，如何确定操纵市场行为的时间长短，可能成为操纵证券市场民事赔偿案当事人双方的争执焦点，对此，最终只能由法院根据案件的

---

① 美国 1934 年《证券交易法》第 9（e）规定，"违反本条 a、b、c 的规定，对于在受违法行为影响的价格下买卖证券的受害人，承担赔偿责任。受害人可以依据普通法或衡平法向有管辖权的法院请求因该项买卖所受损害的赔偿"。我国台湾地区《证券交易法》第 155 条第 3 项规定，违反股价操纵行为条款之规定者，"对于善意买入或卖出有价证券之人所受之损害，应负损害之责"。

② 程啸：《论操纵市场行为及其民事赔偿责任》，《法律科学》2001 年第 4 期。

实际情况确定。

（三）操纵市场侵权损害赔偿责任的范围

关于操纵市场侵权损害赔偿责任的范围，通说认为是价格被操纵的证券的真实价格与给付价格之间的差额。[①] 但由于证券市场上影响证券价格的因素非常多，因此，很难确定什么样的价格才是被操纵的证券的真实价格。于是台湾有学者认为，法院认定赔偿范围时可以类推适用《证券交易法》第157条之一第2项规定，即在操纵的场合，操纵人应就操纵行为开始前十营业日收盘平均价格与原告买入或卖出该股票的价格的差额作为赔偿范围。但正如台湾学者余雪明教授所言，此种将内部人交易的民事赔偿责任的规定与操纵行为的规定之类比并不合适，因为操纵行为的危害性显然大于内幕交易。归结起来，在操纵市场诉讼中，多依据操纵市场案件的特点，采用"计算被告操纵市场非法所得最高限额"或"计算原告实际损失"方法。

有学者建议可以采用一个折中的方法来确定我国操纵市场行为的民事责任：依据操纵行为前数个营业日内被操纵的证券的收盘价的平均价格与原告买入或卖出该股票的价格的差额作为赔偿范围的基准。还有学者认为，我国的赔偿原则应为：被告对原告的直接损失和法定间接损失赔偿；总赔偿额可大于被告违法所得额，但不得超过原告实际损失总额。在计算损失时，必须考虑到，操纵行为往往是一个连续的活动，操纵者既买又卖，因此，不可能也没有必要在每一笔交易中区分被告是买入方还是卖出方，加之股票的实际价值很难判断，因此，宜从原告角度计算实际损失。落实到具体计算方法，一般来说，原告的实际损失可作如下计算：（1）在股价被操纵期间高买低卖的差价损失；（2）连续买卖的，按先入先出规则扣除盈利后的亏损；[②]（3）买卖证券的价格与操纵市场行为结束后一段时间的合理交易价格之差额。此合理交易价格，可以借鉴美国的立法，以操纵市场行为被揭露后90日内该证券每个交易日收盘平均价格计算。此外，还要计算上述差价损失部分的佣金、税金损失等。

五、行政主导的证券民事赔偿机制之建立

（一）我国行政主导下的证券市场

我国的证券市场是在计划经济向市场经济转化的大背景中，政府为适应

---

① Louis Loss, Securities Regulation (Boston, Little Brown, 1961) Vol. 3, p. 1749.
② 操纵过程中有的投资者反复买卖，这个连续过程的损失如何计算？笔者以为还是应该将股民赚的钱扣除，只算净亏部分，这样符合实际交易损失的计算规则。

经济发展的内在要求而大力扶持驱动下产生并迅速发展起来的，因此，政府在证券市场上一直扮演极其重要的角色：一方面，政府是证券市场的监管者。另一方面，政府又是上市公司最大股东的代表。此外，由于几千年古老传统的积淀，大多数社会公众仍然对政府存有严重的"父母官"情结。现实中，当企业严重亏损乃至资不抵债时，当广大投资者受到欺诈血本无归时，政府都不得不承担起最后的重任。

　　鉴于我国证券市场是在我国特有的政府主导型的管理模式下发育并成长起来的，因此，从体制的角度看，要选择证券市场合理高效的证券民事救济的运行模式和组织方式，就不能忽视政府作为市场监管者和组织者的推动力量。这种推动力量主要是通过政府监管机构对市场各种主体的经济、行政强制力得以体现的。按照制度经济学的路径依赖理论，在制度变迁中，由于存在自我强化的机制，这种机制使得制度变迁一旦走上某一路径，它的既定方向会在以后的发展中得到强化，即在制度选择过程中，初始选择对制度变迁的轨迹具有相当强的影响力和制约力。人们一旦确定了一种选择，就会对这种选择产生依赖性，这种选择本身也具有发展的惯性，具有自我积累放大效应，从而不断强化这种初始选择。因此，任何形式的制度变迁实质上作为一种制度创立、变更及随时间变化而被打破的方式，无一例外地具有路径依赖的特征。联系我国实际，由于我国证券市场的初始选择并非市场主导，而是政府主导，并非私法自治，而是公法先行，这样，在路径依赖下，我国证券民事救济受到诸多非私法制度的制约。从宏观环境看，我国证券市场筹资功能优先，国有股占主导地位，无形中加大了证券民事赔偿的难度。从微观制度层面看，证券民事救济机制受到制约的现象更是比比皆是。例如，1998 年证券法规定了投资者民事赔偿优先于行政处罚和刑事处罚，司法实践中，执行法院也有权根据胜诉投资者的请求，向证券监管者发出协助执行通知书，要求其限期将已经征收的罚款支付给执行法院，再由执行法院转交胜诉投资者，[①]但是，由于我国的财政回拨机制并不完善，证券违法者的罚没款一旦进入国库再行回拨就极其困难。另外，从法院体制改革的角度看，我国司法改革刚刚起步，法院很难完全不受任何干预地履行审判职责，司法独立依旧是追求的目标而非现实的写照。

---

①　刘俊海：《论证券市场法律责任的立法和司法协调》，《现代法学》2003 年第 1 期。

　　立足我国目前从政府为主导向市场为主导转变的转型社会的现状，既然经验证据已经指出法律发展路径依赖的存在，① 既然我国证券市场的法制完善还需要相当长的一段时间，那么，从保护投资者利益角度出发，也许我们可以转变"排斥行政干预"的思路，在选择合理有效的民事赔偿机制的过程中，与其将证券市场的行政主导力量作为负面因素，不如充分发挥我国证券市场行政主导性强的特点，借助行政主导下大量的制度资源，来促进民事救济的实现。

　　（二）建立证券监管机构主导的民事救济机制的思考

　　迟来的正义不是正义，实现不了的正义也不是正义。面对目前法院在受理证券民事赔偿案中的种种困境，有学者提出了由中国证监会主持追缴分配程序的设想，以弥补我国民事诉讼形式的先天不足，尽快实现对投资者的救济。追缴分配程序的设想是，在确认违法行为人的违法行为之后，中国证监会在给予违法行为人处罚时，用追缴代替没收违法所得，然后制定分配方案，将违法所得分配给在证券市场中受到损害的投资者。这种追缴返还程序，实际上类似于美国 SEC 自 1970 年开始大量适用的"吐出非法所得"程序。② 追缴返还程序的优势主要表现在补偿投资者的高效、便捷和实用上。

　　笔者以为，尽管由证监会追缴非法所得补偿投资者的制度运作，在法律程序上，仍然存在最终诉诸法院的可能性，但是，建立类似追缴分配程序这样由证券监管机构主导的民事救济机制，可以充分挖掘我国证券市场监管的制度资源，符合我国证券市场实践和行政监管传统，具有很强的现实意义。

　　第一，这种民事救济机制合法有据。按照法律规定，我国行政机关有权通过行政裁决解决民事争议。具体做法是：在行政机关对有关违法违规者作出行政制裁时，也相应地安排民事赔偿。实践中，很多行政机关确实在履行补偿和返还的职能。例如，公安机关在破获偷盗案件之后，往往将犯罪分子的违法所得（赃物）返还受害人，只有那些没有人认领或者无法找到受害人或所有人的赃物，才会没入国库。现实中我们有不少消费者纠纷除了在消

---

　　① 史蒂芬·崔（Stephen J. Choi）：《法律、金融和路径依赖：发展强大的证券市场》，《比较》（中信出版社出版）2003 年第 8 辑。

　　② SEC 作为美国 1934 年《证券交易法》设立的专业监管机构，除了执行证券法律外，还可以从联邦法院寻求补充救济（ancillary remedies），即 SEC 通过寻求法院运用衡平救济的权力（获得法院命令）要求证券违法行为人交出非法所得，尔后将非法所得分配给受害投资者。见 James R. Farrand, Ancillary Remedies in SEC Civil Enforcement Suits, 89 Harvard Law Review 1179—1184 (1976).

费者协会的主持下得以解决，还有许多是在工商部门的主持下协调解决的。同样，由于中国证监会在证券市场上没收的违法所得，不过是其他合法投资者的所失，因此，证监会也可以效仿其他行政机关的做法，或直接将违法所得发还给证券市场上损失的投资者，或者在其主持下对投资者的民事救济问题进行协调解决。当然，这一做法并非通过行政手段排斥民事赔偿诉讼机制，而是将行政机制作为一种有效的先导。假如当事人不服这种行政机制的安排可以提起行政诉讼。①

第二，中国证监会适合担当这项职责。我国证券法赋予了中国证监会广泛的执法权，包括广泛的调查权力以及对调查发现的市场违法违规行为给予处罚的职责等。那么，在对市场违法违规行为加以严厉惩处的同时，证监会可以将收缴的违法所得顺理成章地返还给受害投资者。可见，中国证监会适合主持确定和实施返还方案，而且也有能力实施该方案：（1）在获取受害投资者的信息方面，中国证监会有较大的权威和便利。在目前我国证券无纸化交易的情况下，证券监管机构通过证券市场计算机系统，根据交易数据资料，发现这些受害投资者并不困难。（2）在追缴和返还款项方面，中国证监会是独立的第三方，与当事人不存在利益冲突，因而能够较为公正地设计返还方案。

第三，我国目前"先刑/行后民"的现实，迫切需要这种救济措施。由于我国证券民事赔偿诉讼确立了"先刑/行后民"的前置程序，上市公司遭受行政罚款后几无能力赔偿投资者的损失。因此，尽管证券法规定了民事赔偿优先的原则，但此规定根本无法落实。追缴分配程序很大程度上可以克服"先刑/行后民"造成的弊端，因而为我国目前的实践所急需。尽管从理论上来说，受害投资者通过民事诉讼寻求赔偿可能要比追缴返还程序更能充分展现自己的要求，民事诉讼程序可能比行政上的追缴返还程序更加透明和公正，但是，鉴于证券民事诉讼的特殊性，民事诉讼的高昂成本是有目共睹的。从降低成本、实现效益最大化的考量出发，利用行政手段发挥补偿投资者的功能未尝不是一个可行的选择。

---

① 最高人民法院《关于执行〈中华人民共和国行政诉讼法〉若干问题的解释》第61条规定，行政机关对平等主体之间民事争议所作的裁决违法，民事争议当事人要求人民法院一并解决相关民事争议的，人民法院可以一并审理。

第六章 保险法的发展

第一节 我国保险法治的回顾

一、保险法学与保险法治

保险法学为应用法学，是研究和诠释保险法、保险法的制度构成、制度运用以及演化的实践性学科。保险法学的客体为保险法治。保险法治则是国家有关保险立法、司法以及与之相关的实践或制度模型。保险法学和保险法治有其自身的本质差异，但因为它们都涉及保险法及其制度，因此，在研究或者学术的视野下，则很难将作为实践性学科的保险法学和作为制度模型的保险法治分得清清楚楚。我国保险法治的现状，基本上限定了我国保险法学的研究状况，我国保险法学的研究状况也基本上反映了我国保险法治的发展状况及其趋势。

我国的保险法治开始于20世纪的清朝末期，但具有现代意义的保险法治则形成和发展于我国的经济体制改革过程中。

二、保险法之前的保险法治

我国早在清朝末期开始引进保险业，并同时引进近代资本主义国家的保险立法。清末商法草案曾经仿照《日本商法典》，在商行为编中设有损害保险和人寿保险2章。但清末的保险立法活动，最终并没有形成法律。直到1929年，当时的国民政府公布了我国历史上第一部保险法，以保险合同关系作为该法的调整对象；该法共计3章82条。1935年，当时的国民政府还颁布了保险业法；1937年，国民政府立法院还对1929年保险法予以相应的修正。

1949年后，我国废除了国民政府时期颁布的"六法全书"，致使国民政府时期颁布的保险法和保险业法退出了我国的法治舞台。与此同时，我国政府接收了官僚资本保险公司，全面改造了私营保险业，并成立了中国人民保险公司，开办了财产保险和人身保险等业务。但在当时的历史条件下，并不具备构建我国保险法治的基础，我国政府和相关立法机构，仅在规范保险业方面颁布了一些涉及民生的保险法规，如政务院 1951 年发布的《飞机旅客意外伤害强制保险条例》、《铁路旅客意外伤害强制保险条例》、《轮船旅客意外伤害强制保险条例》等。自 1956 年社会主义公有制改造完成以后，直至 1978 年改革开放的期间，我国的保险法治基本上处于停滞阶段。

1978 年，我国实行改革开放的政策。此后，我国的经济体制开始发生变化，保险业也随之获得发展，保险立法也处于逐步完善过程中。在保险合同方面，我国 1981 年颁布《中华人民共和国经济合同法》（1993 年曾修订），为财产保险合同的订立和履行规定了基本行为规范。国务院 1983 年发布《中华人民共和国财产保险合同条例》，为执行经济合同法规定的财产保险合同规范，提供了更为细致的依据。1992 年，我国颁布《中华人民共和国海商法》，对海上保险合同的订立、变更、转让、当事人的权利和义务，以及海上保险赔偿责任等作出了明确具体的规定。在保险业的管理方面，国务院 1985 年发布《中华人民共和国保险企业管理暂行条例》，对我国保险企业的设立和管理、中国人民保险公司的地位、保险企业的偿付能力和保险准备金、再保险等事项作出了规定。为适应上海市对外开放和经济发展的需要，加强对外资保险机构的管理，中国人民银行 1992 年制定了《上海外资保险机构暂行管理办法》，对于外资保险机构的设立与登记、资本金和业务范围、业务管理、资金的运用（投资）、清理与解散等事项作出了规定。

三、保险法的颁布及其修改

为了使我国的保险业建立在更加完善的法治基础上，充分保护保险活动当事人的合法权益，中国人民银行 1991 年 10 月成立了保险法起草小组，开始起草《中华人民共和国保险法（草案）》。八届全国人大常委会于 1995 年 6 月 30 日通过了《中华人民共和国保险法》（下称 1995 年保险法）。该法共有 8 章 152 条。一方面，1995 年保险法的颁布对于我国政府规范保险活动，调控保险市场的竞争设定规则，是保险监督管理委员会（下称保监会）监管保险业的行动指南，具有十分重要的意义。另一方面，1995 年保险法是所有的保险活动的参与者应当遵循的行为规范，是法院保护被保险人、受益人乃至保险人利益的裁判规范。

自我国 1995 年颁布保险法至 2001 年，保险业的外部环境和内部结构都发生了深刻变化：保险业务规模不断扩大，市场的年保费收入从 1995 年的 683 亿元增加到 2001 年的 2109 亿元；竞争主体不断增加，保险公司由 1995 年的 9 家增加到 50 余家，并有外国保险公司参与我国的保险市场竞争；保险业监管不断加强，成立了保监会对商业保险实行统一监管；保险公司经营管理水平和自律能力有所提高；特别是在我国加入世界贸易组织（WTO）后，我国保险业的对外开放和市场化进程有所加快。这些深刻变化，使得保险法存在的问题和不足日益显露，对其进行修改完善成为我国保险业改革和发展的必然要求。①

2002 年 10 月 28 日，全国人民代表大会常务委员会通过《关于修改〈中华人民共和国保险法〉的决定》，对 1995 年保险法予以修改。除 1995 年保险法第 2 章第 2 节以外，修改涉及所有的其他章节，修改和补充的条文有 38 个，但并没有对保险法的结构作出调整，主要还是为了应对保险业发展形势的变化而集中修改了保险业的监管制度。因为这个原因，就保险业法而言，2002 年修改后的保险法（下称保险法）与之前的保险法相比有很大不同。

四、我国保险法修改的评价

（一）强调了诚实信用原则在保险法上的应用

2002 年的修改将 1995 年保险法第 4 条拆分成两个条文。1995 年保险法第 4 条经修改后分别成为保险法第 4 条与第 5 条。保险法第 5 条专门规定，"保险活动当事人行使权利、履行义务应当遵循诚实信用原则"。保险法将诚实信用原则作为规范保险活动的基本原则单独规定为一条，具有十分重要的意义。

诚实信用原则在我国的民法上具有十分重要的地位，被理论和实务界尊称为"帝王条款"。民法通则第 4 条规定："民事活动应当遵循自愿、公平、等价有偿、诚实信用的原则。"合同法第 6 条规定："当事人行使权利、履行义务应当遵循诚实信用原则。"1995 年保险法第 4 条规定："从事保险活动必须遵守法律、行政法规，遵循自愿和诚实信用的原则。"诚实信用原则全面支配着法律行为的效力。

保险法第 5 条单独规定诚实信用原则，实际上有力地提升了诚实信用原则在保险法上的应用水准。保险法第 17 条所规定的保险人的说明义务和投

---

① 见《金融时报》2002 年 11 月 22 日。

保人的如实告知义务，为诚实信用原则在保险法上的核心价值；此外，保险法对于保密义务、危险增加的通知义务、保险事故的通知义务、索赔的协助义务、道德危险不予承保等方面的规定，相应地丰富了诚实信用原则的应有内容，并作出了以下的补充或增加：

第一，保险人对被保险人或受益人负担理赔通知义务。除第 24 条（保险人的拒赔通知义务）外，1995 年保险法第 23 条并没有规定保险人的理赔通知义务。对 1995 年保险法进行修改，要求保险人在收到被保险人或者受益人的保险给付请求后，应当将核定结果通知被保险人或者受益人。保险法第 24 条第 1 款规定："保险人收到被保险人或者受益人的赔偿或者给付保险金的请求后，应当及时作出核定，并将核定结果通知被保险人或者受益人。"

第二，保险人的保密义务的扩张。保险人和再保险人承担保密义务的范围有所扩大，受保密义务保护的当事人的范围也有所扩大。2002 年对 1995 年保险法的修改将应当保密的事项由"业务和财产情况"扩及"业务和财产情况及个人隐私"，受保密义务保护的权利人还包括了"受益人"。保险法第 32 条规定："保险人或者再保险接受人对在办理保险业务中知道的投保人、被保险人、受益人或者再保险分出人的业务和财产情况及个人隐私，负有保密的义务。"

第三，人身保险合同和准备金的转让，不得损害被保险人或受益人的利益。1995 年保险法第 87 条仅规定，经营有人寿保险义务的保险公司终止业务的，应当将其持有的人寿保险合同和准备金转让给其他保险公司。2002 年对 1995 年保险法的修改增加一款，规定转让人寿保险合同和准备金，不得损害被保险人或受益人的合法权益。保险法第 88 条第 2 款规定："转让或者由保险监督管理机构指定接受前款规定的人寿保险合同及准备金的，应当维护被保险人、受益人的合法权益。"

（二）提供了保险业发展的更加合理的制度性基础

保险业的发展离不开保险法规定的制度性基础，而这些制度性基础因 1995 年保险法的规定不尽合理，相当程度上阻碍了保险业的发展或者限制保险业的发展空间。例如，1995 年保险法实行严格的分业经营制度，财产保险业务和人身保险业务不得兼营；将保险业的组织形式严格限定于股份有限公司和国有独资公司，仅原则性规定有外资参股的保险公司和外国保险公司的分公司，限制外资参股的保险公司的设立，而且保险公司的资金运用管制相当严格，也不利于保险资产的保值和增值。2002 年对 1995 年保险法的修改，相当程度上降低了保险法规定的制度性基础对保险业发展的不合理限制，主要体现为：

第一，以分业经营的例外弱化了保险公司严格的分业经营制度。考虑到我国保险市场的竞争格局，并注意到严格的分业经营制度的不足，保险法对保险业务分业经营作出了例外规定，允许经营财产保险业务的保险公司经核定后，经营短期健康保险业务和意外伤害保险业务。保险法第 92 条第 2 款规定："同一保险人不得同时兼营财产保险业务和人身保险业务；但是，经营财产保险业务的保险公司经保险监督管理机构核定，可以经营短期健康保险业务和意外伤害保险业务。"然而，应当注意到的是，2002 年修改后的保险法并没有动摇我国保险业的分业经营制度的基础，经营财产保险业务的保险公司不得经营人寿保险、长期健康保险和意外伤害保险业务，经营人身保险业务的保险公司，不得经营财产保险业务。

第二，丰富了保险业的组织形式。保险法就外国保险公司进入我国保险市场的运作方式作出了更为明确的规定。考虑到我国加入世贸组织后的保险市场的开放格局，保险法将"外资参股的保险公司"明确为"中外合资保险公司、外资独资保险公司"。这样的修改，使得我国的保险业的组织形式有所增加，包括有外国保险公司的资本投入的"有限责任公司"。保险法第 154 条规定："中外合资保险公司、外资独资保险公司、外国保险公司分公司适用本法规定；法律、行政法规另有规定的，适用其规定。"

第三，有限度地放松了对保险资金运用的限制。保险法对我国的保险公司的资金运用的限制有所放松。外国保险公司可以进入我国保险市场设立合资公司或独资公司，而我国的保险公司在 1995 年保险法的制度框架下则不能投资于企业经营，地位明显不对称。保险法关于保险公司的资金运用的规定，弱化保险公司的资金向企业投资的严格限制，使得我国的保险公司可以在保险业的范围内进行投资设立企业。保险法第 105 条第 3 款规定："保险公司的资金……不得用于设立保险业以外的企业。"依照上条规定，保险公司的资金可用于设立经营保险业的企业，包括但不限于保险公司、保险代理企业、保险经纪公司等。该规定在一定程度上缓解了保险资金的运用限制，保险公司可以通过设立保险企业增加收益，并为推进我国的保险公司与外国保险公司开展合作与竞争创造了条件。

（三）重点改革了保险业监管的方式和内容

政府对保险业必须进行监管，这里涉及的问题不是应否监管，而是应当如何监管的问题。1995 年保险法对于保险业监管的方式和内容的规定，存在明显的缺陷；对于本不属于政府管理的事项，却规定为保监会的职能；对于保监会应当具有的职能，却疏漏规定政府应当管的事项，使得保监会不能很好地履行其监管保险业的职能，保险业的监管不能够适应市场经济运行的客观要求。例如，1995 年保险法第 106 条规定："商业保险的主要险种的基本保险条款和保险费率，由金融监督管理部门制定。保险公司拟订的其他险种的保险条款和保险费率，应当报金融监督管理部门备案。"保险条款的备制和保险费率的厘定，应属保险公司的经营行为，实为保险公司控制其经营风险和提高管理水平的重要内容。1995 年保险法规定政府替保险公司制定基本保险条款和费率，被学者认为是具有计划经济时代的色彩的制度，过度干预了保险公司的行为，实际上"等于否定了各保险公司的商业定价权，企业无法按照市场变化调整价格，非常不利于市场公平竞争"①。1995 年保险法对保监会监管保险公司的偿付能力，欠缺全面具体的规定，致使保监会无法具体落实对保险公司的偿付能力的监管；1995 年保险法还欠缺保监会宏观调控保险业的具体授权，保险监管的灵活性较差，透明度不高，从而也不利于保险业监管的具体措施的实施。

2002 年修改后的保险法，适应了市场经济对保险监管的需求，通过改革保险业监管的方式和内容，完善了相关的监管制度，提高了保险业监管的透明度和效率。

第一，立法确认和强化保监会的保险业监管地位。保险法第 9 条明确规定，保监会为监管保险业的职能部门，适应了我国设立保监会监管保险业的现实状况。保险法并授权保监会对保险公司的偿付能力进行全面监管，增加规定多项监管保险业的偿付能力的职能，有力地提升了保监会监管保险业的地位，主要有：（1）保险公司偿付能力监管指标体系，由保监会建立健全。保险法第 108 条规定："保险监督管理机构应当建立健全保险公司偿付能力监管指标体系，对保险公司的最低偿付能力实施监控。"（2）保监会负责制定保险公司提取和结转责任准备金的具体办法。保险法第 94 条规定："保险公司提取和结转责任准备金的具体办法由保险监督管理机构制定。"（3）保监会负责制定保险保障基金的提存和使用办法。保险法第 97 条规

---

① 见《二十一世纪经济报道》2002 年 11 月 22 日。

定："为了保障被保险人的利益，支持保险公司稳健经营，保险公司应当按照保险监督管理机构的规定提存保险保障基金。……保险保障基金管理使用的具体办法由保险监督管理机构制定。"（4）保监会决定保险公司的再保险事宜。① 保险法第102条规定："保险公司应当按照保险监督管理机构的有关规定办理再保险。"（5）保监会有权查询保险公司的存款。保险法第109条第3款规定："保险监督管理机构有权查询保险公司在金融机构的存款。"

第二，保监会不再直接介入保险公司的具体经营事务。1995年保险法规定，保监会负责制定基本险种的保险条款和费率，这就直接干涉了保险公司的具体经营事务。2002年修改后的保险法使得保监会不再具有制定保险条款和费率的职能，但同时要求保险公司将关系社会公益的险种、强制保险的险种、新型人寿保险险种的条款及费率，上报保监会审批；其他保险条款和费率，上报保监会备案。保险法第107条规定："关系社会公众利益的保险险种、依法实行强制保险的险种和新开发的人寿保险险种等的保险条款和保险费率，应当报保险监督管理机构审批。……其他保险险种的保险条款和保险费率，应当报保险监督管理机构备案。"

第三，强化保险公司接受监管的义务，普遍提高了对违反保险法的行为的处罚力度。所有的保险公司均应当建立精算报告制度，并承担业务报告真实的义务，有义务加强对保险代理人的管理培训。保险业者违反保险法的规定，面临的罚款金额的幅度较之以前的规定，均有大幅度的提高，保监会对违法的保险业者的罚款最高可以达到100万元人民币。除罚款以外，保险业者违反保险法的规定，保监会还可以视其违法经营的情节，处限制业务范围、停止接受新业务、停业整顿或者吊销保险业务许可证的处罚；情节严重构成犯罪的，国家有关机关将依法追究其刑事责任。

我国保险法的修改，本身意味着我国保险法的发展过程存在曲折，修改的目的显然是要完善欠缺妥当性的法律规范。但保险法修改的过程和结果，并不意味着我国保险法已经趋于完美。尤其是，我国保险业的发展已经提出了许多新的法律问题，有赖于保险法能够提供制度性的解决方案，但保险法目前的规范状况并不能够满足现实生活的需求。修改法律，无非是法律规范的价值再发现的结果，是立法者对法律规范的价值判断的优化选择。我国保

---

① 我国1995年颁布的保险法曾实行法定再保险制度，在21世纪开始后不能适应保险市场充分竞争的要求，而且与我国加入世界贸易组织所作出的承诺存在差距。我国在加入世贸组织时承诺，非寿险20%的法定再保险分保比例在我国加入世贸组织后，逐年降低5%，4年内取消。

险法自其颁布之日起，就存在修改的空间；即使经过立法机关的修正，其仍然存在继续或不断修改的空间。

第二节　我国保险法的立法体例

一、保险法的立法体例之争

在法律渊源方面，我国保险法的立法体例或立法结构是否存在问题，一直都有争议。

我国保险法将保险合同法和保险业法规定于一部法律中。该法共有 8 章，分别为第 1 章总则、第 2 章保险合同、第 3 章保险公司、第 4 章保险经营规则、第 5 章保险业的监督管理、第 6 章保险代理人和保险经纪人、第 7 章法律责任和第 8 章附则。除第 2 章保险合同和第 1 章总则中的部分条款以外，我国保险法的其他规定几乎均为有关保险业的规定。

从保险法起草前的立法和司法实践来看，我国的保险法还是分为保险合同法和保险业法两部分，且相互之间没有直接或者必然的关联，二者在不同的层面和领域分别获得发展；在理论上，保险合同法属于私法的范畴，为私法学者所关注，而保险业法原则上归属于行政（经济）法的范畴。

但是，我国保险法的颁布在立法技术上并没有格外强调保险合同法和保险业法之间存在的差别，将保险合同法和保险业法规定于同一部法律中。保险法在立法结构上的如此安排，确实也受到了不少学者的质疑。有学者认为，国际上较为通行的做法是将保险合同法与保险业法分别立法；从立法的科学性上讲，将遵循不同原则的公法和私法放在一个法典里，有违法律自身的逻辑，并且有很多问题在立法技术上无法解决；从立法的科学性和目前我国立法的发展趋势来看，修改保险法时应当采用保险合同法和保险业法分别立法的体例。① 理论的研究是没有止境的，估计有关保险法的立法体例之议论还会持续下去。

然而，我们以为，我国立法机关将保险合同法与保险业法合并规定于一部法律中，并无可以责难之处，公法与私法的划分并非立法者在设计法律结构时所必须考量的因素。我国保险法将保险合同法和保险业法规定于一部法律中，受到不少学者的质疑。但是，在立法结构的科学性和技术性上，立法

---

① 李玉泉、李祝用：《修改〈保险法〉的若干思考》，《中国保险》2002 年第 4 期。

者将保险合同法和保险业法放置于同一部法律中，若其逻辑结构分明，并非不可以。一部法律需要规定哪些内容，主要应当考虑的因素还是法律规范的前后顺序安排，而非法律理论的完整；保险法将保险合同法和保险业法放在一部法律中，说明立法者并不怎么关注保险合同法和保险业法的划分标准或差异。保险法在立法结构上已经包括了保险合同法和保险业法，若修改法律时将其一分为二而分别颁布保险合同法和保险业法，在我国的立法程序上无异于制定新的法律，立法成本较高，效果并不一定显著。

保险法的立法体例现存的问题并不在于是否将保险业法与保险合同法合并规定于一部法律中，而在于保险法本身的制度设计和安排可能不尽合理，需要进行调整。例如，保险法第 2 章第 1 节一般规定中规定有"再保险"，但再保险究其性质并非财产保险和人身保险的"种概念"，而更多地具有财产保险的性质，其所应当具有的制度设计并不能适用于人身保险，将其规定于保险合同的一般规定，显属立法体例上的安排不当。再如，我国保险法在总则中规定有诚实信用原则等仅适用于保险合同规范的制度，似与保险业法没有直接的对应关系，在立法体例的安排上也有不妥。这或许是立法者在修改保险法时所应当考虑的立法结构问题。

二、保险法的立法结构调整

已如上述，我国保险法将保险合同法和保险业法规定于一部法律中，并非应当重点检讨的立法结构问题。保险法的立法体例现存的问题，并不在于是否将保险业法与保险合同法合并规定于一部法律，而在于保险法本身的制度设计和安排可能不尽合理。修改保险法时，应当考虑制度安排的妥当性，并对保险法的立法结构作出符合制度设计妥当性的调整。在保险法的立法结构不进行保险合同法与保险业法"拆分"的前提下，立法者对保险法立法结构的调整，可以归纳为以下两个方面。

（一）制度类型化的规范调整

保险的制度设计应当按照保险合同法与保险业法分别进行安排，所有的制度均可以在立法结构上进行类型化的处理。尤其是，保险法第 1 章有关总则的规定，应当是贯穿于保险法的所有规范的基本规定或原则。但十分明显的问题是，总则部分有关保险合同的自愿和诚实信用原则的规定，与保险业法没有直接的关系，保险业法所要处理的基本问题应当限于保险业的监理机关与保险业从业者之间的关系，不需要借助于自愿和诚实信用原则这些"私法"原则予以规范。同样的理由，有关保险业的监督管理的规定，亦不适用于保险合同。这样，第1章总则部分的内容应当按照其调整的基本法律关系的类型，分别安排到保险法的后续章节中，以纯化保险法在立法体例上的科学性。

我们以为，保险法第1章中的第4条和第5条，应当移到其后第2章保险合同的一般规定中；第1章中的第6条至第9条，应当相应移到其后的第3章、第4章或第5章中。

除上述以外，还有必要按照制度类型化的要求，修改保险法第2章第1节的一般规定。该节中规定有"再保险"，但再保险究其性质并非财产保险和人身保险的"种概念"，而更多地具有财产保险的性质，有关再保险的制度设计，并不能适用于人身保险，将再保险规定于保险合同的一般规定，有将之适用于人身保险的嫌疑，纯属立法体例上的安排不当。保险法第29条和第30条，可以相应移到保险法第2章第2节有关财产保险合同的部分。再者，考虑到财产保险中的责任保险、信用保险（保证保险）所具有的特殊性，在第2章中应当增加有关责任保险、信用保险的规范，以为财产保险的特别规定。最后，修改保险法关于人身保险中的健康保险、意外伤害保险的有关规范，诸如保险法第60条（人身保险费的诉讼缴纳的禁止）和第68条（人身保险代位权的禁止）的内容，将有关条文作"柔性"处理或者作出例外规定，以便其能够适用有关财产保险的相应规范，消除这些险种和财产保险（损失保险）之间不应当存在的差异。

（二）新章节的创设

经修改的保险法，在制度设计方面应当具有更加丰富的内容。当制度设计的内容因为制度选择的类型化而出现差异时，将其仍不作区分地规定在保险法的现有章节下，难免会出现法律规范相互间的协调不易或者增加法律规范适用的选择难度，就有必要在保险法的章节方面作出调整，对于增加规定的具有差异性的制度安排专门创设相应的章节，以体现立法技术的逻辑性和科学性。例如，前文建议对再保险规范作相应的调整，并建议增加规定责任保险、信用保险的内容；与此相关，在修改保险法时也有必要于第2章中紧随第2节财产保险合同，分别增加责任保险合同、信用保险合同以及再保险合同三节，这将更加丰富第2章有关财产保险的规范内容。

同时，我国保险法对于保险业的组织形式实行法定主义，而目前的制度设计并不能够满足保险业的发展需求，在保险股份有限责任公司和国有独资保险公司之外，有必要增加规定保险有限责任公司、相互保险公司、保险互助合作社等经营保险业务的组织形式，而这些新类型的保险业组织形式均有其自身的特点，应当分别加以规定，存在专门创设章节的必要性。特别是，有关相互保险公司的规定，应当体现出相互保险公司与股份有限公司、有限责任公司（含国有独资公司）所存在的根本性差别，极有必要专设一章，对相互保险公司的设立、展业等作出较为完整的规定。

第三节　保险合同法的基本原则

本节仅讨论我国保险法已经涉及的以下两个原则：诚实信用原则和保险利益原则。① 这两个原则不仅支配保险合同法的诸项制度设计，而且亦为解释和适用保险法规范的工具。对保险合同法的基本原则的认识是否充分，直接影响我国保险法在调整保险人和投保人、被保险人或受益人之间的相互关系的制度定位。

一、诚实信用原则

我国保险法第 5 条规定："保险活动当事人行使权利、履行义务应当遵循诚实信用原则。"独条规定诚实信用原则，是我国保险法的巨大进步。我国保险法第 5 条的规定，为我国的保险法的未来发展和完善提供了广阔的空间。为法院审理保险案件、妥当解释和适用保险法提供了补充法律漏洞的空间，为最高法院解释保险法的相关条文创造了更为有利的条件，并为我国保险法的学术研究和理论创新提出了新的课题。② 立法者以独立条文规定诚实信用原则时，相当程度上已经认识到了诚实信用原则在保险法上所具有的特殊意义或价值：诚实信用原则在保险法上全面支配着保险合同及其条款的效力、保险条款内容的解释以及当事人之间利益的平衡。

（一）诚实信用原则在我国保险法上的不足

围绕诚实信用原则，我国保险法第 17 条规定了保险人的说明义务和投保人的如实告知义务，并在保险合同的订立和履行阶段分别规定了保险人的保密义务、被保险人的危险增加的通知义务、保险事故的通知义务、索赔的协助义务、保险人的理赔结果通知义务、保险条款的不利解释、保护被保险

---

① 关于保险合同法的基本原则，有不少学者概括还包括公平原则、损害填补的原则、近因原则、保险和防灾减损相结合的原则等。但也有学者认为，保险法的基本原则仅包括诚实信用原则和保险利益原则。见温世扬主编：《保险法》，法律出版社 2003 年版，第 34 页。限于篇幅，本节对保险合同法的基本原则之构成不加以讨论。

② 见邹海林：《评中国大陆保险法的修改》，《月旦法学杂志》（台北）第 99 期，2003 年 8 月，第 182 页。

人（受益人）利益、道德危险不予承保等多项具体制度，有力地丰富了诚实信用原则在保险法上的应有内容。但保险法围绕诚实信用原则的具体制度安排，仍然十分不足。

1. 诚实信用原则的援引与新规范的创设

诚实信用原则在保险法上已有多项规定，法院援引诚实信用原则裁判案件的机会相对较少；而且，保险产品的技术性要求和风险的不可预测，也不应当鼓励法院在审判案件时利用诚实信用原则解决当事人之间的争议。在我国的民商事审判中，因为法律规范的相对简单或者疏漏，法院援引诚实信用原则解释法律行为而裁判案件的情形较多，是否可以基于保护被保险人（受益人）的利益之目的，允许法院在审理保险纠纷案件时援引诚实信用原则解决问题，颇为值得讨论。例如，法院可否在审理保险纠纷案件时，以诚实信用原则为基础对保险人的"某些行为"予以评价，从而创设"保险人放弃权利"的新制度？这是保险法在制度设计上必须予以考虑的现实问题。

2. 诚实信用原则与制度设计的绝对性

诚实信用原则对于保护被保险人或受益人的利益具有十分重要的作用，但在设计法律规范时是否应当更多地考虑保险产品的特点，则是立法者所应当关注的问题。保护被保险人和受益人的利益没有错，但不能在诚实信用原则的结构下设计出绝对化的制度，从而违反保险产品所应当具有的特质。

依照保险法第17条第1款的规定，投保人是否对保险人询问的所有事项，均必须告知？保险立法应当有例外的规定，诸如有关保险风险降低，或者保险人已经知道或者在通常的业务活动中应当知道的事项，投保人不必告知保险人。第17条第2款和第3款没有区别投保人故意未告知保险人的事项为"重要事项"还是"非重要事项"，一律作为保险人免于承担保险责任的理由，也似有不妥。第17条第4款所规定之"投保人因过失未履行如实告知义务，对保险事故的发生有严重影响"，如何判断？是否应当限于"足以影响保险人决定是否承保或者提高保险费率的"的事实？

众所周知，保险产品为定型化的产品，保险条款就是保险产品的规格，条款内容的任何变动均是保险产品规格的变化，而这种变化只能在保险人科学测算的基础上完成。我国保险法第18条规定："保险合同中规定有关于保险人责任免除条款的，保险人在订立保险合同时应当向投保人明确说明，未明确说明的，该条款不产生效力。"该条规定从立法技术的角度和保护交易安全的角度来看，都是存在问题的；① 从诚实信用原则的角度来看更是值得讨论的：未"明确说明"的责任免除条款无效，恐怕并不是诚实信用原则得以贯彻的应有之义。

依照保险法第 18 条的规定，在任何情况下，保险人在订立保险合同时，对限制和免除保险人责任的条款，应当向投保人作出"明确说明"。② 该条的立法理由在于保护被保险人的利益，似乎没有任何问题。但是，对限制或免除保险人责任的条款的说明，是否构成"明确"说明，需要依据具体情况进行判断，结果使得保险合同的所有限制或免除保险人责任的条款在订立合同时均可能处于效力不确定状态。这是诱发保险合同纠纷的直接动因，在客观上也极不利于保险业务的稳定发展。

3. 诚实信用原则发挥作用的边界模糊

诚实信用原则本为私法上的基本原则，目的在于约束交易当事人遵守诚信，以免损害对方之正当利益，故诚实信用原则为我国私法学者所推崇，并借用域外法学的理念而称其为"帝王条款"。但是，在我国保险法的发展过程中，却出现了一种不协调的声音：保监会依照诚实信用原则监管保险公司、保险代理人、保险经纪人；诚实信用原则为保监会有效履行其监管职能提供了依据。恐怕我们不能在监管层面上利用诚实信用原则，诚实信用原则仅能适用于私权交易的当事人之间，不能作为公权力机关履行管理职能的依据。这样的声音在我国的保险法上还是能找到依据的。保险法总则第 5 条规定有诚实信用原则，而规定于总则的诚实信用原则在解释上自然应当延伸作用于保险法的其他章节（包括保险业法部分）。将诚实信用原则规定于保险法总则，对于集保险合同法和保险业法于一身的保险法而言，可能会导致诚实信用原则之理解和适用的错位。因此，诚实信用原则在我国保险法的立法体例上不应当规定在保险法第 1 章总则中，而应当仅在第 2 章保险合同第 1 节的一般规定中加以规定。③

---

① 详细内容，见邹海林：《评中国大陆保险法的修改》，《月旦法学杂志》（台北）第 99 期，2003 年 8 月。

② 限制和免除保险人责任的条款，包括诸多类型，而保险法第 18 条所称之"责任免除条款"系指不明，用语不准确。

③ 顺便提及，与此类似的问题还有我国保险法第 1 章总则中的第 4 条（合法原则和自愿原则），该条文的内容应当规定于第 2 章保险合同中。至于保险法第 1 章总则中的第 6 条（保险业务专营）、第 7 条（境内保险业务）、第 8 条（公平竞争）和第 9 条（监管机构），实际上也不应当规定于第 1 章总则中，而应当置于第 3 章后的相应章节中。

（二）诚实信用原则在保险法上的制度化

诚实信用原则在保险法上的应用，应当有其特殊性，并与保险作为防范危险的法律行为的特质结合起来，从而具有自己的内涵。前述保险法有关诚信原则的具体制度设计，已基本上实现了诚实信用原则在保险法上的应用。我国保险法有关诚实信用原则等保险合同法的基本原则，已有相应的制度安排，但因为认识方面的局限性，保险合同法应有的基本原则及其所规范的制度，存在明显或者隐含的漏洞，相当程度上将借助于保险法的修改获得完善。

保险法上的诚实信用原则不同于民法上的诚实信用原则，有附随于保险合同特性的内涵。法院在审理普通的民事争议案件时援引诚实信用原则裁判案件的现象，还是较多的，这和我国民商立法尚不十分完备有直接的关系。但法院在审理保险争议案件时，若保险法没有相应的规范可资援引，保险合同的约定又不明确，是否可以直接援用诚实信用原则来裁判案件，则是值得慎重思考的问题。我们以为，法院原则上不宜援引诚实信用原则来裁判保险争议案件，除非有极为正当的理由。这就要求保险法的制度设计尽可能地反映诚实信用原则的基本要求，以实现诚实信用原则在保险法的应用。

1. 投保人的告知义务制度

投保人的告知义务并不具有绝对性。保险法的修改应当尽可能多地规定保护被保险人或受益人利益的措施。依照保险法第 17 条的规定，保险人询问投保人的所有事项，投保人均应当告知；否则将承担违反如实告知义务的严重后果；尤其是，当投保人故意违反如实告知义务时，不论投保人故意未告知保险人的事项为"重要事项"还是"非重要事项"，均构成保险人拒绝承担保险责任或者解除保险合同的理由。如此的规范，对被保险人或受益人利益的保护过于苛刻，极有利于保险人的利益。特别是，保险法第 17 条为保险人提供的拒绝承担保险责任或解除保险合同的救济，似乎已经成为保险人随时可以主张的不受限制的权利，在立法政策上就已经严重地损害了被保险人或受益人的利益。

为此，保险法的修改应当着重解决三个问题：（1）明文规定免除投保人或被保险人如实告知义务的正当事由，以减轻投保人或被保险人履行如实告知义务的负担，诸如有关保险风险降低，或者保险人已经知道或者在通常的业务活动中应当知道的事项，投保人不必告知保险人。① （2）将投保人或

---

① 我国海商法第 222 条第 2 款规定："保险人知道或者在通常业务中应当知道的情况，保险人没有询问的，被保险人无需告知。"

被保险人应当如实告知的事项限定于保险人询问的"重要事项"，仅以投保人或被保险人未告知保险人的事项之"重要性"，作为保险人主张解除保险合同或者拒绝承担保险责任的事实基准，① 以限缩保险人寻求违反如实告知义务救济的空间；（3）以法定的除斥期间排除保险人解除保险合同或拒绝承担保险责任的不受限制的救济权利，以达到保险人和被保险人或受益人之间的利益平衡。

2. 保险人的说明义务制度

我国保险法应当柔性对待保险人的说明义务，尽可能地维护保险市场的交易安全。我国保险法第 18 条刚性对待保险人未"明确说明"的限制和免除保险人责任的条款，并使之归于无效。如此的规定，事实上使得保险合同的所有限制或免除保险人责任的条款在订立合同时均可能处于效力不确定的状态，明显不利于保险市场的交易安全。

另外，保险是对被保险人面临的风险之分担，保险人不可能对所有的被保险人面临的危险承担责任，限制和免除保险人责任的条款是保险作为一种服务型产品的"特有"品质，如果仅仅因为保险人对之没有作出"明确说明"，这些条款就不产生效力，无异于保险人要对被保险人面临的所有风险承担责任。在这个意义上，保险法第 18 条之规定，也违背保险"产品"的特质。特别是，在我国保险法上，关于合同无效（全部无效或部分条款的无效）的条款仅有以下 4 个条文：第 12 条第 2 款、第 18 条、第 40 条第 2 款和第 56 条第 1 款。保险法第 12 条第 2 款、第 40 条第 2 款以及第 56 条第 1 款。关于保险合同无效之规定，究其原因均在于投保人的行为有悖于社会公共利益，其妥当性不容过多质疑；但保险法第 18 条将保险人未作"明确说明"的条款规定为"无效"，似与社会公共利益关联甚少。② 我国合同法第 39 条也没有以"无效"对待未作说明的格式合同条款。③ 这些使得保险法第 18 条的立法理由之正当性，更受怀疑。

① 我国海商法第 223 条第 2 款规定："不是由于被保险人的故意，未将本法第二百二十二条第一款规定的重要情况如实告知保险人的，保险人有权解除合同或者要求相应增加保险费。保险人解除合同的，对于合同解除前发生保险事故造成的损失，保险人应当负赔偿责任；但是，未告知或者错误告知的重要情况对保险事故的发生有影响的除外。"

② 见邹海林：《评中国大陆保险法的修改》，《月旦法学杂志》（台北）第 99 期，2003 年 8 月。

③ 我国合同法第 39 条第 1 款规定："采用格式条款订立合同的，提供格式条款的一方应当遵循公平原则确定当事人之间的权利和义务，并采取合理的方式提请对方注意免除或者限制其责任的条款，按照对方的要求，对该条款予以说明。"

　　我们以为，在修改保险法时，应当取消保险法第18条有关"无效"的规定①，将保险人明确说明"限制和免除保险人责任的条款"的义务予以淡化，要求保险人对投保人尽"限制和免除保险人责任的条款"的提示注意义务，而取代保险法第18条规定之保险人的"明确说明"义务；仅当投保人对保险合同的条款提出疑问时，保险人应当对投保人的疑问予以说明。②如此的制度设计，可以更加合理地平衡保险人和被保险人因为说明义务的履行所产生的利益；保险人若尽到"限制和免除保险人责任的条款"的提示注意义务，则其依照诚实信用原则而负担的说明义务即已履行；若保险人在订立保险合同时，未尽限制和免除保险人责任的条款的提示注意义务，则被保险人不知其存在而不受约束。"限制和免除保险人责任的条款"的提示注意义务具有客观的标准可以判断，这在客观上也能够避免不必要的争议发生。

　　3. 保险弃权制度

　　保险弃权，是指保险人依法或依约有解除保险合同的权利或有拒绝承担保险责任等抗辩权时，明示或者默示地放弃该等权利，以至于最终丧失解除保险合同的权利或者对抗被保险人或受益人的给付请求的权利的情形。保险弃权制度只能适用于保险人，是法律对保险人履行保险合同的行为或者权利行使所强加的负担。保险弃权制度，对于我国保险法治的完善，提升保险人的诚实信用水准，最大限度地维持保险合同的效力和确保保险合同的顺利履行以减少纠纷，具有十分重要的意义。

　　保险弃权制度在英美法上被具体划分为"弃权（waiver）"和"禁止抗辩（estoppel）"两种限制保险公司权利的状态，但我国的保险实务没有应用英美法上的"弃权"和"禁止抗辩"的传统，保险立法对"弃权"与"禁止抗辩"也没有明确的规定，严格区分"弃权"与"禁止抗辩"在我国欠缺实践基础。因此，笔者以为，有必要整合"弃权"与"禁止抗辩"的基

---

　　① 有观点认为，保护在经济上处于弱者地位的消费者（投保人）和维持以团体性、普遍性为特征的保险制度，是立法者面临的两难选择；若只强调保护消费者而忽视保险基本原理，将对保险法的理论构造造成深刻危害；立足于保险基本原理和保护消费者利益，应当是完善我国保险法的价值取向，并建议对保险人未尽说明义务的保险合同赋予可撤销合同的法律效力。见徐卫东主编：《商法基本问题研究》，法律出版社2002年版，第399页。

　　② 需要注意的是，这样对待保险人的说明义务还有一个好处，保险人对保险合同的条款予以说明，相当程度上将缩小解释保险合同条款的空间：保险人的说明将构成解释保险合同的条款内容的一个重要事实依据，在保险人的说明与保险合同的条款发生冲突的情形下，保险人的说明还将发生保险人放弃合同约定之利益的效果。

本功能，以我国保险法第 5 条规定的诚实信用原则为基础，建立和健全我国统一的保险弃权制度。统一的保险弃权制度，不仅应当适用于被保险人违反法定或约定义务而保险人"弃权"的场合，而且应当适用于保险人为虚伪意思表示而不得反悔的场合。①

二、保险利益原则

保险利益是指投保人对保险标的具有的法律上承认的利益。保险标的是指作为保险对象的财产、有关财产利益或者人的寿命、身体。保险标的或者为财产和财产利益，或者为人身和人身利益，但投保人对之应当有利害关系或者有法律上认可的利益。所谓利害关系或者法律上认可的利益，对于财产保险和人身保险，并无本质的差别。保险利益原则的根本目的在于防止道德危险的发生而更好地实现保险"分散危险和消化损失"的功能。

（一）保险利益原则在我国保险法上的不足

保险利益原则及其相关制度设计，在我国保险法上存在明显的法律漏洞。保险法第 12 条规定，投保人对保险标的应当具有保险利益；没有保险利益的，保险合同无效。该条关于保险利益原则的规定，不仅欠缺保险利益原则对保险合同关系调控目标的准确定位，而且也没有显现保险利益原则在评价和维持保险合同的效力方面所应当具有的价值。

我们应当注意到，现代保险业的发展，使人们对保险利益（特别是对财产保险的保险利益）原则产生了更为深刻的理解。财产保险的目的在于填补被保险人所遭受的损害，保险利益原则要求被保险人在发生保险事故时对保险标的具有保险利益，填补损失的条件已经得到满足。投保人在订立保险合同时，对保险标的是否具有保险利益，实际上并不重要；投保人有无保险利益，不会增加被保险人诱发道德危险的机会。真正有意义的是，在保险事故发生时，被保险人对保险标的若没有保险利益，则说明没有损害发生，自然没有利用保险加以填补的必要；唯有被保险人对保险标的有保险利益，才会发生实际损失，利用保险予以填补，方能实现保险的功能。故在订立保险合同时，投保人对保险标的是否具有保险利益并不十分重要；但在保险事故发生时，被保险人对保险标的必须具有保险利益。

还必须注意到，对于人身保险，保险利益的存在时间则大不同于财产保

---

① 见邹海林：《保险法教程》（修订第二版），首都经济贸易大学出版社 2004 年版，第 113 页。

险。因为人身保险合同并非填补损失的合同，投保人对被保险人具有的"保险单生效时的利益（incipient interest）"，对于人身保险合同是必要和不可缺少的。① 投保人在订立保险合同时，对被保险人的生命或身体具有保险利益，不单纯为了防止赌博，更重要的方面在于保护被保险人的人身安全。人身保险合同为被保险人或受益人的利益而存在，保险标的为被保险人的生命或身体，故被保险人对人身保险的保险标的的始终具有保险利益，格外强调被保险人对保险标的应当具有保险利益，也没有任何实际意义。对于人身保险合同，在订立保险合同（保险单生效时）时，投保人对保险标的必须具有保险利益，至于在被保险人死亡时、投保人的保险利益是否仍然存在，对保险合同的效力不产生影响。

这里还有必要提及，对于人身保险的保险利益的判断，我国保险法第53条以投保人和被保险人之间的人身依附关系和信赖关系②为基础，严格限定人身上的保险利益的范围。人身上的保险利益在我国保险法上并不包括因为法律关系而产生的"被保险人同意"以外的其他信赖关系，诸如合伙人之间的信赖关系、雇主与雇员之间的信赖关系等。以法律的明文规定严格限定人身上的保险利益在相当程度上会限制人身保险业务的拓展。

（二）保险利益原则的改革

保险法有关保险利益原则的规定，应当有利于并且有助于促进我国保险业的发展。

财产保险的目的在于填补被保险人所遭受的损害，保险利益原则要求被保险人在发生保险事故时对保险标的具有保险利益，至于投保人是否具有保险利益，实际上并不重要。在修改我国保险法第12条有关保险利益原则的规定时，应当考虑以下的因素：（1）不再过分强调投保人对保险标的的具有保险利益，有效降低投保人对保险标的的保险利益支配保险合同的效力的评价效果；（2）财产保险的被保险人在保险事故发生时，对保险标的应当具有保险利益，没有保险利益的，保险合同无效；（3）人身保险的投保人在订立保险合同时，对被保险人应当具有保险利益，没有保险利益的，保险合同无效。

再者，对于人身保险的保险利益的判断因素，保险法第53条不应当将保险利益仅仅限定为投保人和被保险人之间的特定人身依附关系和信赖

---

① Edwin W. Patterson, Essentials of Insurance Law, 1957, p. 162.

② 见邹海林、常敏：《中华人民共和国保险法释义》，中国检察出版社1995年版，第146页。

关系。在修改保险法第 53 条时，应当将更广泛的信赖关系或其他法律关系，诸如合伙关系、雇佣关系等，明文规定于人身保险之保险利益的范畴内。

第四节　保险合同的效力及其维持

保险合同因投保人和保险人意思表示一致成立。我国保险法对于依法成立的保险合同的生效与效力维持所为规定，并不能有效地支持保险合同及其条款对当事人所具有的约束力。保险法有关保险合同及合同条款的效力事项的规定有所不足。诸如前述，保险法第 12 条所为"保险利益"之规定，不仅欠缺保险利益对保险合同关系调控目标的准确定位，而且以保险利益评价和维持保险合同的效力方面所应当具有的价值无法显现。我国保险法的发展，还应当特别注意以下制度的构造。

一、保险合同的成立与生效的法律事实

我国保险法第 13 条规定保险合同因意思表示一致而成立，第 14 条规定保险人按照约定的时间开始承担保险责任，均没有直接涉及保险合同的生效问题。因此，保险合同生效的法律事实如何，存在不小的争议。在司法实务中，有些法院还将保险法第 14 条所规定之"投保人按照约定交纳保险费"作为保险合同生效的条件。

实际上，我国保险法并没有就保险合同的生效作出规定。在这种情况下，有关保险合同生效的问题就只能交给保险合同当事人去约定了；当事人在保险合同中没有约定的，发生争议，则只能适用我国合同法有关合同生效的规定来解决争议。问题是，保险合同的生效可否适用合同法关于合同生效的规定？合同法的规定若能够解决保险合同的生效问题，那又如何处理合同的生效和保险人按照约定的时间开始承担保险责任之间存在的微妙关系？这些问题与我国保险法没有规范好保险合同的生效问题有直接的关系。

在我国保险法上，保险合同的成立、生效与保险人开始承担保险责任，分属不同的法律事实，应当依照意思自治的原则分别对待保险合同的成立、生效与保险人开始承担保险责任。

我国保险法应当明确保险合同的成立和生效规则。为此，修改保险法第 14 条，可否考虑将投保人交纳保险费作为保险合同的生效条件，防止发生

不必要的争议；但同时允许保险合同的当事人就保险合同的成立另为约定。① 保险合同生效后，保险人按照约定的时间开始承担保险责任。

二、保险合同无效的边界

保险合同无效，是指保险合同存在法定或者约定的无效原因而自始不发生效力，分为保险合同全部无效和保险合同部分无效（个别条款无效）两种情形。我国保险法关于保险合同无效的规定有以下 4 个条文：第 12 条第 2 款（投保人对保险标的无保险利益）、第 18 条（未明确说明的责任免除条款）、第 40 条第 2 款（超额保险）和第 56 条第 1 款（未经被保险人同意并认可金额的死亡保险）。显然，保险法的以上规定并没有统一的无效基准，保险法第 12 条第 2 款、第 40 条第 2 款以及第 56 条第 1 款的内容，均与社会公共利益相关，而第 18 条的内容仅与保险合同的当事人的意思表示相关。

况且，我国保险法关于保险合同无效之规定，并没有排除民法普通法（例如合同法）有关合同无效的规定适用于保险合同②，保险合同无效的外延边界在法律上就没有穷尽，究竟哪些法律的规定可以成为保险合同无效的依据，仍然是存在疑问的。即使我国保险法规定有保险合同无效的相关条文，也未能彻底解决基于保险法的规定所发生的保险合同无效的疑问，诸如保险法第 55 条第 1 款（为无民事行为能力人投保之死亡保险）、第 56 条第 2 款（未经被保险人同意之死亡保险单的转让或质押）可否为相关保险合同无效之依据，也不无疑问。

首先，我国保险法应当以违反社会公共利益作为保险合同无效的基准。用社会公共利益规范保险合同的无效问题，将减少保险合同无效的发生事由，有利于保险交易的安全，防止不必要的争议发生。

其次，除保险法对保险合同的无效已有明文规定外，还应当建立违反法律的强制性规定的保险合同无效的制度。这就要求我国保险法明确区分保险法中的强制性规范、限制性规范和授权性规范，以利于实践准确判断保险合同是否因为违反保险法的强制性规定而无效。

---

① 也有学者提出将该条修改为：保险合同成立后，投保人按照约定交付保险费。除保险合同另有约定外，投保人未交保险费的，保险合同不发生效力。见李玉泉、李祝用：《修改〈保险法〉的若干思考》，《中国保险》2002 年第 4 期。

② 见邹海林：《保险法教程》（修订第二版），首都经济贸易大学出版社 2004 年版，第 61—62 页。

三、保险合同的失效制度

保险合同成立后，对当事人具有约束力，但保险合同的约束力相当程度上还依赖于当事人在合同成立后的意思。依照我国保险法第 15 条和第 16 条的规定，保险合同成立后，除保险法另有规定或者保险合同另有约定外，投保人可以解除保险合同，保险人不得解除保险合同。

(一) 保险合同解除的规范检讨

保险合同成立后，除非保险法规定或保险合同约定投保人不得解除保险合同，投保人可以其意思表示解除合同；但保险合同为被保险人或受益人的利益而存在时，投保人解除保险合同与被保险人或受益人的意思或者利益相左，是否仍然有权解除保险合同？特别是已经具有现金价值的人寿保险合同，得否基于投保人之意思表示而解除？这不仅是理论问题，也是实践问题。

再者，保险合同成立后，保险人依照保险合同的约定或者保险法第 17 条 (投保人违反如实告知义务)、第 28 条 (谎称发生保险事故)、第 37 条 (保险标的危险增加)、第 54 条 (年龄误保) 和第 59 条 (效力中止超过 2 年的保险合同) 之规定，可以解除保险合同，除保险法第 54 条第 1 款 (即因年龄误保而解除合同受 2 年除斥期间限制) 外，保险法对于保险人行使解除保险合同的权利之方式、期间以及解除权行使的效果，均无相应的规定，是否应当适用合同法关于合同解除的规定，也存在较大的疑问。对于保险人依照我国保险法的上述规定，行使解除保险合同的权利的，尤其应当予以期间上的法定限制，确立保险人行使保险合同解除权的除斥期间制度。

最后，投保人迟延交纳保险费的，保险人得否解除保险合同？除保险法第 59 条 (效力中止超过 2 年的保险合同) 的规定外，保险法并没有规定保险人可以投保人未交纳保险费为由，解除保险合同。若保险合同对此亦无相应的规定，保险人可否依照合同法第 94 条 (当事人一方违反主要义务) 的规定，主张解除保险合同？争议更是相当激烈的。

(二) 保险合同解除规则之完善

我国保险法的完善，尤其应当就保险合同的解除确立较为缜密的基本规则。为建立保险合同解除较为完善的基本规则，有必要对保险法第 15 条作出重大修正。修正后的保险法第 15 条至少应当包含以下内容：

(1) 除法律另有规定或保险合同另有约定外，投保人可以解除合同；但是，投保人解除具有现金价值的人身保险合同的，应当征得被保险人或者受益人的同意；

（2）除非保险法另有规定或者保险合同另有约定，保险人不得解除保险合同；

（3）保险人或者投保人依照保险法的规定或者保险合同的约定解除保险合同的，应当书面通知投保人或者保险人；保险合同自保险人或者投保人的通知到达投保人或者保险人时解除①；

（4）保险人有解除保险合同的权利时，应当在解除合同的事由发生后的合理期间内，行使解除合同的权利，保险法另有规定的除外。

另外，在修改保险法时可否考虑在第2章第1节的一般规定部分增加一条，在投保人迟延交纳保险费与保险人解除合同之间构建一条较为简便的通道，以更好地平衡保险人和投保人之间的利益：除本法另有规定外，保险合同成立后，投保人迟延交纳保险费，经保险人催告后经过合理期间，投保人仍不交纳保险费的，保险人有权解除保险合同。

第五节　道德危险的控制

一、道德危险与除外责任

被保险人故意造成保险事故发生的，属于道德危险，保险人不承担保险责任。这是保险法所建构的控制道德危险的基本制度。我国保险法将道德危险规定为保险人除外责任的法定事由，属于强行法，保险合同不得对之约定变更。我国保险法第28条第2款规定："投保人、被保险人或者受益人故意制造保险事故的，保险人有权解除保险合同，不承担赔偿或者给付保险金的责任，除本法第六十五条第一款另有规定外，也不退还保险费。"

在理论上，我国保险法应当实行更加合理的道德危险控制机制，并无争议。但是，究竟什么是道德危险？我国保险法的相关规定并没有准确地作出定位。保险法将投保人或者被保险人故意造成的保险事故作为排除保险人应负保险责任的法定事由，立法目的在于防止道德危险，本无可非议。但是，因为保险法的立法技术不完善而存在十分明显的道德危险控制问题时，就不能不引起理论和司法实务、立法者的重视。即使将道德危险限定于被保险人有意识追求的危险，是否就不需要考虑保险人和被保险人、受益人之间的利

---

① 见徐卫东主编：《商法基本问题研究》，法律出版社2002年版，第451页。

益平衡，而将道德危险的控制机制予以绝对的贯彻，也是值得慎重考虑的。本节将逐一讨论涉及道德危险控制的以下问题。

二、道德危险防范的双向性问题

被保险人为道德危险，自行承担责任；但是，保险人在订立保险合同时疏于注意义务，以致道德危险发生，有无责任，值得注意。

我国保险法第55条第1款规定，投保人不得为无民事行为能力人投保以死亡为给付保险金条件的人身保险合同，保险人亦不得承保。该条款的目的在于防范人身保险的道德危险，保护被保险人的人身安全。但依照该条款，若保险人承保了无民事行为能力人作为被保险人，并且以死亡为给付保险金条件的人身保险合同，该合同的效力如何？是无效合同还是有效合同？① 再者，依照保险法第55条第2款的规定，投保人可以为其未成年子女投保以死亡为给付保险金条件的人身保险；但若被保险人成年后仍系无民事行为能力人，保险合同的效力是否会受到第55条第1款规定之影响？保险法对这些疑问的相关规定是不清楚的。

值得关注的是，我国保险法应当加重保险人防范道德危险的责任。保险公司在防范道德危险方面存在失误，应当承担责任。保险人为无民事行为能力人承保以死亡为给付保险金条件的保险，客观上会助长道德危险发生的几率，危害被保险人的人身安全，保险人对其承保行为应当承担更重的责任。为建立这种机制，有必要修改我国保险法第55条，增加规定：保险人为无民事行为能力人承保以死亡为给付保险金条件的保险，被保险人死亡的，保险人应当按照合同约定给付保险金；被保险人的死亡是投保人故意造成的，保险人除按照合同约定给付保险金外，对被保险人应当承担损害赔偿的责任。

三、道德危险的担当者范围

我国保险法将被保险人作为道德危险的担当者。但是，若被保险人的代理人故意造成保险事故的发生，保险人是否应当承担保险责任？法无规定，势必会引发争议。按照代理制度的应有含义，被保险人的代理人所为行为，

---

① 依照保险法第148条所规定之"保险人为无民事行为能力人承保以死亡为给付保险金条件的保险"的，由保监会"责令改正"，这是否表明保险人为无民事行为能力人承保以死亡为给付保险金条件的保险合同有效？

应当由被保险人承担责任；但被保险人的代理人所为故意造成保险事故的行为，并不为被保险人所知或应知，此等事故对于被保险人而言，属于意外事故，并不应当落入保险人不承担责任的"道德危险"范围。

再者，我国保险法将投保人（保险合同的当事人）甚至受益人都纳入到道德危险的担当者范围，是否存在扩大适用"道德危险免责"的嫌疑，也争议颇多。尤其是，保险法第 28 条所为规定，在相当程度上还成为我国实务中开展的分期付款保证保险属于"违法"而不构成"保险"业务的主要理由。[①]

这些问题的存在，至少对我国保险法第 28 条规定的道德危险的担当者范围的妥当性提出了挑战。我国保险法应当进一步缩小道德危险担当者的范围。首先，投保人或者被保险人的代理人故意造成保险事故的发生，并非被保险人有意追求的事故时，不属于道德危险，除非保险合同另有约定，保险人应当承担保险责任。其次，道德危险的控制机制不能及于投保人和受益人，我国保险法应当将投保人、受益人从道德危险的担当者中删去，即投保人、受益人故意造成保险事故的，保险人应当对被保险人或者故意造成保险事故的受益人以外的其他受益人承担保险责任。[②]

四、被保险人"自杀"

被保险人"自杀"，是被保险人有意识结束自己生命的行为，构成道德危险无疑。但作为一种特殊类型的道德危险，如果其发生的几率属于保险业可以控制的范畴，法律没有必要绝对地将之排除于保险人的责任范围之外。我国保险法第 66 条规定，以死亡为给付保险金条件的合同成立 2 年后，被保险人自杀的，保险人可以按照合同给付保险金。该条规定的应有含义为，保险人可以按照合同约定对被保险人的自杀承担保险责任。显然，立法者并没有就被保险人自杀、保险人应否承担责任给出一个不容争议的明确立场，而是将这样一个棘手的问题交给了当事人意思自治。

依照我国保险法的规定，保险人对被保险人自杀所应当承担的保险责任，完全取决于保险合同对此是否有约定。问题是，若保险合同对被保险人的自杀的责任承担没有约定，在保险合同成立后经过 2 年被保险人自杀的，

---

① 见梁慧星：《保证保险合同纠纷案件的法律适用》，《人民法院报》2006 年 3 月 1 日。

② 有关受益人故意造成保险事故、保险人应当承担保险责任的讨论，见邹海林：《保险法教程》（修订第二版），首都经济贸易大学出版社 2004 年版，第 340 页。

保险人是否应当给付保险金？甚至，即使被保险人在保险合同成立后经过2年自杀，保险合同是否仍可以约定保险人不承担给付保险金的责任？保险法对于这些问题均没有给出答案。

依照我国保险法第66条的规定，保险合同成立满2年后的被保险人"自杀"，基于保险合同的约定，并非道德危险。显然，作为道德危险的被保险人"自杀"和保险合同成立满2年后的被保险人"自杀"完全不同，法律效果存在差别。我国保险法应当区别对待被保险人"自杀"。为有效保护被保险人或者受益人的利益，建议修改保险法第66条，将保险合同成立满2年后的被保险人"自杀"规定为保险人承担应当承担责任的危险，即将该条中使用的"可以"改为"应当"，要求所有的保险公司在人寿保险合同中均约定"自杀条款"，并以2年期间为限，对被保险人或受益人承担保险责任。

五、被保险人的"故意犯罪"行为

我国保险法第67条规定："被保险人故意犯罪导致其自身伤残或者死亡的，保险人不承担给付保险金的责任。"该条规定的目的在于防控被保险人的道德危险。故意犯罪行为在保险法上属于冒险行为，因为存在被保险人的故意，不仅会引起被保险人死亡或者伤残的事故发生，而且会放大被保险人发生事故的风险机会，保险人对于此等危险难以预测和控制，故保险法有必要建立防控被保险人故意犯罪行为的制度。

依照保险法第67条的规定，被保险人故意犯罪引起被保险人伤残或者死亡的，应当自行承担伤残或死亡的后果，保险人不承担保险责任。但是，因为保险法所用"故意犯罪"等用语在理论上存在不同的认识，尤其是当被保险人已经死亡而无法追诉其刑事责任的情形下，保险法第67条应当如何适用呢？①

很显然，被保险人有"故意犯罪"行为时，保险人不承担保险责任的前提条件有三：（1）保险事故已经发生，即被保险人死亡或者伤残；（2）被保险人实施了"故意犯罪"行为；（3）故意犯罪行为与保险事故的发生之间存在因果关系，即故意犯罪"导致"被保险人死亡或伤残。保险事故已经发生并不存在理解上的问题，而问题出现在"故意犯罪"指的是什么？故意犯罪和被保险人的死亡或伤残之间的因果关系指的又是什么？

---

① 见杨华柏总编：《保险业法制年度报告2006》，法律出版社2007年版，第155—157页。

　　"故意犯罪"当属刑法和刑事诉讼法上的术语，在现实生活中表现为一种"法律事实"，在被保险人具备刑法上规定的"故意犯罪"行为的特征时，在保险索赔或者拒赔的过程中是否必须借助于刑事追诉程序才能够对被保险人的"故意犯罪"作出认定？笔者以为，保险法上使用"故意犯罪"这个术语，应当与刑法上的"故意犯罪"相当，仅仅是法律规定的判断被保险人的行为性质的标准问题，而非要对被保险人予以刑罚。在判断被保险人是否具有"故意犯罪"行为的问题上，法官或者仲裁机构所考量的标准就是刑法规定的"故意犯罪"标准，并非仅限于被保险人因为刑事追诉程序而被判决有罪的"故意犯罪"状态。所以，当被保险人死亡时，无法通过刑事追诉程序认定被保险人"有罪"时，处理保险索赔案件的法官或仲裁庭自可以在民事诉讼或者仲裁程序中依照刑法的"故意犯罪"标准对被保险人的行为作出认定①，以实现保险法第 67 条所规定之防控道德危险的目的。

　　故意犯罪和被保险人的死亡或伤残之间的因果关系，在我国保险法上也没有给出一个准确的定位，按照保险法第 67 条的规定，应当解释为故意犯罪和被保险人的死亡或伤残之间存在直接因果关系。直接因果关系并非引起保险事故的、在时间上最为接近的原因关系，而是指在促成保险事故的效果上起支配作用的原因关系。

第六节　保险分业经营与组织形式

一、保险分业经营

　　我国保险法曾经实行严格的保险分业经营制度，保险公司不得同时兼营财产保险业务和人身保险业务。严格的分业经营制度，不仅不能有效激发保险市场的竞争，而且不符合保险业发展的国际趋势。我国的保险业起步较晚，发展水平较其他保险市场有一定的差距，但保险业参与国际市场的竞争已经是一个不争的事实，而且在实行严格的分业经营制度前长期实行混业经营，也并没有出现立法者所担心的危险，混业经营也并非导致保险业管理水平低下的缘由，而且，人身保险中的意外伤害保险和健康保险具有与财产保险相同的补偿性质和精算基础，多数国家允许非寿险公司经营这两个险种。

---

① 见杨华柏总编：《保险业法制年度报告 2006》，法律出版社 2007 年版，第 159 页。

从实践角度分析，我国在过去的若干年里，严格地执行分业经营的办法，机械地解释分业的合理性，达到保险公司财产险和人身险两类项目经营上的水火不容，并不是最佳的选择方案；日前世界潮流表现为，银行业务与保险业的界限日益在模糊，保险公司与商业银行业务组合表现出较大优势；① 严格的保险分业经营制度与全球经济一体化、金融保险企业集团化和混业经营发展的国际趋势产生矛盾，需要进行必要的调整。② 严格的分业经营制度有其自身的不足，不得不进行修改。

立法者为促进我国保险市场竞争格局的进一步形成，对保险分业经营制度予以缓和，允许经营财产保险业务的保险公司经核定后，经营短期健康保险业务和意外伤害保险业务。保险法第 92 条第 2 款规定："同一保险人不得同时兼营财产保险业务和人身保险业务；但是，经营财产保险业务的保险公司经保险监督管理机构核定，可以经营短期健康保险业务和意外伤害保险业务。"

允许经营财产保险业务的保险公司，经营短期健康保险和伤害保险业务，一定程度上照顾到了保险业竞争的现实需要，对保险分业经营制度多少产生了冲击。但保险分业经营制度的改革，并没有动摇我国保险业的分业经营制度的基础，经营财产保险业务的保险公司不得经营人寿保险、长期健康保险和意外伤害保险业务，经营人身保险业务的保险公司，不得经营财产保险业务。法定的保险分业经营制度，机械地解释分业的合理性，造成保险公司财产险和人身险两类项目经营上的水火不容，这并非我国保险业经营的最佳选择方案；日前世界潮流表现为，银行业务与保险业的界限日益在模糊，保险公司与商业银行业务组合表现出较大优势；③ 严格的保险分业经营制度与全球经济一体化、金融保险企业集团化和混业经营发展的国际趋势产生矛盾，需要进行必要的调整。④

随着我国金融业的混业经营发展的需要，法定的保险分业经营制度在我国保险法上还应当作进一步的调整，甚至取消。

二、保险公司的组织形式

保险公司的组织形式实行法定主义。依照我国保险法第 70 条的规定，

---

① 见《二十一世纪经济报道》2002 年 11 月 22 日。
② 见许崇苗：《保险法修改何处入手》，《中国证券报》2002 年 10 月 16 日。
③ 见《二十一世纪经济报道》2002 年 11 月 22 日。
④ 许崇苗：《保险法修改何处入手》，《中国证券报》2002 年 10 月 16 日。

股份有限公司和国有独资公司为保险公司的组织形式。特别是，我国加入世界贸易组织（WTO）后，进一步加快了保险市场的开放，外国保险公司依照我国有关外商投资的法律开始设立中外合资保险公司、外资独资保险公司。因此，我国保险法第 154 条补充规定："中外合资保险公司、外资独资保险公司、外国保险公司分公司适用本法规定；法律、行政法规另有规定的，适用其规定。"

国务院发布的《中华人民共和国外资保险公司管理条例》并没有明文规定中外合资保险公司和外资独资保险公司的组织形式。现在面临的问题是，我国保险法第 70 条所规定之保险公司的组织形式仅有保险股份有限公司和国有独资保险公司，而中外合资保险公司和外资独资保险公司并非均采用保险法第 70 条规定的保险公司的组织形式。事实上，外资独资保险公司和许多中外合资保险公司的组织形式均为有限责任公司。

除此以外，相互保险公司、保险互助合作社等保险组织，在我国已经有所存在，因缺乏法律上的依据而没有取得合法地位。上述情形的存在违反保险公司的组织形式法定主义的要求，保险公司组织形式的存在现实和立法之间存在着不小的差距。显然，保险法应当对保险公司的组织形式作出必要的调整，以丰富保险公司的组织形式，使各种形式的保险公司在法律上取得合法地位。修改我国保险法有关保险公司的组织形式的规定，以建立适应保险市场需求的"多元化保险供给组织体系"，已经成为学术界和保险实务界的共同呼声。[1]

第七节　分期付款保证保险

一、分期付款保证保险：问题的产生

保证保险是若干年之前被广泛应用于商品房、汽车分期付款销售及与之相关的银行信贷方面的商事交易形式。尤其是，保险业随银行业对机动车消费贷款增加信用的需求，在 2001 年推出了机动车辆消费贷款保证保险（车贷险）。车贷险产品从 2001 年投放市场到 2003 年 8 月陆续退出，在短短两年多的时间里，受车贷险保障的机动车消费贷款规模就高达 2000 多亿元人民币。车贷险促进了机动车消费及相关信贷市场的加速发展，推动了国家汽

---

[1]　见杨华柏总编：《保险业法制年度报告 2006》，法律出版社 2007 年版，第 395—396 页。

车产业政策的实施，为我国向汽车社会转型和建设全面小康社会作出了贡献。车贷险是保险公司基于合同法和保险法而推出的信贷危险保障产品，但在具体履行车贷险合同的过程中，因为出现了诸多当时推出车贷险产品时未深入考虑的问题，造成车贷险的利益相关者对车贷险产品的性质和功能市场出现认识分歧，并产生了大量的车贷险合同纠纷。

保证保险合同纠纷（尤其是车贷险纠纷）在近年来成批地诉诸法院。银行业认为车贷险就是保险业的保证行为，机动车消费贷款业务是零风险业务；保险业则认为，车贷险是保险，保险公司只能按照保险业经营规则承保约定范围内的可保风险，超过约定范围的风险有权拒赔。在法院审理车贷险纠纷案件过程中，因为认识上的分歧，难免出现就基本相同的事实，不同地区的法院作出不同判决的现象。实务界有关车贷险的性质产生的分歧，有其理论准备不足的原因，学术界有关车贷险纠纷在法律上的定位亦是众说纷纭：学术上的分歧基本上形成对立的阵营，一种观点认为保证保险在性质上是保证而非保险，应当适用我国的担保法所建构的保证制度来解决保证保险合同纠纷；另一种观点认为保证保险在性质上是保险而非保证，不能适用担保法有关保证的规定，应当适用我国保险法来解决保证保险合同纠纷。

保证保险作为一种商事交易行为，既非我国担保法上的"有名合同"，亦非我国保险法上的有名合同，担保法抑或保险法对于保证保险均没有明文的规定，这恐怕是理论和实务就保证保险合同的性质与法律适用产生分歧的根源所在。保证保险合同纠纷被诉诸法院，法院应当以什么样的态度对待保证保险合同并正确适用法律呢？这不仅是一个理论问题，更是一个实践问题。

二、保证保险的性质

保证保险，是指保险公司作为被保险人的保证人提供担保而成立的保险合同。我国保险法对于保证保险并没有明确的规定，保证保险合同如何订立，在理论和实务上的确存在疑问。保证保险应当属于我国保险法规定的保险合同中的"无名合同"，当事人的意思自治应当成为保证保险定性的核心依据。一般而言，在保证保险合同项下，投保人按照约定向保险公司支付保险费，因被保证人的行为或者不行为致使被保险人（权利人）受到损失的，由保险公司负赔偿责任。保险公司和投保人为保证保险合同的当事人；保证保险合同的投保人，可以是被保证人（如债务人作为投保人的确实保证保险），也可以是被保证人的相对人（如债权人作为投保人的诚实保证保险）。但是，若法律规定或者当事人约定债务人应当投保保证保险的，投保人仅能为被保证人（债务人）。

因为保证保险具有担保债权人的债权实现的功能，而在合同约定的内容上又存在与保证相同或者类似的内容，有理论将保证保险定性于保证，并以四大理由支持该理论：第一，保证保险与保证一样均有担保债权实现的功能，均由债务人之外的其他人提供；第二，保证保险不具备保险的射幸性，其保险事故绝大多数是由投保人故意制造，但保险人却仍承担责任，此与保险法第28条的规定相悖，如定性为保险难以自圆其说；第三，保险公司对保证保险的投保人享有代位权，结果使得保证保险不具有实质性分散风险的功能，亦与我国保险法第45条规定的保险代位权适用于造成保险标的损害的第三人的制度相冲突。第四，保证保险的投保人对保险标的不具有保险利益。

相对而言，目前理论界和司法实践中更倾向于将保证保险定性为保险，主要理由大致可以概括如下：第一，保证担保的保证人是具有代为清偿债务能力的法人、其他组织或者公民；而保证保险的保险人只能是保险公司；第二，保证担保一般是无偿性合同；保证保险是有偿性合同，投保人要交纳保险费；第三，保证担保是单务合同，除了一般保证有先诉抗辩权外，连带责任保证人在主债务人的抗辩理由外不存在单独的免责理由，而保证保险是双务合同，保险人有独立的法定或约定免责事由；第四，保证担保从属于主合同；保证保险具有独立性，不从属于其他任何合同；第五，保证担保保证人承担责任后依法取得追偿权；而保证保险保险人承担责任后依法取得代位求偿权。此外，保证保险在保障范围、权利行使期间、承担责任的财产来源等方面亦与保证不同等。

实际上，仅从保证保险和保证担保存在的以上差异性特征来论证保证保险的性质，并非支持保证保险为"保险"的强有力理由。笔者认为，以下的说法应当得到我国保险理论和实务界的认同："界定和区分民事行为的法律性质，其依据应当是民事主体的意思表示和民事法律行为成立的标准，而不是对行为的目的或功能的推断。民事主体的意思表示，是界定和区分民事行为和民事关系性质的最直接、最基本的依据；民事法律行为成立的标准是以法律为准绳的最直接体现。"[1] 保证保险合同当事人的意思表示是保险，

---

[1] 李记华：《再谈保证保险——兼与梁慧星先生商榷》，《中国保险报》2006年3月27日。

而不是进行保证担保。从实际操作层面说，在保证保险合同关系中，保险人与投保人签订的是明明白白的保险合同，双方真实意思表示是投保保证保险、交纳保险费、承保、依法承担保险合同责任；即使是保险公司与银行债权人签订的保证保险合作协议，其明白无误的意思表示也是，就保证保险业务进行合作，而不是提供保证担保。

三、保证保险合同的法律适用

保证保险为私法自治的产物，其法律适用自应当以当事人的意思为准。唯有在当事人的意思不清或者存在疑问时，才应当考虑如何适用法律规范的问题。但我们的理论和实务在解决保险合同纠纷时总是首先考虑的问题为"应当适用什么法"的问题，这在保证保险的争议方面尤为突出。于是乎，关于保证保险的法律适用，存在两种对立的观点。

有观点认为，"正确认定保证保险合同的性质，对于人民法院审理保证保险合同纠纷案件具有重要意义。既然保证保险采用保险合同的形式，属于'财产保险的一种'，则人民法院审理保证保险合同纠纷案件就应当适用保险法的规定；既然保证保险的实质是'保险人对债权的一种担保行为'，则人民法院审理保证保险合同纠纷案件也应当适用担保法关于人的担保（保证合同）的规定。根据保证保险合同的形式与实质的关系，人民法院审理保证保险合同纠纷案件，应遵循以下法律适用原则：（一）对于保险法和担保法均有规定的事项，应当优先适用保险法的规定；（二）保险法虽有规定但适用该规定将违背保证保险合同的实质和目的的情形，应当适用担保法的规定，而不应当适用该保险法的规定；（三）对于保险法未有规定的事项，应当适用担保法的规定"。①

另有观点认为："经济活动中的保证行为受担保法调整，保险行为受保险法调整，保证保险的性质属于保险性质，是因为它满足保险法的构成要件，不能满足担保法的构成要件，依据价值判断，保证保险不应适用担保法。""保证保险属于财产保险之信用险，适用保险法，因此，在保险法的规定下，保证保险合同不具有从属性，其与债权合同之间无主从关系，债权合同无效或者被撤销，不影响保险合同的效力。诉讼程序中，基于保证保险关系的独立性，保证保险纠纷案件可以独立成讼，法院不必追加投保人参加诉讼，除非法院认为被保险人信用是否破产，

---

① 梁慧星：《保证保险合同纠纷案件的法律适用》，《人民法院报》2006 年 3 月 1 日。

需要投保人参加诉讼予以证明。保证保险关系中当事人之间的权利义务，按照保险合同（保单）的约定；没有约定的，按照保险法的规定予以确定。"①

笔者在这里并无意继续评述保证保险的法律适用的理由的正当性，但有两点需要强调：

第一，保险作为一种特殊的行业，行业标准或规范决定着保证保险的属性，它是保险公司经营的一种业务，属于合法的"商行为"，这也是保险公司之所以能够经营并受到保监会监管的基础。"……保证保险是财产保险的一种……保证保险合同的当事人是债务人（被保证人）和保险人（保证人），债权人一般不是保证保险合同的当事人，……保险合同纠纷，应按保险合同的约定确定保险人是否应承担赔偿责任。……保险合同纠纷，不在《担保法》的适用范围之内。"②

第二，保证保险和保证担保属于形式上具有相同或类似成分而性质不同的法律行为，并以意思自治为基础，在解决保证保险合同纠纷时，应当首先考虑当事人在保证保险合同中的约定，确定当事人的权利和义务，"……保证保险并非保证，故不能适用有关保证的法律，当事人对于保证保险合同没有约定的事项，应当适用保险法"。③

第八节　机动车交通事故责任强制保险

机动车交通事故责任强制保险（以下简称交强险）是指："由保险公司对被保险机动车发生道路交通事故造成本车人员、被保险人以外的受害人的人身伤亡、财产损失，在责任限额内予以赔偿的强制性责任保险。"④ 以上关于交强险的定义，并没有什么特别值得议论之处。以上定义强调了交强险的基本目的在于保护交通事故的受害人，并将交强险明确定位于第三者责任保险，只不过交强险是具有"强制性"的责任保险。

我国道路交通安全法（以下简称道交法）第 17 条规定："国家实行机动车第三者责任强制保险制度，设立道路交通事故社会救助基金。具

---

① 曹士兵：《从法律关系的多样性看保证保险》，http：//www. civillaw. com. cn/article/de‐fault. asp？id＝21459.

② 中国保险监督管理委员会关于保证保险合同纠纷案的复函（保监法［1999］16 号）。

③ 邹海林、常敏：《债权担保的理论与实务》，社会科学文献出版社 2005 年版，第 427 页。

④ 国务院机动车交通事故责任强制保险条例第 3 条。

体办法由国务院规定。"第 76 条规定:"机动车发生交通事故造成人身伤亡、财产损失的,由保险公司在机动车第三者责任强制保险责任限额范围内予以赔偿。"道交法自 2004 年 5 月 1 日实施后,机动车第三者责任险被人们从不同的角度进行了审视。但是,在有关机动车第三者责任保险的性质问题尚未被彻底理清的过程中,我国制定了《机动车交通事故责任强制保险条例》(以下简称交强险条例),以机动车第三者责任保险的"双轨制"模式①,暂时终结了人们有关机动车第三者责任保险问题的过多争议。② 因为有这样的制度安排,机动车第三者责任保险在我国并非均为强制性的责任保险,交强险的"强制性"似乎仅仅来源于交强险条例。道交法所称"机动车第三者责任强制保险"被严格地限定在一个特定的范围内,即依照交强险条例开办的机动车第三者责任保险业务或交强险业务。如此一来,交强险自然不同于其他形式的机动车第三者责任保险。

一、交强险的性质

交强险是我国法律明文规定实行强制保险的险种,首先是商业保险。但是,由于交强险条例对机动车第三者责任险采取"双轨制"立场,即交强险条例第 45 条明确使用"机动车交通事故责任强制保险"和"商业性机动车第三者责任保险",对机动车第三者责任保险加以区分。这直接造成了交强险并非商业保险的观念错位。众所周知,交强险存在的法律基础除道交法和交强险条例之外,还有我国的保险法。交强险仍属于我国保险法第 2 条所调整或规范的一种商业保险,只不过属于保险法第 107 条所称"条款和费率"应当经保监会审批的"依法实行强制保险的险种"而已。事实上,交强险仍然是由依照保险法规定设立的保险公司按照"商业模式"经营的一种财产保险业务。③

---

① 将机动车第三者责任保险人为地区分为"机动车交通事故责任强制保险"和"商业性机动车第三者责任保险",前者为机动车交通事故责任强制保险条例规范的险种,并与道路交通安全法第 17 条所称"机动车第三者责任强制保险"挂钩,将其他不属于机动车交通事故责任强制保险条例规范的机动车第三者责任保险,排除于道路交通安全法第 17 条所称"机动车第三者责任强制保险"之外。这在事实上促成了机动车第三者责任保险的"强制险"和"自愿险"并存局面的出现。

② 见邹海林:《交强险的性质和法律适用》,《人民法院报》2006 年 8 月 16 日。

③ 见保险法第 92 条和国务院机动车交通事故责任强制保险条例第 5 条。

　　将交强险与商业保险对立起来的理由似乎还有一种说法，即交强险实行
"无过错赔偿"，即使被保险人"完全无责"也要赔偿；"商业性机动车第三
者责任险"实行"有责赔偿"。这种说法的依据本身也不成立。"机动车交
通事故责任强制保险实施后，不论被保险人是否在交通事故中负有责任，保
险公司均将按照《条例》以及机动车交通事故责任强制保险条款的具体要
求在责任限额内予以赔偿。"[1] 有观点对于道交法第76第1款作出如下的解
读：道交法第76条确立了一个归责原则体系，对于不同主体之间的责任承
担适用不同的归责原则：（1）保险公司在第三者强制责任保险责任范围内
承担无过错责任；（2）道路交通事故社会救助基金在特定情况下垫付受害
人的损害赔偿，适用无过错责任；（3）机动车之间的交通事故责任适用过
错责任；（4）机动车与非机动车驾驶人、行人之间的交通事故适用无过错
责任或严格责任。[2] "该条规定明确确立了保险公司对机动车第三者责任强
制保险承担无过错责任，因而是法定责任。根据这一责任，如果肇事车辆参
加了机动车第三者责任强制保险，在保险期内该车辆发生交通事故造成第三
者人身伤亡、财产损失的，由保险公司在保额内予以赔偿，而不论交通事故
当事人各方是否有过错以及当事人过错程度如何。"[3] "保险公司的责任是法
定的责任，只要发生了交通事故造成人身伤亡、财产损失的，就由保险公司
在机动车第三者责任强制保险责任限额范围内予以赔偿。即便交通事故是有
人故意造成的，保险公司也要承担责任。"[4] 对道交法第76条第1款作出的
如上解读不仅成为"通说"，而且强有力地支持着交强险条例项下保险公司
承担保险赔偿责任属于"无过错"赔偿的各种版本。

　　这样解读道交法第76条就造成了交强险的基础——交通事故责任的无
过错归责原则与被保险人在交通事故中是否违反交通法规的行为后果（交
通事故责任[5]）混淆，更造成了保险公司承担交强险项下的保险给付责任与

[1] 国务院法制办、保监会负责人就《机动车交通事故责任强制保险条例》答记者问，《机动车交通事故责任强制保险条例》，法律出版社2006年版，第15页。
[2] 见张新宝、明俊：《道路交通安全法中的侵权责任解读》，《人民法院报》2003年11月7日。
[3] 童琳：《机动车第三者责任强制保险若干法律问题》，《中国人大》2005年11月10日。
[4] 丁玉娟、张雅光：《论机动车交通事故责任强制保险的法律适用》，《行政与法》2007年第1期。
[5] 道路交通安全法第73条规定："公安机关交通管理部门应当根据交通事故现场勘查、检查、调查情况和有关的检验、鉴定结论，及时制作交通事故认定书，作为处理交通事故的证据。交通事故认定书应当载明交通事故的基本事实、成因和当事人的责任，并送达当事人。"交通事故认定书记载的交通事故当事人的"责任"，与保险公司依照交强险承担的给付责任没有关联，更非交通事故加害人对受害人承担的"损害赔偿责任"。

被保险人承担的无过错赔偿责任的混淆。①"无责"抑或"有责"应当系指交通事故的加害人对受害人有无损害赔偿责任而言，在性质上属于侵权法上的"归责原则"及其项下的"赔偿责任"问题，构成机动车第三者责任保险得以适用的基础。何况，道交法第 76 条并没有规定被保险人不承担赔偿责任时，保险公司仍要给付机动车责任保险限额内的赔偿金。道交法对于交通事故损害赔偿责任实行"无过错"责任，此系针对被保险人对交通事故的受害人而言的，并不针对提供机动车第三者责任保险的保险公司。因此，保险公司仅在被保险人应当承担赔偿责任的前提下，对受害人才有责任限额范围内的给付义务。②"强制汽车责任保险虽属强制保险，但仍不能否认其私法契约之性质，与一般商业保险契约并无差别"。③ 在这个意义上，交强险与所谓的"商业性机动车第三者责任保险"并无实质性的差别。

交强险作为商业保险，在性质上仍然为责任保险，脱离责任保险的法理或制度结构认识交强险的性质会导致制度设计或者适用的偏差。机动车所有人或管理人对交通事故受害人应当承担的赔偿责任，得以向保险公司投保第三者责任险，转嫁由保险公司来承担。道交法第 17 条规定："国家实行机动车第三者责任强制保险制度，设立道路交通事故社会救助基金。具体办法由国务院规定。"在发生交通事故时，肇事的机动车若已经投保机动车第三者责任保险，保险公司则依照法律的规定或者保险合同的约定，以保险金额为限向交通事故的受害人给付保险赔偿金，似无疑问。保险公司并非政府机构或福利机构，其所应当承担的保险给付责任，以机动车所有人或管理人应当对交通事故的受害人承担赔偿责任为基础，此为责任保险的基本理念。机动车所有人或管理人对受害人应当承担属于保险合同承保危险的赔偿责任的，保险公司才承担保险给付责任。我国保险法第 50 条第 2 款规定："责任保险是指以被保险人对第三者依法应负的赔偿责任为保险标的的保险。"因责任保险以被保险人对第三人的赔偿责任为标的，以填补被保险人对第三人

---

① 国务院机动车交通事故责任强制保险条例第 23 条规定，"责任限额分为……被保险人在道路交通事故中无责任的赔偿限额"。机动车交通事故责任强制保险条款（2006 年）第 8 条规定，"被保险人无责任时，无责任死亡伤残赔偿限额为 10000 元；无责任医疗费用赔偿限额为 1600 元；无责任财产损失赔偿限额为 400 元。"上述条文中所述"无责任"之"责任"两字并非交通事故的赔偿责任，不应当与交强险项下的保险公司的给付责任相联系。

② 见国务院机动车交通事故责任强制保险条例第 21 条、机动车交通事故责任强制保险条款（2006 年）第 8 条。

③ 江朝国编著：《强制汽车责任保险法》，智胜文化 1999 年版，第 30 页。

承担赔偿责任所受损失为目的，才被称之为第三人保险（third party insurance）或者第三者责任保险（third party liability insurance）。

事实上，责任保险自其产生时起发展到现在，作为分散被保险人对第三人的赔偿责任的功能丝毫没有受到任何影响。正如英国的布鲁斯法官（Bruce J.）在有关雇主责任保险的著名判例中指出的那样，保险人给付保险单约定的保险金额之基础，是被保险人对其雇员的死亡或所受人身伤害负有责任；被保险人的雇员死亡或所受的人身伤害若因自然原因（natural causes）所致，不发生保险单约定的保险给付，除非雇员的死亡或所受人身伤害因可归责于被保险人的原因所致，被保险人并因此而承担赔偿责任；责任保险单约定的保险给付，不是对于被保险人的雇员的死亡或人身伤害的赔偿，而是对被保险人因索赔而承担赔偿责任的填补；保险给付的发生应当满足两个条件：其一，雇员死亡或受到人身伤害；其二，被保险人对雇员的死亡或人身伤害应当承担赔偿的责任。[①] 这就是"无责任即无责任保险赔偿之最基本保险原理"。

不论道交法第76条第1款如何规定保险公司承担的责任，保险公司依照第76条第1款所承担的"赔偿"责任，充其量是替肇事机动车的所有人或管理人承担赔偿受害人的责任，其法律性质应当为保险公司对交通事故受害人承担的法定的"保险给付义务"（即第三者责任保险项下的限额给付义务）；保险公司所承担的保险给付义务，仅与机动车第三者责任保险的缔结有关，与交通事故损害赔偿责任自无关系，故不存在保险公司是承担过错责任还是无过错责任的问题。解读道交法第76条第1款，还应当注意两个考量因素：（1）道交法第17条规定国家实行机动车第三者责任强制保险，已经将保险公司承担的责任限定于责任保险的领域，保险公司依照道交法第76条所承担的责任，源自于道交法第17条规定的机动车第三者责任强制保险；（2）道交法第76条第1款对于保险公司承担的"赔偿"责任，仍然强调其为"机动车第三者责任强制保险责任限额范围内"的赔偿责任，故保险公司对交通事故受害人承担的"赔偿"责任，在性质上仍然为机动车第三者责任保险项下的保险责任。另外，道交法第76条第1款并没有任何语言文辞表明，不论肇事机动车的所有人或保有人有无赔偿责任，或者受害人是否故意造成交通事故，保险公司均应当承担"保险给付"责任，将保险公司承担保险责任的场景扩及所有的交通事故，并没有任何立法理由的支持

---

① Lancashire Ins. Co. v. Inland Revenue Commissioners, [1889] 1 Q. B. 358.

或法理依据。①

将道交法第 76 条第 1 款解读为保险公司不论缘由地承担保险给付责任，立论的基础已经将被保险人对受害人应否承担赔偿责任"剔除"于保险公司应否承担保险给付责任的考量因素之外，显然违背机动车第三者责任强制保险的责任保险性质，亦不符合我国交强险条例对交通事故责任强制保险所采取的责任保险机制的基本立场。②

二、交强险的强制性

交强险的强制性在相当程度上排除了合同自由原则在机动车第三者责任保险领域的适用。我国交强险条例实施时，人们都把交强险的强制性集中于交通事故责任保险的"强制投保和承保"方面。"机动车交通事故责任强制保险的强制性不仅体现在强制投保上，同时也体现在强制承保上。一方面，未投保机动车交通事故责任强制保险的机动车不得上道路行驶；另一方面，具有经营机动车交通事故责任强制保险资格的保险公司不能拒绝承保机动车交通事故责任强制保险业务，也不能随意解除机动车交通事故责任强制保险合同（投保人未履行如实告知义务的除外）。"③

不论实行机动车第三者责任强制保险的时代背景异同，人们都已经充分认识到在机动车第三者责任保险领域，推行强制性的责任保险的基本目的，

---

① 有必要注意如下的事实：我国台湾地区强制汽车责任保险法第 5 条规定："因汽车交通事故致受害人体伤、残废或死亡者，加害人不论有无过失，在相当于本法规定之保险金额范围内，受害人均得请求保险赔偿给付。"因为该条有"加害人不论有无过失"的明文规定，学者批评该条归责事由与责任保险关系不清。见江朝国编著：《强制汽车责任保险法》，智胜文化 1999 年版，第 91 页下。

② 对于这个问题的理解，还应当特别注意以下两点：第一，国务院机动车交通事故责任强制保险条例第 21 条规定，被保险机动车发生道路交通事故造成本车人员、被保险人以外的受害人人身伤亡、财产损失的，由保险公司依法在机动车交通事故责任强制保险责任限额范围内予以赔偿。道路交通事故的损失是由受害人故意造成的，保险公司不予赔偿。该条强调保险公司在"保险责任限额范围内予以赔偿"的条件为"依法"，并专门规定受害人故意造成交通事故为保险公司拒绝赔偿的抗辩事由，使得交强险符合责任保险的性质。第二，经保监会审批的机动车交通事故责任强制保险条款（2006 年）第 8 条规定，在中华人民共和国境内（不含我国港、澳、台地区），被保险人在使用被保险机动车过程中发生交通事故，致使受害人遭受人身伤亡或者财产损失，依法应当由被保险人承担的损害赔偿责任，保险人按照交强险合同的约定对每次事故在赔偿限额内负责赔偿。保险公司对交通事故致人损害的保险给付责任，以"依法应当由被保险人承担的损害赔偿责任"为基础，彰显交强险的责任保险性质。

③ 国务院法制办、保监会负责人就《机动车交通事故责任强制保险条例》答记者问，《机动车交通事故责任强制保险条例》，法律出版社 2006 年版，第 14 页。

主要还是为了强制实行新的公共政策，并彰显机动车第三者责任保险的公益性。

机动车第三者责任强制保险是以法律规定为依据的法定保险。规范强制保险的各项立法，均以社会大众的利益为出发点，代表或反映着一种新的公共政策，保险法上的任何原则或规定若与此公共政策相抵触，均为无效。机动车第三者责任强制保险的目的，在于对机动车事故的受害人和社会大众的利益提供保护，其强令机动车所有人或使用人投保责任保险，甚至与宪法赋予人民享有的自由权利都不相抵触。[1] 机动车第三者责任强制保险的保险费率由保险监理机关依职权拟定，保险业者对保险监理机关拟定的保险费率有接受的义务，仅在该费率明显不合理时，可以诉请法院审查。机动车第三者责任强制保险所使用的保险单格式须经保险监理机关核准，其内容不得与机动车第三者责任强制保险法的规定相抵触；关于机动车第三者责任强制保险的法律规定，为机动车第三者责任保险合同的当然内容。[2] 机动车第三者责任强制保险在本质上为第三人利益的合同，第三人对保险公司享有不受保单条款约束的直接诉请给付保险赔偿金的权利。[3] 在实务上，因为强制保险的公共利益在于确保汽车事故的受害人的赔偿；不论被保险人的不法行为（negligence）造成受害人死亡还是受伤，亦不论被保险人的不法行为是其雇员所为还是其本人所为，更不论被保险人的不法行为是否严重到触犯刑律而成立杀人罪（manslaughter）的程度，保险公司依照保险单所承担的给付责任均应当获得强制执行。[4]

强制投保和承保为交强险作为强制保险的固有内容。强制投保和承保在相当程度上排除了合同自由原则在机动车第三者责任保险领域的适用。以此为基础，交强险的强制性并不应当仅限于强制投保和承保这样一个层面，同时应当建构起交强险的强制性的理论和制度体系，即交强险的投保和承保的强制、责任限额的法定、条款和费率法定以及合同效力维持的法定等。再者，交强险提供保障的核心问题之一为受害人的赔偿问题，即受害人有无权利直接请求保险公司给付保险金，并继而起诉保险公司。交强险的强制性还

---

[1] Cal. State Auto. Ass′n Inter—insurance Bureau v. Maloney, Insurance Commissioner of State of Cal. , 341 U. S. 105 (1951) .

[2] 同上书，第194—195 页。

[3] 见施文森：《论汽车强制保险》，《保险法论文第二集》，五南图书出版公司1982 年版，第199 页。

[4] Tinline v. White Cross Insurance Association, ［1921］3 KB 327.

直接赋予交通事故受害人向保险公司直接请求保险金给付的地位,并排除保险公司援引交强险条款或保险法的规定对抗受害人请求赔偿的机会,以彻底实现保护交通事故受害人之利益。这方面的强制已经超出了保险合同的关系范围。

依照我国法律的相关规定,交强险的强制性主要体现为以下的制度结构:

第一,交强险投保与承保的强制。在中华人民共和国境内道路上行驶的机动车的所有人或者管理人,应当依法投保机动车交通事故责任强制保险。投保人在投保时应当选择具备从事机动车交通事故责任强制保险业务资格的保险公司,被选择的保险公司不得拒绝或者拖延承保。机动车所有人、管理人未按照规定投保机动车交通事故责任强制保险的,由公安机关交通管理部门扣留机动车,通知机动车所有人、管理人依照规定投保,处依照规定投保最低责任限额应缴纳的保险费的2倍罚款。保险公司拒绝或者拖延承保机动车交通事故责任强制保险的,由保监会责令改正,处5万元以上30万元以下罚款;情节严重的,可以限制业务范围、责令停止接受新业务或者吊销经营保险业务许可证。①

第二,交强险的法定费率及法定费率浮动。交强险实行法定基础费率。保监会按照机动车交通事故责任强制保险业务总体上"不盈利不亏损"的原则审批保险费率,并依照"不以盈利为目的"的原则进行调整,即根据保险公司机动车交通事故责任强制保险业务的总体盈利或者亏损情况,可以要求或者允许保险公司相应调整保险费率。再者,交强险的基础费率法定浮动。② 被保险机动车没有发生道路交通安全违法行为和道路交通事故的,保险公司应当在下一年度降低其保险费率。在此后的年度内,被保险机动车仍然没有发生道路交通安全违法行为和道路交通事故的,保险公司应当继续降低其保险费率,直至最低标准。被保险机动车发生道路交通安全违法行为或

---

① 见国务院机动车交通事故责任强制保险条例第2条、第10条、第39条和第38条。

② 交强险的费率浮动取决于机动车交通事故责任强制保险、道路交通安全违法行为和道路交通事故的信息共享机制的建立和完善。依照交强险条例的规定,保监会、国务院公安部门、国务院农业主管部门以及其他有关部门应当逐步建立有关机动车交通事故责任强制保险、道路交通安全违法行为和道路交通事故的信息共享机制。目前,在我国并没有全面建立起机动车交通事故责任强制保险、道路交通安全违法行为和道路交通事故的信息共享机制,费率浮动的条件不完全具备,故保监会2007年6月27日公布的《机动车交通事故责任强制保险费率浮动暂行办法》,规定自2007年7月1日起,在全国范围内统一实行机动车交通事故责任强制保险费率浮动与道路交通事故相联系,但暂不在全国范围内统一实行与道路交通安全违法行为相联系。

者道路交通事故的，保险公司应当在下一年度提高其保险费率。多次发生道路交通安全违法行为、道路交通事故，或者发生重大道路交通事故的，保险公司应当加大提高其保险费率的幅度。在道路交通事故中被保险人没有过错的，不提高其保险费率。①

第三，保险责任限额或者保险给付限额的强制。交强险在全国范围内实行统一的责任限额。责任限额分为死亡伤残赔偿限额、医疗费用赔偿限额、财产损失赔偿限额以及被保险人在道路交通事故中无责任的赔偿限额。②

第四，交强险合同效力维持的强制。交强险合同成立后，维持交强险合同的效力，对于保护交通事故受害人的利益更为重要。除公安交通管理部门在道路上检查机动车是否投保交强险外，最为有效的制度则是限制合同当事人解除或终止合同的权利，并与交强险的强制投保和承保相结合，共同形成维持交强险合同效力的强制体系。除投保人未如实告知重要事项外，保险公司不得解除交强险合同；除被保险机动车被依法注销登记、办理停驶或经公安机关证实丢失的以外，投保人不得解除交强险合同。③

很显然，我国交强险条例有关交强险的强制性规范，并没有体现出交通事故受害人对保险公司享有直接请求权的制度理念。交强险条例第28条和第30条似乎并未明文赋予交通事故的受害人对保险公司享有直接请求权；而且，经保监会批准的机动车交通事故责任强制保险条款对受害人请求保险公司给付保险赔偿金的权利，更是只字未提。这是否表明交通事故的受害人对保险公司享有直接请求权，并非我国交强险具有强制性的制度内容？

交强险的目的并不在于分散被保险人的责任危险，而在于对受害人提供最为基本的损害保障，使得交通事故受害人获得及时的经济赔付和医疗救治。道交法第76条第1款已明文规定，机动车发生交通事故造成人身伤亡、财产损失的，由保险公司在机动车第三者责任强制保险责任限额范围内予以赔偿。交强险条例第1条更以"保障机动车道路交通事故受害人依法得到赔偿"作为交强险条例的宗旨。在这个意义上，承认交通事故受害人对保险公司的直接请求权，构成交强险具有强制性的最具理论和实践价值的内容。

在责任保险具有强制性的场合，第三人较被保险人对保险公司享有更加

---

① 见国务院机动车交通事故责任强制保险条例第6条、第7条和第8条。
② 见国务院机动车交通事故责任强制保险条例第23条。
③ 见国务院机动车交通事故责任强制保险条例第15条和第16条。

优越的权利或地位。保险给付请求权，为被保险人依照保险合同的约定享有的债权，被保险人可以将之转让与他人或者提供担保，立法例日益表现出要求保险人直接向被保险人之行为的受害人给付保险金的趋势，禁止被保险人将责任保险金债权转让给受害之第三人以外的他人，或者向受害之第三人以外的他人为支付或提供担保，承认责任保险的第三人对责任保险金债权享有法定的优先受偿权利。① "在责任保险的场合涉及三方面的关系：保险人和被保险人的关系、被保险人和第三人的关系，以及第三人和保险人的关系。保险人得以其对抗被保险人的所有事由，对抗第三人的请求，以责任保险保护被保险人的利益为基础，实际上过分关注的，无非是保险人和被保险人的关系、被保险人和第三人的关系这样两个方面，较少考虑第三人和保险人之间的关系。保险人和被保险人之间的关系，优于被保险人和第三人之间的关系，保险人对被保险人依照保险合同承担的责任，不因为被保险人和第三人之间的赔偿责任而发生变化。若优先考虑责任保险赔偿第三人（如汽车事故受害人）的公共目的，则第三人和保险人之间的关系，就要比保险人和被保险人的关系、被保险人和第三人的关系为重要。"②

交强险条例未规定受害人的直接请求权，并不影响受害人依照道交法第76条第1款享有和行使直接请求权。道交法第76条第1款未明确保险公司在责任限额内的"赔偿"的相对人为被保险人还是交通事故的受害人，但从法律规范用语及该条款制度创设的基本目的的考察，将保险公司的保险赔偿之相对人解释为"交通事故的受害人"，更加符合法律逻辑和制度应用的理性判断。③ 交强险约定的交通事故的受害人，依照道交法第76条第1款对保险公司享有直接请求权。因此，因交强险发生争议，在涉及保险公司和受害人之间的关系时，法院应当适用道交法第76条第1款和交强险条例的规定作为裁判交强险争议的依据，无适用保险法的余地；于此场合，法院也不能援引交强险条款的约定作为裁断交强险争议的依据；即使保险公司依照交强险条例第29条向被保险人给付赔偿金，也不能够以此对抗受害人对保险公司的直接请求权。④ 相比其他形式的机动车第三者责任保险，这是交强险在强制性方面具有的差异性特征。

① 见郑玉波：《民商法问题研究》（二），台湾大学1984年版，第97页。
② 邹海林：《责任保险论》，法律出版社1999年版，第252—253页。
③ 在国务院机动车交通事故责任强制保险条例实施前，我国不少地方的法院依照道路交通安全法第76条第1款的规定，承认交通事故受害人对保险公司的直接请求权。
④ 见邹海林：《交强险的性质和法律适用》，《人民法院报》2006年8月16日。

三、交通事故受害人的直接请求权

如上文所言，交强险强制性的显著特征在于依法赋予交通事故受害人对保险公司的直接请求权。交强险项下的交通事故受害人对保险公司有否直接请求权，在笔者看来完全有赖于对道交法第76条第1款作出符合第三者责任强制保险的理念解读。然而在事实上，交强险条例对交通事故受害人的直接请求权保持"沉默"，已经构成交强险作为强制保险的最显著的制度缺陷。

机动车第三者责任强制保险的一种主要功能，在于减少交通事故损害赔偿的纷争，保障交通事故受害人能便捷、及时地得到补偿。出于这样的基本价值判断，很多立法例都规定受害人对承保肇事机动车的保险公司有直接请求权。英国道路交通法第149条规定，保险人对肇事机动车受害人就保单持有人取得之判决负有直接的责任；机动车事故的受害人对保单持有人提起诉讼后，保单持有人在七日内应当将其索赔事项通知保险人。该法之规定承认机动车事故的受害人对保险人的直接请求权，确认保险人对机动车事故受害人的直接给付责任。[①] 在日本，法院的判例和立法确认机动车事故受害人对保险人的直接请求权。机动车损害赔偿保障法第16条第1款规定了机动车事故受害人对保险人的损害赔偿请求权，即"发生保有者损害赔偿的责任时，受害人根据政令的规定，可以在保险金额的限度内向保险人请求支付损害赔偿额"。德国汽车保有人强制责任保险法第3条规定，"第三人可以对保险人行使损害赔偿请求权"。我国台湾地区强制汽车责任保险法第28条规定，"受益人得在本法规定之保险金额范围内，直接向保险人请求给付保险金"。

理论上，机动车责任强制保险必须脱离早期的责任保险的经营理念，将机动车事故的受害人置于责任保险合同第三受益人的地位；[②] 并在这种政策目标的规范下，机动车责任强制保险必将成为为第三人利益的法定保险。因此，在发生机动车事故致人损害而被保险人应当承担赔偿责任时，保险人应当承担给付保险单约定的赔偿金的责任。保险人给付保险赔偿金的，若被保险人尚未对机动车事故的受害人承担赔偿责任，保险人不得将保险赔偿金部分或全部给付被保险人。同时，机动车事故的受害人取得对保险人的直接请

---

① R. A. Buckley, The Modern Law of Negligence, Butterworth, 1988, p. 370.

② 见林勋发：《保险法论著译作选集》，（台北）1991年版，第133页。

求权，保险人有责任直接对受害人给付保险赔偿金。

交通事故的受害人对保险人的直接请求权，性质上为债权，其内容包括：（1）给付请求权。在被保险人致第三人的损害发生后，第三人有请求保险人给付保险赔偿金的权利。（2）给付受领权。保险人向第三人为保险赔偿金的给付时，第三人有予以接受并保有因给付所取得之利益的权利，第三人取得保险人的给付，有契约或者法律上的原因。（3）债权保护请求权。第三人在保险人未给付或者拒绝给付保险赔偿金时，有请求公力救济而强制保险人给付保险赔偿金的权利。[①]

机动车责任强制保险的第三人，对保险人享有保险给付请求权，该请求权源自于机动车第三者责任强制保险立法，不受机动车责任保险合同的效力、效力变动以及合同条款约定的影响。保险人以被保险人的行为为由，解除保险合同或者主张保险合同无效或者拒绝承担保险责任的，对第三人的保险给付请求权不产生任何影响。"第三人于强制保险下之权利，并非继受被保险人而取得，而系依强制保险法之规定独立取得，于意外事故发生后，绝对地归属于第三人，不因被保险人之违背保单条款而受影响。"[②] 英国道路交通法第148条规定，保险单所载除外责任条款或者条件，对第三人不发生效力。同法第149条规定，法院依照规定判决被保险人或者受担保人应当承担赔偿责任时，保险人虽然可以解除或终止或者已经解除或终止保险合同或担保合同，仍应当依照本条对取得判决的人给付判决金额、费用和利息。美国马塞诸塞州最高法院在 Fallon v. Mains 一案的判决中认为，机动车责任保险为受害人的利益而独立存在，保险人不得在意外事故发生后以被保险人隐匿（事实）进行抗辩。[③] 机动车责任保险人对被保险人"故意"造成的损害，只要损害对受害人而言出乎意外，应当承担赔偿责任。[④] 在日本，保险人因被保险人存在恶意而有免责事由，但不得以之对抗受害人的直接请求权。[⑤]

非常遗憾的是，交强险条例对于交通事故受害人的直接请求权却保持了高度的"沉默"。交强险条例有关保险给付请求及其保险公司的给付义务事项，以三个条文分别规定有如下的内容：（1）被保险人为交强险合同项下

[①] 见邹海林：《责任保险论》，法律出版社1999年版，第254页。

[②] 见施文森：《论强制机动车保险》，《保险法论文》第二集，五南图书出版公司1982年版，第199页。

[③] 见施文森：《论强制机动车保险》，《保险法论文》第二集，五南图书出版公司1982年版，第197页。

[④] 同上书，第200页下。

[⑤] 见李薇：《日本机动车事故损害赔偿法律制度研究》，法律出版社1997年版，第239页。

的赔偿请求权人，赔偿义务人为保险公司。被保险机动车发生道路交通事故的，由被保险人向保险公司申请赔偿保险金。① （2）交强险的保险事故的通知。被保险机动车发生道路交通事故，被保险人或者受害人通知保险公司的，保险公司应当立即给予答复，告知被保险人或者受害人具体的赔偿程序等有关事项。② 该条虽提到了受害人通知保险公司发生道路交通事故的事项，但并没有提及受害人的保险赔偿请求事宜。（3）保险公司给付保险赔偿金的选择权。保险公司可以向被保险人赔偿保险金，也可以直接向受害人赔偿保险金。③

交强险条例的以上三个条文较为清楚地表明，被保险机动车发生交通事故，被保险人为保险赔偿的请求权人，保险公司有义务按照交强险合同的约定给付保险赔偿金，但保险公司享有对被保险人或者交通事故受害人给付保险赔偿金的选择权。④ 这些条文不仅没有强调保险公司向受害人给付保险赔偿金的义务，更没有赋予受害人请求保险公司给付保险赔偿金的权利。因为交强险条例没有赋予受害人对保险公司的直接赔偿请求权，而是授权保险公司选择向被保险人或受害人赔偿保险金，增加了受害人的索赔成本、延长了受害人的索赔期限，更使受害人的赔偿没有制度保障。⑤ 缺乏交通事故受害人法定的直接请求权的交强险制度，难以实现作为强制保险而保障交通事故受害人的赔偿利益的基本目标，并切实贯彻交强险条例第 1 条规定的"保障机动车道路交通事故受害人依法得到赔偿"的宗旨。

相比较道交法第 76 条第 1 款的规定，交强险条例突出了保险赔偿金的请求权人为被保险人，是否表明交强险条例"否定"了道交法第 76 条第 1 款所"隐含"的交通事故受害人请求保险公司给付保险赔偿金的内容？在交强险条例的起草以及实施的过程中，确实没有出现直接"否定"交通事故受害人对保险公司享有直接请求权的表述；否则，那将是我国机动车第三者责任强制保险制度的"倒退"。所以，笔者相信，交强险条例仅仅对交通事故受害人的直接请求权保持了"沉默"，仍然为法律明文赋予交通事故受害人对保险公司的直接请求权留下了空间。

---

① 见国务院机动车交通事故责任强制保险条例第 28 条。
② 见国务院机动车交通事故责任强制保险条例第 27 条。
③ 见国务院机动车交通事故责任强制保险条例第 31 条。
④ 机动车交通事故责任强制保险条款第 18 条将交强险的保险赔偿索赔权人限定于被保险人。
⑤ 见刘锐：《"交强险"存在的问题及其对策》，《保险业法制年度报告》（2006 年），法律出版社 2007 年版，第 216 页。

　　交强险制度没有清楚地表达出保护交通事故受害人的极为强烈的色彩，对交通事故受害人的直接请求权保持沉默，导致交强险制度本应含有的强制性责任保险的制度结构无法存在，而只能以交强险的投保和承保的强制、交强险条款和费率法定、合同的效力维持之法定等制度，勉强维系着一个具有划时代意义的保护交通事故受害人的机动车责任保险制度。交强险实际上远不能适应保护交通事故受害人的赔偿利益的时代需求。交强险制度作为我国保险公司经营的机动车第三者责任强制保险业务，承认和彰显交通事故受害人的直接请求权，同样是保险公司在经营交强险业务时必须面对的社会责任。我国的交强险立法在交通事故受害人请求保险公司给付保险赔偿方面，以明确承认交通事故受害人的直接请求权作为制度改革或创新的突破口，并建构起如下的主要制度：机动车交通事故的构成、受害人的直接请求权、受害人的范围、请求权的行使及其方式、请求权行使之限度、保险公司的给付义务、保险公司的最低给付限额或分项给付限额、受害人抢救费用的给付、保险公司对抗受害人请求的事由、保险公司给付保险赔偿的时间和方式、保险公司垫付抢救费用、保险公司的追偿权、机动车交通事故社会救助基金等。

四、交强险特有的低廉保障机制

　　交强险条例第 23 条规定："机动车交通事故责任强制保险在全国范围内实行统一的责任限额。责任限额分为死亡伤残赔偿限额、医疗费用赔偿限额、财产损失赔偿限额以及被保险人在道路交通事故中无责任的赔偿限额。机动车交通事故责任强制保险责任限额由保监会会同国务院公安部门、国务院卫生主管部门、国务院农业主管部门规定。"该条例所称"责任限额"并没有将之明文限定于"最高限额"，因此可以是"最低限额"。若交强险条例所称"责任限额"为机动车所有人或管理人投保交强险的最低限额，无疑将为交通事故的受害人提供更为充分的赔偿保障。

　　但是，经保监会审批的交强险条款第 6 条规定："交强险合同中的责任限额是指被保险机动车发生交通事故，保险人对每次保险事故所有受害人的人身伤亡和财产损失所承担的最高赔偿金额。责任限额分为死亡伤残赔偿限额、医疗费用赔偿限额、财产损失赔偿限额以及被保险人在道路交通事故中无责任的赔偿限额。其中无责任的赔偿限额分为无责任死亡伤残赔偿限额、无责任医疗费用赔偿限额以及无责任财产损失赔偿限额。"交强险条款已经将"责任限额"定位于保险公司给付赔偿的最高额，每次事故的赔偿限额分为：（1）死亡伤残赔偿限额为110000元；（2）医疗费用赔偿限额为10000元；（3）财产损失赔偿限额为2000元；（4）被保险人无责任时，无责任死亡伤残赔偿限额为11000元；无责任医疗费用赔偿限额为1000元；无责任财产损失赔偿限额为100元。① 十分明显的是，交强险对交通事故受害人提供的如上"责任限额"的保障，在每次事故一人受害的场合，都明显不足；若在每次事故多人受害的场合，更谈不上为受害人提供基本保障了。② 在责任保险的场合，实行分项责任限额本属正常，但规定如此低廉的最高保障限额，在我国经济高速发展以及日益尊重人权的当下，不免令人质疑交强险存在的合理性。③

交强险条例更以所谓的"无责赔偿"牺牲了交强险对交通事故受害人本应提供的基本保障。因为交强险条例中设计有"被保险人在道路交通事故中无责任的赔偿限额"，将保险公司的保险赔偿责任与被保险人的"交通事故责任"挂钩，而不是与被保险人的损害赔偿责任挂钩。这将造成交通事故的受害人难以获得本应获得的超过无责任赔偿限额的赔偿。例如，在交通事故受害人因过失发生交通事故而死亡，而被保险人无任何交通事故责任，若被保险人对受害人应当承担的损害赔偿责任为5万元，该受害人则仅能获得无责任赔偿限额11000元的死亡赔偿，其余39000元则无法由交强险获得赔偿。这显然是不合理的。交强险条例规定之分项责任限额本身就过于低廉，而且不完全对应于被保险人对交通事故受害人承担之损害赔偿责任；较为妥当的做法应当是，只要有被保险人的损害赔偿责任，就应当有保险公

---

① 中国保监会关于调整交强险责任限额的公告（2008年1月11日）对赔偿限额进行了适当的调整；调整前的机动车交通事故责任强制保险条款（2006年）第8条规定：（1）死亡伤残赔偿限额为50000元；（2）医疗费用赔偿限额为8000元；（3）财产损失赔偿限额为2000元；（4）被保险人无责任时，无责任死亡伤残赔偿限额为10000元；无责任医疗费用赔偿限额为1600元；无责任财产损失赔偿限额为400元。

② 见刘锐：《"交强险"存在的问题及其对策》，《保险业法制年度报告》（2006年），法律出版社2007年版，第216页。

③ 与最低保障限额有关的问题，当数保险费的高低问题。我国交强险的费率水平相较以前的机动车第三者责任险有明显的提高，而交强险提供的对应保障水平则出乎人们的预料。有关部门的解释是，交通事故赔偿的法律环境自2004年5月1日后发生了较大的变化，交强险的保费收入的一定比例要进入道路交通事故社会救助基金，交强险的费率水平会有所上升。见国务院法制办、保监会负责人就《机动车交通事故责任强制保险条例》答记者问，《机动车交通事故责任强制保险条例》，法律出版社2006年版，第17—18页。学者对此并不认同，认为交强险费率有所提高的理由确有其合理成分，但并不是支持高保费的充分根据。见刘锐：《"交强险"存在的问题及其对策》，《保险业法制年度报告》（2006年），法律出版社2007年版，第213页。

司的保险赔偿。

正是由于交强险对交通事故受害人提供的极度低廉的保障水准，机动车第三者责任保险的"双轨制"模式才得以生存，而这种"双轨制"模式事实上进一步削弱了机动车第三者责任保险制度对交通事故受害人的保障功能。我国本应当对机动车第三者责任保险附加强制性的立法步骤，实现机动车第三者责任自愿保险向机动车第三者责任强制保险的转轨，在立法技术和可操作性层面都具有合理的预期，但交强险条例却采取了形似美国部分州实行的机动车"无过失保险"①的强制责任保险模式，以至形成目前的机动车责任保险的"双轨制"框架。在交强险之外，机动车所有人或管理人不得不另行购买所谓的"商业性机动车第三者责任保险"，以为交强险的补充。然各保险公司推出的"商业性机动车第三者责任保险"均将自己的保险赔偿责任限定于"超过机动车交通事故责任强制保险各分项赔偿限额以上的部分"。② 在交强险的作用下，"商业性机动车第三者责任保险"对被保险人或者受害人提供的保障水平，因为保险条款的调整或者变化，事实上更是有所降低。

---

① 美国部分州实行的汽车无过失保险（no—fault automobile insurance）制度，是 20 世纪 70 年代开始的以局部替代交通事故受害人的人身损害侵权赔偿责任或者责任保险作为基本目标的一项社会保险或保障制度改革，在性质上并不属于汽车责任保险或者其自身的改革。被保险汽车发生交通事故致人损害，不论有无过失，保险公司均应当依照法定的赔偿限额给予赔偿，并在此限度内免除被保险人的侵权赔偿责任。汽车无过失保险在本质上属于第一人保险（first party insurance），而与责任保险本质上属于第三人保险（third party insurance）相区别。美国麻州 1970 年首推无过失保险制度，至 1976 年，美国先有 16 个州不同程度地立法推行强制无过失保险改革；但其中有三个州 1976 年以后又废除了无过失保险而回归责任保险（tort insurance）体制，两个州则采取无过失保险和责任保险选择适用的制度。美国哥伦比亚特区 1983 年立法推行无过失保险，但 1986 年又废除了无过失保险。截至目前，美国仅有 10 个州实行强制无过失保险，而各州实行的汽车无过失保险制度并不完全相同。另外，澳大利亚、新西兰和加拿大的许多省也立法实行无过失汽车保险制度。我国台湾地区 20 世纪 90 年代改革机动车责任保险时，吸收了汽车无过失保险的某些理念，存在显而易见的制度瑕疵。

② 我国大陆有关交通事故责任的法律与台湾地区明显不同，但令人疑惑的则是交强险的低廉保障所产生的后果，却与台湾地区保险业界运作强制汽车责任保险和任意汽车责任保险相同。在台湾地区，因为采取限额无过失原则，而被保险人为免强制汽车责任保险之保险金额不足赔偿损害时的责任，有必要投保任意汽车责任保险；以保险的技术而言，在强制汽车责任保险施行后，提供任意汽车责任保险的保险公司必然会有所应变，在保险单设计上约定，以被保险人对受害人所负之赔偿责任额度，超过强制汽车责任保险之保险金额部分，始以任意汽车责任保险予以赔偿。学者认为，能够预见的是，强制汽车责任保险法实施后，保险公司以套式之保险契约使投保人投保强制汽车责任保险同时，附加投保任意性汽车责任保险作为行销手段。见江朝国编著：《强制汽车责任保险法》，智胜文化 1999 年版，第 31—32 页。

若要比较交强险和汽车无过失保险制度，它们之间存在的差距不是一星半点，而是整体制度设计上的差距，我国的交强险毕竟仍属于责任保险的范畴，没有必要而且也不可能将交强险制度建构在汽车无过失保险的制度模型之上。交强险充其量是改革我国保险业界久已熟知的"机动车第三者责任保险"制度的一个不十分和谐的产物。我国交强险制度应当在机动车第三者责任保险制度的基础上作出符合责任保险法理、制度结构以及保护交通事故受害人赔偿利益的改革，极大地提升交强险具有的保护交通事故受害人的保障水准，那么目前的"双轨制"模式下的"商业性机动车第三者责任保险"才会具有真正的补充"交强险"保障功能不足的作用，甚至退出保险市场。美国、英国、德国等主要国家实行的机动车第三者责任强制保险，因有最低保险金额的要求而在保险市场上并没有形成机动车责任强制保险和自愿保险并存的局面；在强制保险体制下，被保险人和交通事故受害人获得的利益均远多于自愿保险，又会有多少投保人弃利益不顾而去选择保险市场中难以生存的自愿保险？

五、保险公司拒绝给付的抗辩权制度

保险公司应否承担交强险项下的保险赔偿责任，在制度体系上基于责任保险以及保险的强制性的理念，至少应当包括两种不同类型的抗辩[①]：其一，对于被保险人的保险给付请求，保险公司得以法定或者合同约定的事由予以抗辩而拒绝承担保险责任；其二，对于交通事故的受害人的保险给付请求，保险公司得以法定的事由予以抗辩而拒绝承担保险责任。

在交强险项下，保险公司和被保险人之间的关系受交强险条例和保险法的约束，保险公司和被保险人之间的法律关系，应当适用交强险条例和保险法的规定。当被保险人请求保险公司给付保险赔偿金时，保险公司自得以交强险条例和保险法规定的不承担保险责任的事由，对抗被保险人的请求而拒绝承担保险责任。再者，保险公司和被保险人之间的关系属于合同关系，当被保险人请求保险公司给付保险赔偿金时，保险公司自然得以交强险合同约定的责任免除条款或其他不承担责任的条款，对抗被保险人的请求而拒绝承担保险责任。

[①] 若展开讨论的话，有关交强险的赔偿之抗辩，还有被保险人对抗交通事故受害人的损害赔偿请求的抗辩。但此类抗辩属于侵权法上被保险人（肇事机动车的所有人或管理人）对受害人应否承担侵权损害赔偿责任的抗辩制度。

　　但是，因为交强险条例没有对保险公司抗辩被保险人的索赔请求给出明确的指引，而且更没有表明保险公司不承担交强险项下的责任之规定，系针对被保险人的抗辩还是针对受害人的抗辩；尤其是交强险条例没有明文规定交通事故受害人的直接请求权，交强险条例规定的保险公司不承担交强险项下的保险责任的抗辩，似乎是专门针对被保险人的抗辩，而且交强险条例规定的抗辩事由极为有限，以致事实上几乎否定了保险公司援引保险法的规定①，对抗被保险人请求保险给付的抗辩地位。交强险条例第 21 条规定："被保险机动车发生道路交通事故造成本车人员、被保险人以外的受害人人身伤亡、财产损失的，由保险公司依法在机动车交通事故责任强制保险责任限额范围内予以赔偿。道路交通事故的损失是由受害人故意造成的，保险公司不予赔偿。"② 交强险条例将保险公司对抗被保险人索赔的事由，仅仅限定于交通事故受害人的故意，较道交法第 76 条的规定已有改善，但绝对褊狭，对彰显交强险作为责任保险的本质属性明显不足。笔者曾经这样评价我国的交强险合同，现行的"机动车交通事故责任强制保险条款"关于"责任免除"之约定并没有起到保险合同控制保险公司的危险之应有作用，将交强险摆在了似乎什么危险都保的尴尬境地。③ 因为交强险条例的制度设计并没有充分合理地平衡保险公司与被保险人之间的利益，事实上形成本应由被保险人承担的赔偿责任，反而不当地由保险公司承担了。④ 交强险条款本可以约定保险公司不承担保险责任的更多的事由，以控制保险公司的风险，

---

　　① 例如保险法第 17 条（因如实告知义务的违反而不承担保险责任）、第 28 条（因道德危险而不承担保险责任）等规定。

　　② 机动车交通事故责任强制保险条款第 10 条（责任免除）规定："下列损失和费用，交强险不负责赔偿和垫付：（一）因受害人故意造成的交通事故的损失；（二）被保险人所有的财产及被保险机动车上的财产遭受的损失；（三）被保险机动车发生交通事故，致使受害人停业、停驶、停电、停水、停气、停产、通讯或者网络中断、数据丢失、电压变化等造成的损失以及受害人财产因市场价格变动造成的贬值、修理后因价值降低造成的损失等其他各种间接损失；（四）因交通事故产生的仲裁或者诉讼费用以及其他相关费用。"

　　③ 见邹海林：《交强险的性质和法律适用》，《人民法院报》2006 年 8 月 16 日。

　　④ 例如，国务院机动车交通事故责任强制保险条例第 22 条规定了保险公司对交通事故加害人追偿"垫付"的抢救费用的三种情形。前述内容本当属于交强险合同的除外责任事项，但在制度构造上却选择了追偿权制度，这缺乏保险理念上的有力支持。尤其是，如此制度安排似乎是法定的，那么法定三种情形以外的其他危险，保险公司自不得向交通事故的加害人追偿"垫付"的抢救费用；若保险公司给付保险赔偿金但存在法定的以上三种情形时，也只能由保险公司承担，不得追偿。这对交通事故的受害人而言并无不当，但对于保险公司和被保险人之间的利益安排而言，是否得当，殊值讨论。

从而控制交强险的费率成本，但条款的法定使得保险公司失去了约定更多的"除外责任"事项的自由。交强险条款项下的除外责任，并非针对交通事故的受害人，而是在保险公司和被保险人之间就损害责任的分摊设计的条款，原理上应当基于保险公司和投保人的意思自治予以确定，以体现交强险保单的多样化。交强险合同之除外责任事项的增加，不仅与控制交强险的保险危险相关而有助于降低保险费率，而且有助于提高被保险人驾驶机动车的谨慎注意程度而防止或减少交通事故。德国、美国、英国、我国台湾地区的机动车第三者责任强制保险条款中的除外责任，相比我国交强险条款规定的除外责任，内容要丰富得多。总之，交强险条例不仅没有建构保险公司对抗被保险人索赔请求的完整制度，而且也几乎排除了保险公司援引保险法的规定对抗被保险人请求的机会。

因为交强险条例没有明文赋予交通事故的受害人的直接请求权，在制度设计上自然不可能建构保险公司对抗交通事故的受害人的索赔的相关制度。如前文所言，交强险条例对于交通事故受害人的直接请求权保持了高度的"沉默"，但不可否认的是交通事故的受害人在作为强制保险的交强险体系下应当有直接请求权，此乃我国道交法第76条第1款所隐含的制度设计。

交通事故受害人的直接请求权源自于法律的规定，与交强险合同不发生直接的关联，当交通事故的受害人请求保险公司给付保险赔偿金时，保险公司只能以法律的规定对抗交通事故受害人的给付请求。在我国法律上，交通事故的受害人对保险公司享有的给付保险赔偿金的权利，属于不附抗辩事由的直接请求权。"第三人对保险人的直接请求权，其法理基础所要解决的核心问题，并不在于第三人的权利之取得，而在于第三人应当如何行使对保险人的直接请求权，必须解决第三人的直接请求权与保险合同的关联问题。第三人的直接请求权与保险合同之间的关联，核心在于保险人得否以保险合同约定的抗辩事由，对抗第三人的请求；保险人得以对抗被保险人的事由，对抗第三人的请求的，第三人的请求权，为附有抗辩事由的直接请求权；保险人不得以对抗被保险人的抗辩事由，对抗第三人的请求的，第三人的请求权，为不附抗辩事由的直接请求权。"[①]

但是，交通事故的受害人所享有的不附抗辩事由的直接请求权，并不表明保险公司不得对受害人的请求进行抗辩，仅仅在保险公司不得援引保险合同的约定对抗受害人的层面上具有意义。我国道交法第76条对于保险公司

---

① 邹海林：《责任保险论》，法律出版社1999年版，第249页。

给付保险赔偿金，没有规定任何条件，也并不意味着保险公司的无条件给付，毕竟交强险在性质上仍为责任保险，责任保险的给付依赖于被保险人对受害人应当承担的赔偿责任构成。所以，"保险人不得以对抗被保险人的事由，对抗第三人的请求，但得以被保险人对抗第三人的抗辩事由，对抗第三人的请求。例如，第三人请求保险人给付保险赔偿金，被保险人对保险人的索赔抗辩应当提供必要的协助，保险人得以被保险人提供的其赔偿责任不成立，或者其他减免责任的事由，对抗第三人的请求"。①

交强险条例至少应当区分交强险项下的两种不同类型的法律关系，即保险公司和被保险人之间的保险合同关系、保险公司与交通事故受害人之间的法定请求权关系，分别建构起保险公司对抗相关当事人的索赔请求的制度。但因为交强险条例的保守，更没有区分交强险项下的不同法律关系，仅以简单规定"受害人故意造成交通事故的损失"而保险公司不承担赔偿责任，替代了责任保险项下的体系缜密的保险公司拒绝承担保险责任的抗辩制度，不仅制度设计上十分粗糙，而且留下了诸多理论和实务均无法回避的制度缺失。

六、保险公司给付后的追偿权制度

交强险加重了保险公司的保险给付责任。尤其是，保险公司对交通事故的受害人承担的保险赔偿责任，不受交强险合同条款或者交强险合同效力欠缺的影响；除交强险条例有规定外，保险公司对于交通事故受害人的赔偿利益，不得以交强险合同的约定予以排除、减少或者降低。但是，保险公司并非社会福利机构，保险公司对交通事故的受害人承担的保险赔偿责任，若属于不应当承保的风险，应当有合理的途径予以消化或者分解。原则上，机动车第三者责任强制保险立法在加重保险公司对交通事故受害人的保险赔偿责任时，以保险公司对肇事机动车加害人的追偿权制度予以救济。

交强险条例第 22 条规定："有下列情形之一的，保险公司在机动车交通事故责任强制保险责任限额范围内垫付抢救费用，并有权向致害人追偿：（一）驾驶人未取得驾驶资格或者醉酒的；（二）被保险机动车被盗抢期间肇事的；（三）被保险人故意制造道路交通事故的。"依照上述规定，存在以上三种法定情形时，保险公司对于"垫付"的抢救费用，有权向加害人

---

① 邹海林：《责任保险论》，法律出版社 1999 年版，第 257—258 页。

追偿，其中包括被保险人。①

　　分析交强险条例第 22 条的规定，将得出以下几点结论：（1）保险公司有权向交通事故的加害人追偿的"标的"，并非真正意义上的"保险赔偿"，而仅仅限于"垫付"的抢救费用。那么，保险公司依照交强险条例第 21 条向被保险人或者交通事故的受害人支付的保险赔偿金，不能依照交强险条例第 22 条的规定，向交通事故的加害人追偿。（2）保险公司有权向交通事故的加害人追偿"垫付"的抢救费用，则保险公司依照交强险条例第 31 条和机动车交通事故责任强制保险条款第 21 条向医疗机构"支付"的抢救费用，不能依照交强险条例第 22 条的规定，向交通事故的加害人追偿。（3）保险公司向交通事故的加害人追偿"垫付"的抢救费用，属于交强险条例创设的法定追偿权，与交强险合同无关，自与保险法的规定亦无关，但保险公司的追偿权存在的法理基础何在，难以证实；这就使得我国保险法（包括责任保险制度）上确立的保险公司对被保险人不承担保险责任的权利以及代位被保险人求偿的权利等制度，难以融合于交强险制度并获得适用。

　　交强险项下的保险公司的追偿权，在制度体系上至少应当包括以下两个方面的内容：

　　第一，机动车第三者责任强制保险立法将交通事故受害人的赔偿利益，置于最优先的地位。保险公司依照保险法的规定或者保险合同的约定，对被保险人不承担保险责任的"抗辩"，不能及于交通事故的受害人。保险公司对被保险人追偿其给付的保险赔偿，以保险公司在保险法和保险合同中享有的不承担保险责任的抗辩地位为基础。保险人对被保险人的追偿权，是保险人依法代被保险人向受害人承担本应由被保险人承担的赔偿责任后，所享有的向被保险人移转损失风险的权利，在性质上仍然为保险人依照保险法的规定或者保险单的约定而享有的权利和利益。② 如此权利，并不需要专门借助于机动车第三者责任强制保险立法创设，保险公司依照民法债的关系的基本原理，诸如代位权原理，即可对被保险人行使其保险赔偿的追偿权。保险公司对被保险人以外的第三人行使保险赔偿的追偿权，我国保险法第 45 条、第 46 条、第 47 条和第 48 条已有较为完整的规定，亦无须交强险条例再作

---

　　① 值得注意的是，我国台湾地区"强制汽车责任保险法"第 27 条规定有保险公司对交通事故加害人的保险给付求偿权、第 31 条规定有保险公司对交通事故加害人以外的第三人的代位求偿权，与我国交强险条例第 22 条存在制度体系上的明显差异。

　　② 见邹海林：《责任保险论》，法律出版社 1999 年版，第 97 页。

规定，但也不能因为交强险条例第 22 条的规定而被忽视。

    第二，基于机动车第三者责任强制保险立法的制度设计，即使保险公司依照保险法或者保险合同对被保险人不承担保险责任，仍应当对交通事故的受害人承担保险赔偿责任，确有必要对保险公司向被保险人行使追偿权作出相应的规定。依照机动车第三者责任强制保险的理论与实务，保险人在下列情形下，可以向被保险人追偿：（1）保险公司超额承担赔偿的。保险公司超出保险单约定的保险给付限额的赔偿，有权向被保险人追偿。受强制机动车保险保障的受害人请求保险公司承担保险赔偿责任的权利，若不受保险合同约款的限制，则保险公司对受害人依法取得的判决确认的任何赔偿金额，承担责任；① 若保险人在赔偿限额以外，对受害人还应当承担给付责任；在此情形下，保险人对其超出保险责任限额的赔偿，有权向被保险人追偿。②（2）责任保险单失去效力而保险公司仍然承担赔偿责任的。被保险人违反保险合同的规定，或者违反其法定义务或担保，保险公司有权解除或者终止合同，并不承担保险责任；但受害人对保险公司的赔偿请求权不受影响，保险公司因此而赔偿受害人的，其依照保险合同所应当取得之利益，有权要求被保险人予以偿还。③（3）保险公司因有除外责任的约定不应当承担赔偿责任而承担赔偿责任的。保险公司对受害人承担的赔偿责任，可以依照保险合同约定的除外责任条款向被保险人追偿。例如，被保险人利用机动车故意（deliberately）造成第三人损害，不得请求保险公司承担赔偿责任；但保险公司对受害人承担的给付责任，仍为有效且可以被强制执行；④ 保险人向受害人给付赔偿后，可以被保险人的故意致人损害为由，向被保险人追偿。

---

① Raoul Colinvaux, The Law of Insurance, 5th ed. , Sweet & Maxwell, 1984, p. 431.

② Section 149 (4) of the Road Traffic Acts of 1972.

③ Raoul Colinvaux, The Law of Insurance, 5th ed. , Sweet & Maxwell, 1984, p. 431.

④ Tinline v. White Cross Insurance Association, [1921] 3 KB 327.